AF238603

Normen und Werte

Werte und Normen Klassen 9/10
Niedersachsen

Normen und Werte

Werte und Normen Klassen 9/10
Niedersachsen

Herausgegeben von
Dr. Helge Eisenschmidt

Herausgeber:
Dr. Helge Eisenschmidt

Autoren:
Kapitel 1.1, 1.2 : Dr. Helge Eisenschmidt
Kapitel 1.3: Christel Schmidt und Dr. Axel Schmidt
Kapitel 1.4: Eckhard Gruen
Kapitel 2: Dr. Helge Eisenschmidt
Kapitel 3: Dr. Helge Eisenschmidt
Kapitel 4: Dagmar Moeller- Bartelmann
Kapitel 5.1 und 5.2: Jana Paßler
Kapitel 5.3, 5.4 und 5.5: Dominik Fehrmann

© Militzke Verlag GmbH, Leipzig 2012
Lektorat: Dr. Eveline Luutz
Umschlag, Layout und Satz: Ralf Thielicke
Umschlagfoto: Alexander Kreher / www.alexanderkreher.com / photocase.com
Druck und Bindung: Himmer GmbH · Druckerei & Verlag, Augsburg
ISBN: 978-3-86189-555-8

www.militzke.de

Inhaltsverzeichnis

1 Entwicklung und Gestaltung von Identität　　8

1.1 Unterwegs zu mir　　9
Wer bin ich?　　9
Was mich beeinflusst　　13

1.2 Krisen: Wenn das Leben verrückt spielt　　16
Veränderung ist das Normale　　17
Hilfe in Krisen　　23

1.3 Wandlungen von Glücksvorstellungen　　26
Glück – Was ist das?　　26
Glück suchen – Glück finden: Wege zum Glück　　29
Wie sich Glücksvorstellungen verändern　　38

1.4 Individualistischer und gemeinschaftsorientierter Lebensstil　　40
Einzelkämpfer oder zóon politikón*?　　40
Gemeinsam sind wir stark – alleine hab ich mehr von mir.　　42
Welt Weit Weg.com – real und virtuell　　49
Methode: Begriffsanalyse　　53

2 Alter – Sterben – Tod　　54

2.1 Alter – die letzte Lebensphase　　55
Über das Alter　　55
Leben im Alter　　57

2.2 Zum Leben gehört der Tod　　62
Begegnungen mit dem Tod　　62
Der Tod als Grenze allen Lebens　　65
Umgang mit Trauer　　72

2.3 Sterben zwischen Verbrechen und Hilfe　　76
Euthanasie*-Programm: Massenmord der Nationalsozialisten　　76
Sterbehilfe – Lebenshilfe oder Tötung?　　78
Organspende: Hilfe zum Überleben　　86

2.4 Letzte Dinge: Deutungen des Todes in Religion und Philosophie　　90
Religiöse Deutungen　　90
Philosophische Deutungen　　95
Methode: Dilemmamethode　　99

3 Konflikte und Gewalt   100

3.1 Konflikte gehören zum Leben   101
Konflikte im Überblick   101
Konflikte verstehen lernen   104

3.2 Bausteine zur Konfliktbewältigung   108
Wege zur Konfliktlösung suchen   109
Konfliktlösung durch Mediation   114
Kommunizieren in Konflikten   117

3.3 Halt – keine Gewalt!   120
Gewalt hat viele Gesichter   120
Ursachen von Gewalt und Aggressionen   128
Was tun gegen Gewalt?   132

3.4 Ethische Konzepte der Konfliktlösung und des Umgangs mit Gewalt   136
Religiös fundierte Theorien gewaltloser Konfliktlösungen   136
Konflikte durch Vernunft regeln   138
Konflikte im Diskurs lösen   140
Methode: Standbild – Bauen   143

4 Wahrheit und Wirklichkeit   144

4.1 Möglichkeiten und Grenzen von Wahrnehmung und Erkenntnis   145
Sinneswahrnehmungen auf dem Prüfstand   145
Woher kommt unser Wissen?   148
Erkenntnistheoretische Hauptströmungen   150

4.2 Wahrheitstheorien und Wahrheitsansprüche   156
Überblick über grundlegende Wahrheitstheorien   158
Konkurrierende Wahrheitsansprüche   161

4.3 Wirklichkeit in den Medien-Welten   170
Die Macht der Bilder   171
Zwischen Realität und virtueller Realität   176

4.4 Wahrheit und Lüge   178
Was ist eine Lüge?   178
Vom Umgang mit Wahrheit und Lüge   180
Methode: Internetrecherche   185

5 Weltreligionen und Weltanschauungen

5 Weltreligionen und Weltanschauungen — **186**

5.1 Fernöstliche Religiosität – Hinduismus und Buddhismus — 187
Das ewige Gesetz – die Lehren des Hinduismus — 187
Das Rad dreht sich – die Lehren des Buddhismus — 193

5.2 Ein Ziel, verschiedene Wege? – Die Weltreligionen im Vergleich — 200
Die Weltreligionen im Überblick — 202
Weisungen für das Leben – die Ethik der Religionen — 204

5.3 Wie wir die Welt anschauen — 208
Die Weltanschauung: eine Glaubenssache — 208
Eine Welt ohne Gott — 210
Atheistische Ideologien — 214
Darauf kann man bauen: Gemeinsame Grundlagen — 216

5.4 Meine Weltanschauung – Deine Weltanschauung — 218
Wege zur Weltanschauung — 218
Unterschiedlich denken – miteinander leben — 220
Vorsicht Fundamentalismus! — 222

5.5 Religion in der Kritik — 226
Gott als Illusion? — 226
Religion als Gefahr? — 229
Kritik an der Religionskritik — 230
Methode: Schritte ethischer Urteilsfindung — 233

Anhang — 234
Glossar — 234
Bücher zum Weiterlesen — 239
Bildverzeichnis — 240

Das bedeuten die Symbole:

A   Aufgaben   Ü   Übung   P   Projekt

Q   Quelle   D   Definition   ↗   Tipp, Hinweis

1 Entwicklung und Gestaltung von Identität

Jugendliche werden immer selbstbewusster und beschäftigen sich vor allem in der Lebensphase der Jugend mit der Frage, wer sie eigentlich sind und was sie wollen. Viele Überlieferungen und Geschichten bezeugen: Wer nur in den Tag hinein lebt, wird weder selbst glücklich, noch kann er andere Menschen glücklich machen. Lebensziele und Zukunftsvorstellungen entwickeln sich nicht zufällig und sind immer ganz individuell. Seine Lebensziele zu finden heißt deshalb auch, sich selbst finden.

Krise ist ein produktiver Zustand. Man muss ihm nur den Beigeschmack der Katastrophe nehmen.
(Max Frisch, 1911–1991)

Im Chinesischen steht das gleiche Wort für Krise, Gefahr und Chance, wodurch die ganze Tiefe eines Lebensabschnitts, den wir Krise nennen, zum Ausdruck kommt.
(Rüdiger Dahlke, Arzt und Psychotherapeut)

Von dem, was du erkennen und messen willst, musst du Abschied nehmen, wenigstens auf eine Zeit. Erst wenn du die Stadt verlassen hast, siehst du, wie hoch sich ihre Türme über die Häuser erheben.
(Friedrich Nietzsche, 1844–1900)

Es ist schwer, das Glück in uns zu finden, und es ist ganz unmöglich, es anderswo zu finden.
(Nicolaus Chamfort, 1741–1794)

Die höchste Form des Glücks ist ein Leben mit einem gewissen Grad an Verrücktheit.
(Erasmus von Rotterdam. 1469–1536)

Es sind keine Muster eines Erwachsenenlebens vorgegeben, sondern vor jedem Jugendlichen steht die schöpferische Aufgabe, aus der Vielfalt der Möglichkeiten ein eigenes Lebenskonzept zu komponieren. Biografien müssen „gebastelt" werden.
(Ulrich Beck, Soziologe)

Lebst du im Glück, dann umschmeicheln dich Scharen von Freunden. Geht es dir schlechter, gleich wenden sie sich alle von dir.
(Titus Petronius, auch genannt: Arbiter, ca. 14–66)

Die meisten Erfahrungen über mich selbst habe ich in Augenblicken gemacht, wo ich die Eigentümlichkeiten anderer Menschen erkannte. (Christian Friedrich Hebbel, 1813–1863)

Der Mensch ist nichts anderes als das, wozu er sich selbst macht. (Jean-Paul Sartre, 1905–1980)

1. *Wähle dir einen Ausspruch aus, mit dem du dich auseinander setzen möchtest. Stelle deine Interpretation in einer Kleingruppe von ca. vier Schülern zur Diskussion.*
2. *Bestimmt aus jeder Arbeitsgruppe einen Ausspruch, den ihr vor der Klasse erläutern wollt. Eure Interpretation kann als Kurzstatement erfolgen und ergänzend durch Zeichnungen, Pantomime, Standbild-Bauen oder Rollenspiel verstärkt zum Ausdruck gebracht werden.*

1.1 Unterwegs zu mir

Sich selbst kennen zu lernen, sich seiner Stärken und Schwächen bewusst zu werden, das alles fördert das Selbstvertrauen und zeigt, wie einmalig und wertvoll der Einzelne ist. Auf der Suche nach dem eigenen Selbst fragt sich mancher aber auch: Wie werde ich zum Ich? Welchen Anteil haben Gene, Eltern, Erzieher, Medien und andere Einflüsse bei der Ich-Bildung?

Wer bin ich?

Die Suche nach dem Ich wird auch **Identitätssuche** genannt. Man spricht vom **Ich, Selbst** oder der **Identität** eines Menschen und meint damit die Person in ihrer Ganzheit und die Übereinstimmung mit sich selbst. Über das „Ich" hat auch Frederik Vahle gegrübelt und ein Gedicht geschrieben?

Gedicht vom Ich
Ich bin ich
Na klar, oder nicht?
Ich bin ich
Kann jeder Mensch sagen.
Aber wer oder was ist denn nun ein Ich?
Schon bin ich mittendrin im Fragen.
Wo fängt Ich an?
Wo hört Ich auf?
Ist Ich immer gleich,
ob ich sitz oder lauf?
Ist mein Köper das Ich
Oder steckt's mittendrin?
In der Brust, im Herzen
oder unten im Bauch?
Im Kopf, im Verstand,
sitzt es ganz obendrauf?

Oder wohnt es mitten in meinen Gefühlen?
Und schneidet mit der Frisur
Klipp klapp
einfach von meinem Ich etwas ab (…)?

(Frederic Vahle: Gedicht vom Ich. In: Bewegliche Lieder oder Musik macht Beine, Rowohlt Verlag, Reinbek 2002, S. 21 f.)

Georg Schöffel: Der freie Wille in der Schule. In: Ethik & Unterricht 2/2005, S. 49

Leben in verschiedenen Rollen

Unter einer sozialen „Rolle" versteht man ein Verhalten, das von Menschen erwartet wird, wenn sie eine bestimmte Stellung einnehmen, eine Funktion ausüben oder sich in einer bestimmten Situation befinden. Da Menschen in der Regel Mitglieder verschiedener Gruppen sind, haben sie auch unterschiedliche Erwartungen an das gewünschte Verhalten zu erfüllen.

A
1. Gib jedem Bild einen Titel.
2. In welchen Rollen wird der Jugendliche – nennen wir ihn Niklas – dargestellt? Beschreibt, welche Anforderungen an diese Rollen gestellt werden.

Ü
Schreibt in Gruppenarbeit zwei Ratgeber, die sich mit den Rollenanforderungen Jugendlicher und Erwachsener auseinandersetzen. Nach der Gruppenarbeit erfolgt die Auswertung im Klassenverband.
3. Verfasst einen Ratgeber, der eine Reihe von Grundsätzen enthält, wie man als Jugendlicher mit Erwachsenen auskommen kann. Der Ratgeber soll enthalten, was man als Jugendlicher tun muss, was man machen kann und was man nicht darf. Wo es möglich ist, wird die Darstellung des Grundsatzes mit einem Hinweis auf Konsequenzen verbunden.
4. Verfasst einen Ratgeber für Erwachsene, damit diese besser mit Jugendlichen auskommen können. Schreibt Grundsätze auf, was Erwachsene tun oder lieber unterlassen sollten, damit Jugendliche in ihre Rolle hineinwachsen können und selbständig werden. Was machen die Erwachsenen falsch im Umgang mit Jugendlichen?

Zeit des Umbruchs: Die Pubertät

Befragt man junge und ältere Erwachsene nach Erlebnissen und Erfahrungen in ihrer Pubertätszeit, dann kann man in ihren Erzählungen oft ein regelrechtes Muster ihres Weges zur Selbstfindung erkennen.

> › In einer ersten Phase wird vielfach von einer Phase der Unsicherheit erzählt. Hier war man nicht mehr Kind und noch kein Erwachsener. Diese Phase könnte man *Ich-Verwirrung* nennen.

> › Darauf folgt eine mehr oder weniger schwierige Suche nach dem, was man eigentlich ist, eine *Ich-Suche*. Für diese Phase berichten die Befragten häufig von Problemen mit Eltern und anderen Erwachsenen.

> › Als dritte Phase kann man eine *Ich-Eroberung* entdecken. Man war dabei, sich zu finden und kam mit den Eltern und anderen Erwachsenen besser aus.

1. *Informiere dich zunächst z. B. bei www.planet-wissen.de über die „Umbaumaßnahmen im Gehirn" während der Pubertät.*
2. *Da Menschen unterschiedlich sind, ist die Frage zu stellen, inwieweit eine solche Phaseneinteilung überhaupt Sinn macht. Diskutiert darüber. Wenn ja, was geht in diesen Phasen jeweils verloren und was wird gewonnen?*

3. *Wählt euch in der Gruppe jeweils eine Phase aus, und schreibt einen Ratgeber für Jugendliche, wie diese Phase am besten bewältigt werden kann.*
4. *Verfasse eine kurze Autobiografie. Orientiere dich beim Erzählen der eigenen Lebensgeschichte an den Satzanfängen.*

Autobiografie: Sich selbst erzählen

Die schwerste Aufgabe in meinem Leben war bisher ...
In einem Jahr, in fünf Jahren möchte ich ...
Von meinen Eltern habe ich geerbt, dass ...
Wenn ich morgen sterben müsste, würde ich mein Leben in folgendem Satz zusammenfassen ...
Ich bin stolz darauf, dass ...
Ich hätte nicht gedacht, dass ich einmal ...
Den größten Fehler habe ich begangen, als ich ...

Ich habe eigentlich großes Glück, dass ...
Am traurigsten bin bzw. war ich, wenn ...
Meine größte Gabe ist ...
Ich würde gerne anders heißen, nämlich ...
Ich halte nicht viel von Menschen, die ...
Am meisten für mich gelernt habe ich, als ...

Mein Vater, meine Mutter unterscheiden sich von anderen Leuten dadurch, dass ...
Ich unterscheide mich von anderen dadurch, dass ...

(Nach Material Extra. Ethik & Unterricht 4/2008, S. 8)

Was mir wichtig ist

Was für Menschen wichtig ist, wird durch „Werte" zum Ausdruck gebracht. Sie legen fest, was für Menschen oder eine Gruppe von Menschen bedeutsam ist und deshalb im Leben als erstrebenswert gilt. Es lassen sich verschiedene Gruppen von Werten unterscheiden: Soziale Werte (z.B. Freundschaft), ideelle Werte (z.B. Gerechtigkeit), religiöse/weltanschauliche Werte (z.B. Glaube), materielle Werte (z.B. Geld).

René Magritte,
Die persönlichen Werte, 1951/52

Wertebörse

› immer Neues lernen ‹
› Sport treiben, fit bleiben ‹
› die Welt sehen, viele Reisen machen ‹
› gute Freunde haben ‹
› in Freiheit leben ‹
› lieben und geliebt werden ‹
› an seinem Beruf Freude haben ‹
› seine Fähigkeiten entdecken ‹
› beruflichen Erfolg haben ‹

Wertebörse

› Träume haben ‹
› die Natur erleben ‹
› viel Geld verdienen ‹
› gut essen, gut trinken ‹
› für andere da sein ‹
› Kinder haben ‹
› in den Tag hineinleben können ‹
› ein Vaterland, eine Heimat haben ‹
› einen festen Glauben haben ‹

A

1. *Ordne die Werte den oben angegebenen Wertegruppen zu.*
2. *Erstelle eine Rangfolge mit sechs (nach dem jeweiligen Stellenwert geordneten) Werten, die für dein Leben wichtig erscheinen. Bestimme zwei Werte, die für dein Leben ganz unwichtig erscheinen.*
3. *Diskutiert in Kleingruppen die vorgenommenen Rangfolgen. Welche Werte fehlen eurer Auffassung nach in der Aufstellung? Ergänzt diese. Stellt die Ergebnisse der Gruppenarbeit in der Klasse zur Diskussion.*
4. *Welche Werte werden im Bild von Magritte dargestellt? Gibt es eine Verbindung zu den Werten der „Wertebörse"? Erläutere diesen Zusammenhang.*

Was mich beeinflusst

Wir leben nicht auf einer einsamen Insel wie Robinson Crusoe. Von Geburt an sind wir stets mit anderen Menschen zusammen. Egal, was genetisch angelegt und was erlernbar ist – auf sich allein gestellt verkümmert der Mensch. Ständig setzen wir uns mit Einflüssen auseinander, die von anderen Menschen ausgehen und auf uns einwirken. Auch die Medien spielen eine immer größer werdende Rolle in unserem Leben.

Netzwerk Familie

Die moderne Gesellschaftswissenschaft erklärt Familie unter anderem als einen Mechanismus, mit dem man Güter herstellen kann, die es auf dem Markt sonst nicht gibt. [...] Da geht es um nicht kaufbare Eigenschaften – für den einen ist es Liebe, für den anderen Geborgenheit, für den dritten ist es einfach das Maß an Vertrautheit, eine gemeinsame Zukunftsorientierung, das Teilen von Absichten. Das ist nicht dasselbe wie das, was wir mit unseren Freunden und Nachbarn teilen.

(Sandra Schmitt: Interview des Westdeutschen Rundfunks mit Prof. Axel Schölmerisch.
http://www.wdr.de/themen/panorama/gesellschaft/familie/modelle/interview_psychologie.jhtml)

Gut erzogen?
Das sollten Kinder im Elternhaus lernen   Von je 100 Befragten sagen (Mehrfachnennungen möglich)

> Höflichkeit, gutes Benehmen — 87%
> ordentlich und gewissenhaft zu arbeiten — 80%
> Toleranz gegenüber anders Denkenden — 79%
> sich durchzusetzen — 73%
> sparsam mit Geld umzugehen — 72%
> Wissensdurst — 67%
> sich die richtigen Freunde auszusuchen — 64%
> gesunde Lebensweise — 64%
> sich in eine Ordnung einzufügen — 42%
> Bescheidenheit — 29%

(IfD Allensbach; zit. nach Wochenschau 3/4/2004, S. 97 – bearbeitet)

1. *Schreibe die 10 Erziehungsziele der Tabelle auf einen extra Zettel. Bestimme eine Rangfolge (1 = hoher Stellenwert, 10 = geringer Stellenwert), wie deine Eltern vermutlich die Erziehungsziele in ihrer Wertigkeit beurteilen. Wenn deine Eltern einverstanden sind, bitte sie darum, gleichfalls eine Rangfolge festzulegen. Fasst die Ergebnisse der Schüler und Eltern der Klasse zusammen. Diskutiert die Ergebnisse.* [A]
2. *Erarbeitet Vorstellungen darüber, welche Erziehungsaufgaben Eltern haben und welche Entwicklungen sie von ihren Kindern erwarten. Untersucht in Gruppenarbeit drei Lebensphasen (6–12 Jahre; 12–16 Jahre; 16–18 Jahre). Stellt die Ergebnisse der Gruppenarbeit in der Klasse zur Diskussion.*
3. *Problemcheck: Diskutiert in Kleingruppen, wie ihr für folgende Probleme Lösungen findet (Ihr könnt natürlich auch noch andere Probleme diskutieren):*
   > *Wie geht ihr vor, wenn sich eure Eltern über eure Kleidung aufregen?*
   > *Was macht ihr, wenn eure Eltern den Umgang mit bestimmten Freunden nicht wünschen?*
   > *Wie geht ihr damit um, wenn eure Eltern eine völlig andere Meinung als ihr vertreten?*

Netzwerk Schule

Die Schule hat zunächst die Aufgabe, Wissen zu vermitteln sowie im Zusammenhang damit die intellektuellen und sozialen Fähigkeiten der Schüler herausbilden zu helfen. Darüber hinaus werden die Jugendlichen auf die vorherrschenden Werte und Normen der Gesellschaft eingestimmt, und es erfolgt auf der Grundlage der individuellen Leistung die Vorbereitung auf den künftigen Arbeitsprozess.

Schüler einer 10. Klassen wurden befragt, welche Meinung sie über ihre Schulzeit haben.

Tobias: Mir haben am besten Projektwochen und Exkursionen gefallen. Gefehlt haben interessante Freizeitangebote.

Lara: Kunst und solche Fächer standen für mich ganz oben. Schade, dass es bei uns keine Theatergruppe gab.

Marie: Ich konnte in der Schule oft nicht mithalten. Das hat mich fertig gemacht.

Jana: Schule hat mir immer Spaß gemacht. Wer nur rumhängt, lernt nichts.

Ronny: Manchmal habe ich mich gefühlt, als ob nach dem Trichter-Quirl-Prinzip unterrichtet wird. Ich weiß nicht, ob man das im Leben braucht!

Florian: Der Computer wurde kaum in den Unterricht einbezogen – das fand ich blöd. Die Lehrer haben aber vielleicht genauso wenig Ahnung wie meine Eltern.

Phillip: Das Zusammensein mit den anderen stand für mich immer an erster Stelle. Das andere in der Schule war für mich Nebensache.

Julian: Es liegt in meiner Hand, was ich lerne. Sich in Mathe auszukennen oder Fremdsprachen zu können, ist doch eine tolle Sache.

1. *Diskutiert über die Antworten der Schüler. Was siehst du genau so? Womit bist du nicht einverstanden?*
2. *Welche weiteren Fragen zur Bewertung der Schule müssten noch diskutiert werden? Bezieht in eure Diskussion auch die Aufgaben der Schule mit ein, wie sie oben formuliert worden sind.*
3. *Angenommen, ihr sollt euch als Mitglieder von Projektgruppen Vorschläge überlegen, wie eine modern ausgerichtete Schule der Zukunft aussehen soll. Bildet Projektgruppen, die Vorschläge zur Organisation des Lernens, der Gestaltung des Unterrichts und der unterrichtsfreien Zeit erarbeiten.*

Netzwerk Peergruppe

Der Begriff „Peergruppe"* (Gleichaltrigengruppe) fasst die Beobachtung zusammen, dass sich – besonders im Jugendalter – die Individuen bei der Suche nach Verhaltensmustern stärker an Menschen gleichen Alters als an den Eltern orientieren. Als Peergruppe gelten Gruppen mit Mitgliedern ähnlichen Alters, meist auch ähnlicher sozialer Herkunft.

Die „Hinterhofgruppe" – ein Gruppenprofil

› *Zusammensetzung*: Aussiedler, Migranten und Deutsche im Alter von 14 bis 22 Jahre gehören der Gruppe an. Viele der Gruppenmitglieder sind Schüler. Die Gruppe ordnet sich keiner Szene zu. Es wird aber streng darauf geachtet, wer zur Gruppe gehört und wer nicht.

› *Gruppenhierarchie**: Es gibt niemanden, der das alleinige Sagen hat. In welchem Verhältnis man zueinander steht bzw. zueinander stehen möchte, ist aber immer wieder Gegenstand von Auseinandersetzungen. Das erfolgt nebenbei, verpackt in typische Kommunikationsroutinen wie Beleidigen, Necken, Lästern, Klatschen, Spotten sowie dem spielerischen Austragen von Konflikten.

› *Umgang miteinander*: Innerhalb der Gruppe herrscht ein rauer Umgangston. Die Mädchen müssen sich teilweise anzügliche Bemerkungen anhören, reagieren darauf aber eher amüsiert. In der Gruppe ist jeder mit jedem befreundet. Bemerkenswert ist die Solidarität, die von der Gruppe gelebt wird. Wenn bestimmte Aktivitäten anstehen (wie Kino oder Schwimmen), legt die Gruppe auch schon mal zusammen, um für einzelne mitbezahlen zu können.

› *Konflikte*: Es gibt auch einige Pärchen in der Gruppe, die aber ständig wechseln. Nach Aussagen der Jugendlichen war „jeder schon mal mit jedem zusammen". Dies führt des Öfteren zu Konflikten innerhalb der Gruppe. Es wird aber versucht, die Streitigkeiten nicht auf die gesamte Gruppe auszuweiten, sondern zwischen den betroffenen Personen zu klären.

› *Gewalt*: Wenn es Konflikte gibt mit Außenstehenden, werden diese durch körperliche Gewaltanwendung ausgetragen. In Zukunft geht man sich dann aus dem Weg. Obwohl sich die Gruppe nach eigenem Selbstverständnis als „friedlich" bezeichnet, zeigt sich doch Gewaltbereitschaft.

(Nach Peter-Georg Albrecht u.a.: Wir und die anderen: Gruppenauseinandersetzungen Jugendlicher in Ost und West. Verlag f. Sozialwissenschaft, Wiesbaden 2007, S. 67)

1. *Analysiere, nach welchen Regeln die beschriebene Gruppe funktioniert. Fasse deine Ergebnisse so zusammen, dass wichtige Gruppennormen erkennbar werden.*
2. *Entwickle nach denselben Gesichtspunkten wie im Text ein Gruppenprofil deiner eigenen Peergruppe. Lies auch auf S. 42f. nach. Dort werden weitere Peergruppen vorgestellt.*

1.2 Krisen: Wenn das Leben verrückt spielt

Eine Freundschaft oder Liebe zerbricht, es gibt Probleme in der Schule, ein lieber Mensch stirbt, Ängste scheinen einen zu erdrücken … Jeder Sinn scheint auf einmal verloren zu sein. Auch das gehört zum Leben. Klar ist aber auch: Wer mit solchen Krisen des Lebens rechnet und über sie auch ein wenig Bescheid weiß, wird besser mit ihnen umgehen können.

15-jährige Schüler äußern sich in Zuschriften an eine Jugendzeitschrift zu schweren Belastungen in ihrem Leben (unveröffentlicht).

Sarah:

Meine Eltern haben, bis ich 12 Jahre alt war, gut zusammengelebt. Denke ich jedenfalls. Von heute auf morgen hat sich meine Mutter von meinem Vater getrennt. Das hat mich sehr mitgenommen. Meine jüngere Schwester schmeißt sich an Olaf, das ist der Macker meiner Mutter, richtig ran. Das finde ich eklig. Am liebsten würde ich zu meinem Vater ziehen. Das geht aber nicht. Ich hänge irgendwie in der Luft.

Annika:

Ich wollte überall die Erste sein. Auch bei meiner Figur sollte es keine Abstriche geben. Später sollte es zum Schüleraustausch in die USA gehen. Weil es dort viel Fast Food gibt, wollte ich vorher stark abnehmen. Mit 39 Kilo kam ich nach fünf Monaten ins Krankenhaus. Dort bekam ich eine Magensonde in die Nase. So elend mit dem Schlauch sollten meine Eltern mich nicht sehen. Da habe ich lieber gegessen.

Finn:

Ich leide tüchtig unter meinem Aussehen, weil ich zwei bis drei Jahre jünger eingeschätzt werde. „Gehört der Kleine auch zu Euch", hat vorige Woche der Einlassdienst im Schwimmbad gemeint, das wir mit der Klasse besucht haben. Wenn das Gespräch auf Mädchen kommt, dann bekomme ich schon mal den Ratschlag: „Hör gut zu – für später". Das macht mich fertig. Ich weiß mir nicht mehr zu helfen.

Jannick:

Seitdem ich denken kann, stottere ich. Wenn ich aufgeregt bin, kriege ich kaum einen richtigen Satz zustande. In meiner alten Schule gab es damit keine Probleme. Durch den Umzug nach Hannover kam ich in eine andere Klasse. Da haben einige Mitschüler mich nachgeäfft. Das hat mich sehr getroffen. Ich habe wahnsinnige Angst davor, im Unterricht sprechen zu müssen. Schon der Gedanke daran, versetzt mich in Panik.

1. *Stell dir vor, du sollst als Redakteur der Jugendzeitschrift in der Leserbriefecke Antworten auf die Zuschriften geben. Wähle eine Zuschrift aus und versuche, dem Jugendlichen Ratschläge zum besseren Umgang mit seiner Situation zu vermitteln.*
2. *Schreibe selbst ein Kurzstatement, mit dem du beschreibst, was dich in deinem Leben belastet.*
3. *Diskutiert über die fiktiven Antworten der „Redakteure" der Jugendzeitschrift. Wer es möchte, kann auch sein Kurzstatement zur Diskussion stellen.*

Veränderung ist das Normale

Jeder Mensch wird in seinem Leben mehrere Krisen erleben. Entweder als Teil seiner natürlichen Entwicklung oder durch überraschende Ereignisse, die über Nacht alles verändern. Langfristig bleibt nichts so, wie es war. Die Veränderung ist das Normale. Anpassung ist eine Notwendigkeit, um zu überleben. So steckt in jeder Veränderung und natürlich auch jeder Krise eine Chance. Wichtig ist, dass man gerade bei aufgezwungenen Veränderungen nicht vergisst, dass man dadurch seine Lage auch verbessern kann.

(Nach Otto Buchegger. In: Peter Brokemper: Glück – ein Projektbuch. Verlag an der Ruhr, Mülheim 2009, S. 79)

Krisen-Arten:

Gemeinsam erlebte Krisen, die
alle Menschen einer bestimmten Zeitspanne erleben: Naturkatastrophe, Wirtschaftskrise, Krieg, Bürgerkrieg, Hungersnot.

Krisen, die sich aus dem normalen Lebenslauf ergeben können und die mehr oder weniger vorhersehbar sind: Pubertät, Verpflichtungen erfüllen (Schulpflicht, Leistungsdruck), Ablösung von den Eltern (für beide Seiten), Partnerschaft, Wechseljahre, Alterskrise, nahender Tod. Manche dieser Krisen nehmen einen eher schleichenden Verlauf, bis es zu einer Zuspitzung kommt.

Individuelle Krisen entstehen oft durch kritische Lebensereignisse. Sie sind in der Regel unvorhersehbar. Oft fällt ein wichtiger Teil des Lebens weg, was als existenzbedrohender Verlust wahrgenommen wird: Krankheit (Verlust der Gesundheit), Tod eines Nahestehenden, Arbeitslosigkeit, Pensionierung, Scheidung (Verlust durch Trennung), Opfer eines Verbrechens.

1. *Angenommen, du bist Werbegrafiker und eine Werbeagentur hat dich beauftragt, ein Plakat zum Thema „Krise" zu entwerfen. Gestalte ein Plakat nach den folgenden Vorgaben:*

   › *hat eine Idee*
   › *einen pfiffigen Spruch*
   › *ist spannend gestaltet*
   › *und muss vom Autofahrer an der Ampel verstanden werden*

Welche Chancen bieten uns Krisen?

In Krisenzeiten verliert man leicht seinen Lebensmut. Andererseits können Krisen auch Kraftreserven mobilisieren.

1. Hilflosigkeit akzeptieren

Je mehr du gegen deine Lage ankämpfst, je mehr du dich darüber ärgerst, dass es dich treffen musste, umso länger dauert es, bis du einen Weg aus der Krise findest. Gehe in der Krise verständnisvoll mit dir um. Denke zum Beispiel daran, dass du mit einem Freund in einer ähnlichen Lage auch rücksichtsvoll umgehen würdest.

2. Positive Grundeinstellung einnehmen

Deine Verzweiflung wird um so größer, je schlimmer du die Krise bewertest und um so weniger du an eine Überwindung der Krise glaubst. Mach dir stattdessen hoffnungsvolle Gedanken: „Ich habe bisher immer eine Lösung gefunden", „Wenn sich eine Tür schließt, öffnet sich eine andere".

3. Aus der Vergangenheit lernen

Rufe dir Erfolge aus deinem bisherigen Leben ins Gedächtnis und mach dir klar, dass diese Kräfte noch immer in dir stecken. Hilfreiche Fragen, um deine Kräfte zu erwecken: „Was hat mir damals die Kraft für die Bewältigung der Krise gegeben? Was habe ich getan?"

4. Nach Vorbildern suchen

Für viele ist es tröstlich, Menschen zu treffen, die in einer ähnlichen Situation waren und sie überwunden haben. Gibt es in deiner Familie oder in deinem Freundeskreis einen Menschen mit ähnlichen Erfahrungen? Setze dich mit ihm in Verbindung. Oder: Viele behinderte Menschen vollbringen Leistungen, die sich Unversehrte nicht zutrauen. Diese Menschen sind der Beweis dafür, dass in uns mehr Kräfte und Energien für die Meisterung von Krisen stecken, als wir für möglich halten.

5. Vertraute in die Situation einbeziehen

Freunde können in Krisenzeiten sehr viel Kraft für die Bewältigung der Krise geben. Manchmal steigern wir uns in eine Situation, die wir als bedrohlich und negativ erleben, so stark hinein, dass wir nur noch die Probleme sehen und unfähig sind, unseren Blick auf mögliche Lösungen zu richten. Insbesondere vertraute Menschen können uns wieder auf den Boden der Tatsachen holen und unseren Blick in eine andere Richtung lenken.

6. Der Krise einen Sinn für's Leben geben

Sobald du der Krise einen Sinn für dein Leben gibst, fühlst du dich nicht mehr als ihr Opfer und erlangst eine neue Lebensperspektive. Suche also bewusst nach dem Positiven, das diese Krise für dein weiteres Leben haben könnte.

(Nach Rolf Merkle: Hilfe bei der Bewältigung von Krisen. In: http://www.palverlag.de/Lebenskrisen.htlm; Zugriff: 9.7.2011

1. Findest du die Ratschläge hilfreich bei der Bewältigung von Krisen? Welche mehr, welche weniger? Begründe!

2. Stell dir vor, ein Freund/eine Freundin von dir steckt in einer tiefen Krise. Du willst ihm/ihr aus der Krise heraushelfen, indem du einen Brief an ihn/sie schreibst. Wähle dir einen der sechs Punkte aus und sprich ihm/ihr anhand dieses Punktes Mut zu, die Krise zu überwinden.

Abtreibung

Das Thema „Abtreibung" stand heute im Ethikunterricht zur Diskussion. Nora konnte nicht länger zuhören. Die hatten doch keine Ahnung. Die diskutierten, als müsste man eine schwierige Matheaufgabe lösen. Aber sie, Nora, erwartete ein Kind. War sie sich sicher? Ja, seit gestern. Der Schwangerschaftstest mit ein paar Tropfen Urin ergab ein positives Ergebnis. Man konnte auch schwanger sein, ohne dass es angezeigt wurde. Aber wenn der Test seine Farbe änderte, war man schwanger. Immer.

Komisch, dass es sich schon zeigte. Sie war erst am Ende der ersten Woche. Der Embryo war maximal sechs Tage, vierzehn Stunden und zirka zehn Minuten alt. Denn Samstagabend hatte sie zum ersten Mal mit einem Jungen geschlafen, Stefan. Was würde er dazu sagen? Nein, er durfte es nicht erfahren! Sie würde also ein Kind bekommen. Nein, klar, dass sie das nicht tun würde.

Ein Mädchen in der Neunten kann doch kein Kind bekommen. Im schlimmsten Fall treibt man es ab. Das ist einfach so.

Gerade sagte ein Junge, dass eine Frau das Recht haben müsste, über ihren Körper zu entscheiden; jedenfalls so lange, wie der Embryo noch zu klein ist, um etwas von der Abtreibung mitzubekommen. Ah ja! Ein anderer Junge war dran und erzählte etwas über den Respekt vor dem Leben. Eine Gesellschaft sollte niemals vergessen, die Schwächsten zu schützen. Nee!

Es war, als würde sie eine Fernsehdebatte aus dem Weltall verfolgen. Worüber sprachen die eigentlich? Das einzig Wichtige war doch, dass sie fünfzehn war und schwanger. Vorige Woche hätte sie sicher noch gerne mitdiskutiert. Was sie gesagt hätte? Merkwürdig, sie erinnerte sich nicht mehr daran, was sie für eine Einstellung dazu hatte. Damals, vor tausend Jahren. Jetzt war Abtreibung keine Sache mehr, zu der man Ansichten haben konnte, es war ein furchtbares Wort, das sie in Angst und Panik versetzte. Sie musste jemandem davon erzählen, schnell! Und das ging nicht!

Was würde ihre Mutter sagen? Zuerst würde sie enttäuscht aussehen. Das konnte man noch ertragen. Dann würde sie sagen, Nora sei zu jung für Sex. Und dann würde sie anfangen, über Verhütungsmittel zu sprechen und über eine sofortige Abtreibung. Und wie solle es mit der Schule und ihrer Ausbildung weitergehen, würde sie weiterfragen? Je länger Nora über ihre Situation nachdachte, desto auswegloser erschien ihre Lage zu sein und umso mehr überwältigte sie ein kaum zu unterdrückendes Angstgefühl.

(Nach Lars Collmar: Das seh' ich aber ganz anders! Verlag an der Ruhr, Mülheim an der Ruhr 2007, S. 69)

1. *Angenommen, Nora fragt dich als Freund/in um Rat. Was würdest du ihr raten? Wie könntest du Nora möglichst konkret helfen?* [A]

2. *Erläutere, warum es leichter ist, über ein Problem zu reden, wenn man nicht davon betroffen ist.*

3. *Stell dir vor, du wärst die Tochter von Nora und deine Mutter hätte dir von der unterbliebenen Abtreibung erzählt. Schreibe deine Gedanken und Gefühle auf, die dir dabei durch den Kopf gehen könnten.*

4. *Sollte ein Kind wissen, dass seine Mutter an eine Abtreibung dachte, als sie mit ihm schwanger war? Diskutiert in der Klasse Pro und Kontra und erläutert beide Sichtweisen.*

Melanie: Neue Welten entdecken
Zu Beginn ihres Psychologie-Studiums lernte die Interviewerin Melanie als 21-jähriges Mädchen kennen, das unter Bulimie* litt. Zum Zeitpunkt des Interviews sind beide gute Freundinnen.

Interviewerin: Wie hat deine Krise angefangen?
Melanie: Da war ich so dreizehn, vierzehn. Das war, kurz bevor es mit der Essstörung losging. Ich war damals schon ganz schön durch den Wind: Zu der Zeit teilte sich die Klasse gerade in die typischen Pubertätscliquen. Ich hatte viele meiner Freunde verloren, und war am Gläser-rücken wie eine Irre. Auch als dann ein paar Monate darauf mein Essverhalten sich änderte, habe ich lange noch nicht den Gedanken gehabt, ich könnte eine Krankheit haben. Für mich war Hungern einfach ein Weg, endlich das zu bekommen, was ich wollte: Eine gute Figur, d.h. eine Beziehung und Ansehen in der Clique, zu der ich nicht gehörte. – Eine Krankheit war das damals bestimmt nicht für mich.

Interviewerin: Wie ging es weiter?
Melanie: Ich weiß nicht genau, wie lange es gedauert hat, aber irgendwann habe ich gemerkt, dass es mir nicht gut geht, und dass irgendwas nicht stimmt. Ich weiß noch, ich habe meine Eltern angefleht, die Küche abzuschließen, und den Schlüssel zu verstecken, damit ich nicht mehr an den Kühlschrank komme – das war in der Phase, wo ich dann schon abwechselnd Heißhungerattacken hatte, und dann wieder hungerte. Ich bekam das alles nicht mehr in den Griff, verlor die Kontrolle. Denn ich wusste einfach nicht, wie ich wieder ein normales Verhält-nis zum Essen bekommen sollte, und ich hasste meinen Körper. Auch mit den Leuten in der Schule hatte ich Probleme. Und vor allem mangelndes Selbstbewusstsein nagte an mir.

Interviewerin: Was hat dich dazu bewogen, dich in Behandlung zu begeben?
Melanie: Der Leidensdruck war einfach wohl zu groß geworden, wie man so schön sagt. Ich begann mein Leben auf den Kopf zu stellen. Heute kann ich sehen, dass ich einfach den engen Rahmen meiner „heilen" Ein-Familienhaus-Welt Poppenbüttel sprengen musste, um mich zu befreien. Ich begann mich damit auseinander zu setzen, was mich geprägt hat – auch und gerade in der harten Konfrontation meiner Eltern. Die Konflikte stellten unsere Familienstruk-turen quasi unter ein Vergrößerungsglas. Ich schaffte mir meinen eigenen Initiationsprozess*, indem ich mich mit allem konfrontierte, was ich in der Pubertät abgelehnt hatte, aus Angst vor dem, wovor mich meine Eltern gewarnt hatten. Es war eine spannende Entdeckungsreise – und ich befand mich auf der Suche nach mir selbst.

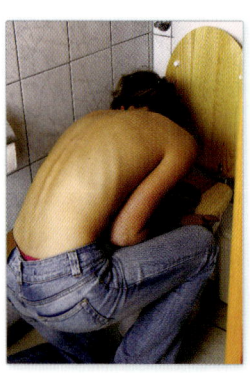

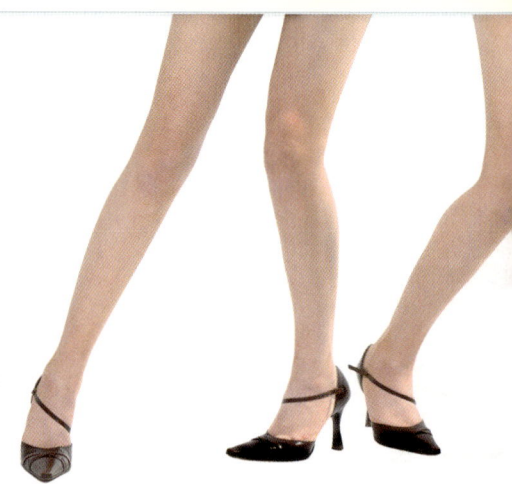

Ich verschlang Frauenbücher – auf der Suche nach einem besseren Vorbild für das Frau-Sein als das, was meine Mutter mir gab. Wie sie wollte ich auf keinen Fall werden. So dick, dass mich mein Mann nicht attraktiv finden könnte. Langsam entstand in mir ein Frauenbild, was ich annehmen und anstreben konnte.

Interviewerin: Wie hast du es geschafft, dein Leben neu zu orientieren?
Melanie: Ich habe einen neuen Selbst- und Wertebezug bekommen, das kann man wohl so sagen. Ich habe zu meiner Weiblichkeit gefunden, die ich anders definiere als Werbeplakate, Hollywoodfilme und meine Mutter das tun. Ich bin zwar nicht völlig durch, aber ich kann ein Leben führen, das sich nicht nur zwischen Kühlschrank, Waage, Spiegel, Depressionen und Suizidgedanken abspielt. Ich habe die Verantwortung für mein Leben in meine Hand genommen, an einem Punkt, an dem mir keine andere Wahl blieb: Untergehen oder Verantwortung übernehmen. Da habe ich mich für Letzteres entschieden.

Interviewerin: Wie sieht deine Einstellung zur Krise jetzt aus?
Melanie: Ich wäre nicht der Mensch, der ich heute bin! Ohne diese Krise wäre ich wahrscheinlich weder Frau, noch erwachsen, noch ich, noch glücklich geworden. Sie war nötig, um mich aus der Situation zu befreien, in der ich mich vorher befand. Vor allem habe ich gelernt: Alles ist egal – nur eines zählt: Ich möchte mit mir im Reinen sein, mich lieben, mich leben, mich glücklich machen. Und weiß Gott: Das ist Wandlung. Ich bin so viel reicher als vorher, so viel stärker und so viel tiefer.

Interviewerin: Was hat dir bei der Bewältigung der Krise geholfen?
Melanie: Meine Eltern waren immer feste Bezugspersonen für mich. Auch wenn ich im Nachhinein eine sehr kritische Einstellung zu ihrem Erziehungsstil entwickelt habe. Aber wir hatten eine sehr enge und liebevolle Bindung, würde ich mal sagen.
Ich habe mich eigentlich nie lange passiv der Situation hingegeben oder mich in Verzweiflung geübt, sondern habe aktiv und mit Interesse an meinem Heilungsprozess mitgewirkt. Ich bin zu Vorträgen gelaufen, habe mir stapelweise Bücher zum Thema Essstörung reingezogen, eifrig Therapiebuch geführt und Erfahrungen gesammelt. Ich habe meine eigenen kleinen Rituale erfunden und alles in Liedern, Gedichten, Theaterstück-Entwürfen, Bildern und Tänzen verarbeitet.

(Nach Daniela Heddaeus: Krise als Entwicklungschance. Fallbeispiel Melanie. In: http://www.krise-als-entwicklungschance.de/seite-13.htlm; Zugriff: 9.7.2011)

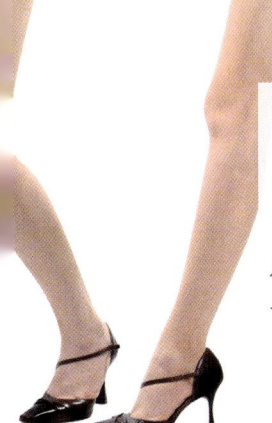

1. *Analysiert und diskutiert den Verlauf und das Ergebnis von Melanies Krise.*
   › *Wie und wodurch entstand die Krise?*
   › *Was lässt sich über den Höhepunkt der Krise feststellen?*
   › *Was führte zur Überwindung der Krise?*
   › *Mit welchem Ergebnis hat Melanie die Krise überwunden?*
2. *Welche Möglichkeiten hätten bestanden, Melanies Krise zu verhindern?*
3. *Lassen sich aus Melanies Krise allgemeingültige Gesichtspunkte hervorheben, die junge Menschen in ähnlichen Situationen beachten sollten? Welche könnten das sein?*

Freundschaft in der Zerreißprobe

Leonie und Hannah sind seit Kindertagen eng miteinander befreundet. Ohne es offen auszusprechen, hätte Hannah gern ein bisschen mehr von dem gehabt, was Leonie auszeichnet. Ihre unbekümmerte, lustige Art findet bei den anderen großen Zuspruch. Auch mit Jungs kommt Leonie gut zurecht. Hannah ist eher die nachdenklichere, zurückhaltendere von beiden. Mit dem anderen Geschlecht hat sie so ihre Schwierigkeiten. Aber vielleicht funktioniert gerade wegen ihrer Gegensätzlichkeit ihre Freundschaft so gut.

Alles wird ganz anders, als sich Leonie und Felix verlieben. Als Drummer der Schülerband „Chaosperle" wird er von vielen Mädchen umschwärmt. Auch Hannah und Leonie gehören zu seinen Verehrerinnen. Gefunkt zwischen Leonie und Felix hatte es, als Leonie beim Probesingen in der Schülerband mit ihm herumalberte. Anfangs unternehmen die drei vieles gemeinsam. Immer ist Hannah dabei, wenn es in die Disko, zum Shoppen oder ins Schwimmbad geht. Allmählich fühlt sich aber Hannah als fünftes Rad am Wagen. Die alte Vertrautheit zwischen ihr und Leonie ist verloren gegangen. Noch schwerwiegender macht ihr aber der Umstand zu schaffen, sich total in Felix verliebt zu haben und es nicht ertragen zu können, die beiden glücklich zu sehen. Sie fasst sich ein Herz und gesteht Felix ihre Liebe.

Felix gibt Hannah zu verstehen, dass sie ihm nicht gleichgültig wäre. Auch wenn sich Felix zu Leonie bekennt, schöpft Hannah aus der Begegnung mit ihm die Hoffnung, dass die Liebe zwischen ihnen eine Chance hätte. Für Felix sind die Äußerungen nicht bloß so dahingesagt. Ihm gefällt die stille, gefühlvolle Art Hannahs. Die Situation ändert sich schlagartig, als Leonie wegen einer schwierigen Operation für mehrere Wochen ins Krankenhaus muss. Hannah könnte also die Chance nutzen und Felix für sich gewinnen. Zwei Seelen schlagen nun in Hannahs Brust: Zum einen hat sie noch immer feste Bindungen zu Leonie und will die Freundschaft zu ihr nicht verlieren. Zum anderen möchte sie Felixs Liebe gewinnen. Sie spürt, dass auch er sich immer stärker zu ihr hingezogen fühlt.

A
1. *Stell dir vor, du wärst mit Hannah befreundet und sie würde dich in dieser schwierigen Situation um Rat fragen. Mit welchen Argumenten könntest du ihr beistehen? Worauf sollte sie bei ihrer Entscheidung achten? Schreibe einen Dialog zwischen Hannah und einer Freundin.*
2. *Vergleicht in der Klasse eure Dialoge. Welche Argumente sind in der geschilderten Situation besonders wichtig? Gibt es Verhaltensprinzipien, die Hannah bei ihrer Entscheidung berücksichtigen sollte?*

Hilfe in Krisen

Krisen können Ursache für tiefe Angst und Unsicherheit sein. Die Betroffenen befürchten, dass vielleicht ihr ganzes Leben aus den Fugen gerät. Niemand ist in solchen schwierigen Lebenslagen allein. Ansprechpartner sind Eltern, Freunde, Lehrer, Schulpsychologen und Vertrauenslehrer, Jugendämter und Beratungsstellen. Hinzu kommen die umfangreichen Hilfsangebote im Internet.

Chris (16)

Als ich noch jünger war, habe ich von meinem Schwulsein nichts gemerkt. Wir haben als Jungen oft gespielt und herum getobt. Alles war rein freundschaftlich. Meine ersten erotischen Träume handelten meist von Jungen oder Männern – und wenn meine Kumpels von sich berichteten, merkte ich sofort, dass sie auf Nacktfotos von Frauen standen. Da dachte ich mit einiger Angst, dass ich ganz anders drauf war. Später wurde mir klar: Ich bin schwul! Meinem besten Freund habe ich das gestanden, aber er konnte damit nicht umgehen und hat den Mund nicht gehalten. Dann kam der grauenvolle Tag, als mir auf dem Schulhof einer zurief: „Da kommt die schwule Sau!" Ich war total schockiert und bin weggelaufen. In der Klasse machten eine Zeit lang viele einen Bogen um mich … Mit 15 habe ich mir ein Herz gefasst und meinem Vater erzählt, was los war. Erst hat er blöd geguckt, dann hat er einen Wutanfall gekriegt, mir eine Ohrfeige verpasst und geschrien: „Du hörst sofort mit der Sauerei auf!" Zwischen uns war

totale Sendepause. Meine Mutter hat sich da ganz rausgehalten. Das fand ich besonders schlimm. Am liebsten wäre ich von zu Hause abgehauen. Weil meine Schulleistungen total den Bach runtergingen, gab es ein Gespräch mit dem Schulpsychologen. Er hat meinen Eltern und mir empfohlen, zu einer Beratungsstelle zu gehen. Das hat es voll gebracht! Ich glaube, meine Eltern finden mein Schwulsein heute immer noch nicht so toll, aber sie akzeptieren mich so, wie ich bin. Meine Klasse und meine Freunde wissen Bescheid, und alle sind jetzt wirklich nett. Seit fast einem Jahr habe ich einen festen Freund, den ich sehr mag … Ich bin so froh, dass ich das alles hinter mir habe. Jetzt fühle ich mich richtig frei.

(Peter Brokemper: Sex, Zahnspangen & der andere Stress. Verlag an der Ruhr, Mühlheim an der Ruhr 2008, S. 25)

1. *Beurteile, wie vertraute und weniger vertraute Personen mit dem Schwulsein von Chris umgehen.*
2. *Wie hat es Chris geschafft, sich aus dieser schwierigen Lebenssituation zu befreien? Lest in diesem Zusammenhang die Geschichte über Marko (S. 126) nach.*

3. *Ladet den Vertrauenslehrer oder den Schulpsychologen in den Unterricht ein oder führt mit ihnen ein Interview. Bereitet einen Fragenkatalog vor, mit dem ihr möglichst genaue Informationen von den Experten erhalten wollt. Beispielfragen: Welche Arten von Krisen gibt es unter den Schülern? Wer ist betroffen? Welche Auswirkungen sind damit verbunden? Wie wird den Betroffenen geholfen? Die Informationsweitergabe an euch durch die Experten erfolgt natürlich anonym, d. h. ohne die Nennung von Namen der Betroffenen.*
4. *Ihr könnt das Gespräch in der Beratungsstelle auch im Rollenspiel erproben. Benötigte Rollen: Chris, Vater und Mutter von Chris, Experte der Beratungsstelle.*

Wenn du Hilfe benötigst und nicht das Gefühl hast, du könntest jemanden fragen, den du kennst, dann gibt es viele Gruppen und Organisationen, die versuchen werden, dir zu helfen.

Würzburger Kinderfonds-Stiftung Glück im Unglück

Glück im Unglück hilft bedrängten, gefährdeten oder in Not geratenen Kindern und Jugendlichen, Krisen zu bewältigen, um wieder festen Boden unter den Füßen zu erhalten. Sie sollen sich trotz schwieriger Lebensbedingungen unbeschadet und glücklich entwickeln können. Daher sucht die Stiftung Mittel und Wege, finanzielle und soziale Not in Familien zu lindern und Entwicklungsbeeinträchtigungen bei jungen Menschen zu verhindern. Kindern und Jugendlichen in akuten Notlagen zu helfen und beizutragen, dass sich ihre Situation langfristig verbessert, ist uns ein besonderes Anliegen. Wir unterstützen sie und ihre Familien – unabhängig von Nationalität, sozialem Stand oder Religion.

(www.glueck-im-unglueck.org ; Zugriff: 11.7.2011)

Telefontipps

1 ∞   › Überlege dir genau, was du wissen willst. Stelle vor dem Telefonat eine kurze Liste der wesentlichen Punkte zusammen, zu denen du Fragen hast, und versuche nicht, am Anfang viel zu erklären.

2 ABC   › Lege Papier und Stift bereit, so dass du dir Notizen machen kannst.

3 DEF   › Du wirst vielleicht zuerst mit der Telefonistin in der Zentrale sprechen. Frage nach jemandem, der dir bei deinem Problem helfen kann. Die Telefonistin wird dich entweder zu jemandem durchstellen, der deine Fragen beantworten kann, oder sie nennt dir die Telefonnummer einer anderen Organisation, die du anrufen kannst.

4 GHI   › Erkläre dein Problem oder deine Frage so klar und einfach wie möglich.

5 JKL   › Richte dich darauf ein, dass dir Fragen über dich und die Situation gestellt werden, aber wenn du nicht sicher bist, wonach oder warum gefragt wird, scheue dich nicht, um eine Erklärung zu bitten.

6 MNO   › Erzähle die Wahrheit. Es hilft nicht, wenn du falsche Informationen nennst und dir der Berater am anderen Ende der Leitung dann falsche Ratschläge gibt.

(Jacqui Bailey: Sex, Zahnspangen & der andere Stress. Verlag an der Ruhr, Mülheim 2008, S. 106)

Wenn du ganz dringend mit jemandem reden musst, dann kannst du die Telefonnotfallhilfe kostenfrei anrufen: Die Nummer gegen Kummer (Kinder und Jugendtelefon) 0800/1110333

1. Recherchiert im Telefonbuch, in den Gelben Seiten und im Internet nach Gruppen und Organisationen, die sich in eurer Region der Hilfe von Jugendlichen in Krisensituationen annehmen. Stellt eine Liste der Kontakte zusammen, die allen Schülern jederzeit zugänglich ist (z. B. Wandzeitung).

Erste Hilfe im Netz

[Im Internet] findet man Menschen mit ähnlichen Erfahrungen, die Mut machen können. Q
Manchmal hilft es schon, wenn man sich einfach die Probleme von der Seele schreiben kann
und jemand antwortet – und das alles anonym und kostenlos. Aussehen und Äußerlichkeiten
spielen im Web keine Rolle. Im Mittelpunkt stehen die Probleme, der Austausch mit anderen,
die Suche nach Lösungen – und die ganz wichtige Erfahrung: Ich bin nicht allein. Andere verstehen mich. Es gibt Hilfe.

Aber auch im Netz ist nicht alles Gold, was glänzt. Viele Infos sind falsch, nicht selten stehen,
gut versteckt, kommerzielle Interessen im Vordergrund. Zudem bemängeln Kritiker, dass beim
Internetchat der direkte zwischenmenschliche Kontakt [...] zu den Beratern fehlt, was ein wesentlicher Bestandteil für eine erfolgreiche Behandlung ist.

Stefanie, 18, spricht über ihre Erfahrungen: „Ich habe irgendwann angefangen, mir selbst wehzutun, mich mit allem Möglichen zu ritzen. Ich musste irgendwie Druck ablassen und mich spüren." Beim abendlichen Surfen landete sie auf einer der vielen Seiten im Netz, wo Jugendliche
Hilfe finden. „Ohne die Infos im Internet und den Kontakt mit anderen, denen es auch schlecht
ging, hätte ich es nicht geschafft", resümiert Stefanie, die ihren Weg aus der Krise geschafft hat.

(Nach Andrea M. Hesse: Erste Hilfe im Netz: http://www.spiegel.de/netzwelt/web/0,1518,39716-8,00.htlm; Zugriff: 11.7.2011)

Chat-Regeln

Weder Adresse, E-Mail noch Telefonnummer preisgeben	Chatiquette beachten
Fantasienamen nutzen, die keine Information über Geschlecht und Alter geben	Sich nie mit einer Bekanntschaft aus dem Chat treffen

Keine Bilder von sich hochladen	Nur moderierte Chats nutzen	Nie in Erwachsenen- Chats gehen	Nie allein mit Fremden chatten

Wer nicht weiß, wie er am besten mitchattet, findet noch mehr Infos, die sogenannten Chatiquette, unter http://
www.chatiquette.de

Krisenhilfe im Internet – eine erste Auswahl
› www.loveline.de | Webseite über „Liebesthemen", Chat mit Beratern möglich
› www.das-beratungsnetz.de | Beratung durch Experten zu Themen wie Partnerschaft, Sexualität, Sucht u.a.
› www.youth-life-line.de | Jugendliche helfen Jugendlichen bei Einsamkeit, Sucht, Essstörungen, Liebeskummer u.a.
› www.kidsonline.de | Foren-, Einzel- oder Chatberatung über Liebe und Sexualität
› www.bmev.de/uploads/media/mediation-familie_01.pdf | Beratung bei schweren Konflikten in der Familie

1. Sprecht über die oben genannten Gründe, warum Jugendliche bei persönlichen Problemen im Netz chatten. A
   Gibt es weitere Gründe?
2. Welche Erfahrungen habt ihr beim Chatten im Netz gemacht, wenn ihr persönliche Probleme angesprochen
   habt? Um die Anonymität zu wahren, könnt ihr eure Probleme mit dem Computer auf einen Zettel schreiben.
   Die Zettel werden eingesammelt, im Unterricht vorgelesen und besprochen.

1.3 Wandlungen von Glücksvorstellungen

Glücklich zu sein ist das Verlangen jedes vernünftigen, aber endlichen Wesens, so formulierte es Kant in der *Kritik der praktischen Vernunft*. Wir alle haben ein Lebensziel. Die amerikanische Verfassung von 1776 hat sogar die Formel vom „pursuit of happiness" (Streben nach Glück) als einem unveräußerlichen Recht festgeschrieben. Doch was ist Glück überhaupt? Worin besteht das Glück für mich? Was erweist sich als Sackgasse auf dem Weg zum Glück? Und wie kann ich glücklich werden? Eine Antwort darauf wird sehr unterschiedlich ausfallen. Jeder muss eine eigene Vorstellung und individuelle Wege zum Glück finden.

Glück – Was ist das?

Das Wort „Glück" kann im Deutschen sowohl den günstigen Zufall als auch einen Zustand des Wohlergehens meinen; wir können *Glück haben* oder *glücklich sein*. [...] Gerade deswegen ist es wichtig, den Begriff „Glück" [...] für die Bezeichnung von Zuständen des menschlichen Wohlergehens zu reservieren und vom glücklichen Zufall zu unterscheiden, der dieses Wohlergehen mehr oder weniger stark beeinflussen kann. [...] Die Rede vom Glück kann des weiteren *episodisch* oder *übergreifend* gemeint sein. Der Satz „ich bin glücklich" kann sich auf ein Glück beziehen, das ich hier und jetzt empfinde, oder auf die übergreifende Qualität meines Lebens.

(Martin Seel: Glück. In: Heiner Hastedt/Ekkehard Martens (Hg.): Ethik. Ein Grundkurs. Reinbek, Rowohlt 1994, Seite 146 f.)

Zufallsglück
(durch einen [glücklichen] Zufall begünstigt zu sein)
Gewinn, Begegnung

Glück von Dauer
(Fülle als dauerhaftes Gefühl, im Glück zu leben)
Gelassenheit, Selbstbestätigung

Wohlfühlglück
(während einer kurzen Zeitdauer einen Glücksmoment zu erleben)
Filmbesuch, Wellness

1. *Präsentiere dein Verständnis von „Glück". Beziehe in die Suche nach deinem Glücksbegriff die Begriffsanalyse „Glück" auf Seite 53 mit ein.*
2. *Notiere sechs Beispiele, die für dich etwas mit Glück zu tun haben.*
3. *Ordne deine Beispiele nach den verschiedenen Arten von Glück: Zufallsglück, Wohlfühlglück, Glück von Dauer. Diskutiert in der Klasse die Zuordnungen.*
4. *Stellt in der Klasse eine „Top-Ten-Liste" auf, mit der ihr eine Rangfolge der am häufigsten genannten Angaben festlegt.*
5. *Schreibe abschließend auf, was nicht glücklich macht.*

Was bedeutet Glück für mich

Was aber die Glückseligkeit ist, darüber streiten sie, und die Leute sind nicht derselben Meinung Q
wie die Weisen. Jene nämlich verstehen darunter etwas Selbstverständliches und Sichtbares,
wie Lust, Reichtum oder Ehre, der eine dies, der andere jenes, oftmals auch einer und derselbe
Verschiedenes: wenn er krank ist, meint er die Gesundheit, wenn er arm ist, den Reichtum.

(Aristoteles: Nikomachische Ethik. dtv, München 2006, S. 108)

Der eine Mensch ist im Frieden glücklich, der andere im Krieg, der eine wünscht sich die Einsam- Q
keit, die ihn beflügelt, der andere bedarf eines festlichen Gewimmels, um sich zu begeistern; der
eine sucht seine Freude in der Wissenschaft, die auf die gestellten Fragen eine Antwort gibt; der
andere findet seine Freude in Gott, vor dem keine Frage mehr einen Sinn hat. Wenn ich das Glück
umschreiben wollte, würde ich vielleicht sagen, es bestehe für den Schmied im Schmieden, für
den Seemann in der Seefahrt, für den Reichen in der Mehrung seines Reichtums.

(Antoine de Saint-Exupéry: Die Stadt in der Wüste. Ullstein, Frankfurt u.a. 1979, S. 190)

1. *Bilde einen Satz: „Ich bin glücklich, wenn …" oder „Glück ist für mich, wenn …"* A
2. *Welche Wege zum Glück erkennst auf der Karte?*
3. *Welches wäre dein Lieblingsplatz im „Land der Glücklichen"?*

4. *Gestalte deine eigene Karte vom „Land der Glücklichen", in der du deine Vorstellungen vom Glück zum Aus-* Ü
   druck bringst.
5. *Stellt gemeinsam Zitate und Aphorismen zum Glück zusammen. Bildet Kleingruppen, in denen ihr euch auf*
   einen Aphorismus/ein Zitat einigt, das ihr den anderen vorstellt, indem ihr es entweder als szenisches Spiel
   oder als Pantomime oder als Geschichte, die den Inhalt verdeutlicht, darstellt. – Die anderen erraten, welche
   Spruchweisheit ihr dargestellt habt.

Wovon hängt das Glück ab?

Der Psychologe Richard Winterswyl hat die Antworten gebündelt. Zu jeder Frage hat er zwei Alternativen genannt.

1. **Liegt das Glück darin, einen Lebenssinn zu finden,** oder ist es selbst Lebenssinn?

2. **Hängt das Glück von dem ab, was ein Mensch hat,** oder von dem, was er leichten Herzens entbehren kann? **Von dem, was er erwirbt,** oder wovon er sich befreit?

3. **Ist es Glück, wenn er sich findet,** oder eher, wenn er sich verliebt, verliert, vergisst?

4. **Ist es die Identität (Übereinstimmung) mit sich selbst** oder mit denUmständen?

5. **Erreicht oder bewahrt man es durch Leidenschaft** oder durch Ökonomie (Vernunft, Planung)?

6. **Ist es die Freiheit, zu tun, was man will,** oder die Einsicht, das Richtige zu wollen?

7. **Ist es Glück, wenn unsere Wünsche in Erfüllung gehen** oder wenn wir gnädig davor bewahrt bleiben?

8. **Liegt das Glück im Weg** oder im Ziel?

9. **Findet man es eher im Abstand** oder in der Nähe zur Welt?

10. **Sind es eher die Ereignisse und Umstände, von denen unser Glück abhängt,** oder eher die Art, wie man diese nimmt?

(Richard Winterswyl: Das Glück. www.learn-line.nrw.de/angebote/praktphilo/fragen_kreise/fragenkr7_glueck.html, Zugriff: 3.3.2007, Hervorhebungen H. E.)

1. *Entscheide dich für die Alternative, die dir schlüssig erscheint. Überlege dir Begründungen, mit denen du deine Entscheidungen erläutern kannst.*

2. *Was ist eurer Meinung nach der beste Weg zum Glück? Erstellt in der Klasse eine Rangfolge der Glückswege.*

3. *Schreibe eine Glücksgeschichte, mit der du anhand eines Beispiels die praktische Umsetzung eines Glückswe-ges erläuterst.*

Glück suchen – Glück finden: Wege zum Glück

Es gibt viele Wege zum Glück. Die einen suchen es in Reichtum oder Macht, andere in Freundschaft oder Liebe, wieder andere in Wissenschaft, Kunst oder Meditation; die einen halten die Bedürfnislosigkeit für den Kern des Glücks, andere dagegen die Erfüllung der Bedürfnisse oder gar Rausch und Drogen. Die individuelle Vielfalt menschlicher Interessen gibt Raum für ganz verschiedene Glückserwartungen und Glückserfahrungen. Aber nicht alles, was vordergründig glücklich macht, kann dauerhaftes Glück verheißen.

Glück und Liebe

Sucht man im Internet Bilder zum Thema „Wege zum Glück", findet man fast ausschließlich Aufnahmen von verliebten Menschen. Offenbar besteht für viele Menschen das Glück vor allem in der Liebe oder in einer dauerhaften Partnerschaft.

Freudvoll
Und leidvoll
Gedankenvoll sein,
Hangen
Und bangen
In schwebender Pein,

Himmelhoch jauchzend.
Zum Tode betrübt –
Glücklich allein
Ist die Seele, die liebt.

(Johann Wolfgang von Goethe: Egmont. Reclam, Leipzig 1970, S. 48)

Das Glück in uns

Ein besonderes Merkmal der Rolle des Glücks im Liebenden ist auch das ganz neue Innewohnen des Glückes in uns. Das Glück hat gleichsam Wohnung genommen in uns und zwar in dem Zentrum unseres Wesens, in unserem Herzen. [...] Von dem Herzen des Liebenden strömt gleichsam eine Glücksquelle in alles hinein. [...] Ich denke an den Strom des Glückes in der Liebe, der in alle Lebenssituationen, in unser ganzes Leben sich ergießt und der gewissermaßen den Charakter eines uns innewohnenden Glückes hat. Aber in der Liebe gibt es noch eine ganz andere Dimension des Glückes, das nur in der Liebe zu finden ist; und das ist die Beglückung durch die Gegenliebe, die Erwiderung unserer Liebe [...], nach der die Liebe sich sehnt. [...]
Noch bedeutsamer [...] ist aber das Glück, das aus der Selbstschenkung des geliebten Menschen fließt. Unermesslich ist das Geschenk, das in den Worten ausgedrückt werden kann: Wie schön bist du und ach, du liebst mich. [...] Zu all dem tritt noch die Seligkeit der Unio (Vereinigung) hinzu [...], die gegenseitige letzte Teilhabe am Wesen des anderen. [...] Dieser Hinweis auf das einzigartige Glück der Liebe ist unerlässlich, weil es zum Wesen der Liebe gehört und ihr Wesen dadurch klarer gegenüber allen anderen Wertantworten hervortritt. Zugleich muss aber noch mit allem Nachdruck betont werden: Das Glück ist weder das Motiv noch das Ziel, ja nicht einmal das primäre Thema der Liebe, sondern ein aus ihr superabundant [überreichlich] fließendes Geschenk.

(Dietrich von Hildebrand: Das Wesen der Liebe. Habbel, Regensburg 1971, 305f. und 312)

1. *„Glücklich allein ist die Seele, die liebt." Diskutiert diese Aussage.*
2. *Erkläre mit eigenen Worten, worin nach Hildebrand das Glück der Liebe besteht.*

Glück durch Konsum

 Konsum und Glück? KONSUM?! In einer Ansage von Glück?! Ihr spinnt doch! Klar wird unser Leben von Konsum gesteuert, aber ist das o.K.? Hat das was mit Glück oder vielleicht eher mit Sklaverei zu tun! In unserer Gesellschaft ist Konsum zu einer Krankheit geworden, auf die alles ankommt! Vom persönlichen Glück bis zur Inflation! Der Mensch wird auf den Konsumenten reduziert, ist nur ein Mittel zum Zweck, und dabei soll Glück entstehen?

(Maximilian Paga:
https://diegesellschafter.de/diskussion/leben/
detail.php?aid=3177&z1=1222501345&z2=
ea2402206d49cfc4fa3028b95be8426a&; Zugriff:
8.12.2010)

Verlockungen

 Ein Tag ohne Einkaufen ist für Neele Ternes ein verlorener Tag. „Richtig glücklich", sagt die Schülerin aus Oldenburg, „bin ich nur, wenn ich gerade etwas Neues habe." [...] Fehlt das Geld für einen Spontankauf, [...] „dann leih' ich mir eben was".

Ihr Girokonto hat die Schülerin um 800 Mark überzogen. Weitere 600 Mark hat sie sich bei ihren Eltern geborgt. Was jetzt noch eher harmlos wirkt, könnte den Einstieg in eine größere Schuldnerkarriere bedeuten. [...] Der Weg in die Miesen beginnt immer früher. Rund 850.000 Jugendliche zwischen 15 und 20 Jahren, das ergab eine Repräsentativ-Umfrage des Bielefelder Soziologen Elmar Lange in West und Ost, haben Schulden. [...] Mal ist es Kaufsucht, mal sind es Frustkäufe, die Jugendliche in die Schuldenfalle treiben, meist aber können sie den Verlockungen der Konsumgesellschaft nicht widerstehen. [...] Stöckel, der 14 Jahre lang als Schuldnerberater arbeitete, hat in dieser Zeit „viele Anfang 20-Jährige mit im Schnitt 35.000 Mark Schulden kennen gelernt." [...] Die Zahl der jungen Schuldner, sagt Lange, nehme auch deshalb zu, weil sich in den letzten 30 Jahren eine „Konsum-Mentalität" in den Familien breitgemacht habe: „Man hat sich daran gewöhnt, auf nichts mehr zu verzichten."

(Der SPIEGEL. H. 15/1999, S. 158f)

Eine Alternative: Beispiel aus der Antike *

Diogenes von Sinope (ca. 412–323 v.Chr.) war für seine extreme Genügsamkeit bekannt. Er entschied sich für ein Leben in völliger Bedürfnislosigkeit, um so zur Glückseligkeit zu gelangen. Als Behausung soll ihm daher ein Fass oder eine Tonne genügt haben. Folgende Anekdote über ihn ist überliefert:

 Als er einmal ein Kind sah, das aus den Händen trank, riss er seinen Becher aus seinem Ranzen heraus und warf ihn weg mit den Worten: „Ein Kind ist mein Meister geworden in der Genügsamkeit."

(Nach Diogenes Laertius: Leben und Meinungen berühmter Philosophen. Bd. 1. Meiner 2008, S. 296)

 1. Entwirf oder führe mit einem Partner ein Streitgespräch zwischen einem Werbetexter und Diogenes, in dem beide ihre Positionen begründen und verteidigen.

Eine Konsum Alternative: Der „Buy Nothing Day"

Was als einfache Idee vor elf Jahren in Nordamerika begann (am Tag nach dem Feiertag „Thanksgiving" – Amerikas geschäftigstem Einkaufstag des Jahres), wuchs als Buy Nothing Day zu einer weltweiten Zelebration und Demonstration des Konsumbewusstseins und des übermäßigen Konsums heran. Die Buy Nothing Day-Kampagne hat Debatten, Radio- Talkshows, Mitteilungen in den Fernsehnachrichten und Zeitungsschlagzeilen in der ganzen Welt ausgelöst. Der andauernde weltweite „Krieg gegen den Terrorismus" hat unser Verständnis dafür geschärft, wie fragil und potentiell katastrofisch die Abhängigkeit einer unersättlichen „Ersten Welt" von fremdem Öl, vernetzten internationalen Devisenmärkten und den absolut erbarmungslosen Überlebensinstinkten der multinationalen Gesellschaften ist. Maßloser Konsum führt zu langfristigen ökologischen Problemen, die in wirtschaftliche Berechnungen des Konsums nicht mit einfließen. Menschen in mehr als 65 Ländern beschlossen, eine persönliche Meinung abzugeben, indem sie für 24 Stunden nicht einkauften.

(Nach http://buynothingday.de)

1. Recherchiere im Internet nach dem „Kauf-nichts-Tag", z.B. unter: http://buynothingday.narra.de/blog/ bzw. „Buynothingday".
2. Diskutiert den Wert solcher Aktionen.

Gier zerstört Glück

Sie standen am Spielplatz, wo die Kinder sich tummelten, als der Schüler den Meister Mengtse fragte: „Sage mir doch, wie es kommt, dass alle Menschen glücklich sein wollen und es doch nicht werden?" Mengtse wies auf die spielenden Kinder: „Ich meine, die da sind glücklich." – „Wie sollten sie nicht?" entgegnete sein Schüler. „Es sind Kinder, und sie spielen. Wie ist es aber um das Glück der Erwachsenen bestellt?"
„Wie um das Glück der Kinder, genauso", entgegnete Mengtse.
Indem er das sagte, hatte er eine Handvoll Kupfermünzen hervorgeholt und warf sie unter die spielenden Kinder. Da verstummte mit einem Mal das fröhliche Lachen, und die Kinder stürzten sich auf die Kupfermünzen. Sie lagen am Boden und rauften um ihren Besitz. Geschrei und Gezeter hatten das frohe Lachen abgelöst.
„Und nun", fragte Mengtse, „was hat ihr Glück zerstört?" – „Der Streit", erwiderte sein Schüler. „Und wer erzeugte den Streit?" – „Die Gier."
„Da hast du die Antwort auf deine Frage. Alle Menschen erfüllt die Sehnsucht nach dem Glück, aber die Gier in ihnen, es zu erjagen, bringt sie gerade um das, was sie sehnlichst wünschen."

(Willi Hoffsümmer: Kurzgeschichten. Bd. III. Matthias Grünewald Verlag, Mainz, 1990. S. 94)

3. Sammle eine Woche lang Dokumente aus der Werbung (in Zeitungen, Zeitschriften oder im Internet), die den Zusammenhang von Glück und Konsum vorgaukeln und gestalte aus dem Material eine Collage.
4. Verfasse einen „Ratgeber zum Glück" aus der Sicht von Meister Mengtse.

Glück durch TV-Erfolg: Deutschland sucht den Superstar

Du musst nur einmal Glück haben, musst das richtige Lied singen, einmal die richtigen Leute treffen. Dann bist du ein gemachter Mann, eine berühmte Frau. Die Realität sieht anders aus.

Traumberuf Superstar: Glück durch TV-Erfolg

Q Im Fernsehen singen, teure Klamotten tragen und um die Welt jetten. Viele Teenies haben den Traum, ein Star zu werden. Castingshows vermitteln, dass das Ziel gar nicht so schwer zu erreichen ist. Eltern sollten vorsichtig auf den Wunsch der Kinder reagieren.

„Dass Teenager den Idolen nacheifern, die sie aus Fernsehshows und Zeitschriften kennen, ist in der heutigen Mediengesellschaft ein relativ normaler Bestandteil der Entwicklung", sagt der Hannoveraner Kinderpsychologe Wolfgang Bergmann.

In Castingsendungen werde den Kindern vorgemacht, dass es ganz einfach sei, glücklich zu sein – man müsse es nur vor eine Fernsehkamera schaffen. „Im Gegenzug wird den jungen Leuten dadurch aber auch vermittelt, dass man nichts wert ist, wenn man nicht im Glitzerfummel im Rampenlicht steht. Eltern sollten ihren Kindern vor Augen führen, wie wenig diese Scheinwelt mit der Realität zu tun hat", rät der Erziehungsexperte.

(Nach www.rp-online.de/public/article/beruf/527683/Traumberuf-Superstar-Kurzes-Glueck.html)

Q

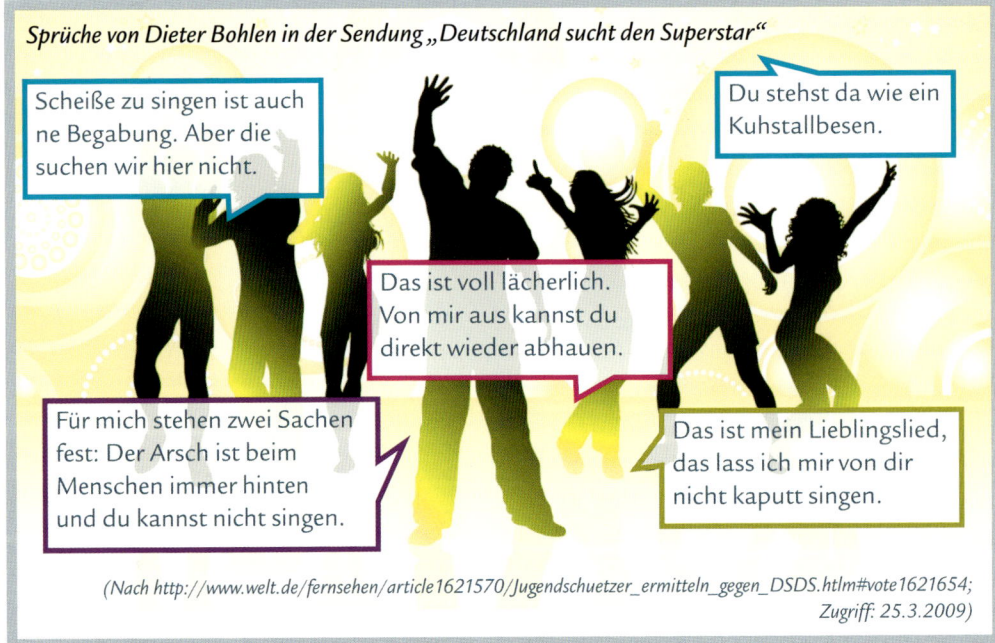

Sprüche von Dieter Bohlen in der Sendung „Deutschland sucht den Superstar"

Scheiße zu singen ist auch ne Begabung. Aber die suchen wir hier nicht.

Du stehst da wie ein Kuhstallbesen.

Das ist voll lächerlich. Von mir aus kannst du direkt wieder abhauen.

Für mich stehen zwei Sachen fest: Der Arsch ist beim Menschen immer hinten und du kannst nicht singen.

Das ist mein Lieblingslied, das lass ich mir von dir nicht kaputt singen.

(Nach http://www.welt.de/fernsehen/article1621570/Jugendschuetzer_ermitteln_gegen_DSDS.htlm#vote1621654; Zugriff: 25.3.2009)

A 1. Wie beurteilst du die Sprüche von Dieter Bohlen?

2. Recherchiere im Internet über die weitere Entwicklung der Superstars. Haben sie ihr Glück gefunden?

Ü 3. Talkshow: Für und Wider von Castingshows
Veranstaltet eine Talkshow zu diesem Thema. Teilnehmer: Moderator, Jury-Mitglied von „Deutschland sucht den Superstar", ein besorgtes Elternpaar, der Erziehungsexperte aus dem Text, der Gewinner der letzten Staffel, ein bloß gestellter Kandidat usw.

Glück durch Chemie

Glücksgefühle werden ausgelöst oder sind begleitet von der Ausschüttung chemischer Substanzen im Gehirn. Diese Stoffe wirken sehr kurzlebig und entsprechend kurz ist auch das Glücksempfinden.

Happy – Thalamus

Versuchen Sie, sich an die glücklichsten Momente in Ihrem Leben zu erinnern! Es wird Ihnen nicht auf Anhieb gelingen. Die furchtbarsten Augenblicke dagegen haben Sie sofort vor Augen, die brennen sich ein. [...] Glück hat die unangenehme Eigenschaft, dass es die Furcht und den Realitätssinn verdrängt. Deshalb sind die Stoffe, die im Gehirn ein Glücksgefühl auslösen, viel kurzlebiger als die, die uns in Furcht versetzen. [...] Chemisch gesehen sind die Stoffe, die in einem Teil des Gehirns freigesetzt

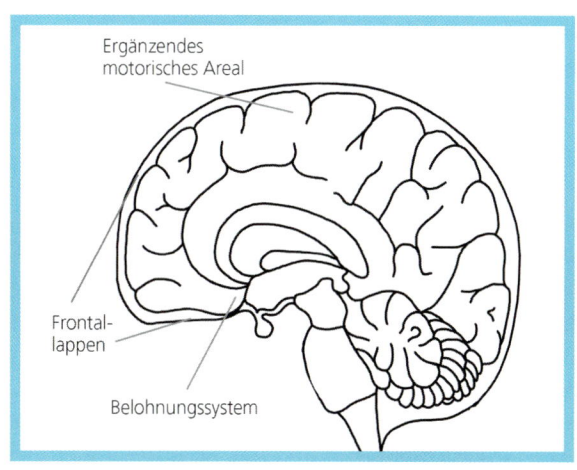

werden, Drogen wie Ecstasy sehr ähnlich. Die Ausschüttung dieser Stoffe kann man bei Testpersonen verfolgen. So gesehen ist Glück messbar. Je mehr hirneigene Opiate ausgeschüttet werden, desto glücklicher sind wir. Das ist bei jedem gesunden Menschen gleich. Leider ist dieser Zustand auch rein chemisch nur von kurzer Dauer. [...]

Glück kann man auch mit Drogen hervorrufen. Das Drogenglück kann so stark sein wie zehn Nobelpreise oder zehn Olympiasiege auf einmal – und das ist problematisch. Denn wenn man ein solches Gefühl einmal erlebt hat, hat man eine neue Vorstellung von Glück, die ohne Drogen nicht zu erreichen ist. Außerdem stellt das Gehirn fest, dass die Belohnung nicht verdient war. Es reagiert dann wie ein verwöhntes Kind, es will die Belohnung immer wieder, ohne etwas dafür tun zu müssen. Nach häufigerem Konsum ruft die Droge aber kein Glück mehr hervor, sondern betäubt nur noch das Unwohlsein. Auch eine tragische Eigenschaft des Glücks: Es ist in derselben Form auf Dauer selbst mit Drogen nicht wiederholbar. [...]

Das Gehirn merkt sich jedoch, wenn wir ein Glücksgefühl schon mal hatten. Beim zweiten Mal ist es nicht mehr so stark. [...] Unser Unbewusstes treibt uns so dazu, neue Dinge zu probieren: neue Beziehungen zu haben, neue Berge zu besteigen, neue Welten zu erforschen. Der Mensch ist so verbreitet auf diesem Planeten, weil er sehnsüchtig ist, immer auf der Suche. Auch aus diesem Grunde gibt es wohl kein endgültiges Glück. Denn wenn es das geben würde, würden wir wahrscheinlich gar nichts mehr machen und aussterben.

(Gerhard Roth: Happy – Thalamus. Süddeutsche Zeitung, 13.5.2002)

1. *Gib die Kerngedanken des Textes mit eigenen Worten wieder.*
2. *Diskutiert: Ist Glück nichts als Chemie?*
3. *Angenommen, es gäbe unschädliche Medikamente, die ein Glücksgefühl vermitteln: Was spräche dafür, was dagegen, diese regelmäßig einzunehmen?*
4. *Recherchiere auf der Internetseite des IFG (Institut für Glücksforschung). http://www.gluecksforschung.de/ index.htm. zu anderen Möglichkeiten, das Glücksempfinden zu steigern.*

Glück und Sinn

Viele Philosophen und Psychologen sind der Auffassung, dass sich das Glück nur einstellen kann, wenn der Mensch eine sinnerfüllte Tätigkeit ausübt, z.B. seine eigenen Begabungen entfaltet, sich für andere einsetzt, etwas schafft, anderen hilft, zum Wohle der Gemeinschaft beiträgt usw. Geld, materielle Güter aller Art oder Prestige mögen für kurzfristiges Vergnügen oder Wohlbehagen genügen, doch hinterlassen sie eine innere Leere und Überdruss, wenn die Sehnsucht nach Sinn dabei unerfüllt bleibt.

Sie dienen sich selbst, wenn Sie anderen dienen

Q Menschen, die sich helfend für andere engagieren, fördern in sich die Fähigkeit zu Mitgefühl, Verständnis und eigener Zufriedenheit. Gewissermaßen ist der Profit unter anderem eine persönliche „Horizont- und Herzerweiterung". Tieferer Lebenssinn. Das Engagement für andere kann unserem Leben einen tieferen Sinn geben, und die menschliche Seele sehnt sich nach Sinn! Sinn ist ein Hauptfaktor für Erfüllung und Zufriedenheit im Leben. [...] Wie der amerikanische Glücksforscher Martin Seligmann bestätigt, ist der Einsatz der eigenen Stärken für ein höheres Ziel Voraussetzung für ein „sinnvolles Leben". Untersuchungen über die Motivationsfaktoren von Putzpersonal in Krankenhäusern haben ergeben, dass diejenigen sogar Glück bei ihrer Arbeit empfanden und mit Begeisterung und großem Engagement bei der Sache waren, die glaubten, dass sie eine sinnvolle und für die Patienten wichtige Arbeit leisteten. Der Mensch hat anscheinend ein natürliches und tiefes Bedürfnis zu geben. Und er ist froh, wenn er jemanden findet, dem er geben kann. [...] Dass der Helfer vom Helfen selbst belohnt wird, schien auch König Salomo zu wissen, der im Alten Testament schrieb: „Eine segnende Seele wird gesättigt, und wer andere tränkt, wird selbst erquickt." Letztlich könnte man sagen: Was auch immer Sie für andere tun, Sie tun es auch für sich! Dies ist gewissermaßen ein „altruistischer Egoismus" (eine Selbstlosigkeit, die letztlich doch dem eigenen Interesse dient), der auch unabhängiger machen kann von der Anerkennung durch die Öffentlichkeit. – Sie dienen sich selbst, wenn sie anderen dienen!

(Marco von Münchhausen: Wo die Seele auftankt. Die besten Möglichkeiten, Ihre Ressourcen zu aktivieren. Campus, Frankfurt a.M. 2004, S. 247–249)

A 1. *Der Text bringt ein bestimmtes Glücksverständnis zum Ausdruck. Fasse die Aussage Marco von Münchhausens in zwei Sätzen zusammen.*
2. *Stelle ein Beispiel aus deiner Erfahrung vor, mit dem du die Aussagen von Marco von Münchhausen bestätigst.*

 3. *Schreibe einen Dialog zwischen einem Altruisten* und einem Egoisten* über das Glück.*
4. *Recherchiere im Internet zu dem verwandten Thema „Hilfsbereitschaft macht sexy" unter: http://www.scienceticker.info/2008/10/14/hilfsbereitschaft-macht-sexy.*

Die Tür zum Glück geht nach außen auf

Viktor Emil Frankl (1905–1997) hat die sogenannte „Logotherapie" begründet, die auf der Annahme beruht, dass der Mensch existentiell auf Sinn ausgerichtet ist und dass nicht erfülltes Sinnerleben zu psychischen Krankheiten führen kann. Frankl zählt zu den einflussreichsten Psychologen des 20. Jahrhunderts.

Q

Ich persönlich glaube gar nicht daran, dass der Mensch wirklich im Grunde darauf aus ist, glücklich zu sein; vielmehr will mir scheinen, was der Mensch wirklich will, ist, einen Grund zum Glücklichsein zu haben. Hat er nämlich einen solchen Grund, dann stellt sich das Glück von selbst ein. Mit anderen Worten: Normalerweise ist Glück gar nicht das Ziel menschlichen Strebens, sondern jeweils die Wirkung des Ein-Ziel-erreicht-Habens. [...] Was geschieht aber, wenn einer das Glück selbst zum Ziel macht, die Lust direkt anpeilt? Wenn er sich den Umweg über den Grund sparen will? Was als Abkürzung gedacht war, erweist sich als Sackgasse; denn das Haschen nach dem, was Effekt ist, stößt allemal ins Leere. Je mehr einer nach dem Glück jagt, umso mehr verjagt er es auch schon. Die Tür zum Glück, meinte Kierkegaard*, geht nach außen auf: je mehr einer durch sie hineinstürmen will, um so mehr verschließt sie sich ihm auch schon. [...]

Fragen wir uns nun, was es also sei, das dem Menschen einen Grund zum Glücklichsein gibt. [...] Wir begegnen da einem Phänomen am Menschen, das ich für fundamental anthropologisch* halte: die Selbst-Transzendenz* menschlicher Existenz! Was ich damit umschreiben will, ist die Tatsache, dass Menschsein allemal über sich selbst hinausweist auf etwas, das nicht wieder es selbst ist – auf etwas oder auf jemanden: auf einen Sinn, den zu erfüllen es gilt, oder auf anderes menschliches Sein, dem wir da liebend begegnen. Im Dienst an einer Sache oder in der Liebe zu einer Person erfüllt der Mensch sich selbst. Je mehr er aufgeht in seiner Aufgabe, je mehr er hingegeben ist an seinen Partner, um so mehr ist er Mensch, um so mehr wird er er selbst. Sich selbst verwirklichen kann er also eigentlich nur in dem Maße, in dem er sich selbst vergisst, in dem er sich selbst übersieht.

(Viktor E. Frankl: Paradoxien des Glücks. In: Was ist Glück? Ein Symposion. dtv, München 1978, S. 108f., S. 114.und S. 120)

1. *Fasse die Hauptthese des ersten Abschnitts in einem Satz zusammen.*

A

2. *Viktor Frankl spricht an anderer Stelle des Vortrags von einer „Paradoxie des Glücks". Formuliere die Paradoxie, die im ersten Absatz zum Ausdruck kommt, in einem möglichst prägnanten Satz.*
3. *Suche Beispiele dafür, was dem Leben Sinn geben kann.*
4. *Nimm Stellung zur These Frankls und begründe dein Urteil.*

Glück durch Lust oder Tugend?

Zwei Philosophenschulen in der Antike haben zwei bis heute grundlegende Entwürfe zur guten Lebensgestaltung vorgelegt. Nach dem Philosophen Epikur* (341–270 v. Chr.) werden die einen „Epikureer" genannt. Epikur setzte Lust keinesfalls mit Zügellosigkeit gleich. Vielmehr erfordert nach ihm Lust zu ihrer Umsetzung durchaus Vernunft und Selbstbeherrschung. Die andere bezeichnet man als „Stoiker". Seneca war einer ihrer bekanntesten Vertreter.

Die Lust als höchstes Ziel

Ich weiß nicht, was ich mir als das Gute vorstellen soll, wenn ich die Lust des Geschmacks, die Lust der Liebe, die Lust des Ohres beiseite lasse, ferner die angenehmen Bewegungen, die durch den Anblick einer Gestalt erzeugt werden [...]. So kann man auch nicht sagen, dass ausschließlich die Freude des Geistes das Gute ausmache. Denn die Freude des Geistes erkenne ich in der Hoffnung auf all jene Dinge, die ich eben genannt habe, und darauf, dass die Natur, wenn sie sie besitzt, von Schmerz frei sein wird. [...] Für Menschen, die zu überlegen fähig sind, enthält der wohlgefestigte Zustand des Fleisches und die zuverlässige Hoffnung im bezug auf ihn die höchste und sicherste Freude. Man muss das Edle, die Tugenden und dergleichen schätzen, wenn sie Lust verschaffen; tun sie das nicht, dann soll man sie fahren lassen.

(Epikur: Von der Überwindung der Furcht. DTV, München 1983, S. 114f., S. 103f.)

Einer der bedeutendsten Stoiker war der Philosoph *Seneca* (1 v. Chr.–65), der Erzieher des späteren Kaisers Nero*.

Die Tugend als Weg zur Glückseligkeit

Du bist von Natur aus ein vernunftbegabtes Wesen: was kann dir besseres dargeboten werden als die Vernunft? Die Tugend ist das Herrlichste, was es gibt [...]. Immer gehe die Tugend voran und trage die Fahne. [...] Diejenigen aber, die das Vergnügen zur Hauptsache machen, haben weder das eine noch das andere: die Tugend verlieren sie, und das Vergnügen haben sie nicht, sondern das Vergnügen beherrscht sie, und entweder quält sie der Mangel daran oder sie ersticken im Überfluss. [...] Was man nach den allgemeinen Gesetzen der Weltordnung zu erdulden hat, das erdulde man hochherzig. Darauf sind wir verpflichtet, zu tragen, was im Leben eines Sterblichen vorkommen mag, und uns nicht irremachen zu lassen durch etwas, was zu vermeiden nicht in unserer Macht steht.

(Seneca: Vom glücklichen Leben. Reclam, Stuttgart 1977, S. 78ff.)

1. *Formuliere mit eigenen Worten die Kernaussagen Epikurs und Senecas. Stelle in einer Übersicht deren zentrale Aussagen und Begriffe gegenüber. Welcher Auffassung stimmst du am ehesten zu?*

2 *Führt ein Streitgespräch zum Glück zwischen einem Epikureer und einem Stoiker durch.*

Glück durch Praxis gemäß der Vernunft

Aristoteles (384–322 v. Chr.) entwickelte zwischen Hedonismus* und Stoizismus* eine mittlere Position zum Glück, die bis heute zahlreiche Anhänger gefunden hat.

Aristoteles*: Glückseligkeit

Wenn nun die eigentümliche Leistung des Menschen in einer Tätigkeit der Seele besteht, die sich nach der Vernunft oder doch nicht ohne die Vernunft vollzieht, und wenn wir [...] als die eigentümliche Leistung des Menschen ein bestimmtes Leben annehmen und als solches die Tätigkeit der Seele und die vernunftgemäßen Handlungen bestimmen und als die Tätigkeit des hervorragenden Menschen eben diese Tätigkeit in einem hervorragenden Maße, und wenn endlich dasjenige hervorragend wird, was im Sinne der ihm eigentümlichen Leistungsfähigkeit vollendet wird –, wenn das alles so ist, dann ist das Gute für den Menschen die Tätigkeit der Seele auf Grund ihrer besonderen Befähigung, und wenn es mehrere solche Befähigungen gibt, nach der besten und vollkommensten; und dies außerdem noch ein volles Leben hindurch. [...]

Denn wir meinen, dass der wahrhaft Gute und Verständige jede Art von Schicksal in guter Haltung trägt und in der gegebenen Lage stets das Beste tut.

(Aristoteles: Nikomachische Ethik. I. Buch. dtv, München 2006, S. 115–117 und S. 124)

Glück der Fülle

Die philosophische Lebenskunst jedoch trägt Sorge dafür, nicht das gesamte Leben mit einem einzigen Wohlfühlglück zu verwechseln; sie stellt das Selbst beizeiten darauf ein, dass es noch andere Zeiten geben wird, um nicht bitter enttäuscht zu sein, wenn nicht alles jederzeit lustvoll ist und völlige physische und psychische Schmerzfreiheit nicht erreicht werden kann. Und sie erinnert daran, dass es über das

Angelo Bronzino, Allegorie des Glücks (1564)

Wohlfühlglück hinaus noch ein anderes gibt, das die antiken Philosophen kannten: das Glück der Fülle. Das wirkliche Glück der Fülle besteht nicht etwa darin, dass alles in Erfüllung geht, was man sich wünscht. Das Glück der eudaimonia [...] in antiker Zeit war umfassender und dauerhafter gedacht: das eigentlich philosophische Glück, nicht abhängig von bloßen Zufällen und momentanen Empfindungen, vielmehr [...] durch das gesamte Leben hindurch [...]; und nicht nur ein Glücklichsein des Wohlfühlens, sondern eines, das paradoxerweise auch das Unglücklichsein noch mit umfassen kann.

Dieses Glück der Fülle ist eine Frage der bewusst eingenommenen Haltung, in Heiterkeit und Gelassenheit kommt es am besten zum Ausdruck.

(Wilhelm Schmid: Der Ethikrat. Philosophische Hilfestellungen. In: Die Zeit, 18.7.2002, S. 44.)

1. *Arbeite heraus, wie Aristoteles den Begriff der Glückseligkeit entwickelt, und vergleiche diesen Begriff mit Schmids Begriff vom „Glück der Fülle".*
2. *Erörtere im Hinblick auf eigene Erfahrungen, ob der antike Glücksbegriff für ein gelingendes Leben überzeugen kann.*

Wie sich Glücksvorstellungen verändern

Die Menschen beurteilen ihr Glücksbefinden verschieden: Jeder Einzelne fühlt sich im Laufe seines Lebens mal eher glücklich, mal eher unglücklich. Auch die Faktoren des Glücks werden unterschiedlich gewichtet, je nach Alter, Geschlecht, Kultur, Religionszugehörigkeit usw. Es gibt zwar gewisse bleibende Konstanten in den Kriterien für das Glück (z.B. Beziehungen, Arbeit, Selbstverwirklichung u.ä.), aber die Schwerpunkte ändern sich sowohl im individuellen als auch im gesellschaftlichen Leben.

Glück und Lebensalter

Bausteine zum Glück: Glück bedeutet für mich heute ...

???

machen können, was ich will	Partys feiern	Urlaub in anderen Ländern
Freunde haben	mich erholen (chillen)	viel Geld haben	anerkannt sein
Harmonie in der Familie	sportlich und mutig sein	mit wenig zufrieden sein
Haustiere haben	gute Noten haben	gut aussehen	???

1. Suche weitere Bausteine zum Glück und notiere diese auf einem extra Blatt.
2. Setzt euch in Gruppen zusammen und einigt euch auf vier von diesen Bausteinen, indem ihr entsprechende Argumente dafür erarbeitet.

Neuruppiner Bilderbogen, um 1850

3. Du siehst auf der Alterstreppe Personen verschiedenen Alters, von der Wiege bis zum Grab – im Abstand von jeweils 10 Jahren. Versetzt euch in die Personen auf den einzelnen Stufen und gestaltet Denkblasen zu ihnen, indem ihr den Satz vollendet: „Glück ist für mich ... "
4. Entwirf eine 10-Punkte-Skala zum Glücksbefinden, vervielfältige sie und tragt die Angaben von Freunden, Bekannten oder Unbekannten auf der Straße ein. Unterscheide dabei nach Geschlecht und Alter. Wertet eure Umfrageergebnisse aus.

Glücksvorstellungen im Wandel der Zeit

Der mittelalterliche Theologe Thomas von Aquin (1224–1274) verwendet den aristotelischen Glückseligkeitsbegriff, um zu erklären, inwiefern der Mensch seiner Ansicht nach auf Gott hin als sein letztes Ziel und Erfüllung seines Erkenntnisstrebens angelegt ist:

Von Natur aus wohnt allen Menschen das Verlangen inne, die Ursache dessen, was sie sehen, zu erkennen. [...] Und die Untersuchung steht nicht still, bis man zur ersten Ursache vorgedrungen ist. [...] Der Mensch verlangt also von Natur aus als letztes Ziel, die erste Ursache zu erkennen. Die erste Ursache von allem aber ist Gott. Das letzte Ziel des Menschen besteht also darin, Gott zu erkennen. [...] Das letzte Ziel des Menschen und jeder geistigen Substanz wird „Glückseligkeit" oder „Seligkeit" genannt: denn dies ist es, wonach jede geistige Substanz als dem letzten Ziel und nur um seiner selbst willen verlangt. Letzte Seligkeit und Glückseligkeit jeder geistigen Substanz ist es also, Gott zu erkennen.

(Thomas von Aquin: Summa contra gentiles. WBG, Darmstadt 1990, S. 103, S. 105)

Mit der Aufklärung ändert sich das Menschenbild und mit diesem die Vorstellung vom Glück radikal. An die Stelle Gottes wird der Mensch gesetzt und seine Autonomie (Selbstverfügung) wird proklamiert. Der Mensch wird nicht mehr als in eine vorgegebene Ordnung eingebunden angesehen, sondern als derjenige, der selber sein Schicksal und sein Glück in die Hand nehmen kann und soll. In dieser Linie kritisiert der Dichter Heinrich Heine (1797–1856) die Orientierung des Glücks am Jenseits.

Ein neues Lied, ein besseres Lied,
O Freunde, will ich Euch dichten!
Wir wollen hier auf Erden schon
Das Himmelreich errichten.

Es wächst hienieden Brot genug
Für alle Menschenkinder,
Auch Rosen und Myrten, Schönheit und Lust,
Und Zuckererbsen nicht minder.

Wir wollen auf Erden glücklich sein,
Und wollen nicht mehr darben;
Verschlemmen soll nicht der faule Bauch
Was fleißige Hände erwarben.

Ja, Zuckererbsen für jedermann,
Sobald die Schoten platzen!
Den Himmel überlassen wir
Den Engeln und den Spatzen.

(Heinrich Heine: Deutschland. Ein Wintermärchen, VMA, Wiesbaden 1982, S. 11–12.)

Nach Karl Marx (1818–1883) kann der Mensch nur glücklich werden, wenn er die Entfremdung überwindet, welche die Vorstellung eines über ihm stehenden Gottes zur Folge habe. Die Religion verspreche dem Menschen ein falsches Glück.

Die Aufhebung der Religion als des illusorischen Glücks des Volkes ist die Forderung seines wirklichen Glücks. Die Forderung, die Illusionen über seinen Zustand aufzugeben, ist die Forderung, einen Zustand aufzugeben, der der Illusionen bedarf. Die Kritik der Religion ist also im Keim die Kritik des Jammertales, dessen Heiligenschein die Religion ist. [...] Es ist also die Aufgabe der Geschichte, nachdem das Jenseits der Wahrheit verschwunden ist, die Wahrheit des Diesseits zu etablieren.

(Karl Marx: Zur Kritik der Hegelschen Rechtsphilosophie. Karl Marx/ Friedrich Engels: Werke. Bd. 1. Dietz, Berlin 1976, S. 378–379.)

1. *Zeige den Zusammenhang von Glücksvorstellung und Religion im Wandel der Zeit auf.*
2. *Erörtert, was in der Gegenwart an die Stelle Gottes zur Erlangung des Glücks gerückt ist.*

1.4 Individualistischer und gemeinschaftsorientierter Lebensstil

Für unsere Lebensweise ist das Verhältnis, das wir zu unseren Mitmenschen einnehmen, von besonderer Bedeutung. Orientieren wir uns in unserem Tun an der Gemeinschaft oder folgen wir vor allem eigenen Maßstäben. Das sind zwei gegensätzliche Möglichkeiten der Lebensgestaltung. Sie werden häufig als gemeinschaftsorientierter und als individualistischer Lebensstil bezeichnet.

Einzelkämpfer oder zóon politikón*?

Die Frage nach dem Verhältnis von Individuum und Gemeinschaft zieht sich wie ein roter Leitfaden durch die Geschichte des abendländischen Denkens. Denn ob der Staat als ein (Gemein-)Wesen angesehen wird, das sich um die Belange der Bürger zu kümmern habe (als individueller Anspruch), oder ob der Einzelne dazu da sei, dem Ganzen zu dienen und seine Individualität in der Gemeinschaft aufgehen zu lassen, hat weitreichende Auswirkungen auf die Lebensentwürfe der Menschen.

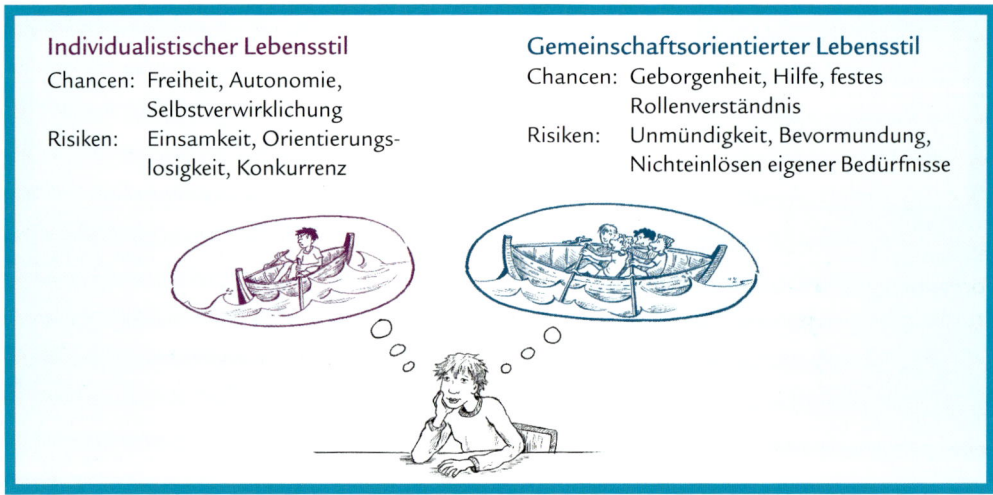

Individualistischer Lebensstil

Chancen: Freiheit, Autonomie, Selbstverwirklichung

Risiken: Einsamkeit, Orientierungslosigkeit, Konkurrenz

Gemeinschaftsorientierter Lebensstil

Chancen: Geborgenheit, Hilfe, festes Rollenverständnis

Risiken: Unmündigkeit, Bevormundung, Nichteinlösen eigener Bedürfnisse

Überleben oder gutes Leben?

Q Da uns jeder Staat als eine Gemeinschaft entgegentritt und jede Gemeinschaft als eine menschliche Einrichtung, die es auf irgendeinen Vorteil abgesehen hat – denn die Menschen machen alles, was sie tun, nur deshalb, weil es ihnen irgendeinen Nutzen zu bringen scheint –, so ergibt sich, dass alle Gemeinschaften irgendeinen Vorteil erstreben [...]. Das aber ist der sogenannte Staat und die staatliche Gemeinschaft [...]. Notwendig ist, dass sich zuerst diejenigen Individuen zu einem Paar vereinigen, die ohne einander nicht sein können, einmal Weibliches und Männliches der Fortpflanzung wegen [...; daraus] entsteht nun zuerst das Haus [...]. Dagegen ist die erste Gemeinschaft, die aus mehreren Familien [...] entsteht, die Dorfgemeinde. [...] Endlich ist die aus mehreren Dorfgemeinden gebildete, vollkommene Gesellschaft der Staat, eine Gemeinschaft [...], die um des Lebens willen entstanden ist und um des vollkommenen Lebens willen besteht. Darum ist jeder Staat ein Naturprodukt [...]. Hieraus ergibt sich also, dass [...] jeder Mensch von Natur ein auf das staatliche Zusammenleben angelegtes Wesen ist und dass jemand, der von Natur und nicht bloß zufällig außerhalb des Staates steht, entweder schlecht ist oder stärker als ein Mensch.[...] Man sieht also, dass der Staat von Natur besteht und dass er auch früher [im Sinne von wichtig, bedeutsam – der Autor] ist als der Einzelne.

(Aristoteles: Politik. Philosophische Bibliothek. Bd. 7. Meiner, Leipzig 1912 S. 1–5)

1. *Verdeutliche anhand eines Schaubilds die Auffassung von Aristoteles hinsichtlich der Entwicklung der menschlichen Gemeinschaft.*
2. *Aristoteles unterscheidet zwischen Überleben und vollkommenem/gutem Leben. Erläutere die Unterschiede aus heutiger Sicht.*

Leben in der Gemeinschaft: Freiheit oder Zwang?

Anthropologen* haben in jüngster Zeit die These aufgestellt, dass der Mensch erst im Laufe der Entwicklung, und zwar zu dem Zeitpunkt, da er Ackerbau betreiben und damit sesshaft werden konnte (also vor ca. 10.000 Jahren), auf Dauer in größeren Gruppen zusammenleben konnte und deshalb lernen musste (!), mehrere Gruppenmitglieder in seiner unmittelbaren Nähe auszuhalten. Ist der Mensch also doch eher individualistisch „veranlagt" und erträgt Gemeinschaft als notwendiges Übel, oder fühlt er sich erst in einer Gemeinschaft wohl, weil ihm erst *Geselligkeit* und *Geborgenheit* Entfaltungsfreiheit ermöglichen? Philosophen und Staatstheoretiker haben auf diese Frage sehr unterschiedliche Antworten gegeben.

John Stuart Mill*: Über die Freiheit

Der Zweck dieser Abhandlung ist es, einen sehr einfachen Grundsatz aufzustellen, welcher den Anspruch erhebt, das Verhältnis der *Gesellschaft* zum *Individuum* in Bezug auf Zwang oder Bevormundung zu regeln, gleichgültig, ob die dabei gebrauchten Mittel physische Gewalt in der Form von gerichtlichen Strafen oder moralischer Zwang durch öffentliche Meinung sind. Dies Prinzip lautet: dass der einzige Grund, aus dem die Menschheit, einzeln oder vereint, sich in die Handlungsfreiheit eines ihrer Mitglieder einzumengen befugt ist, der ist: sich selbst zu schützen, [...] die Schädigung anderer zu verhüten. Das eigene Wohl, sei es das physische oder moralische, ist keine genügende Rechtfertigung. Man kann einen Menschen nicht rechtmäßig zwingen, etwas zu tun oder zu lassen, weil dies für ihn besser wäre, weil es ihn glücklicher machen, weil er nach Meinung anderer klug oder sogar richtig handeln würde.

(John Stuart Mill: Über die Freiheit. Reclam, Stuttgart 1968, S. 5 ff)

Jean-Jacques Rousseau*: Der Contract Social

Es muss eine Gesellschaftsform gefunden werden, [...] in der jeder einzelne, mit allen verbündet, nur sich selbst gehorcht und so frei bleibt wie zuvor. Das ist das Grundproblem, das der *Gesellschaftsvertrag* (Contrat social) löst. [...] Wer dem *Gemeinwillen* (volonté générale) den Gehorsam verweigert, muss (...) dazu gezwungen werden. Das heißt nichts anderes, als dass man ihn dazu *zwingt, frei zu sein.* [...] Der beständige Wille aller Mitglieder des Staates ist der Gemeinwille; durch ihn sind sie erst Bürger und frei. Jeder gibt mit seiner Stimme seine Meinung kund, und aus der Stimmenzahl liest man den Gemeinwillen ab. Wenn ich überstimmt werde, so beweist das nur, dass ich mich geirrt habe.

(Jean-Jacques Rousseau: Contrat Social. Politische Schriften I. Schönigh, Paderborn 1977, S. 170 ff)

3. *Arbeite die Unterschiede zwischen den beiden Auffassungen von Freiheit heraus.*
4. *Verdeutliche die Konsequenzen, die jeweils für das Verhältnis Individuum-Gemeinschaft entstehen!*

Gemeinsam sind wir stark – alleine hab ich mehr von mir.

Veränderungen in der Arbeitswelt sowie in den Formen des menschlichen Zusammenlebens haben in den letzten Jahren und Jahrzehnten die Grenzen zwischen verschiedenen Lebensstilen verschoben, verändert, durchlässiger werden lassen: Alleinerziehende und Patchworkfamilien, Wohngemeinschaften (auf Zeit) sowie Singlehaushalte sind Antworten auf Herausforderungen der Moderne. Die Arbeitswelt verlangt den *flexiblen* Menschen, als Arbeitsnomade global einsetzbar, teamfähig und zugleich möglichst ungebunden: eine Art kooperativen *Single*, auch Ego-Taktiker genannt. Die traditionelle Familie hat zunehmend Funktionen abgegeben an Institutionen wie Schule, Vereine oder *Peergruppen**. Die *Clique*, kann Jugendlichen manchmal mehr Geborgenheit vermitteln als die eigene Familie und hat bisweilen auch ihre ganz eigenen Gesetze oder Rituale.

Du gehörst zu uns

 Ole, mein Freund, hatte mich mitgenommen. [...] Immer wieder hatte er Andeutungen gemacht, was sie wieder alles angestellt hatten und was die Erwachsenen nicht wissen durften. Treffpunkt war eine alte Gartenlaube, die Marcs Onkel gehörte. Marc hatte sowieso das Sagen. Ich saß mit verbunden Augen und musste alle möglichen Fragen, auch nach intimen Sachen, beantworten. Das war mir peinlich, doch wenn ich mich weigerte zu antworten, hieß es, dass es Pflicht sei, allen alles anzuvertrauen, wenn man in diese Clique aufgenommen werden wollte. Bei anderen gäbe es noch ganz andere Aufnahmerituale, z.B. klauen gehen oder rohe Leber essen oder nachts nackend auf eine Straßenlaterne klettern.

Nachdem ich diese Aktion überstanden hatte, wurde mir von Crisi die Augenbinde abgenommen, dann ließ Marc eine Flasche Whisky kreisen, und jeder aus der Gruppe nahm einen Schluck und sagte laut: „Du gehörst jetzt zu uns." Dann musste ich versprechen, niemals jemand oder etwas zu verraten, was der Gruppe schaden könnte. Ich versprach es, und ich hatte dabei ein etwas mulmiges Gefühl. [...] Doch dann kam unsere erste gemeinsame Aktion. Meine Aufregung wurde nur noch durch meinen Stolz übertroffen, dabei sein zu können, zu zeigen, dass auf mich Verlass ist.

(Fachgruppe Werte und Normen: Materialien für den Unterricht. Staatl. Studienseminar Stadthagen, unveröffentl.)

 1. Arbeite heraus, worauf das Besondere der Gruppenbindung beruht. Worin unterscheidet sich diese von der einer Schulklasse? Lies auch auf S. 15 über die Peergruppe nach.

2. Warum sind Rituale für ein Gemeinschaftsgefühl wichtig?

 3. Entwerft in Gruppenarbeit ein Ritual, das sich zur Demonstration des eigenen Lebensgefühls eignen könnte. Arbeitsanregung: Handlungsablauf, Symbolik, Sinn/Ziel usw.

Jugend als Lebensstil

Jugendliche leben neben Familie und Schule in der Welt der Gleichaltrigen, in der sie ihr besonderes Lebensgefühl verwirklichen. Man nennt diese jugendlichen Lebenswelten auch Jugendkulturen oder Jugendszenen. Jugendliche können heute alles sein – und zwar gleichzeitig. Nichts ist mehr mit Schubkasteneinteilung. Die Jugendkulturen vermischen sich, man mixt verschiedene Lebensstile zu einer Art Patchwork-Lebenskonstellation.

Jugendszenen

Drin sein

Eine Szene ähnelt typischerweise einem „Überraschungsei": Es gibt was zum Naschen, d.h. vielerlei Möglichkeiten, zu konsumieren; es gibt was zum Spielen, also vielfältige Unterhaltungsangebote; und es gibt Überraschungen, d.h. „action" und spannende Beteiligungsoptionen. [...] Jedenfalls hat jede Szene so etwas wie ihr zentrales Thema. Dieses Thema hat zumeist mit Musik, mit Sport, mit Mode oder mit Spiel- und Tüftel-Spaß an neuen Medien zu tun. Um dieses zentrale Thema herum gruppiert sich dann so etwas wie ein Lifestyle mit eigenen Sprachgewohnheiten, Umgangsformen, Treffpunkten bzw. Lokalitäten, Zeitbudgetierungen, Ritualen, Festen bzw. Events und zum Teil – aber wirklich nur zum Teil – eben auch mit einem als szenespezifisch erkennbaren Outfit.

(Ronald Hitzler: Drin sein. In: Kölner Stadtanzeiger v. 23.10.2006)

1. *Erörtere, aus welchen Gründen sich Jugendliche einer Jugendszene anschließen. Warum kommt es überhaupt zur Bildung von Jugendszenen und -kulturen?*

2. *Erkundungsauftrag: Sammle aus Zeitungen und Zeitschriften Informationen zu einer Jugendszene (Geschichte, zentrales Thema, Rituale, Symbole, Sprachgewohnheiten, Umgangsformen ...), die für diese Szene ganz besonders typisch sind. Finde für die Ergebnisse der Untersuchungen eine ansprechende Form der Präsentation (Fotoausstellung, Wandzeitung, Plakat).*

Moderne Weltbilder

Charakteristisch für das Weltverständnis der Jetztzeit ist in der westlichen Welt der hohe Stellenwert, welcher Individualität und persönlicher Freiheit des Individuums zugemessen wird.

Das eigene Leben erfinden

Q Es gibt heute wohl kaum einen verbreiteteren Wunsch als den, ein eigenes Leben zu führen. [...] Wie erklärt sich der Massenaufbruch, die Gleichzeitigkeit, mit der die Menschen in vielen Ländern der Erde ihr Leben selbst in die Hand nehmen wollen? Ist das eine Art Egoismus-Epidemie, ein Ich-Fieber, dem man durch Ethik-Tropfen, heiße Wir-Umschläge und tägliche Einredungen auf das Gemeinwohl beikommen kann? Sind dies die Vorzeichen eines Aufbruchs zu neuen Ufern, eines Ringens um ein neues Verhältnis von Individuum und Gesellschaft [...]? In traditionelle Gesellschaften wurde man hineingeboren (wie etwa in Stand und Religion), für die neuen Vorgaben dagegen muss man selbst etwas tun, aktiv, findig und pfiffig werden, Ideen entwickeln, schneller, wendiger, kreativer sein, um sich in der Konkurrenz durchzusetzen – und dies nicht nur einmal, sondern dauernd, tagtäglich. Die Einzelnen werden zu Akteuren, Konstrukteuren, Jongleuren, Inszenatoren ihrer Biografie, ihrer Identität, aber auch ihrer sozialen Bindungen und Netzwerke. Eigenes Leben heißt also: Die Normalbiografie wird zur Wahlbiografie, zur „Bastelbiografie", zur Risikobiografie. In der Risikogesellschaft in diesem biografischen Sinne bleiben selbst hinter den Fassaden von Sicherheit und Wohlstand die Möglichkeiten des Abgleitens und Absturzes immer präsent.

Trotz – oder besser wegen – der oft unkalkulierbaren Unsicherheit ist also das eigene Leben zur Aktivität verdammt. Es ist selbst im Scheitern seiner Anforderungsstruktur nach ein aktives Leben. Jedenfalls müssen, damit die Rede vom eigenen Leben sinnvoll ist, Aktivitätsanteile nachweisbar und bewusst sein.

Denn oft wird mit Trauer und Stolz über Versäumnisse und Errungenschaften berichtet; und angesichts der aufbrechenden Entscheidungsmöglichkeiten und Abstimmungszwänge kann es schon erforderlich werden, dass der Einzelne zum biografischen Planungsbüro seiner selbst wird. Es kann aber auch sein, dass er ein dilettantischer Situations-Bastler bleibt. Oder scheitert.

(Ulrich Beck: Eigenes Leben, persönliches Scheitern. In: Schauspiel Leipzig. Theaterzeitung Nr. 1/2005/06, S. 3)

Ü 1. *Arbeite heraus, was Beck unter dem Wunsch, ein eigenes Leben zu führen, versteht.*
   2. *Welche Chancen und welche Risiken liegen in einem solchen Leben?*
   3. *Was bedeutet für dich persönlich „ein eigenes Leben führen", wie stellst du dir dein eigenes Leben vor? Notiere einige Grundzüge auf einer Karteikarte und hefte diese an eine Pinnwand.*
   4. *Vergleiche deine persönlichen Vorstellungen mit denen auf den anderen Karteikarten an der Pinnwand. Was stellst du fest?*

Wer immerfort sein eigenes Leben erfinden, wer immerfort unterwegs zu neuen Ufern sein muss, der kommt nicht nur irgendwann an den Punkt, wo er das Gefühl hat, ausgebrannt zu sein. Es kann passieren, dass das ganze Leben, alles Denken und Tun sich nur noch um das Ich, um die eigene Person und die eigene Freiheit zu drehen scheint.

Den früheren Bundeskanzler Helmut Schmidt erfüllt dieser Individualismus mit Sorge.

Ich und nur Ich?

In den größten Teilen Asiens gilt dieses Prinzip von Pflichten, gegenüber den eigenen Kindern, gegenüber den eigenen Eltern, gegenüber der eigenen Gruppe, in Japan sehr ausgeprägt gegenüber der eigenen Firma. Dieses Prinzip spielt dort eine viel größere Rolle als das Bewusstsein, dass der Einzelne Rechte habe.

Die Menschenrechtsdiskussion im Westen muss sich darüber klar werden, dass Rechte auch Pflichten bedingen. Meine uferlose Ausschöpfung von Rechten ohne […] Pflichten […] halte ich persönlich jedenfalls für unmoralisch.

Im deutschen Grundgesetz finden sich in den Artikeln 1 bis 19 nur Rechte. Es gibt zwei Ausnahmen … (die Wehrpflicht, … in Form einer Ermächtigung der Regierung, eine Wehrpflicht einzuführen; … die Sozialbindung des Eigentums, die ohne Konkretisierung geblieben ist). Ansonsten nur Rechte. Danach wird in unseren Schulen erzogen, danach wird in unseren Universitäten erzogen. […]

Ich sehe viele Menschen in Deutschland, die meinen, ihre Würde sei unantastbar – aber nicht unbedingt auch die des anderen. […] Ich würde es sehr begrüßt haben, wenn im Artikel 1, wo von der Würde der Person die Rede ist, die unverletzlich ist, ganz klar würde, dass das nicht nur für den Staat gilt, sondern auch für meinen Nachbarn, der meine Würde nicht verletzen darf, und für mich, der ich die Würde des Nachbarn nicht verletzen darf.

(Helmut Schmidt: Es fehlt am Pflichtbewusstsein. In: Menschenrecht und Bürgersinn. Die neue Mittwochgesellschaft. Bd. 2. Hg. von Marion Gräfin Dönhoff. Deutsche Verlagsanstalt, Stuttgart 1999, S. 32 f., S. 71)

1. *Welche Unterschiede zwischen dem westeuropäischen und dem asiatischen Menschenbild betont Helmut Schmidt? Was fehlt uns Europäern?*
2. *Begründe, warum das Einfordern von Rechten ohne die Wahrnehmung von Pflichten auf Dauer auch die Freiheit der Individuen gefährdet.*
3. *Wie bewertet ihr in diesem Zusammenhang die Aussetzung der Wehrpflicht als einer der letzten Pflichten im GG? Führt dazu eine Pro-Contra-Diskussion.*

4. *Schreibe die Grundrechte so um, dass ein Katalog korrespondierender Pflichten entsteht. Beispiel: Grundrecht: Meinungs- und Religionsfreiheit – Korrespondierende Pflicht: Pflicht, andere Meinungen und religiöse Anschauungen zu respektieren.*

Erziehung zur Gemeinschaft – im Kollektiv?

Die Vorstellung, dass Menschen für das Leben in einer Gemeinschaft „erzogen" werden müssen, dass sie zu lernen haben, auf andere Rücksicht zu nehmen, zu helfen und zu teilen und zugleich teilhaben zu können an dem Gemeinsamen, hat im Laufe der Geschichte die unterschiedlichsten Erziehungsmodelle zur Folge gehabt. Dabei spielte immer wieder von der Antike (Platon) bis hin zur Gegenwart die Überzeugung eine wichtige Rolle, dass eine möglichst frühe kollektive Kindererziehung weniger Eigennutz und mehr Gemeinsinn formen und fördern würde. Umstritten ist vor allem, ob eine sehr frühe *kollektive Krippenerziehung* für die Entwicklung der Persönlichkeit förderlich oder schädlich ist.

Macht die Gruppe schwach oder stark?

Q Meine These heißt: Menschen, die in ihrer Kindheit massiv davon geprägt wurden, dass sie in der Gruppe stark sind, aber einzeln schwach, wenn denen später Fremdes gegenübertritt, dann fühlen sie sich unsicherer als ein anderer, der sehr souverän, selbstbewusst in seiner Kindheit hat groß werden können, sich selber sehr sicher geworden ist, wer er ist und mit wem er umgeht, und der von daher gelassen und freundlich mit Fremden umgeht, sich auch auseinandersetzen kann.

(Nach Christian Pfeiffer. In: Kontraste, rbb, 18.3. 1999)

Krippenerziehung fördert Verantwortungsbewusstsein

Q Die Gruppenerziehung in den Kindergärten fördert die *Einordnung* in die Gruppe, die Entwicklung von *Selbstbewusstsein* und *Selbstvertrauen*, das Kennenlernen von *Normen* im Zusammenleben, die Erfüllung gemeinsamer *Pflichten* und die Entwicklung von *Verantwortungsbewusstsein* für die Gemeinschaft.

(Nach Karla Michalski, Bürgermeisterin der Gemeinde Gerwisch. In: Kontraste. rbb, 18.3.1999)

A *1. Arbeite die unterschiedlichen Argumente heraus!*
2. Formuliere eigene Erfahrungen von Gruppen- und/oder Individualerziehung.

Ü *3. Schreibe zu einem der Bilder, auf denen du als Kind gerne dabei gewesen wärst, einen fiktiven Tagesablauf.*
4. Halte ein Referat zum Modell der „Kibbuzerziehung".

P *5. Die Kinderbuchautorin Astrid Lindgren hat in „Pippi Langstrumpf" mit ihrer Protagonistin „Pippi" eine Figur geschaffen, die völlig unabhängig von Eltern und Schule mit ihren Tieren in der „Villa Kunterbunt" ein ganz eigenes, unabhängiges, ja „anarchisches"* Leben führt. Stelle in einem Buch- oder Filmbericht „Pippi Langstrumpf" vor und verdeutliche das Lebensprinzip, das Astrid Lindgren hier veranschaulicht.*

Selbstentfaltung durch Anpassung?

Heute ist der letzte Tag, an dem Carina 13 ist, morgen wird sie 14. Sie hat ein gutes Jahr hinter sich, ein viel besseres als mit zwölf oder gar elf. Damals kam sie aufs Internat und alles war ein bisschen viel für sie. [...] Gerade kommt Carina vom Saxophonunterricht zurück in ihr Zimmer. Sie trägt eine Miss-Sixty-Jeans mit schräg aufgenähten Taschen – nur während des Unterrichts muss sie die Schuluniform anziehen, die aus Jeans, Hemd und einem blauen Pulli besteht [...]. Ihre Schule befindet sich in Burg Hohenfels, [...] und dort herrscht strenge Disziplin: Fernsehen, Computerspiele, mit dem Handy telefonieren, Bravo lesen – verboten.

Carina darf weder anziehen, was sie will, noch Schokolade essen, wann sie will. Jeden Abend wird ihr Zimmer kontrolliert, und wenn ihr Schreibtisch unordentlich ist, bekommt sie auf der Strichliste im Flur einen Minuspunkt [...]. In einer Gemeinschaft zu leben, sich an Regeln zu halten und auf faire Weise seine Interessen zu vertreten, forme den Charakter, so das Credo der Schulleitung. [...] Auch die Gemeinschaftsdienste, Pflicht für alle Schüler, sollen zu verantwortungsbewusstem Handeln erziehen; Carina hat sich im vergangenen Jahr zum Beispiel darum gekümmert, dass der Musikunterricht reibungslos abläuft. So muss sie ihre Reife, anders als die meisten Jungen und Mädchen, nicht in emotional aufgeladenen Konflikten mit ihren Eltern erkämpfen, sondern durchläuft ein pädagogisches Programm, das im besten Fall nahezu automatisch eine *Persönlichkeitsentwicklung* nach sich zieht.

(*Süddeutsche Zeitung. Magazin, 13.8.2004, S. 27*)

1. *Carina nimmt mehr oder weniger freiwillig deutliche Einschränkungen in Kauf. Stelle in einer Tabelle gegenüber, welchen Einschränkungen welcher „Gewinn" gegenübersteht.* ☐A

Schuluniform: Ja bitte – nein danke?

Eigentlich laufen doch heute alle irgendwie uni-form herum: Jeans und Shirt, mehr oder weniger schlabberig." (Sina, 15 J.)

In der Schule sollte man gerade seinen eigenen Stil pflegen, – das wird später auch von einem verlangt. (Marie, 16 J.)

Viele haben teure Markenklamotten an. Das können wir uns nicht leisten. Manchmal schäme ich mich ... Eine Schuluniform wäre gar nicht so übel. (Philip, 15 J.)

Hier macht keiner mehr den Coolen wegen Markenklamotten. Alle halten zusammen. (Ole, 15 J.)

2. *Pro-und-Contra-Diskussion „Schuluniform: ja oder nein?"* ☐Ü
   Sammelt in eurer Lerngruppe weitere Pro- und Contra-Argumente. Führt anschließend eine Pro-Contra-Diskussion durch.

Vom Ich zum Wir: Übergänge und Grenzen

Orientierungen am eher eigenen oder gemeinschaftlichen Nutzen müssen sich nicht von vornherein ausschließen, sondern können sich durchaus in konstruktiver und gegenseitig anregender Weise ergänzen.

Ich	Wir
Individuum	Gemeinschaft
unabhängig	zugehörig
autonom	organisiert
unkonventionell	angepasst
eigenwillig	?
kennt und vertritt eigene Bedürfnisse	?
Persönlichkeit	?
Selbstverwirklichung	?
Primat der eigenen Ziele	?
Selbstdurchsetzung	?
Einzelkämpfer	?
einsam	?
Ich-Stärke durch eigenen Erfolg	?
rücksichtslos	?
Verlust sozialer Orientierung	?
Egozentriker	?
Außenwelt wird als „feindlich" wahrgenommen	?

1. *Ordne in der Rubrik „Wir" die jeweils zur Rubrik „Ich" korrespondierenden Merkmale zu, wie die ersten Beispiele es zeigen. Übertrage dazu die Begriffe auf ein Extrablatt.*
2. *Ihr könnt in Partner- oder Gruppenarbeit eigene entsprechende Begriffe finden und/oder auf die nachfolgenden Beispiele zurückgreifen:*
   Geborgenheit / an gemeinsamen Überzeugungen und Werten orientiert / Interessenausgleich / team-player / Rücksichtnahme auf andere / Ich-Stärke als Gruppen-Ich / Unterwerfung unter Gruppenzwang / schwach ausgeprägte Persönlichkeit / kooperativ / uniformiert / Empathie / Aufgabe des eigenen Willens / ordnet eigene Bedürfnisse denen anderer unter / lässt sich vom Kollektiv zu Verbrechen verleiten / Verlust kritischer Distanz ...

3. *Erörtert, ab welchem Punkt ein sinnvolles und konstruktives Zusammenwirken zwischen diesen beiden Orientierungen kaum noch möglich ist.*

Welt Weit Weg.com – real und virtuell

Unsere vernetzte Welt bietet widersprüchlichen Luxus: Kommunikation rund um die Uhr, ohne unbedingt zu wissen, mit wem; Kontakte rund um den Globus, aber nicht mit dem eigenen Nachbarn. Die virtuellen Verknüpfungen im globalen Dorf machen vieles schneller, einfacher und bequemer – aber die Wege zueinander werden doch nicht kürzer. Gemeinschaft lebt von der Begegnung, – von Angesicht zu Angesicht, mit offenem Visier.

(Treffpunkt Kirche. Hannover H. 2/2010, S. 12)

Egotrips ins Elend?

Junge Menschen engagieren sich nicht nur „vor Ort", sondern leben und arbeiten weltweit in sozialen, kulturellen oder ökologischen *Projekten*, sei es für ein paar Wochen oder ein ganzes Jahr. Andere wiederum sind in der Fremde eher auf der Reise zu sich selbst.

Hüttenbau in Copiapo

Am Anfang war ich schockiert! So viel Elend hatte ich nicht erwartet, als ich mich entschloss, meinen Zivildienst in Form eines „Anderen Dienstes im Ausland" bei einer gemeinnützigen Organisation in Chile abzuleisten. Denn meine Aufgabe in dem Ort Copiapo am Fuße der Anden bestand darin, in den Campamentos (Slums) die Ärmsten der Armen ausfindig zu machen, um diesen dann zusammen mit chilenischen Freiwilligen Holzhütten als Unterkünfte zu bauen, – sozusagen ein Elendsranking vorzunehmen.

Doch dann fehlte Geld für die notwendigen Materialien, und unser Einfallsreichtum war gefordert […]. Meine Vorstellungen, nach dem Abitur eine andere Welt kennen zu lernen, einmal ganz allein auf mich gestellt zu sein und meine Reiselust mit etwas Nützlichem zu verbinden, wurden auf eine deutliche Probe gestellt. Während dieser Zeit in Chile habe ich viel von dem Leben der Menschen dort wahrnehmen können, – und müssen; ich habe mitten unter ihnen gelebt, und wir haben zusammen gekocht, gearbeitet, gefeiert und auch Stress miteinander gehabt, und ich, der dort helfen wollte, war selbst immer wieder auf Hilfe angewiesen. Zum Beispiel auf die von Kathy. Einmal in der Woche besuchte ich sie und ihre vier Kinder in einem der Campamentos; anfangs begleitete sie mich, später dann eines ihrer Kinder als „Schutz" auf meinen Wegen. Man mochte dort keine „Elendstouristen", und es dauerte eine Weile, bis man mich dort akzeptierte. Nur die Attacken der herumstreunenden Hunde mussten jedes Mal erneut abgewehrt werden, – die Steinwürfe von Kathys Sohn Bato waren am erfolgreichsten. Meine Arbeit in den Campamentos hat nicht nur bei deren Bewohnern Spuren hinterlassen. Ich nehme anders wahr, nicht nur, wenn ich reise, sondern auch die Kleinigkeiten des Alltags hier.

(Johann Gruen: Zeit in Copiapo. Hannover 2008, unveröffentlichtes Manuskript)

1. *Würdet ihr Johanns Hüttenbau in Copiapo als Egotrip bezeichnen?*
2. *Tragt Kriterien dafür zusammen, wann etwas als Egotrip anzusehen ist.*
   Untersetzt die Kriterien dann mit Indizien und diskutiert die Frage in einer Pro-Contra-Diskussion.

Unterwegs zu sich

 Alles, was du brauchst, steckt im Rucksack einer Boeing 747. Alles, was du wirklich brauchst, steckt in einem Beutel um deinen Bauch: eine Kreditkarte und ein Reisepass. Nie zuvor in deinem Leben warst du so frei und wahrscheinlich wirst du nie wieder so frei sein. Nach dieser Reise wirst du ein Anderer sein, und ja, mit sehr hoher Wahrscheinlichkeit, auch ein Besserer, weil du dann Armut gesehen hast. [...] Ein Netz aus Trampelpfaden und Hotels umspannt den Planeten. Man

nennt dieses Netz den „Banana-Pancake-Pfad", weil all die Leute, die auf ihm unterwegs sind, etwas gemeinsam haben. [... Ihnen] schmeckt Bananenpfannkuchen. Was diese Leute außerdem gemeinsam haben, ist das Alter, das wenige Geld und die Tatsache, dass sie viel Zeit haben. Du bist alleine. Zum ersten Mal in deinem Leben machst du keine Kompromisse. Du wirst Momente der Einsamkeit erfahren und über den Unterschied zwischen Alleinsein und Einsamkeit nachdenken. Am Ende wirst du beides kennen und vor keinem mehr Angst haben. Dir hängt der Schlaf noch in den Knochen, als sich die Türen des Flughafens von Bangkok, Delhi oder Mexico City öffnen. [...] Alles hängt, lungert und lächelt. Mit diesen Menschen wirst du die nächsten Monate verbringen. „Easy", von nun an wird alles so easy, dass du in ein paar Monaten nicht mehr verstehen wirst, warum es daheim so kompliziert sein muss. Du bist auf dem Banana-Pancake–Pfad angekommen. Der Kontakt zu den Einheimischen beschränkt sich auf Kellner, Taxifahrer und bettelnde Kinder.

Es gibt einen Unterschied zwischen Auslandsaufenthalten und Reisen. [...] Wer auf eine lange Reise geht, hat keine Lust auf Konkurrenz und Karriere. Er sucht *Hedonismus** und sich selbst. Es funktioniert, weil das Preisgefälle zwischen der ersten und der dritten Welt noch enorm ist. Eine Nudelsuppe in Vietnam kostet 50 Cent. [...] Backpacker sind die Glückskinder des Westens auf ihrer Stippvisite in die Armut. Die wenigsten von ihnen verlassen den komfortablen Pfannkuchen-Pfad. Sie führen das Leben eines Stars, und lösen endlich das Versprechen der weltweit ausgestrahlten Superstar-Shows ein: „Du stehst im Rampenlicht, du kannst es, du hast es verdient." [...] Wenn du dich langweilst, packst du deine Sachen und fährst an den nächsten Ort. Nichts und niemand hindert dich mehr daran, dich wohlzufühlen. Du hast dich an die Aufmerksamkeit gewöhnt, die man dir schenkt: Junge Asiatinnen sind der Meinung, du würdest Brad Pitt unglaublich ähnlich sehen. Die indischen Taxifahrer und Hotelbesitzer behandeln dich wie einen Kolonialherren.

(Philipp Mattheis: Ich gehe. Süddeutsche Zeitung, 11. J1. 2010, S. 29)

 1. Vergleiche den Bericht von Philipp Mattheis mit dem auf S. 49. Verdeutliche die Gemeinsamkeiten/Unterschiede in den jeweiligen Motiven für das Unterwegs-Sein.

 Weitere Informationen findest du unter: www.afs.de und www.weltwaerts.de

Das Internet: Verbunden mit allen und allem und doch allein?

Kaum ein anderes Medium hat in den letzten Jahren auf das Zusammenleben und die Kommunikation der Menschen mehr Einfluss genommen als das Internet. Weltweit verbunden zu sein, entweder von zu Hause aus oder selbst dabei unterwegs, hat im Alltagsverhalten Spuren hinterlassen, die sehr unterschiedlich wahrgenommen und interpretiert werden.

Internetnutzung als Ausdruck sozialer Integration?

Fragt man Menschen danach, was ihrem Leben Sinn verleiht, so stehen zwischenmenschliche Beziehungen in allen Altersgruppen an erster Stelle. Dies spiegelt sich auch in der Art und Weise des Gebrauchs des Internet wider. Insbesondere Jugendliche nutzen es, um Kontakt zu ihren Freunden zu halten, bevorzugt per Instant Messenger, der anzeigt, welche Freunde gerade online sind, und schnellen Nachrichtenaustausch erlaubt. Verstärkte Internetnutzung geht bei den meisten Jugendlichen nicht – wie oft befürchtet wird – mit *sozialer Isolation* einher, sondern ist eher Ausdruck besonders guter *sozialer Integration*. Auch der Erfolg der Social-Networking-Plattformen unterstreicht die Bedeutung des Internet für die Pflege sozialer Beziehungen. [...] Das Kennenlernen via Internet beschert aber nicht nur lockere Online-Beziehungen, sondern steht oft am Anfang sozialer Beziehungen, die offline weitergeführt werden.

(Nicola Döring: Psychische Folgen der Internetnutzung. In: Aus Politik und Zeitgeschichte, H. 39/2008, S. 44-45)

Fördert das Internet soziale Inkompetenz?

Teenager ziehen sich gerne zurück, um sich von den Eltern zu distanzieren. [...] Aber Internet und Computerspiele sind wie geschaffen dafür, geistig komplett in virtuellen Welten zu verschwinden, anstatt sich mit dem echten Leben zu befassen. Führt exzessiver Medienkonsum also zwangsläufig zu Sprachlosigkeit und *sozialer Inkompetenz?* Wächst da eine Generation von technisch versierten, aber zwischenmenschlich problematischen jungen Menschen heran? [...] Die These, dass sich stundenlanges Fernsehen und Computerspielen bei Jugendlichen negativ auf die Beziehungen zu Eltern und Freunden auswirkt, haben Sozialforscher der Universität Auckland (Neuseeland) mit einer Untersuchung untermauert.

(Titus Arnu: Der will nur spielen. In: Süddeutsche Zeitung, 6/7.3.2010, S. 2)

1. *Arbeite die unterschiedlichen Auffassungen von der Bedeutung des Internets für die Sozialkompetenz von Jugendlichen heraus.*
2. *Vergleiche diese mit Erfahrungen, die du mit sozialen Netzwerken gemacht hast.*
3. *Ein jugendlicher Netzwerk-Nutzer meinte einmal: „Wer widersteht, ist entweder ein Sonderling oder alt". Was hältst du von dieser Auffassung? Wie schätzt du den Einfluss der Online-Netzwerke auf dein Leben ein?*
4. *Manche meinen, dass durch die virtuelle Kommunikation stabile menschliche Bindungen — wie Freundschaften — eher schwieriger zu erreichen sind. Stimmst du dieser Auffassung zu?*

Unterschiedliche Begegnungen

Q Eigentlich wollte Jonas am vergangenen Sonnabend nur mit ein paar Freunden am Altwarmbüchener See feiern [...]. Dass aber so viele Jugendliche zur „Nacht am See" kommen würden, hätte der Schüler aus Hannover nicht erwartet, als sein Freund, passend zur Party, eine Gruppe bei der Internetplattform *SchülerVZ* gegründet hatte. 200 junge Menschen fanden sich am Strand des Sees zusammen, nach rund einer Stunde beendete die Polizei die Party und erteilte Platzverweise.

Das Internet hat in den vergangenen Jahren nicht nur die Kommunikation zwischen Menschen verändert. Auch „spontane Treffen" werden auf *SchülerVZ*, *StudiVZ*, *Facebook* oder über *Twitter* organisiert und schnell verbreitet [...]. Dank des Schneeballsystems wird die Gruppe immer größer – bis selbst die Veranstalter nicht mehr überblicken können, wie viele am Ende kommen werden. So wie im vergangenen Jahr, als ein Jugendlicher eine Party auf Sylt ankündigte, zu der 4.500 Menschen kamen – und einen Haufen Müll hinterließen.

(Nach Hannoversche Allgemeine Zeitung, 21.5.2010, S. 24)

Q „Näher!" lautet unser Lockruf, mit dem wir Sie einladen, Robinson'sche Einsamkeiten aufzugeben, Bündnisse auszuhandeln, Überraschungsbesuche zu machen, eingeschlafene Kontakte aufzuwecken und einander die Freundschaft zu erklären. Wagen Sie sich aus der Deckung und richtig nah dran, kosten Sie beides aus: die Gänsehaut des Genusses wie der Gefahr. Erkunden Sie die eigenen Grenzen wie auch die Ihrer Nächsten, ignorieren Sie sie nicht, aber prüfen Sie eine Verlegung: hin zu mehr Berührung, mehr Begegnung, mehr zusammen. Es ist nicht gut, dass der Mensch allein sei.

(Treffpunkt Kirche. Hannover 2/2010, S. 12)

„7 Wochen ohne Scheu", Aktionsmotiv der Evangelische Kirche, 2010

A 1. Formuliere die wesentlichen Unterschiede zwischen den beiden geschilderten Formen des Sich–Begegnens. Berücksichtige dabei auch eigene Erfahrungen.

2. Das Verbot von Flashmobs ist rechtlich umstritten. Sind es Versammlungen? Privat-Treffen? Happenings? Wie seht ihr das? Recherchiert die rechtlichen Grundlagen.

3. „Näher! 7 Wochen ohne Scheu", so lautete das Motto der Fastenaktion 2010 der Ev. Kirche, mit dem die Menschen ermuntert werden sollten, das unmittelbare Gespräch zu suchen, weniger SMS oder E-Mails zu schicken. Erörtert die Frage, ob die neuen Medien dazu geführt haben, die unmittelbare Begegnung zwischen Menschen zum „Luxus" werden zu lassen.

Begriffsanalyse

Wie lässt sich klären, was ethische Begriffe (z. B. Glück oder Freiheit) bedeuten? Im Lexikon finden wir Definitionen. Die sind kurz und erfassen nicht alle Aspekte der Bedeutung. Begriffe verändern sich mit der Zeit durch ihren alltäglichen Gebrauch. Daher können wir einiges über ethische Begriffe erfahren, wenn wir ihren Gebrauch im Alltag analysieren und ermitteln, mit welchen Wörtern sie zusammenhängen. Diese philosophische Methode heißt Begriffsanalyse.

Freiheit

a) Die Herkunft erforschen

Wörter haben eine Geschichte. Diese Geschichte steht in sogenannten etymologischen Wörterbüchern. Dort lassen sich oft Aspekte der Wortbedeutung entdecken, die uns einen neuen Blick auf den fraglichen Begriff eröffnen. Das Wort „Glück" z. B. stammt vom Wort „gelingen" ab und bezeichnete einst den Fall, dass irgendetwas gut ausgeht.

1. Erforsche die Herkunft des Wortes „Freiheit". Suche dabei nach älteren Bedeutungen, die hilfreich sind bei der Klärung, was man unter Freiheit verstehen kann.

b) Die Wortfamilie erkunden

Wörter leben in Familien. Zur Familie gehören u. a. Zusammensetzungen/Ableitungen/typische Wortverbindungen. Zur Familie von „Glück" gehören z. B. „Glückwunsch/„beglücken"/„sein Glück finden". Erkundet man die Verwandtschaft eines Wortes, kann man sich eine Fülle von Bedeutungsaspekten erschließen.

2. Erkunde die Familie des Wortes „Freiheit" und markiere all jene Fundstücke, die dir aufschlussreich für den Begriff der Freiheit erscheinen.

c) Übersetzungen prüfen

Jede Sprache hat ihren eigenen Blick auf die Welt. So gibt es z. B. für das deutsche Wort „Glück" im Englischen zwei Ausdrücke: „luck" und „happiness", die Unterschiedliches bedeuten. Das sollte uns anregen, einen entsprechenden Bedeutungsunterschied auch im Deutschen zu berücksichtigen.

3. Prüfe einige ausgewählte Fremdsprachen daraufhin, ob das Wort „Freiheit" dort mehrere Entsprechungen hat, die auf wichtige Bedeutungsunterschiede hinweisen.

d) Einen Begriffskreis bilden

Eine weitere Form der Begriffsanalyse ist die Suche nach Ausdrücken mit ähnlicher Bedeutung. So scheint „Freude" oder „Geschenke bekommen" Ähnliches zu bedeuten wie „Glück". Also fragen wir uns: Gibt es Glück ohne „Freude" oder ohne „Geschenke bekommen"? Gar nicht? In der Regel nicht? In der Regel schon? Wenn wir nun um den Begriff „Glück" als Mittelpunkt mehrere Kreise ziehen, entstehen Zwischenräume mit immer größerer Entfernung vom Kern. In diese Zwischenräume können wir nun unsere gefundenen Ausdrücke eintragen, je nach ihrer Nähe zum Kern des Begriffs Glück.

4. Suche nach Ausdrücken, die zu „Freiheit" bedeutungsähnlich sind. Entscheide, wie nah sie jeweils am Kern des Begriffs der Freiheit liegen.

(Nach Dominik Fehrmann: In Freiheit und Würde. In: Helge Eisenschmidt (Hg.): Gesichter des Lebens. Militzke, Leipzig 2011, S. 99)

2 Alter – Sterben – Tod

Wo geh ich hin?

Wo geh ich hin, folg ich den Wolken?
Wo ist der Weg, den ich nicht seh?
Wer weiß die Antwort auf meine Frage,
warum ich leb und vergeh?
Wo geh ich hin?
Folg ich den Kindern?
Sehn sie den Weg, den ich nicht seh?

Gibt mir ihr Lächeln eine Antwort,
warum ich leb und vergeh?
Folg ich dem Winde?
Folg ich dem Donner?
Folg ich dem Neon, das leuchtet
Im Blicke derer, die wir lieben?

Tief in der Gosse, hoch unter Sternen
Kann Wahrhaftigkeit sein!
Wo geh ich hin?
Folg ich dem Herzen?
Weiß meine Hand, wohin ich geh?
Warum erst leben
Und dann sterben?
Ob ich das je versteh?
Wo komm ich her?
Wo geh ich hin?
Sagt wozu?
Sagt woher?
Sagt wohin?
Sagt worin liegt der Sinn?

(Aus dem Musical „Hair"
von Gerome Ragni und James Rado)

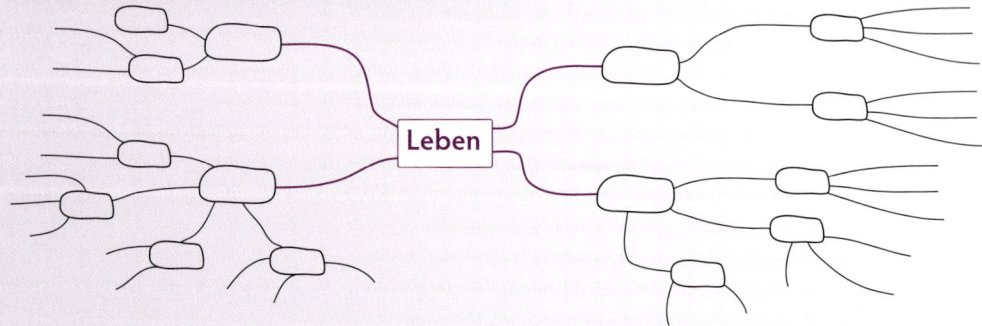

Leben

1. *Lasst euch durch den Textauszug inspirieren und erstellt eine Mindmap (Gedächtnislandkarte). So geht es: Schreibt auf einem großen Blatt in die Mitte den Begriff „Leben". Nun sucht Begriffe, die euch im Zusammenhang mit dem Wort „Leben" einfallen (Stoffsammlung). Sortiert die Begriffe so, dass mehrere Überbegriffe hervorgehoben werden, die den Begriff „Leben" nach Hauptästen untergliedern. Von jedem Hauptast gehen Zweige ab, denen weitere Einzelbegriffe zuzuordnen sind. Die Zweige können sich wiederum in Nebenzweige verästeln und sind mit Unterbegriffen zu vervollständigen. Zum Schluss könnt ihr die Begriffe mit Linien verbinden, so dass die Beziehungen und Abhängigkeiten der Begriffe deutlich werden.*

2.1 Alter – die letzte Lebensphase

Je nach persönlichen Lebensumständen endet die Phase der Kindheit und Jugend zwischen dem 20. und 30. Lebensjahr. Es schließt sich die Phase des Erwerbslebens an, die etwa bis zum 65. Lebensjahr reicht. Das Alter – die letzte Lebensphase – endet mit dem Tod des Menschen. Aufgrund der enormen Fortschritte in der Hygiene und in der Medizin erreichen immer mehr Menschen ein hohes Alter. Allerdings bedürfen viele dann der Pflege und Fürsorge.

Über das Alter

Ab wann ist man alt? Früher war die Lebenserwartung so, dass die Spanne zwischen dem Ende des aktiven Arbeitslebens und dem Tod sehr kurz war (sofern es sie überhaupt gab). Heute sind Millionen von Menschen, die aus dem Berufsleben ausgeschieden sind, in „reifem" Alter, ohne wirklich alt zu sein.

Rüstiger Rentner am Start zum 60-Meter-Sprint | Alt und glücklich

Alt ist nicht gleich alt

Wer von alten und älteren Menschen spricht, muss sich bewusst sein, dass es sich dabei um eine gesellschaftliche Großgruppe handelt, die mindestens zwei Generationen umfasst. Dieser zahlenmäßig immer größer werdende Bevölkerungsanteil zerfällt in zahlreiche Segmente [...] mit sehr unterschiedlichen Merkmalen. Den einen Pol bilden aktive Frührentner, den anderen pflegebedürftige Hochbetagte. Die lange Spanne des dritten und vierten Lebensalters macht die begriffliche Differenzierung [...] notwendig. [...] Der Wiener Soziologe Leopold Rosenmayer hat folgende, auch von der Weltgesundheitsorganisation (WHO) verwendete, Einteilung vorgeschlagen:

› *ältere Menschen (60–75 Jahre)*   › *Hochbetagte (über 90 Jahre)*
› *Alte (75–90 Jahre)*   › *Langlebige (100 und mehr Jahre)*

(Mathis Brauchbar/Heinz Heer: Zukunft Alter. Herausforderung und Chance. Rowohlt, Reinbek 1995, S. 27)

1. *Diskutiert die im Text vorgeschlagene Differenzierung der Gruppe der älteren und alten Menschen. Welche Kriterien könnten der Einteilung zugrunde liegen? Gibt es aus deiner Sicht andere Kriterien? In welche Kategorie ordnest du die auf den Fotos abgebildeten Personen ein?*

2. *Führt in Arbeitsgruppen eine Umfrage unter Kindern, Jugendlichen und Erwachsenen unterschiedlichen Alters durch. Erfragt, ab welchem Alter ein Mensch als „alt" gilt. Fasst eure Ergebnisse zusammen und diskutiert darüber.*

Kennzeichnungen des Alters

Nach Auffassung der Weltgesundheitsorganisation ist ein alter Mensch derjenige, der das 60. Lebensjahr vollendet hat. Es lassen sich folgende Merkmale des Alters unterscheiden:

› **Kalendarisches Alter,** das der Zahl der gelebten Jahre entspricht.
› **Biologisches Alter,** mit dem die Veränderungen in der Funktion des Organismus und einzelner Organe erfasst wird.
› **Soziales Alter**, das der in der Gesellschaft vorherrschenden Vorstellung vom Alter bzw. einem bestimmten Altersstatus entspricht.
› **Psychologisches Alter,** mit dem die persönliche Betrachtung des kalendarischen, organischen und sozialen Alterungsprozesses zusammenfassend eingeschätzt wird und das man auch als „gefühltes Alter" bezeichnet.

Michelangelo (1475–1564) beginnt mit 72 Jahren sein größtes Bauwerk: die Kuppel des St. Petersdoms in Rom.

Giacomo Antonio Stradivari (1644–1737) aus Cremona baut bis zu seinem 95. Lebensjahr Geigen.

Der Geograph Alexander Freiherr von Humboldt (1769–1859) beendet mit 89 den fünfbändigen „Kosmos", seinen „Entwurf einer physischen Weltbeschreibung".

Der amerikanische Architekt Frank Lloyd Wright (1869–1959) entwirft mit 74 Jahren das Guggenheim-Museum in New York. Im Alter von 89 bis 92 Jahren überwacht er dessen Bau.

Die berühmte schwedische Kinderbuchautorin Astrid Lindgren (1907–2002) schreibt bis zu ihrem Lebensende Bücher für Kinder und Erwachsene.

Konrad Adenauer (1876–1967) wird 1949 im Alter von 73 Jahren zum ersten deutschen Bundeskanzler gewählt und übt dieses Amt 14 Jahre aus.

Die Königin Queen Victoria (1819–1901) herrscht auch noch im hohen Alter mit fester Hand über das britische Empire.

 A

1. *Erörtere, wie die einzelnen Kennzeichnungen des Alters zusammenhängen.*
2. *Entwickele eigene Vorstellungen vom Alter und vom Altsein. Entwirf eine kurze fiktive biographische Skizze, mit der du dein Leben im Ruhestand beschreibst: Ein Tag im Leben eines/einer 80-Jährigen.*

Leben im Alter

Die Alten werden nicht nur immer älter, es gibt auch immer mehr ältere Menschen in unserer Gesellschaft. Mit dem Älterwerden sind aber auch einige Probleme verbunden. Vor allem die nachlassende Gesundheit macht vielen zu schaffen. Nach dem Verlust des Partners leiden zudem viele Ältere unter Einsamkeit. Andererseits bleiben heutzutage alte Menschen länger gesund und leistungsfähig. Ihnen steht mehr Zeit zur Verfügung und sie können neue Hobbys und Interessen entdecken.

Freiheit im Alter
Robert Jungk, österreichischer Publizist und Zukunftsforscher (1913–1994), stellt Betrachtungen über die Freiheit im Alter an:

Wie viele – besser gefragt: wie wenige – haben denn im Berufsleben das tun dürfen, was sie eigentlich wollten? Jetzt kann es geschehen, dass der Chefbuchhalter sich statt mit Ziffern mit Blumen beschäftigt, der Warentester an Aquarellen herumpinselt, der Rechtsanwalt im Avantgarde-Theater Regie führt, die Reisevertreterin Medizin studiert, der Bürohocker das Reisen lernt. In der Tat beginnt für viele Alte jetzt erst das Leben, das sie sich gewünscht hatten, sind sie nicht mehr gezwungen, dem Job die innere Berufung zu opfern, dürfen sie endlich – falls ihnen noch genügend Kraft geblieben ist und ihre Nächsten sie ermutigen, statt zu verspotten – Talente erproben, die sie zu Recht (oder auch zu Unrecht) schon längst in sich vermutet haben. $\boxed{Q}$

(Robert Jungk: Alter als Freiheit. Zit. aus: Pädagogisches Landesinstitut Brandenburg (Hg.): Werkstatthefte. Heft 34, Lebensgestaltung-Ethik-Religion, Ludwigsfelde 1995, S. 22)

1. *Diskutiert darüber, was Jungk unter „Freiheit im Alter" versteht.* $\boxed{A}$
2. *Erörtert auch die Aussage „Alte Menschen sind gefährlich, weil sie keine Angst vor der Zukunft haben".*

SeniorWeb

Im Internet finden Sie unter der Adresse http://www.seniorweb.uni-bonn.de das „offizielle deutsche SeniorWeb" mit vielen aktuellen Informationen, Berichten, Hilfen und nützlichen Diensten, E-Mail-Kontaktbörse, Informationen über Altersfragen, Bildungs- und Weiterbildungsangebote, etc.

3. *Informiere dich unter der angegebenen Internetadresse, welche Möglichkeiten es für ältere Menschen gibt, ihr Leben aktiv zu gestalten.* $\boxed{A}$

4. *Versuche, dich in die Lage eines älteren Menschen hinein zu versetzen. Entwickele aus dieser Perspektive ein Angebot zur Gründung einer Interessengruppe. Interessengruppen können lockere Zusammenschlüsse von Senioren mit gemeinsamen Hobbys und Interessen sein.* $\boxed{Ü}$

Zusammen wohnen

Q Barbara Gerhard will ihren „Lebensabend nicht in den Sprechzimmern von Ärzten verbringen und über Krankheiten reden", wie sie sagt. Aktiv bleiben, offen für Neues, beweglich im Körper und im Geist. Das ist ihre Vorstellung vom Altern. Deshalb ist die 64-Jährige ins sogenannte Pantherhaus gezogen. „Gemeinschaftliches Wohnen von Alt und Jung" ist die Idee, die hinter dem Projekt im Hamburger Stadtteil St. Pauli steckt. „Wenn man älter wird, neigt man dazu, sich zu isolieren", meint Barbara Gerhard. Um dem entgegenzuwirken, hat sie ihre Wohnung in einem anonymen Mietshaus aufgegeben und sich in das Abenteuer Pantherhaus gestürzt. [...] „Nur unter Älteren möchte ich nicht leben", sagt die Sozialpädagogin im Ruhestand. „Es ist problematisch, wenn alle auf einmal gebrechlich werden. Aber wichtiger noch: Die Jüngeren geben einem viele Impulse und umgekehrt." Ihr Mitbewohner, ein Student Mitte 20, hat ihren Computer eingerichtet und ihr das E-Mailen erklärt. Für die Jüngste, die achtjährige Friederike, ist Barbara Gerhard, die selbst keine Kinder hat, beinahe so etwas wie eine Oma. Wer Gesellschaft sucht, setzt sich auf die gemeinsame Terrasse und bleibt nicht lange allein. [...] Eine Hausordnung gibt es im Pantherhaus nicht, auch keine Pflichttermine. Den Bewohnern ist die persönliche Freiheit wichtig, Freiräume werden gegenseitig eingeräumt, der Einsatz füreinander beruht auf Freiwilligkeit. Das ist ungeschriebenes Gesetz. [...] Bestimmte Verbindlichkeiten werden vorher vertraglich festgelegt, zum Beispiel, dass die Mitbewohner zwar helfen, einen ambulanten Pflegedienst zu organisieren, wenn ein Hausbewohner pflegebedürftig wird, ihn aber nicht selbst pflegen werden.

(Christine Sticht: Hausgemeinschaft als Ersatz-Familie. In: http://www..goethe.de/kug/ges/soz/thm/de208580.htm; Zugriff: 10.1.2006)

Haus der Generationen

A   1. *Wie gefällt dir das Projekt einer Wohngemeinschaft von Alt und Jung? Kannst du dir vorstellen, in einem solchen Projekthaus zu wohnen? Oder wäre das gar nichts für dich? Begründe deinen Standpunkt.*

     2. *Die Bewohner des Pantherhauses haben festgelegt, dass sie einen Hausbewohner, der pflegebedürftig wird, nicht selbst pflegen werden. Finde Gründe für diese Regelung.*

Das Alter in der Werbung
Sebastian Turner, 38, Vorstandsvorsitzender der Kommunikationsagentur Scholz & Friends und
Vorstandssprecher des Art Directors Club erklärte:

DIE ZEIT: Herr Turner, wir steuern auf eine Gesellschaft zu, in der die Hälfte der Menschen über 50 Jahre alt sein wird. Wird die Werbung sich von ihrer Fixierung auf die Jugend lösen müssen?

Turner: Ja. Aber sie werden das kaum erkennen, denn die Werbung für die Alten wird jünger werden, ganz so wie sich das Leben der Alten immer mehr verjüngt. Meine Großmütter zum Beispiel waren schon alte Menschen, als ich sie als Kind erstmals bewusst erlebt habe. Wenn ich dagegen die 60-und 70-Jährigen von heute anschaue – die nehmen nicht an Kränzchen teil, sondern am Leben. Sie machen Sport, sie reisen. Ihr ganzes Verhalten ist nicht alt.

DIE ZEIT: Mit welcher Werbung erreichen Sie diese jungen Alten? Werden in Zukunft dynamische Alte zu sehen sein, die in einem neuen Auto durch die Berge kurven oder dem Partner mit neuem Handy verliebte Bilder schicken?

Turner: Kaum. Um alte Menschen anzusprechen, müssen Sie keine alten Menschen zeigen. Im Gegenteil. So wie die meisten Männer in der Werbung lieber Frauen sehen wollen. Werbung wendet sich an Wünsche. Und weil sich die Alten Jugend wünschen, bekommen sie die vorgesetzt. [...]

DIE ZEIT: Während es in der Bevölkerung Deutschlands immer mehr Alte gibt, ist in der Werbung die Gruppe der über 65-Jährigen, die mit Abstand am schnellsten wächst, nur selten zu sehen.

Turner: Das bisschen ist auch noch eine gute Quote. [...] Deshalb tauchen wirklich alte Menschen fast nur in Werbung auf, die die Alterswünsche der Jungen anspricht, bei der Altersvorsorge beispielsweise. Da sehen wir dann tatsächlich ein altes Paar, weißhaarig, blendend aussehend, das am Strand entlang spaziert – so wie sich Jungen das hohe Alter eben wünschen.

(Sven Hillenkamp: Interview mit Sebastian Turner. In: Die Zeit. v. 16.9.2004)

1. *Erläutere, wie nach Ansicht des Werbefachmanns Turner alte Menschen in der Werbung dargestellt werden. Welche Gründe nennt er dafür.*
2. *Sammele Beispiele für Werbung, in der Alte vorkommen. Erläutere, welches Bild von älteren bzw. alten Menschen darin zum Ausdruck kommt. An wen richtet sich die Werbung? Präsentiere deine Ergebnisse in der Klasse.*

3. *Entwickele ein Werbe – Produkt für alte Menschen. Es kann auch ein Fantasieprodukt sein. Wie bewirbst du es? Gestalte zu dieser Aktion ein Plakat (siehe dazu S. 17).*

Alt und krank?

Über ganz normale Abnutzungserscheinungen (z.B. an Gelenken) hinaus, neigen ältere Menschen häufiger zu Krankheiten als junge. Je älter man wird, desto wahrscheinlicher werden auch lebensbedrohende Krankheiten wie Krebs, Herzinfarkt und Schlaganfall. Hinzu kommen außerdem Demenzerkrankungen u.a.

Alterskrankheiten

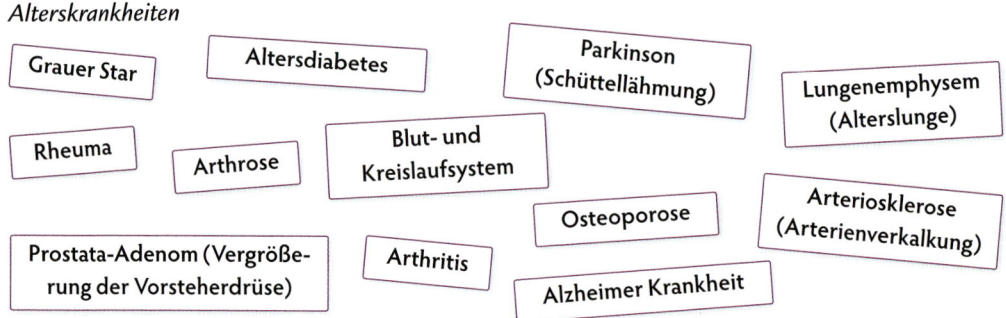

Grauer Star · Altersdiabetes · Parkinson (Schüttellähmung) · Lungenemphysem (Alterslunge) · Rheuma · Arthrose · Blut- und Kreislaufsystem · Osteoporose · Arteriosklerose (Arterienverkalkung) · Prostata-Adenom (Vergrößerung der Vorsteherdrüse) · Arthritis · Alzheimer Krankheit

 1. Informiere dich im Internet oder in Lexika über die Alterskrankheiten. Recherchiere, mit welchen Folgen das für die Betroffenen verbunden ist und ab welchem Alter diese Krankheiten evtl. zu erwarten sind.

Wohin mit Mutter?

 Hinter uns schließt sich langsam die Krankenhaustür. Ratlos stehe ich mit meiner Mutter auf dem Parkplatz. Sie klammert sich ängstlich an meinen Arm. Wohin jetzt mit ihr? Sie war in kurzer Zeit mehrere Male gestürzt und hatte sich zuletzt den Unterarm gebrochen. Nach dem Einsetzen eines Herzschrittmachers hier, im Krankenhaus, gilt sie als geheilt und ist entlassen worden. Im Krankenhaus kann sie nicht bleiben. Sie kann aber auch nicht in ihr kleines Haus zurück, wo sie seit dem Tod unseres Vaters allein lebt. Sie ist nicht in der Lage, sich allein zu versorgen. Ohne Hilfe kann sie sich nicht einmal mehr allein ankleiden. Also, wohin mit ihr? Ab ins Heim? „Sie müssen sich auf betreutes Wohnen einstellen", war ihr von einem der Ärzte gesagt worden. „Das heißt doch wohl Altenheim", hatte sie mir daraufhin zugeraunt und den Arzt mit einem erzürnten Blick bedacht. Jetzt ist es nicht mehr wegzureden. Mutter schweigt. Ihre Miene ist wie eingefroren. „Was jetzt?", frage ich. „Ich möchte nach Hause …" „Und wie stellst du dir das vor?", fahre ich sie ungeduldig an. „Weiß ich auch nicht." Irgendwie habe ich diese Situation schon lange kommen sehen.

(Frei nach Christian Jungblut: Wohin mit Mutter? In: GEO Wissen Nr. 35, 2004/05)

 1. Neben der Tochter gibt es noch zwei Brüder in dieser Familie. Alle haben eigene Familien mit Kindern. Es kommt zu Auseinandersetzungen zwischen den Geschwistern, wie es mit der Mutter weitergehen soll. Einer der Brüder meint: „Ich habe niemanden gebeten, geboren zu werden, also schulde ich auch niemandem etwas." Positioniere dich in einer Standpunktrede zur Aussage des Bruders.
2. Wie könnte das Problem mit der Mutter gelöst werden? Unterbreitet in kleinen Gruppen Vorschläge. Ihr könnt diese auch in einem Rollenspiel vorspielen.
3. Führt dazu anschließend eine Pro-und-Kontra-Diskussion in der Klasse.

Im hohen Lebensalter kommt es nicht selten zu Pflegebedürftigkeit. Das bedeutet, es ist ein Zustand des körperlichen, aber auch des geistigen und seelischen Verfalls eingetreten, der eine eigenständige Lebensführung ohne Hilfe nicht mehr zulässt.

Gefangen zwischen zwei Welten
Bert Grube, ein 19-jähriger Zivildienstleistender, machte unmittelbare Erfahrungen mit dem ⎡Q⎤ Tod. Wie gratuliert man einer Frau, die einen Schlaganfall hatte und halbseitig gelähmt ist, die Tag und Nacht im Bett liegen muss und gewindelt wird, deren einzige Unterhaltung ihr Fernseher und ein paar Arztromane sind, zum Geburtstag? Herzlichen Glückwunsch? Wohl kaum. Ich sagte: „Alles Gute zum Geburtstag." Doch selbst das ging mir schwer von den Lippen.

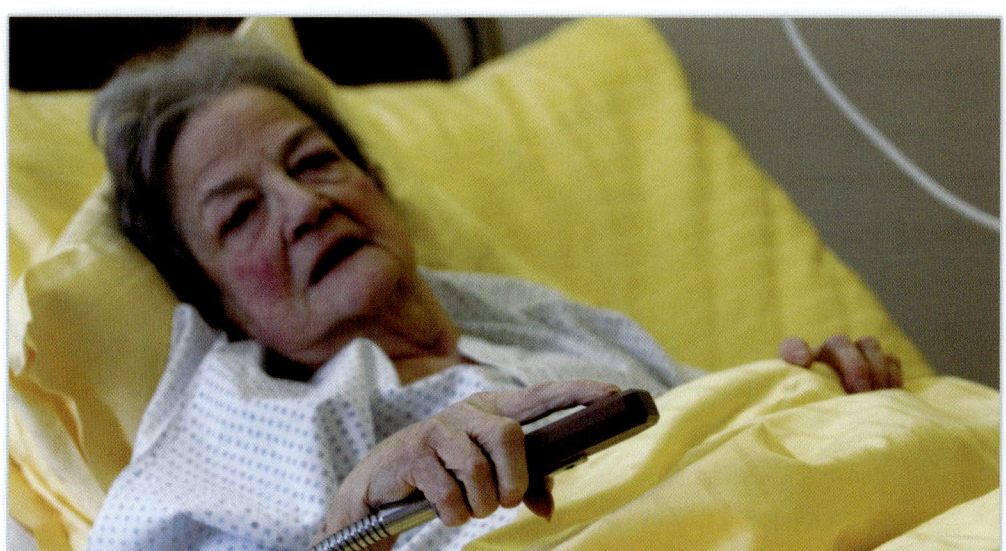

Wie reagiert man bei einem 85-jährigen Mann mit grauem Star, Asthma und Alzheimer, der weder weiß, wo sich die Toilette befindet, noch dass seine Frau tot ist, der nicht weiß, wo er wohnt oder wer vor ihm steht, wenn er zu einem sagt: „Ich werde sterben." Eine Woche nach unserem Gespräch über das Sterben, morgens um 6.30 Uhr, als ich ihn wie gewohnt wecken wollte, war er tot. Er hatte Recht behalten.
Aber nicht nur das Sterben, das Leben hat mich geschockt. Auf der Station, wo ich arbeitete, lagen zwei Frauen und ein Mann, alle drei im Koma. Ich habe mich oft gefragt, ob diese Leute wirklich leben. Sie wurden per Magensonde ernährt, die zwei Frauen hatten einen Luftröhrenschnitt zur Atmung. Jeden Tag bekamen sie durch einen Tropf flüssige Nahrung, wurden gewaschen, bekamen einen neuen Katheterbeutel. Keiner weiß, ob sie einen hörten, ob ein Augenzwinkern eine Geste oder nur ein Zucken des Körpers war. Am Anfang hatte ich immer Herzklopfen, wenn ich das Zimmer betrat. Diese Leute waren nicht tot, gelebt haben sie aber auch nicht. Sie waren Gefangen zwischen zwei Welten.

(Nach Bert Grube: Gefangen zwischen zwei Welten. LVZ, 6.11.1997, S. 32)

1. Angenommen, du wärst Politiker und solltest Minimalstandards für ein würdevolles Leben im Alter formulieren. Welche Forderungen würdest du aufstellen? ⎡A⎤

2.2 Zum Leben gehört der Tod

Vergänglichkeit und Tod als Grundphänomene des Lebens haben die Menschen aller Epochen immer wieder beschäftigt. Während die Menschen früherer Zeiten in der bewussten Erwartung des Todes lebten, wird der Tod in der modernen Gesellschaft weitgehend verdrängt. Er wird oft nicht wahrgenommen. Das Reden über den Tod erscheint vielen Menschen als unausgesprochene Annäherung an ihn.

Begegnungen mit dem Tod

Jeder möchte wissen, was beim Sterben vor sich geht. Nur wenige sprechen das offen aus. Für die meisten Menschen bleibt der Tod geheimnisumwittert; er ängstigt und erregt sie zugleich. Gerade was uns Angst macht, zieht uns unwiderstehlich an.

 Ausstellung „Körperwelten"

[...] Präparierte Leichen zeigt der Heidelberger Professor Gunther von Hagens. Raucherlungen, Schrumpfnieren, Infarkt-Herzen, glatte und verkalkte Arterien. Einen Muskelmann, der seine Haut dem Publikum entgegenhält. Die Leiche ist echt; das Gewebe wurde farb- und strukturecht durch Silikonkautschuk ersetzt. Im rechten Knie sitzt noch die echte Stahlprothese. Ein Jung-Mediziner zeigt seiner Freundin den Meniskus. Hinter der Frauenleiche mit dem präparierten Fötus steht ein RTL-Kameramann auf der Trittleiter und schwenkt über die schweigenden Betrachter. Reporter halten ihre Mikros vor die Nasen: „Was zieht sie nachts in diesen Anatomie-Lehrsaal?" Es ist die Mundpropaganda, die Neugier und die Garantie auf Aha-Erlebnisse. Der Rückennerv ist tatsächlich so dick wie ein kleiner Finger. Das interessiert die Leute. [...]

(Aus Frankfurter Rundschau, 27.2.1998)

 Umfrage zur Ausstellung

Von 1.500 befragten Personen zu den Exponaten waren

›	fasziniert:	87 %
›	tief berührt	33 %
›	angeekelt	4 %
›	verletzt	1 %
›	bedrückt	13 %
›	empört	3 %

Eine kleine Minderheit sah in der Ausstellung eine moralische Provokation.

(Nach SZ 28.7.1998, S. V2/9)

 1. *Schreibe mögliche Gründe auf, warum sich die Befragten in den einzelnen Gruppen (fasziniert, tief berührt ...) so entschieden haben.*
2. *Würdest du dich nach deinem Tod als Exponat für die Ausstellung zur Verfügung stellen?*

Der Tod ist ...

Jugendliche wurden befragt, welche Gedanken und Empfindungen sie beim Thema Tod haben. Die Auswertung führte zu folgenden – nach ihrer Auftretenshäufigkeit geordneten – Kategorien:

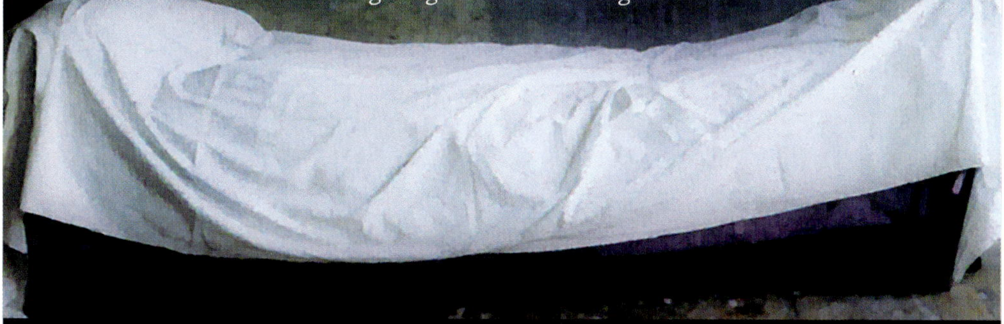

Der Tod ist ...	Relative Häufigkeiten in %
› eine religiöse Erfahrung	32,5
› das biologische Ende	30,8
› mit Angst vor dem Unbekannten verbunden	23,1
› Anlass für Gefühle der Trauer, Hilflosigkeit und Einsamkeit	17,7
› eine friedliche Erfahrung	16,0
› ein philosophisches Konzept und/oder ein Abenteuer	14,5
› Anlass zur Sorge um Familienmitglieder und Freunde	13,9
› eine Befreiung und Erlösung	11,5
› mit körperlichen Schmerzen verbunden	8,9
› das Ende des Bewusstseins, er führt ins Nichts	7,7
› eine Motivation, sich auf eine bestimmte Art und Weise zu verhalten	0,9
› eine Bestrafung	0,9
› eine Möglichkeit, verstorbene Freunde und Angehörige wiederzufinden	0,3

(R. A. Hogan: Adolescent Views of Death. Zit. aus: Stephanie Reuter: Tod und Sterben – ein Thema für den Schulunterricht. Frankfurt a. M. 1994, S. 78)

Umgangssprachliche Ausdrücke für „Sterben" und „Tod"

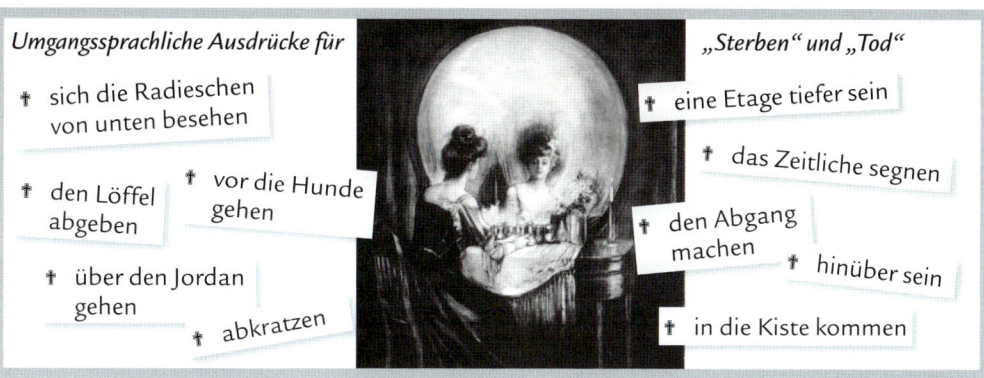

✝ sich die Radieschen von unten besehen

✝ den Löffel abgeben

✝ vor die Hunde gehen

✝ über den Jordan gehen

✝ abkratzen

✝ eine Etage tiefer sein

✝ das Zeitliche segnen

✝ den Abgang machen

✝ hinüber sein

✝ in die Kiste kommen

1. *Führt die Befragung auch in eurer Klasse durch und sprecht über die Resultate.*
2. *Wähle einen umgangssprachlichen Ausdruck aus, den du illustrierst.*

Was ich mir manchmal über den Tod denke

Am liebsten würde ich gar nicht sterben. Wie das wohl ist, wenn ich sterbe? Man liegt in einem Bett oder ist sonst irgendwo und man macht die Augen zu und lebt nicht mehr. Man weiß nicht, wie es nach dem Tod aussieht. Wenn ich dann im Sarg liege, wo dann wohl meine Seele ist? Ob man nach dem Tod auf irgendeine Weise doch noch weiterlebt? Wenn der Körper verwest ist und wir vielleicht mit einem anderen Körper weiterleben.
(Maria, 14 Jahre)

Ich habe meinen Vater gesehen, als er mit dem Tod kämpfte. Es war grauenhaft. Ich werde es nie in meinem ganzen Leben vergessen. Manchmal stelle ich mir auch vor, wie das ist, wenn man tot ist und im Grabe liegt. Es muss doch schrecklich sein, nicht mehr leben zu können. Ich habe eine unsagbare Angst vor dem Sterben. Manchmal sitze ich eine halbe Stunde da, döse vor mich hin und denke nur an den Tod.
(Clara, 15 Jahre)

Wenn es den Tod nicht geben würde, gäbe es auf der Welt bald keinen Platz mehr für Lebewesen. Der Tod ist das Ende für den Körper und das Gehirn. Manche Menschen meinen, die Seele würde noch erhalten bleiben. Der Mensch versucht sich durch diese Gedanken zu trösten. Das ganze ist für mich ein biologischer Vorgang. Der Körper wird zu Erde und gibt anderen Lebewesen Nahrung. Alles ganz natürlich ohne irgendwelche Geheimnisse.
(Leon, 14 Jahre)

1. *Welche Gedanken gehen dir durch den Kopf, wenn du an den Tod denkst? Hast du schon einmal an dein eigenes Sterben gedacht? Schreibe deine Gedanken auf, und stelle diese zur Diskussion.*

2. *Dokumentation/Medienanalyse*
Untersucht, wie der Tod und das Sterben in der Öffentlichkeit beschrieben werden. Berücksichtigt folgende Schwerpunkte:
Wie werden der Tod und das Sterben in der Alltagssprache beschrieben (z.B. Umschreibungen des Todes, Formulierung von Todesanzeigen)?
Wie werden der Tod und das Sterben im Fernsehen präsentiert (Nachrichtensendungen, Filme)?
Fertigt zu euren Untersuchungen eine Dokumentation an.

Der Tod als Grenze allen Lebens

Vom **klinischen Tod** spricht man bei: Bewusstlosigkeit, Atemstillstand, Kreislaufstillstand (kein Puls), weiten lichtstarren Pupillen und einer eventuellen graublauen Verfärbung der Haut- und Schleimhäute. Der **biologische Tod** ist gleichzusetzen mit dem Hirntod. Die Sauerstoffzufuhr des Organismus wird unterbrochen. Das Herz hört auf zu arbeiten und das Gehirn wird nicht mehr durchblutet. Schon nach wenigen Minuten treten nicht rückgängig zu machende (irreversible) Schäden auf.

Ein trüber Schleier

Dem Tod geht häufig eine so genannte Agonalphase voraus; Agon kommt aus dem Griechischen und bedeutet Kampf. „Die Begleiterscheinungen der Agonie sind wie ein letztes Aufbäumen des Körpers. Selbst nach monatelanger Krankheit zeigt er gleichsam seinen Unwillen, sich vom Leben zu trennen", schreibt der amerikanische Arzt Sherwin B. Nuland, Professor für Chirurgie an der Yale-Universität. Bei manchen Sterbenden beginnen die Muskeln durch die Übersäuerung des Blutes unkontrolliert zu zucken. Einige Menschen stoßen einen bellenden oder röchelnden Laut aus, der durch das krampfartige Anspannen der Kehlkopfmuskeln verursacht wird. Manchmal zuckt der ganze Körper noch einmal, Brustkorb und Schultern heben sich – das Leben entweicht dem Körper mit einem letzten Atemzug. Bald überzieht ein dünner, trüber Schleier die Augen, der den Blick in die Tiefe versperrt. Zuerst sterben die Gehirnzellen ab, zuletzt die Zellen des Binde- und Sehnengewebes. Auf dem Gesicht erscheint die grauweiße Totenblässe. Haare und Fingernägel jedoch wachsen, entgegen landläufiger Meinung, nicht weiter. [...]

(Sabine Korte: Mysterium Tod. In: PM 11/1999, S. 42 ff.)

Der Moment des Sterbens

Manche Menschen, die dem Tod sehr nahe waren und die wiederbelebt wurden, berichten von tief gehenden Erlebnissen, die sie hatten.

Ich hatte meinen Leib verlassen. Nun wusste ich, ohne dass ich darüber nachdenken musste: Dieser Zustand ist das, was die Menschen tot nennen. Ich bewegte mich sehr schnell auf ein strahlendes Netz zu. Es war wie ein Sperrgitter, das ich nicht durchbrechen wollte. [...] Als ich mit ihm in Berührung kam, entstand ein Lichtgeflimmer von großer Intensität. Ich empfand keinen Schmerz, und was ich fühlte, war angenehm und beruhigend, und es füllte mich ganz aus.

(Uta Brumann u.a.: Projekt Tod. Verlag an der Ruhr, Mühlheim. 1998, S. 79)

1. *Obwohl die Wissenschaft im Laufe der Jahrhunderte ihr Wissen über das Sterben und den Tod vervollkommnen konnte, bleiben Fragen noch offen. Welche Fragen könnten das sein?*
2. *Der Bericht „Der Moment des Sterbens" gibt Auskunft darüber, was auf der Schwelle zwischen Leben und Tod im Kopf geschehen kann. Setzt euch in Kleingruppen zusammen und diskutiert über die geschilderten Erlebnisse.*

Das Sterben begleiten

Sterben ist keine Krankheit, sondern ein natürlicher Vorgang, der jeden Menschen betrifft. Jedoch haben Sterbende besondere Bedürfnisse. Aufgabe fürsorglicher Sterbebegleitung ist es, mit angemessener medizinischer Versorgung und Pflege sowie sozialer und psychologischer Betreuung die letzte Zeit eines Sterbenden für ihn und die Angehörigen lebenswert zu gestalten.

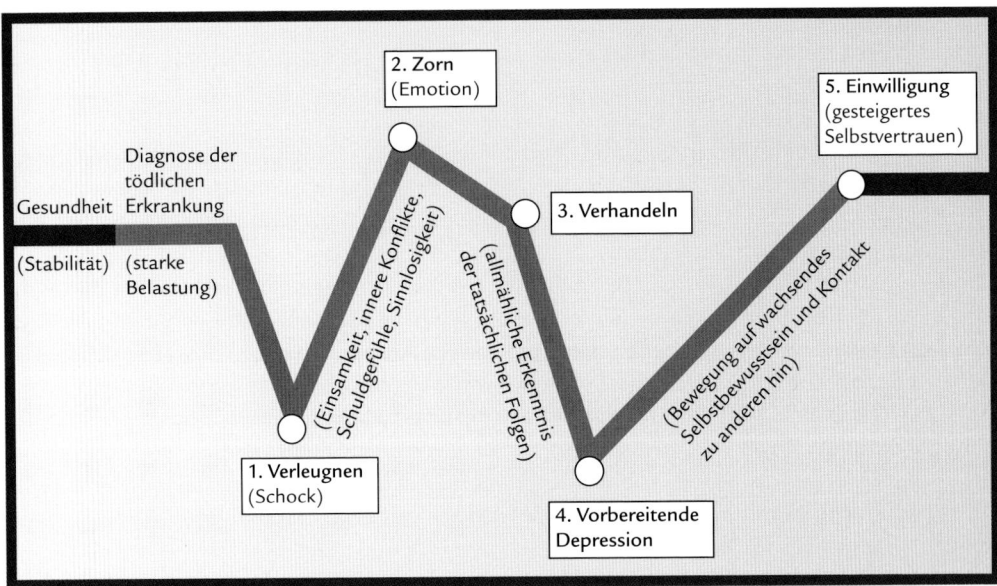

Nicht jeder, der tödlich erkrankt ist oder kurz vor dem Tod steht, vollzieht die Phasen des Sterbens so, wie es die Grafik veranschaulicht. Einige bleiben auf einer Stufe stehen, andere – und das ist durchaus häufig der Fall – durchschreiten alle fünf Stufen.

› *Erste Phase:* Verleugnen. Die meisten Patienten reagieren auf die Diagnose einer tödlichen Krankheit mit Schock und Ungläubigkeit. Das Nichtwahrhabenwollen kann Sekunden, aber auch Monate dauern.
› *Zweite Phase:* Zorn. Auf das Nichtwahrhaben folgt meist Zorn, Groll, Wut, Neid. Dahinter steht die Frage: „Warum gerade ich?" Der Zorn des Kranken ergießt sich ohne sichtbaren Anlass in alle Richtungen: Auf Ärzte und das Pflegepersonal, aber auch z.B. auf Angehörige.
› *Dritte Phase:* Verhandeln. Der Patient versucht das Unvermeidliche durch eine Art Handel hinauszuschieben. Er verspricht Wohlverhalten und hofft, dafür belohnt zu werden. Innerlich setzt er sich selbst eine Frist, nach der er – wie er verspricht – nichts mehr erbitten will.
› *Vierte Phase:* Depression. Zorn und Wut weichen bald dem Gefühl der Verzweiflung. Der Kranke ist im Begriff, alle und alles zu verlieren, was er geliebt hat. Wer seinen Schmerz ausdrücken darf und kann, dem fällt es zumeist leichter, sich mit seinem Schicksal abzufinden.
› *Fünfte Phase:* Zustimmung. Der Kranke erreicht die Phase der Ergebung und Loslösung. Er hat den drohenden Verlust geliebter Menschen betrauert, und nun sieht er seinem Ende mit mehr oder weniger ruhiger Erwartung entgegen. Der Schmerz scheint vergangen, der Kampf ist vorbei.

(Nach Elisabeth Kübler-Ross: Interviews mit Sterbenden. Gütersloher Verlagshaus, Gütersloh 1987, S. 16–79 ff.)

Was wäre Ihnen beim Sterben wichtig?

› Ruhe	› Pflegepersonal, das Zeit für mich hat
› Ablenkung	› So wenig Schmerzen wie möglich
› Ein schneller Tod	› Medikamente, die mir helfen, ruhig zu bleiben
› Ein plötzlicher, überraschender Tod	
› Ein bewusstes Durchleben der Sterbephasen	› Der Einsatz aller Mittel zur Lebensverlängerung
› Die Nähe von Angehörigen und Freunden	› Pflege im Krankenhaus
	› Pflege in einem Hospiz
› Anteilnahme am Leben der anderen, das weitergeht	› Pflege zu Hause
› Der Beistand eines Seelsorgers	

*(www.gym-hartberg.ac.at/gym/religion/Dateien_Div/
Stoffneu/Sterben_Trauer.pdf, Zugriff: 9.11.2010)*

Q

1. *Versetz dich in die Lage eines Sterbenden. Wähle aus, was dir beim Sterben wichtig wäre. Vergleicht die Ergebnisse in der Klasse.* A

Hospiz

Die englische Ärztin Cicerly Saunders gründete 1967 in London das Hospiz St. Christopher's. Nach diesem Vorbild entstanden auch in Deutschland Hospize. In einem Hospiz werden Sterbende und ihre Angehörigen betreut. Bei intensiver Pflege und im Beisein der Angehörigen erwarten die Patienten den Tod.

Es gibt zwar Lebensgefährten, aber kaum Sterbensgefährten

Die Hospizbewegung ist auch eine Protestbewegung: Sie lehnt sich auf gegen das „Wir können nichts mehr für sie tun" der Krankenhäuser. [...] Da Sterbende für Ärzte und Krankenhäuser Misserfolge dokumentieren, weil an ihnen die fortschrittliche Medizin versagt hat, sind sie dort nicht gern gesehen. Abgeschoben und völlig isoliert sterben manche Menschen einen unwürdigen Tod. Q

Leben bis zuletzt – das erfordert in vielen Fällen eine auf den jeweiligen Patienten zugeschnittene Palliativmedizin, um starke Schmerzen zu lindern. [...] Wichtig sind jedoch nicht nur Schmerzmittel. Das Wichtigste gegen die Angst vor dem Tod ist, dass es jemanden gibt, der die Hand hält, einfach nur da ist und zuhört.

(Uta Brumann u.a.: Projekt Tod. Verlag an der Ruhr, Mühlheim 1998, S. 83)

2. *Fragt Personal von Pflegestationen nach ihren Erfahrungen mit Sterbenden, deren Wünschen und den Wünschen und dem Verhalten von Angehörigen.* P

3. *Nach welchen Grundgedanken wird in zahlreichen Vereinen und Gruppen, die sich für eine menschenwürdige Sterbebegleitung engagieren (z.B. Hospizvereine, Omega-Gruppen, Palliativstationen) gearbeitet?*

4. *Welche Minimalstandards und Forderungen für eine humane Sterbebegleitung würdest du als Mitglied einer Ethik-Kommission formulieren?* A

Verschiedene Formen des Todes

Tödliche Krankheiten	✝	Teile des Organismus werden durch innere und äußere Ursachen zerstört und bewirken den Tod des Menschen (z.B.: Krebs, Herzinfarkt, Atemweginfekt, HIV)
Tod durch Gewalt		
› *Gewaltsame Einwirkung von außen:*	✝	Zerstörung des Organismus durch Verbrechen (z.B.: Mord, Massenvernichtung der Juden im Dritten Reich), Kriege und bewaffnete Konflikte (z.B. Irak, Afghanistan), Unfälle (z.B. Verkehrsunfälle) sowie staatliche Einwirkung (z.B. Todesstrafe in den USA)
› *Tod durch Naturgewalten:*	✝	Erdbeben und Tsunami (z.B. Japan 2011), Überschwemmungen (Pakistan 2010), Vulkanausbrüche, Hurrikans, Blitzeinschläge, durch die Leben vernichtet wird
› *Tod durch Selbstzerstörung:*	✝	Selbsttötungen (z.B. ca. 13 000 Personen jährlich in Deutschland) oder Selbstverstümmelungen, die den ganzen Organismus zerstören (Magersucht, Drogenkonsum)

1. *Wähle dir eine Todesform aus und erarbeite dazu einen Kurzvortrag, mit dem du deine Mitschüler genauer über diese Form des Todes informierst.*
2. *Recherchiere im Internet, in welchen Staaten der Welt die Todesstrafe verhängt wird und welche Tötungsarten dabei angewendet werden. Erfasse bei der Recherche im Internet auch die Pro und Kontra Argumente zur Todesstrafe. Diskutiert anschließend eure Ergebnisse.*

Selbsttötung
Viele, die einen Selbsttötungsversuch unternehmen, hoffen eigentlich entdeckt und an der Selbsttötung gehindert zu werden. Selbsttötung ist oftmals der verzweifelte Versuch, auf sich selbst aufmerksam zu machen.

Warum nehmen sich Menschen das Leben?

Ich glaube, man kann bei jeder Selbsttötung, bei Erwachsenen und Jugendlichen davon ausgehen, dass jeweils dreierlei zusammenkommt:
Erstens ein Zustand von Erschöpfung, von Hilf- und Hoffnungslosigkeit, das Gefühl, dass man völlig am Ende seines Lateins sei.
Zweitens ein Zustand der Isolation und Entfremdung: Man hat niemand, mit dem man über seine Ausweglosigkeit und Hoffnungslosigkeit sprechen kann.
Und **drittens** eine Wut- und Rachedynamik, die sich sowohl gegen sich selbst als auch gegen nahe stehende andere richtet. Der Selbstmörder bürdet dem oder den Überlebenden ein Schuldgefühl auf, das sich niemals wieder abtragen lässt.

(Nach Helm Stierlein: Der Selbstmörder ist der Sensibelste. In: Die Zeit, Nr. 39, 1979)

3. *Tauscht euch in Kleingruppen darüber aus, in welchen Situationen ihr eventuell schon einmal über eine Selbsttötung nachgedacht habt.*
4. *Sammelt in der Gruppe zehn „gute" Gründe sich umzubringen.*
5. *Stellt in der Gruppe eine Hitliste der zehn Gründe auf, die das Leben für euch lebenswert machen. Versucht dann, eine Klassenhitliste aufzustellen.*

Ich will nicht mehr leben

Als Sarah sechs Jahre alt ist, lässt sich ihre Mutter scheiden. Danach lebt sie mit einem Freund zusammen. Dieser Freund wird für Sarah eine wichtige Bezugsperson und kann sie über den Verlust des Vaters hinwegtrösten. Nach einem Jahr geht auch diese Beziehung in die Brüche. Der abermalige Verlust des Vaters verunsichert Sarah zutiefst. Sie bezieht die Trennung auf sich selbst und fühlt sich allein gelassen. „An mir hat niemand Interesse" – denkt sie.

In den folgenden Monaten kommt Sarah in der Schule kaum mehr mit. Sie räumt ihr Zimmer nicht mehr auf und kommt immer später nach Hause. Wenn sie mit ihrer Mutter spricht, ist Sarah sehr gereizt. Doch auf alle, die mit ihr umgehen, wirkt die 14-jährige selbstbewusst und trotzig.

Schon vor Wochen hat Sarah Schlaftabletten aus dem Nachtschränkchen ihrer Mutter mitgehen lassen. Das war, als ihr Freund Thomas auf der Klassenfete mit einer anderen rumgeknutscht hat. Fünf Tabletten hat sie damals genommen. Schlecht war ihr, und der Kopf hat wahnsinnig gebrummt. Der Mutter hat sie erzählt: „Ich kriege meine Tage."

Seit drei Wochen geht sie nun mit Lars. Heute auf dem Schulhof hat er Schluss gemacht. Diesmal nimmt sie 30 Tabletten, und dann wird sie niemand mehr verlassen können. Aber Sarah wird gerettet. Ihre Mutter findet sie und bringt sie ins Krankenhaus.

(Christian Thiel: Die Geschichte von Sarah. In: Leipziger Volkszeitung, 20./21.7.1996, S. 4)

1. Wendet die Gründe „Warum nehmen sich Menschen das Leben" auf die Selbsttötungen von Sarah und Andrea an.

Wir hatten doch noch so viel vor

Andrea starb am 16. Juli 1997 in ihrem Urlaub in Italien bei einem Verkehrsunfall. Ihre Freunde bescheinigten ihr eine ruhige und besonnene Fahrweise. Keiner weiß, wie es passieren konnte, dass sie frontal mit ihrem Motorrad in einen LKW prallte. Andrea war 26 Jahre alt.

Andrea, Dein Weg führte zu weit.

Sonst wäre ich Dir doch bis ans Ende der Welt gefolgt.

„Und dann, hab' ich beschlossen, machen wir zusammen eine lange Motorradtour – auch wenn Du das jetzt noch nicht weißt!" grinstest Du mich spielerisch verlegen mit gesenktem Kopf an. – Und nun weiß ich nicht mal, ob ich es fertig bringe, den Führerschein zu Ende zu machen.

Du warst gerne unterwegs, auch häufig weit weg.

„An mir soll's nicht scheitern!", hast Du geantwortet, als ich Dich fragte, ob wir zusammen nach Afrika fahren, wo Du schon warst und wo ich mir dann eine Trommel holen wollte. – Nun scheitert es doch an Dir. Die Trommel schlägt nicht mehr.

Und trotzdem zaubern Gedankenfetzen noch unvermittelt ein Lächeln auf mein Gesicht.

„Für heute kann ich schon zwei Striche auf meiner Liste machen: ‚Rüdiger zum Lachen gebracht'!", strahltest Du mich eines morgens mit leicht schief gelegtem Kopf an. – Ja, du konntest mich fantastisch zum Lachen bringen, aber von „Zum Weinen bringen" war nie die Rede.

Trotz Deiner steten Zuverlässigkeit hattest Du so viele Facetten, von denen ich gerne gekostet hätte.

„Wir haben noch so viel Zeit!", hast Du gesagt. – Es waren nur noch so wenige Tage.

Doch wer Dich auf deinem Weg auch nur kurz begleiten durfte, hat Dich meist intensiv erlebt, ich hab Dich intensiv erlebt.

„Niemals geht man so ganz", tönte es aus dem Lautsprecher meines Autos – irgendwas von Dir bleibt hier –, als ich Dich im Rückspiegel ein letztes Mal auf dem Motorrad sah, wie Du mich zum Abschied grüßtest. Meine Blicke sind zurückgerichtet. Traurig scharre ich Details von Erinnerungen an Dich zusammen, wunderschöne Einzelheiten. Du kannst dir sicher sein, Du hast einen Platz für immer bei mir.

Rüdiger

(Rüdiger Frings. In: Semaphor. Das Magazin für Leiterinnen und Leiter in der Deutschen Pfadfinderschaft Sankt Georg. Diözesanverband Essen 2/1997, S.25)

1. *Wenn du so etwas selbst erlebt hast und darüber sprechen möchtest, erzähle den anderen von deinen Erfahrungen.*

2. *Stelle dir vor, ein guter Freund von dir verunglückt bei einem Verkehrsunfall tödlich. Schreibe einen fiktiven Brief an diesen Freund, mit dem du seiner gedenkst.*

Zeit des Abschieds

Die Hoffnung stirbt zuletzt, heißt es. Die Palliativmedizinerin Astrid Schnabel kommt jedoch erst dann zum Einsatz, wenn die Hoffnung schon tot ist, aber der Patient noch lebt. Sie wird gerufen, wenn es darum geht, dem Sterben so viel Leben wie möglich abzugewinnen. Das größte Versprechen, das die 38-jährige Ärztin Karin M. machen kann, ist, dass sie am Ende ihres Lebens möglichst wenig leidet. Ein wichtiger Bestandteil der Schmerztherapie ist das Opiat Morphium. Es bekämpft die Schmerzen am wirkungsvollsten und hat kaum Nebenwirkungen.

Bei Karin M. breitet sich der Krebs vom Darm her aus. Nacheinander versagen ihre Organe. Erst der Darm, jetzt die Leber. Der Körper hat damit begonnen, sich selbst zu vergiften. Unter ihrer gelben Gesichtshaut zeichnen sich die Schädelknochen ab. Abgemagert ist Karin M. Groß und glasig sind ihre Augen. Sie sind leer, ihr Blick hat etwas Vergebliches. „Das machen die Schmerzen", sagt ihr Mann Klaus, der nicht von ihrer Seite weicht. Auch er ist gezeichnet. Kaum etwas erschüttert so stark wie die Begegnung mit dem Tod. Im Februar 2010, ein Tag vor ihrem 60. Geburtstag, erfährt Karin M., dass sie sterben wird. Die Untersuchungsergebnisse sind niederschmetternd: Metastasen an Nebenniere, Dünndarm und Zwölffingerdarm – inoperabel, infaust. Das heißt: ohne Aussicht auf Heilung. Ein Todesurteil.

Palliativmedizin verspricht Linderung, wenn Heilung nicht mehr möglich ist. Die häusliche Betreuung schwerstkranker Patienten ist eine Revolution des Sterbens in Deutschland. Die Palliativmedizin bricht mit einem Tabu, weil sie dem Tod ins Auge blickt, den Anspruch auf Heilung aufgibt und den Patienten über seinen Zustand aufklärt.

Palliativstation. Liegt ein Patient im Sterben, wird eine Kerze vor dem Zimmer aufgestellt.

Astrid Schnabel hat um Karin M. ein Hilfsnetz gewebt, das aus einer selbstlosen Hausärztin, einer sympathischen Pflegeschwester, einem unkomplizierten Apotheker und einer engagierten Ernährungsschwester besteht und rund um die Uhr gespannt ist. Im Notfall steht die Palliativstation der Leipziger Uniklinik bereit. „Allein würde ich meiner Frau ihren Wunsch, zu Hause zu sterben, nicht erfüllen können. Ich habe meinen Vater im Krankenhaus sterben sehen. Ich will meine Frau nicht weggeben", sagt Klaus M.

„Sterben", sagt Astrid Schnabel, „ist nichts, was einem einfach zustößt. Da ist ganz viel eigenes Loslassen dabei." Karin M. sucht nicht mehr nach einem dramaturgischen Zusammenhang zwischen dem, was gewesen war, und dem, was ihr nun bevorsteht: Warum ich? Warum jetzt? Warum auf diese Weise?

(Nach Simone Liss: Zeit des Abschieds. LVZ, 16.07.2010, Magazin, S. 1)

1. *Erläutere, warum die häusliche Betreuung schwerstkranker Patienten eine Revolution des Sterbens in Deutschland ist. Beziehe in deine Überlegungen auch die Hospizbewegung (vgl. S.67) mit ein.* A
2. *Erkunde im Internet die Hintergründe der Palliativmedizin. Du kannst unter anderem unter www.palliativ-portal.de recherchieren.*

Umgang mit Trauer

In jedem Kulturkreis finden wir Trauerrituale. Während früher die Gesellschaft Anteil an der Trauer der Hinterbliebenen nahm, sind Tod und Trauer heute oft zur Privatangelegenheit geworden, mit der die Gesellschaft möglichst wenig beansprucht werden will.

Trauerphasen

Die Trauerzeit stellt für viele Menschen eine sehr belastende Phase dar. [...] Dieser Prozess umfasst – individuell unterschiedlich – sehr verschiedene Phasen:

1. Die Phase des Nicht-wahrhaben-Wollens (das Gefühl, alles sei ein Irrtum und nicht Wirklichkeit),

2. Die Phase der aufbrechenden Gefühle (die von tiefster Verzweiflung bis zu Protest und ohnmächtiger Wut gehen können),

3. Die Phase des Suchens und Sich-Trennens (man sucht z.B. Ähnlichkeiten zum Verstorbenen in anderen Menschen [...], bis man die Notwendigkeit des Loslassens und der inneren Trennung begreift) und schließlich

4. Die Phase des neuen Selbst- und Weltbezugs (neue Lebensmuster und Lebenschancen sind möglich, ohne dass der Verstorbene einfach vergessen wäre, das Leben gewinnt einen neuen Sinn). Und das Gewinnen neuen Lebens ist der Zweck des Abschieds.

(Nach Verena Kast: Trauern. Kreuz, Stuttgart 1983, S. 57 ff.)

Die 16-jährige Carolin wurde in einem Wald ermordet. Ihre Freundin hat am Tatort einen Brief für Carolin hinterlassen.

Vier Jahre warst Du eine wundervolle
Freundin für mich.
Du warst immer für mich da, wenn ich
Dich brauchte.
Ich vermisse Dein Lächeln;
wie Du singst, wenn gute Musik
im Radio läuft;
wie wir zusammen Schokopudding essen;
wie Du braun gebrannt aus dem
Urlaub kamst und ich neben Dir
käseweiß und blass aussah und
wie Du mich Mausi oder Mausl nanntest.
Du wirst immer in meinem Herzen
bleiben, als meine kleine Caromaus,
die durch ihre liebe und fröhliche Art
jeden in ihren Bann zog.

Ich habe Dich unendlich doll
lieb – meine Buchtel.

1. *Stell dir vor, die Mutter deines Freundes/deiner Freundin ist ums Leben gekommen. Schreibe einen Brief, in welchem du ihr/ihm Trost spendest und hilfst, den Verlust zu verarbeiten.*

Warum gerade meine Schwester?

„O je, nicht schon wieder", denkt Frank, als er vom Fußballspielen nach Hause kommt und hört, wie seine Mutter laut Orgelmusik hört. Er weiß, dass sie dann im Wohnzimmer sitzt und weint. Es war ihm in den letzten Stunden so gut gegangen, er will jetzt nicht schon wieder mit dem Leid konfrontiert werden und schleicht in sein Zimmer. Er hofft, dass seine Mutter ihn nicht gehört hat. Er ist auch sehr traurig über den Tod der kleinen Schwester, nur heute möchte er sich das gute Gefühl nach dem Fußballspiel möglichst lange erhalten. […]
Frank ist 17 Jahre alt, seine 8-jährige Schwester wurde ein halbes Jahr zuvor von einem Auto überfahren. Dass Frank nicht gefühlskalt ist, die Trauer nicht nur abwehrt, erfahren wir im Gespräch mit ihm: „Am Anfang waren wir in der Familie ganz nah zusammengerückt und haben viel über Kati gesprochen. Aber manchmal hab ich die Stimmung halt nicht mehr ausgehalten. Als die Kati noch lebte, war's laut gewesen im Haus. Und jetzt ist 'ne richtige Grabesstille."
Wenn Frank in sein Zimmer geht und laut Popmusik hören will, kommen Vater und Mutter und sagen, dass er damit aufhören soll, sie hielten es nicht mehr aus. Die Eltern empfinden diese Musik als störend, glauben, Frank wolle keine Rücksicht nehmen, sind verletzt. Frank wiederum glaubt, die Eltern gönnen ihm die Musik und die Ablenkung nicht.

(Nach Warum gerade mein Bruder? Hg. v. Magit Baßler/M.-Th. Schins, Rowohlt Verlag, Reinbek 1992, S. 65 ff.)

Edvard Munch, Die tote Mutter und das Kind, (1901)

1. Welche Gedanken gehen euch durch den Kopf, wenn ihr das Gemälde von Edvard Munch betrachtet?
2. Überlegt euch Vorschläge, wie jeder für sich in der Familie mit der Trauer um Kati so umgehen kann, dass die Bedürfnisse der anderen Familienmitglieder respektiert werden.
3. Bezieht in eure Überlegungen die Trauerphasen mit ein.

Erkundungsauftrag
4. Sprecht mit älteren Menschen, welche Rituale der Trauer früher üblich waren.
5. Erkundet, ob es Unterschiede zwischen den Trauerritualen in der Stadt und auf dem Dorf gibt.

Bestattung und Kultur

Es gibt viele verschiedene Arten der Bestattung. Die in Deutschland und Europa üblichen Arten der Bestattung (Feuer- und Erdbestattung) sind längst nicht die einzigen Möglichkeiten, tote Menschen dem „Jenseits" zu übergeben.

Arten der Bestattung

Wasser
In Indien werden ganze Leichen und Überreste von Leichen nach Feuerbestattungen den Flüssen übergeben. In den meisten Ländern werden Seebestattungen von Leichen wegen der Gefahr von Verunreinigungen nur mit strengen Auflagen gestattet.

Erdbestattung
Die Erdbestattung ist die weltweit verbreitetste Bestattungsart – und das schon seit Jahrhunderten. In der Regel werden die Verstorbenen im Sarg beigesetzt.
Im Islam und zum Teil im Judentum werden die Toten im Leichentuch in die Erde gebettet. Nach etwa fünf Jahren sind von den Toten nur noch die Gebeine übrig.

Feuer
Feuerbestattungen werden bei uns im Krematorium durchgeführt. Die Asche des Verstorbenen wird in eine Urne gefüllt und anschließend auf einem Friedhof beigesetzt.
Hindus, Sikhs und Balinesen ziehen die Feuerbestattung jeder anderen vor. Die Toten werden auf einen großen Holzstoß gelegt und verbrannt. Nach ihrem Glauben ist nur das Feuer in der Lage, die Seele vom Körper zu befreien. Der Seele soll so der Zugang zum Paradies oder eine Wiedergeburt ermöglicht werden.

Luftbestattung
Bei den Buddhisten in Tibet gibt es die sogenannte Luftbestattung. In diesem hochgelegenen Land gibt es nicht genügend Holz für Feuerbestattungen und das Erdreich ist einen großen Teil des Jahres hart gefroren, so dass eine Erdbestattung nicht möglich ist. Die Bestatter zerteilen die Toten in Stücke, damit sie die Geier ohne Probleme fressen können. Nach dem Glauben der Tibeter ist die Seele so zu einer schnellen Wiedergeburt gezwungen.

(Nach Uta Brumann u.a.: Projekt Tod. Verlag an der Ruhr, Mühlheim 1998, S. 98f.)

1. *Erkundungsauftrag: Besuche einen Friedhof. Schreibe die Inschriften von Grabsteinen auf, die du besonders interessant findest. Kannst du dir vorstellen, dass in der heutigen Zeit noch Grabsprüche auf Grabsteinen stehen? Verfasse selbst einen Grabspruch.*
2. *Finde heraus, welche Riten der Trauer und der Bestattung in deiner Region üblich sind, und deute deren Symbolgehalt. Schreibe die Ergebnisse deiner Recherche in einem kurzen Essay nieder.*
3. *Erkunde im Internet, welche Bestattungsbräuche und religiöse Rituale in anderen Kulturen und Religionen üblich sind. Präsentiere die Ergebnisse deiner Erkundungen in einem Kurzreferat.*

Veränderung der Begräbniskultur

Unsere Begräbniskultur wandelt sich: Die Individualisierung des Lebens, der Rückgang des Glaubens und der Einfluss anderer Kulturen verändert unsere Bestattung. Immer weniger Tote werden in individuellen Grabstätten beerdigt. Gemeinschaftsgräber, anonyme Bestattungen, Baumgräber und Friedwälder oder oberirdische Urnen-Beisetzungen sind Kennzeichen einer Veränderung der Begräbniskultur.

Und am Ende ein Fest

Luftballons steigen vom offenen Grab auf und schweben in den Himmel. „Über sieben Brücken musst du gehen, sieben Jahre überstehen", singt die Trauergemeinde, die vom Kassettenrekorder begleitet wird. „Sieben Mal wirst du die Asche sein, aber einmal auch der helle Schein." Wunderkerzen werden entzündet. Funken sprühen. Ein Bild mit Symbolkraft, das der Grabredner in feierliche Worte übersetzt.

Und dann wird der weiße Sarg, der am Tag zuvor von Angehörigen bemalt worden ist, in die Gruft gesenkt. Keine Erde, sondern Blütenblätter werfen die Umstehenden hinterher. Tränen fließen. Doch Freunde erzählen Anekdoten aus dem Leben des Versicherungsangestellten, der seine Beerdigung lange vor dem Tod selbst arrangiert hatte. So dokumentiert ein kurzer Videofilm schöne Urlaubstage, eine „Trauerzeitung" mit Schmunzelgeschichten wird verteilt.

Zum Schmunzeln ist auch die Dekoration des aufgebahrten Sarges. Überkreuzte Skier standen davor, eine Skibrille lag darauf. An Stafetten hingen Bilder, die die Enkelkinder dem Hobby-Skifahrer zu Ehren gemalt hatten. Keine schwermütigen Orgeltöne, keine religiösen Mahnungen trübten die Feier. Ein Nichte spielte per CD „Time to say Goodbye" ein, und der Trauerredner zitierte ein Hesse – Gedicht: „Wohlan denn Herz, nimm Abschied und gesunde."

Dies ist eine Trauerfeier, die so nicht stattgefunden hat, aber durchaus möglich wäre. Sie speist sich aus Anregungen einer Broschüre, die „Mut zu einer neuen Trauerkultur" machen will.

(http://www.kbwn.de/htlm/kultur_des_todes.htlm; Zugriff: 6.8.2010)

Hallo Familie, hallo Freunde, hallo Kollegen,
eigentlich hatte ich noch eine ganze Menge
mit Euch vor. Das hat nicht mehr geklappt.

Euer

Marc

geb. 21. September 1987
gest. 09. August 2010

Die Beerdigung findet am 19. August 2010
um 13.30 Uhr auf dem Friedhof in Gohlis statt.

Zu meiner zusätzlichen Abschiedsparty
am 21. August 2010, um 19.00 Uhr
in der Sportgaststätte Südkampfbahn,
Raschwitzer Str. 17 in Leipzig, kommt
doch noch mal vorbei, um Tschüss zu sagen.

(Leipziger Volkszeitung 14./15.8.2010, S. 14)

1. *Stelle in einem Kurzreferat neue Formen der Begräbniskultur vor. Informiere dich dazu im Internet und befrage Angestellte städtischer Friedhöfe.*

2. *Erarbeitet euch in Gruppenarbeit Vorstellungen, wie ihr euch eine angemessene Trauerkultur vorstellt. Stellt die Ergebnisse eurer Gruppe in der Klasse zur Diskussion.*

2.3 Sterben zwischen Verbrechen und Hilfe

Mit der systematisch betriebenen Ermordung von etwa 130 000 behinderten Menschen durch die Nationalsozialisten – von ihnen zynisch auch als Gnadentod bezeichnet – lasten noch heute lange Schatten der Vergangenheit auf Deutschland, die die Diskussion um die Sterbehilfe beeinflussen. Bei der gegenwärtigen Diskussion geht es vor allem darum, unter welchen Bedingungen ein Mensch in Würde sterben kann. Während Gegner der Sterbehilfe von einer Lizenz zum Töten sprechen, wollen Befürworter diese möglichst umfassend legalisieren.

Euthanasie*-Programm: Massenmord der Nationalsozialisten

Durch den ideologisch motivierten Massenmord der Nationalsozialisten am so genannten lebensunwerten Leben Behinderter (in der Nazi-Ideologie als „Euthanasie-Programm" bezeichnet), ist der Begriff bis heute schwer belastet. In Deutschland ist der Begriff aus diesem Grund kaum wertfrei zu benutzen, während er in anderen Ländern zum normalen Sprachgebrauch gehört.

Verbrecherische Kindereuthanasie begann 1939 in Leipzig

Sie wurden den Eltern weggenommen, angeblich um neue Therapien auszuprobieren. Aber nicht Heilung war das Ziel, sondern die Ermordung der behinderten Kinder im Zuge des perfiden Kinder-Euthanasieprogramms der Nazis, das in Leipzig eingeleitet wurde. Ein Gedenkort soll künftig an jene Kinder erinnern, die unter dem Vorwand des „Gnadentods" und dem Deckmantel der menschenverachtenden NS-Doktrin vom „unwerten Leben" umgebracht wurden.

Anlässlich der beginnenden Arbeiten am zukünftigen Gedenkort erklärte der Sozialbürgermeister Thomas Fabian zum grausamen Geschehen: „Es gab nicht nur Täter in den Tötungseinrichtungen, sondern viele Helfer und Mitwisser bei den behördlich sanktionierten Morden." Große Schuld hätten auch die städtischen Ämter als Erfüllungsgehilfen auf sich geladen, so Fabian zu einem „dunklen Kapitel, das lange verschwiegen und verdrängt wurde".

Die Erblast wiegt schwer. Im Sommer 1939 wurde unter der Ägide des damaligen Direktors der Leipziger Uni-Kinderklinik, Werner Catel, das erste Tötungsverbrechen an einem behinderten Kind in Deutschland begangen. Später war Catel auch einer von drei Gutachtern, die anhand der „Aktenlage" über Leben und Tod der von den Gesundheitsämtern des Reiches gemeldeten behinderten Kinder entschieden.

(Mario Beck: Gedenkort entsteht im Friedenspark. In: LVZ, 1.7.2010, S. 21)

Bett für Kinder des Euthanasie-Programms
(Jüdisches Museum in Berlin)

P *Erkundungsauftrag:*

1. *Erkunde, ob es in deiner Region Einrichtungen gab, in denen das Euthanasie-Programm der Nazis zur Anwendung kam. Bringe in Erfahrung, wie viele Opfer die Mordaktion kostete. Kannst du auch persönliche Schicksale in Erfahrung bringen?*
2. *Recherchiere, inwieweit sich mit dieser verbrecherischen Vergangenheit in deiner Region auseinandergesetzt wurde (Bestrafung der Täter, Gedenken an die Opfer).*

Die Opfer der Kinderfachabteilung Lüneburg

Aussage einer angeklagten Pflegerin der Landes- Heil- und Pflegeanstalt Lüneburg vom 4. Juni 1962 über „Euthanasie"- Fälle in der Kinderfachabteilung. Die Opferzahl lag bei über 300 getöteten Kindern. Aber nur in wenigen Einzelfällen wurde die Tötung eines Kindes in Lüneburg durch Ermittlungen und Vernehmungen namentlich feststellbar.

Als dann die Kinderstation eingerichtet war, hat Dr. [Name] die Oberin [Name] und mich zu sich gerufen [...]. Er hat uns dann zum Stillschweigen verpflichtet und uns vereidigt. Er hat uns erzählt, dass eine Verordnung von oben (oder von Hitler) vorliege, wonach schwerkranke Kinder eingeschläfert werden sollten, wir seien dazu bestimmt, diese Kinder einzuschläfern. [...] Nach meiner Erinnerung ist alle paar Wochen ein Kind eingeschläfert worden. Es kam in jedem Falle die Anweisung vom Stationsarzt Dr. [Name], dem Kind eine bestimmte Dosis Betäubungsmittel zu geben. Er hat jeweils die Dosis festgesetzt. In der Regel wurde Luminal gegeben, [...]. Auf jeden Fall hat es sich bei allen Kindern, die in Lüneburg zur Zeit meiner Tätigkeit dort eingeschläfert wurden, um geistig sehr tiefstehende, teilweise körperlich defekte Kinder gehandelt. Zum Teil sind diese Kinder auch aufgestanden und waren angezogen. Sie haben sich wohl untereinander beim Anziehen geholfen, aber ohne unsere Hilfe ging das nicht. Ich möchte heute sagen, dass diese Kinder nicht wussten, wozu sie am Leben waren. Ich meine, dass diese Kinder geistig unter dem Tier standen. Viele mussten wir füttern, einige haben allein gegessen, die meisten waren unsauber und ließen unter sich. [...]

Dr. [Name] sagte uns bei der Unterrichtung vor Beginn der Einschläferung, wir brauchten keine Angst zu haben, wenn wir bei diesen Dingen überrascht würden. Wir würden von jedem Gericht gedeckt. Wir brauchten uns nicht zu fürchten. Sicher ist mir bekannt, dass das Töten von Menschen verboten und unter Strafe gestellt ist. Man hat uns aber damals gesagt, es sei ein höherer Befehl. [...]

Bildungs- und Gedenkstätte „Opfer der NS-Psychiatrie" in Lüneburg

(*http://www.pk.lueneburg.de/gedenkstaette/NS-Psychiatrie-deutsch.pdf; Zugriff: 5.8.2010*)

1. *Analysiere die Aussagen der Pflegerin, die sie zur Entlastung ihrer Taten anführt. Bedenke dabei, dass die Pflegerin die Aussagen 1962 vor Gericht machte.*
2. *Bewerte die Aussagen vor dem Hintergrund des Umgangs mit Behinderten in der heutigen Gesellschaft.*

Sterbehilfe – Lebenshilfe oder Tötung?

Zur Würde des Menschen gehört es, in Würde sterben zu dürfen. Viele verbinden damit die Forderung, das Selbstbestimmungsrecht des Menschen gesetzlich auch auf sein Sterben auszudehnen.

Sterbehilfe rechtlich gesehen:

§ 216 Absatz 1 des Strafgesetzbuchs lautet:
Ist jemand durch das ausdrückliche Verlangen des Getöteten zur Tötung bestimmt worden, so ist auf Freiheitsstrafe von sechs Monaten bis zu fünf Jahren zu erkennen.

Als NORM formuliert, lautet der § 216, 1:
Du sollst einen Menschen selbst auf dessen ausdrückliches und ernstliches Verlangen hin nicht töten.

Begriffsklärungen zur Sterbehilfe

Passive Sterbehilfe	**Indirekte Sterbehilfe**	**Aktive Sterbehilfe**
Man spricht von passiver Sterbehilfe, wenn ein Arzt lebensverlängernde Maßnahmen abbricht oder nicht einleitet. Beispiele: ››› das Abschalten von Geräten, die einen Patienten künstlich am Leben erhalten, ››› das Nichtbehandeln von Komplikationen (z.B. Lungenentzündung) bei einem bereits sehr schlechten Zustand eines Patienten, ››› der Abbruch künstlicher Ernährung bei einem Patienten, der im Koma liegt. Der Wunsch nach passiver Sterbehilfe, d.h. die Bitte, in solch einer Situation nicht behandelt zu werden, kann vom Patienten vorab in einer *Patientenverfügung* oder mündlich geäußert werden.	Man spricht von indirekter Sterbehilfe, wenn *das Leben eines Patienten unbeabsichtigt verkürzt* wurde. Gemeint ist die konsequente Schmerzbekämpfung unter Inkaufnahme möglicher Lebensverkürzung durch die gegebenen Mittel. Die Hospizbewegung und die Palliativmedizin vertreten die Auffassung, dass heutzutage niemand mehr unter großen Schmerzen sterben muss. Ethisch ist es vor allem deshalb zu rechtfertigen, weil (so erfahrene Ärzte und Sterbebegleiter) bei Schmerzfreiheit der Wunsch nach aktiver Sterbehilfe oder nach Hilfe zur Selbsttötung nicht aufkommt.	Man spricht von aktiver Sterbehilfe, wenn ein Arzt oder Angehöriger auf Wunsch des Patienten dessen Leben beendet. Diese *Tötung auf Verlangen* unterscheidet sich von der *Beihilfe zum Selbstmord* (z.B. einem Lebensmüden die tödliche Dosis bereitzustellen), bei dem der Patient selbst in der Lage ist, sich das Leben zu nehmen. Aktive Sterbehilfe ist in Deutschland strafbar, Suizid und Beihilfe zum Suizid* dagegen nicht. Manche Ethiker suchen sie für einzelne Fälle zu rechtfertigen: Der Behandlungsabbruch (passive Sterbehilfe) könne manchmal zu einem weit schmerzvolleren, d.h. inhumaneren Tod führen.

(Nach Michael Keene: Was Weltreligionen zu Alltagsthemen sagen. Verlag an der Ruhr, Mühlheim 2005, S. 40f.)

Was ist so schlimm am Sterben?

In einem Interview mit dem Spiegel fordert der Rettungsmediziner Michael Ridder eine neue Sterbekultur in Zeiten der Hochleistungsmedizin.

Spiegel: Müssen sich Ärzte nicht als Anwälte des Lebens verstehen?

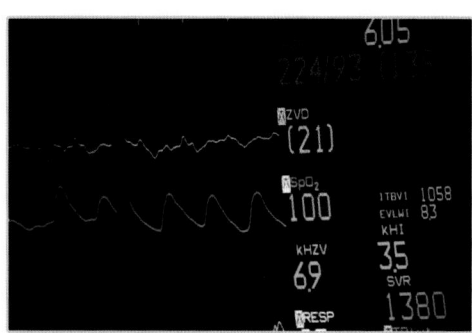

De Ridder: Natürlich ist der Heilungsauftrag das Primäre. Doch der Auftrag für ein gutes Sterben zu sorgen, ist ethisch gleichrangig. Tatsächlich aber wird die Reanimations- und Behandlungskette oft zum Selbstläufer. Der Mensch, dem sie eigentlich dienen soll, mit seinen individuellen Vorstellungen vom Leben und Sterben, spielt gar keine Rolle mehr. [...]

Spiegel: Heute stellt der Fortschritt Mediziner vor ethische Entscheidungszwänge. Sind sie darauf vorbereitet?

De Ridder: Schlecht. [...] Eigentlich haben wir mit der Palliativmedizin heute alle Möglichkeiten, das Sterben so zu gestalten, wie Menschen es sich wünschen, nämlich friedlich. Stattdessen arbeiten wir allzu oft dagegen und bereiten unzähligen Menschen ein schreckliches Ende.

Spiegel: Um das abzuwenden, legen immer mehr Menschen in einer Patientenverfügung fest, was sie nicht wollen.

De Ridder: Und wer keine Verfügung hat, wird automatisch mit allem traktiert, was technisch machbar ist? Das ist doch eine verkehrte Welt, in der Leute mit Zetteln im Portemonnaie herumlaufen: „Bitte keine Schläuche!" [...]

Spiegel: Was schlagen Sie vor?

De Ridder: Wir brauchen ein Konzept der aussichtslosen Therapien. Wir können etwa mit Dialyse, Beatmung und Sondenernährung den Todeszeitpunkt beinahe beliebig hinausschieben. Aber ab wann dient das nicht mehr dem Wohl des Kranken? [...]

Spiegel: Was meinen Sie konkret?

De Ridder: Zum Beispiel die vielen Reanimierten, die im Wachkoma zurückbleiben. Mittlerweile bringt die Medizin jedes Jahr 3.000 bis 5.000 Menschen in diese schreckliche Lage, in der sie dann hängenbleiben, wenn sie nicht zufälligerweise eine entsprechende Patientenverfügung haben. [...] Mittlerweile hat man den Einsatz medizinischer Technik uferlos ausgeweitet, auch auf chronisch kranke Menschen und solche, die bereits an den Grenzen ihres Lebens angekommen sind. Im Extremfall schockt man jemanden mit einem Tumor im Endstadium ins Leben zurück. [...]

Spiegel: Manche Kranke wünschen sich, dass ihnen der Arzt als Anwalt eines guten Sterbens hilft, ihr Leben zu beenden, weil sie ihr Leid nicht ertragen.

De Ridder: Ich bin überzeugt, dass es Situationen gibt, in denen das nicht nur ethisch gerechtfertigt ist, sondern in denen ich als Arzt sogar dazu verpflichtet bin, das Leid eines körperlich Schwerstkranken in einer aussichtslosen Lage zu lindern, und zwar so, wie er selbst es sich wünscht. Insofern betrachte ich die Suizidhilfe als palliative Maßnahme, wenn auch eine sehr extreme.

(Beate Lakotta Interview mit Michael de Ridder: Was ist so schlimm am Sterben? Spiegel 12/2010, S. 168ff.)

1. *Was meint de Ridder, wenn er sagt: „Was ist so schlimm am Sterben?"*
2. *Welchen Vorwurf erhebt de Ridder im Zusammenhang mit dem Sterben an die Hochleistungsmedizin?*

Töten oder Sterbenlassen

In einem Grundsatzurteil hat der Bundesgerichtshof* den Ärzten die Angst genommen, mit einem Fuß im Gefängnis zu stehen, wenn sie dem folgen, was ein Patient für sich selbst bestimmt hat. Das wurde anhand folgenden Falles entschieden:

 Die Mutter der mitangeklagten Frau lag nach einer Hirnblutung seit fünf Jahren im Wachkoma und wurde künstlich ernährt. Sie war längst bewegungsunfähig geworden, ja steif wie ein Brett. Tagaus, tagein starrte sie in der Totenstille ihres Zimmers in einem Hersfelder Pflegeheim ins Leere. Alle Zähne mussten ihr entfernt werden, die Knochen wurden immer poröser. Erst als ein Arm schwarz wurde und stank und Knochensplitter und Gewebe entzündete, merkte das Personal, dass etwas gebrochen sein musste. 2006 wurde der Arm amputiert. Bei ihren Besuchen sah die Tochter den bis zur Unkenntlichkeit verfallenen Körper eines Menschen, der einmal ihre Mutter gewesen war.

Als sie sich noch hatte äußern können, hatte die Mutter ihrer Tochter erklärt, dass sie nicht in ein Pflegeheim und auch nicht künstlich am Leben erhalten werden wolle, falls dereinst eine unheilbare Krankheit sie ihrer Sinne berauben sollte. Die Tochter erklärte sich bereit, das Sterben der Mutter zu begleiten, gleich wie lange es dauern würde. Sie übernahm die Verantwortung für das langsame Absetzen der Nahrung. Sie saß bei ihr, streichelte sie und befeuchtete ihren Mund. Nur die übrige Pflege oblag dem Personal.

Am 21. Dezember dann ein rabiater Sinneswandel, ausgelöst durch einen Anruf der Unternehmenszentrale: „In unserem Haus gibt es keine Sterbehilfe!" Man stellte den Kindern ein Ultima-

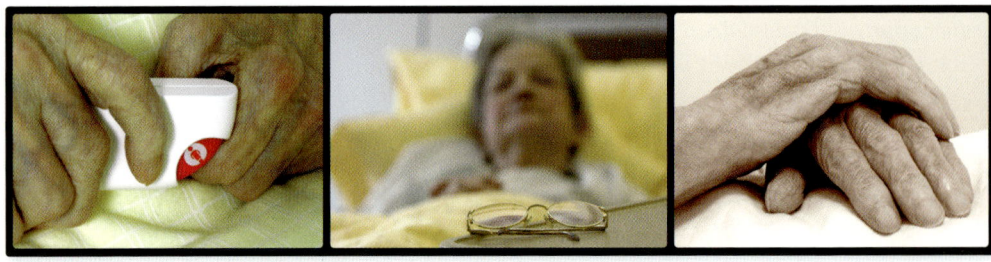

tum: Entweder sie lassen die künstliche Ernährung wieder zu, oder sie verlassen binnen zehn Minuten das Heim. Man drohte mit Hausverbot.

Da schnitt die Tochter, die sich anders nicht zu helfen wusste, auf Rat von Anwalt Putz den Ernährungsschlauch durch. Diese Handlung brachten ihr und Anwalt Putz eine Anklage wegen versuchten Totschlags ein. Zwar wurde die Tochter freigesprochen. „Sie ging irrig davon aus", heißt es in der Fuldaer Urteilsbegründung, „dass eine Weiterernährung ihrer Mutter durch aktive Sterbehilfe verhindert werden durfte." Doch für Anwalt Putz wurde eine Freiheitsstrafe von zweieinhalb Jahren beantragt. Gegen dieses Urteil legte die Verteidigung von Putz Widerspruch beim Bundesgerichtshof in Karlsruhe ein.

Nach Ansicht der Karlsruher Richter (BGH) sei weder das Durchtrennen des Ernährungsschlauches noch Rechtsanwalt Putz' Mitwirkung an der aktiven Verhinderung der Wiederaufnahme der Ernährung rechtswidrig gewesen. Ein Behandlungsabbruch sei nicht nur bei einem irreversiblen Grundleiden, das unmittelbar zu Tode führe, zulässig, sondern der Wille des Patienten sei ausschlaggebend, „unabhängig von Art und Stadium" der Krankheit. Wenn der Kranke sich nicht mehr selbst äußern könne, dann hätten die Betreuer diesen Wunsch zu ermitteln und durchzusetzen.

(Nach Gisela Friedrichsen: Töten oder Sterbenlassen? Spiegel 26/ 2010, S. 60f.)

Patientenverfügung

PATIENTENVERFÜGUNG

Für den Fall, dass ich, ... (vollständiger Name)

geboren am: .... (Geburtsdatum)

wohnhaft in: .... (vollständige Anschrift)

meinen Willen nicht mehr bilden oder verständlich äußern kann, bestimme ich folgendes:

1. Situationen, für die diese Verfügung gilt: (Zutreffendes habe ich hier angekreuzt)

- Wenn zwei Ärzte unabhängig voneinander festgestellt haben, dass ich mich aller Wahrscheinlichkeit nach unabwendbar im unmittelbaren Sterbeprozess befinde. ☐
- Wenn ich ohne Aussicht auf Wiedererlangung des Bewusstseins im Koma liege. ☐
- Wenn mit hoher Wahrscheinlichkeit eine Dauerschädigung des Gehirns eintritt. ☐
- Wenn es zu einem nicht behandelbaren, dauernden Ausfall lebenswichtiger Funktionen meines Körpers kommt ☐

Meinungen zum Urteil

Bundesjustizministerin Leutheusser-Schnarrenberger: „Der freiverantwortlich gefasste Wille des Menschen muss in allen Lebenslagen beachtet werden. Es gibt keine Zwangsbehandlung gegen den Willen des Menschen."

Die Patientenschutzorganisation Deutsche Hospiz Stiftung: Sie sieht das Urteil kritischer, weil keine schriftliche Patientenverfügung der Mutter vorlag. „Wenn zur Ermittlung des Patientenwillen aber wie in diesem Fall ein beiläufiges Vier-Augen-Gespräch ohne Zeugen ausreicht, ist dem Missbrauch Tür und Tor geöffnet", sagte der Vorstand der Organisation Eugen Brysch.

Der Marburger Bund (Ärzteverband) warnte ebenfalls: „Der Freispruch für den Rechtsanwalt ist kein Freibrief für eigenmächtiges Vorgehen bei der Entscheidung über die Fortsetzung von lebenserhaltenen Maßnahmen", sagte der Vorsitzende Rudolf Henke. Aus dem Zustand des Wachkomas dürfe nicht abgeleitet werden, dass solche Menschen per se nicht mehr leben wollten.

(Maja Zehrt: Gericht schafft mehr Sicherheit bei Sterbehilfe. Leipziger Volkszeitung 26./27.06.2010, S. 3)

1. *Was hätte es geändert, wenn die Mutter eine Patientenverfügung gehabt hätte? Informiere dich z.B. im Internet ausführlicher über Patientenverfügungen.*
2. *Führt eine Pro-und-Kontra-Diskussion zum Grundsatzurteil über die Sterbehilfe des Bundesgerichtshofes (BGH) durch. Bezieht in eure Überlegungen auch die Argumente des Rettungsmediziners de Ridder (siehe S. 79) mit ein.*

Grundsätze der Bundesärztekammer zur ärztlichen Sterbebegleitung (2004)

››› Aktive Sterbehilfe ist unzulässig und mit Strafe bedroht, auch dann, wenn sie auf Verlangen des Patienten geschieht. Die Mitwirkung des Arztes bei der Selbsttötung widerspricht dem ärztlichen Ethos und kann strafbar sein. [...]

››› Bei Patienten, die sich zwar noch nicht im Sterben befinden, aber ärztlicher Voraussicht nach in absehbarer Zeit sterben werden, kann sich das Therapieziel ändern: An die Stelle von Lebensverlängerung und Lebenserhaltung treten dann palliativ-medizinische Versorgung [...].

››› Patienten mit lebensbedrohenden Krankheiten, die aber nicht in absehbarer Zeit sterben werden, z.B. Wachkoma-Patienten und andere komatöse Patienten besitzen auch das Recht auf angemessene medizinische Betreuung, die die Lebenserhaltung als Therapieziel hat. Der unwiderrufliche Ausfall weiterer vitaler Organfunktionen kann die Entscheidung rechtfertigen, das Therapieziel zu ändern. Auf lebenserhaltende Maßnahmen kann verzichtet werden, wenn es der erklärte oder der mutmaßliche Willen des Patienten ist. Bei bewusstlosen Patienten wird zur Ermittlung des mutmaßlichen Willens die Bestellung eines Betreuers erforderlich sein.

››› Patientenverfügungen sind verbindlich, falls sie sich auf die konkrete Behandlungssituation beziehen und keine Umstände zu erkennen sind, dass der Patient sie nicht mehr gelten lassen würde.

(Nach http:// www.bundesaerztekammer.de/30/Richtlinien/Empfidx/Sterbebegleitung2004/; Zugriff: 3.6.2006-)

Kirchen zur Sterbehilfe
Bei den evangelischen Christen reicht das Meinungsspektrum vom Recht auf einen gütigen Tod bis zur Mahnung, dass ein Christ seinen Tod nicht selbst bestimmen dürfe. In der katholischen Kirche gilt letzteres als klares Gebot. Passive Sterbehilfe darf über „Hilfe beim Sterben" nicht hinausgehen. Sogar die Einstellung der Behandlung bei einem unheilbar Hirnverletzten aber sei „Verfügung über das Leben selbst".

Interview mit dem katholischen Theologen Hans Küng

Frankfurter Rundschau: Herr Professor Küng, wie kann aus theologischer Sicht die Sterbehilfe vor dem Hintergrund des christlichen Gebots „Du sollst nicht töten" gerechtfertigt werden?
Küng: Das Gebot „Du sollst nicht töten" meint ja ursprünglich im strikten Sinne „Du sollst nicht morden", was niedrige Beweggründe voraussetzt. [...] Und im Fall der aktiven Sterbehilfe geht es nicht um Morden und auch nicht eigentlich um Töten; sondern um eine Hilfe beim ohnehin gegebenen Sterbeprozess aus Barmherzigkeit: einem todgeweihten Menschen ein langes, qualvolles, unwürdiges Sterben zu ersparen.
Gerade wer überzeugt ist, dass mit dem Tod nicht alles aus ist, sondern dass er in eine letzte Wirklichkeit hineinstirbt, die wir Gott nennen, müsste eigentlich weniger darum bekümmert sein, dieses sterbliche irdische Leben – womöglich noch mit allem technischen Aufwand – selbst unter unerträglichen Bedingungen verlängern zu wollen.

(Michael Emmrich: Interview mit Hans Küng. Frankfurter Rundschau, 14/15.6.1995, S. 22)

Letzte Hilfe

Vor einigen Jahren wurde in den Niederlanden und in Belgien die aktive Sterbehilfe unter strengen Auflagen legalisiert. Bei der aktiven Sterbehilfe wird das Leben eines Menschen aktiv beendet und zwar nicht von ihm selbst, sondern von einem Arzt oder Angehörigen.

Niederlande: Ich will sterben

Als die Chirurgen bei der Operation entdeckten, dass die 77-jährige unter Krebs litt, zögerte sie keinen Augenblick: Sie entschloss sich, an ihrem nächsten Geburtstag zu sterben. Für den Hausarzt und die Krankenschwester, die die Tötung auf Verlangen durchführen sollten, lag traditioneller holländischer „Bon-Voyage-Kuchen" bereit. Als der Mediziner die tödliche Injektion setzte, war die Familie vollständig um das Bett der Sterbenden versammelt. Dem Todesengel in Weiß fiel die Hilfe nicht leicht: „Es ist niemals einfach, jemanden beim Sterben zu helfen", sagte Henk Laane. „Man trägt das Erlebte mit nach Hause. Man schläft nicht besonders gut danach."

(Günther Stockinger: Letzte Hilfe. Der Spiegel 49/2000, S. 248 ff.)

Großbritannien: Das Sterben vor Gericht durchsetzen

2002 ging die 43-jährige Britin Diane Pretty vor Gericht. Sie litt unter einer tödlichen, immer schlimmer werdenden Nervenkrankheit und konnte sich nicht mehr bewegen. Ihr drohte ein entsetzlicher und entwürdigender Tod durch Ersticken. Sie wollte, dass ihrem Mann erlaubt wird, ihr beim Sterben zu helfen. Ihr Anwalt argumentierte, Pretty sei auch ein Opfer von Diskriminierung: „Gesunde können ihrem Leben ein Ende setzen, sie nicht".

Nachdem das britische Rechtssystem ihre Klage abgewiesen hatte, brachte Diane Pretty den Fall vor den Europäischen Gerichtshof für Menschenrechte. Wiederum entschieden die Richter, dass Diane nicht dabei unterstützt werden dürfe, sich das Leben zu nehmen. Drei Tage nachdem sie ihren Prozess verloren hatte, bekam Diane Atemnot. Zehn Tage später starb sie.

(Nach Michael Keene: Was Weltreligionen zu Alltagsthemen sagen. Verlag an der Ruhr, Mülheim 2005, S. 41)

1. *Kannst du nachvollziehen, dass die Betroffenen in beiden Fällen freiwillig aus dem Leben scheiden wollen?* A
2. *In welchem Dilemma befinden sich Menschen, die sterben wollen, aber nicht die physischen Voraussetzungen dafür besitzen, sich selbst zu töten?*
3. *Was hältst du von Vereinen, wie dem Schweizer Verein „Dignitas", der Sterbewilligen gegen eine Gebühr in der Schweiz Räumlichkeiten zur Verfügung stellt, so dass sie selbstbestimmt sterben können?*

Die aktive Sterbehilfe unter der moralischen Lupe

Viele Menschen vertreten ihre Meinung zur aktiven Sterbehilfe – sei es Zustimmung oder Ablehnung – ohne gründlich darüber nachzudenken. Doch gerade bei umstrittenen und wichtigen moralischen Problemen lohnt sich genaueres Nachdenken, um letztlich zu einer gut begründeten moralischen Meinung zu gelangen. Wie das funktionieren kann, zeigt das folgende Schema:

1. Sachanalyse
Überlegung: Was ist die Ausgangssituation? Welche gegensätzlichen Interessen gibt es?
Oft werden sterbenskranke Menschen wie beispielsweise Koma-Patienten über Jahre durch die Apparatemedizin am Leben gehalten. Die Rechtslage verbietet aktive Sterbehilfe. Die gleiche Auffassung vertreten die Bundesärztekammer und die Kirchen. Auf der anderen Seite wünschen manche sterbenskranke Patienten die gezielte Herbeiführung ihres Todes. Manche Menschen, die sterben wollen, befinden sich in einem Dilemma, weil sie sterben wollen, aber nicht die physischen Voraussetzungen besitzen, sich selbst zu töten. Einzelne Ärzte und manche Angehörige unterstützen den Wunsch, das Leben dieser Menschen zu beenden. Problem: Könnten nicht auch Angehörige, die es auf das Erbe des Schwerkranken abgesehen haben, ihn zum Tode überreden wollen? usw.

2. Berücksichtigung von Handlungsalternativen
Überlegung: Welche anderen Handlungsalternativen gibt es? Was spricht für sie, was gegen sie?
Bei deutlicher Todesnähe ist eine passive und indirekte Sterbehilfe rechtlich erlaubt. Hinzu kommt im Fall eines ausdrücklichen Todeswunsches: Selbsttötung und Beihilfe zur Selbsttötung sind zwar straffrei, ihre moralische Rechtfertigung bleibt aber mit guten Gründen umstritten. Es bleibt ein kleiner Teil sterbenskranker Patienten, die ausdrücklich die gezielte Herbeiführung ihres Todes wünschen, bzw. bei denen durch Angehörige der „mutmaßliche Wille" des Sterbenden nach aktiver Sterbehilfe zum Ausdruck gebracht wird. usw.

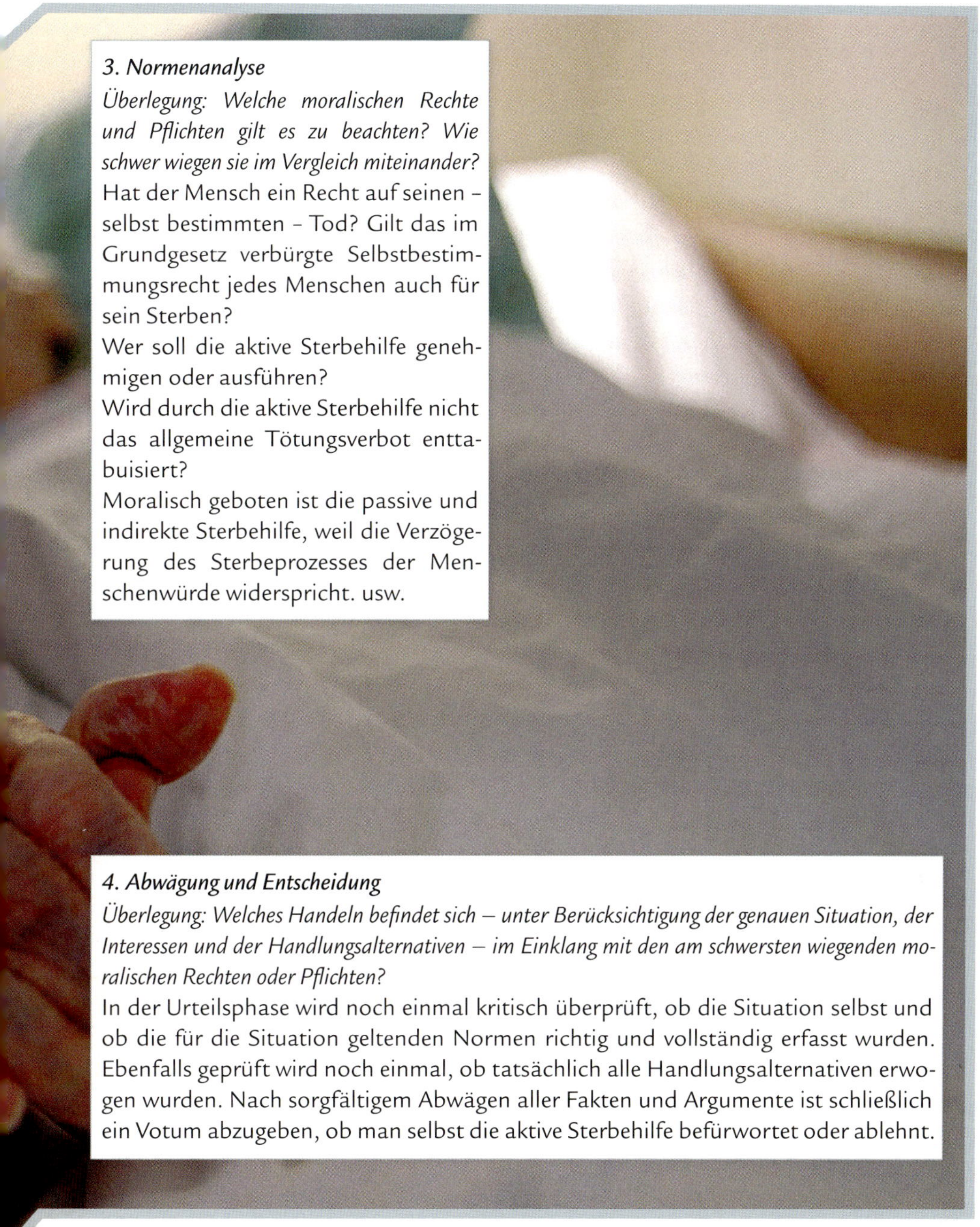

3. Normenanalyse
Überlegung: Welche moralischen Rechte und Pflichten gilt es zu beachten? Wie schwer wiegen sie im Vergleich miteinander?
Hat der Mensch ein Recht auf seinen – selbst bestimmten – Tod? Gilt das im Grundgesetz verbürgte Selbstbestimmungsrecht jedes Menschen auch für sein Sterben?
Wer soll die aktive Sterbehilfe genehmigen oder ausführen?
Wird durch die aktive Sterbehilfe nicht das allgemeine Tötungsverbot enttabuisiert?
Moralisch geboten ist die passive und indirekte Sterbehilfe, weil die Verzögerung des Sterbeprozesses der Menschenwürde widerspricht. usw.

4. Abwägung und Entscheidung
Überlegung: Welches Handeln befindet sich – unter Berücksichtigung der genauen Situation, der Interessen und der Handlungsalternativen – im Einklang mit den am schwersten wiegenden moralischen Rechten oder Pflichten?
In der Urteilsphase wird noch einmal kritisch überprüft, ob die Situation selbst und ob die für die Situation geltenden Normen richtig und vollständig erfasst wurden. Ebenfalls geprüft wird noch einmal, ob tatsächlich alle Handlungsalternativen erwogen wurden. Nach sorgfältigem Abwägen aller Fakten und Argumente ist schließlich ein Votum abzugeben, ob man selbst die aktive Sterbehilfe befürwortet oder ablehnt.

1. *Recherchiere im Internet, um dir weitere Informationen zum Thema Sterbehilfe zu beschaffen, z.B. unter: www.zeit.de/themen/wissen/gesundheit/sterbehilfe/index.*
2. *Diskutiert das Problem der aktiven Sterbehilfe in kleinen Gruppen und auf der Grundlage des dargestellten Schemas. Haltet eure Überlegungen schriftlich fest. Die Abwägung muss jede(r) allein vornehmen.*
3. *Präsentiert eure Gruppenarbeiten in der Klasse und diskutiert darüber.*

Organspende: Hilfe zum Überleben

Durch eine Organspende wird in einer Operation ein gesundes Organ von einem Spender einem Empfänger transplantiert, d.h. übertragen. Meistens stammen die Organe von Toten, die z.B. bei einem Unfall gestorben sind. Es gibt aber auch die Möglichkeit der Lebendspende, bei der ein gesunder Spender z.B. eine seiner Nieren einem Kranken überlässt.

Gesetz über Spende, Entnahme und Übertragung von Organen

§ (1) Die Entnahme von Organen ist, soweit in Paragraph 4 nicht Abweichendes bestimmt ist, nur zulässig, wenn
1. der Organspender in die Entnahme eingewilligt hatte,
2. der Tod des Organspenders nach Regeln, die dem Stand der Erkenntnisse der medizinischen Wissenschaft entsprechen, festgestellt ist und
3. der Eingriff durch einen Arzt vorgenommen wird.

§ (2) Die Entnahme von Organen ist unzulässig, wenn
1. die Person, deren Tod festgestellt ist, der Organentnahme widersprochen hatte,
2. nicht vor der Entnahme bei dem Organspender der endgültige, nicht behebbare Ausfall der Gesamtfunktion des Großhirns, des Kleinhirns und des Hirnstamms nach Verfahrensregeln, die dem Stand der Erkenntnisse der medizinischen Wissenschaft entsprechen, festgestellt ist.

(Transplantationsgesetz – TPG. In: Bundesgesetzblatt I vom 5. November 1997, Bonn 1997, S. 2631–37)

Organspenderausweis

Durch einen Organspenderausweis kann jeder Mensch zu Lebzeiten bekunden, ob er zu einer Organspende bereit ist oder auch nicht. Damit befreit er seine nächsten Angehörigen von der Bürde, im Falle eines Todes für ihn entscheiden zu müssen (erweiterte Zustimmungslösung).

1. Diskutiert darüber, ob ihr eure Organe spenden würdet, falls ihr verunglücken würdet. Würden deine Angehörigen die Zustimmung geben?
2. In anderen Ländern gibt es keine „Zustimmungslösung" wie in Deutschland, sondern eine „Widerspruchslösung". Das bedeutet, dass jedem Toten die Organe entfernt werden dürfen, es sei denn, die Person hat einer Entnahme zu Lebzeiten schriftlich widersprochen. Diskutiert, was ihr von so einer Regelung haltet.

Ablauf einer Transplantation

Damit Interessenkonflikte vermieden werden, liegen Hirntod-Diagnose, Organentnahme und die Wahl des Empfängers in verschiedenen Händen.

Hirntod-Diagnose

Als Organspender kommen prinzipiell alle Menschen in Betracht, deren Herz dank künstlicher Beatmung weiter schlägt, deren Gehirn seine Arbeit aber unwiderruflich eingestellt hat: Hirntote, wie die Medizin sie nennt. Um jeglichen Zweifel zu vermeiden, müssen zwei einschlägig erfahrene Ärzte diese Diagnose unabhängig voneinander stellen. Sie dürfen weder an der Organentnahme noch an der Übertragung beteiligt sein.

Organentnahme

Steht die Diagnose „Hirntod" fest, werden die Angehörigen um die Erlaubnis zu einer Organentnahme gebeten – sofern der Verstorbene keine eigene Willensbekundung, etwa einen Organspenderausweis, hinterlassen hat. Die Klinik meldet den potentiellen Organspender an das Transplantationszentrum. Von dort aus wird das Vermittlungszentrum Eurotransplant im niederländischen Leiden verständigt, dessen Computer die Wartelisten aller Transplantationszentren in Deutschland, Österreich und den Beneluxländern gespeichert hat.

Wahl des Empfängers

Eignet sich der Tote als Organspender, ermittelt der Eurotransplant-Computer anhand gesetzlich festgelegter Kriterien den Organempfänger. Es ist ein von der Ärzteschaft entwickeltes medizinisches Punktesystem, mit dem der geeignetste Spender festgestellt wird.

Q

(Transplantation. In: Gesundheit. 3/2000, S. 13)

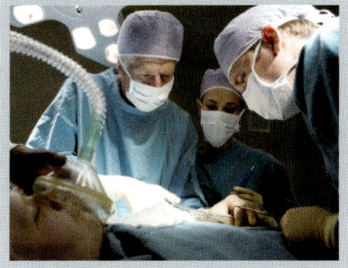
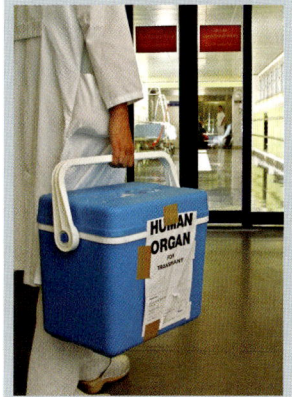

Organtransplantation (links), Kühlbox mit Spenderniere (rechts)

1. Die knappen Organe werden z. Z. nach einem Punktesystem verteilt, das auf objektiven medizinischen Faktoren beruht. Könntest du dir vorstellen, dass bei der Organverteilung auch andere Kriterien mit herangezogen werden, wie z. B.:   A
   › Hat eine allein erziehende Mutter das Organ nötiger als ein kinderloser Single?
   › Sollte jemand bevorzugt werden, der bereits selbst ein Organ gespendet hat?
   › Sollten die Menschen eher mit einer Spende bedacht werden, die auch selbst einen Spenderausweis haben?
   › Ab welchem Alter des Empfängers sollte eine Organspende nicht mehr vorgenommen werden?
   › Müsste nicht bei gesundheitsgefährdendem Verhalten wie starkes Übergewicht oder Alkoholmissbrauch eine Organspende ausgeschlossen werden?
   Diskutiert die möglichen Einwände zur Veränderung der Verteilung von Organen.

Informationen zur Organspende erhaltet ihr im Internet bei der Bundeszentrale für gesundheitliche Aufklärung (www.bzgA.de) oder unter (www.organspende-info.de).

Lebendspende

Täglich sterben in Deutschland drei Patienten, weil sie vergeblich auf ein Organ warten. Als Alternative zur Organspende nach dem Tod kommt auch eine Lebendspende in Betracht. Um Organhandel zu vermeiden, ist im Transplantationsgesetz festgeschrieben, dass bei einer Lebendspende nur Verwandte ersten oder zweiten Grades, Ehepartner, eingetragene Lebenspartner, Verlobte oder Personen, die einander in einer besonderen persönlichen Verbundenheit nahestehen, in Frage kommen. Eine Kommission, der Ärzte, ein Psychologe und ein Jurist angehören, überprüft, ob alle Anforderungen für eine Transplantation eingehalten worden sind.

Organ für den Bruder

Drama. „Schattenkind", dieser Fall des TV-Psychologen Bloch packt erneut ein heißes Eisen an. Wie kompliziert für alle Beteiligten eine solche Situation werden kann, zeigt der Film, in dem der Jugendliche *Lasse* seinem Bruder *Lukas* ein Stück seiner Leber spenden will, dafür jedoch seine Karriere als Turmspringer aufs Spiel setzt.

Q *Hamburg.* Leistungssportler Lasse Hilversum und sein krebskranker Zwillingsbruder Lukas stehen an ihrem 18. Geburtstag vor der schwersten Entscheidung ihres Lebens. Ohne Spenderorgan hat Lukas nur noch wenige Monate zu leben. Familie und Ärzte erwarten, dass Lasse als Lebens-

spender zur Verfügung steht. Die Einwilligungen liegen bereits vor, auch das Gutachten des Psychologen scheint nur noch eine Formsache zu sein. Doch der Klinikpsychologe stellt sich quer. In seinem 14. Fall „Bloch: Schattenkind" ist Gutachter Maximilian Bloch (Dieter Pfaff) lange Zeit der Einzige, der sich für das Schicksal des jungen Spenders interessiert. Das Psychodrama handelt von einer Familie, in der sich alles um den kranken Lukas dreht. Sein Zwillingsbruder wird zum „Schattenkind" und muss früh selbstständig werden. Lasse habe die Familie unterstützt, wo er nur konnte, be-

Szenefoto aus „Schattenkind",
Lasse (links) und sein schwer kranker Zwillingsbruder Lukas (rechts)

richtet sein Vater. Als Lukas eine Transplantation brauchte, habe er sich sofort bereit erklärt, ein Stück von seiner Leber zu spenden. Bloch soll die seelische Stabilität des Spenders und die Freiwilligkeit der Entscheidung bescheinigen. Der Gutachter sieht, dass sein Schützling unter einem enormen psychischen Druck steht. Er entschließt sich, die Zustimmung zu verweigern.

(Nach Inga Piel: Wie soll ich mich entscheiden? Verlag an der Ruhr, Mühlheim 2009, S. 49)

 1. *Lasse und der Psychologe Bloch befinden sich in einem Dilemma. Beschreibe dieses. Welche Gründe könnte es für Lasse bzw. für den Psychologen geben, der Spende nicht zuzustimmen?*

2. *Im Laufe des Films stellt sich heraus, dass Lukas keine Zeit mehr hat, auf ein anderes Spenderorgan zu warten. Können Lasse und Bloch in dieser Situation immer noch die Spende verweigern? Diskutiert mithilfe der Dilemmamethode (siehe S. 99) darüber.*

Organhandel – ein lohnendes Geschäft?

Organhandel ist in fast allen Ländern der Welt verboten. Doch es gibt einen Schwarzmarkt für Organe: Da es viel zu wenige Spender gibt, kaufen „Organvermittler" z.B. Nieren noch lebender Menschen, die das Geld zum Überleben dringend benötigen. Diese Organe werden dann an Wartende verkauft und in Kliniken im Ausland, in denen nicht so streng wie in Europa kontrolliert wird, transplantiert.

1. *Organhändler rechtfertigen ihre Aktivität damit, dass sie sowohl den Spendern mit dem Geld helfen, als auch den Empfängern das Leben retten, da sie auf legalem Weg vermutlich nicht schnell genug ein Organ erhalten würden. Setze dich mit dieser Argumentation auseinander.* [A]

Tausche Niere gegen...

Der 26-jährige Angestellte Jhon G. aus Indonesien weiß um die Risiken, trotzdem bietet er seine Niere, seine Leber und seine Augenhornhaut zum Kauf an. Er betont, dass er sowohl die Risiken als auch die Gesetze kenne, dass er aber dennoch keinen anderen Ausweg sehe. Binnen einer Frist von sechs Monaten müsse er die Schulden seiner Familie bezahlen, er habe keine andere Wahl, denn für seine Familie würde er alles geben: die Niere, die Leber und notfalls auch das eigne Leben. [Q]

(frei nach Arlina Ashad. AFP. http://www.sueddeutsche.de/panorama/113/50337/text; Zugriff: 16.2.2010)

Geregelter Organhandel – ein Ausweg?

Doch vielleicht sollte man nicht den Organhandel an sich verbieten, sondern nur bestimmte Auswüchse. Friedrich Breyer zum Beispiel, Gesundheitsökonom in Konstanz, denkt über dieses Modell nach: Deutsche Krankenkassen kaufen für ihre Versicherten Nieren von deutschen Lebendspendern; die Kassen zahlen, was sie an Dialysekosten einsparen: rund 100.000 Euro; der Organgeber bekäme ein Versicherungspaket gegen alle Eventualitäten sowie Garantie auf eine Ersatzniere, sollte seine verbliebene irgendwann versagen. Ein geregelter Handel also, und alle hätten etwas davon. Doch bislang gilt per Gesetz: Weder der Mensch als Ganzes, noch Teile von ihm können Kaufgegenstände sein. Der Körper ist kein Besitzanhängsel, sondern Bedingung unseres Seins. Seine Unversehrtheit ist also ein hohes Gut. Es ist nicht gewünscht, dass jemand eine Niere verliert. Nur bei der Lebendspende hat das Parlament im Transplantationsgesetz eine Ausnahme gemacht, weil man der Liebe keine Barriere in den Weg stellen wollte.
Die Befürworter des Organhandels aber sagen: Es gibt das Recht auf Selbstbestimmung. Das Grundgesetz sichert dem Einzelnen Handlungsfreiheit zu, sofern er damit nicht andere schädigt. Ein Organverkäufer würde nur sich selbst schädigen. Ihn vor sich selbst zu schützen, wäre Bevormundung. Der Einzelne ist auch keinesfalls verpflichtet, seine eigene Menschenwürde zu schützen. Und schließlich hat auch keiner ein moralisches Problem damit, dass Bergwerksarbeitern und Testpiloten ein höheres Risiko extra bezahlt wird. [Q]

(Nach http://www.chrismon.de/ctexte/2002/10/10-1-htlm)

2. *Diskutiert die beiden Auffassungen zum Organhandel:* [A]
   › *Gegner des Organhandels: Ihnen steht ein wildwüchsiger Organhandel voller Abscheulichkeiten vor Augen: Reiche Kranke kaufen sich in armen Ländern eine Niere, den Profit machen die Zwischenhändler, der Organgeber wird mit einem Trinkgeld abgespeist.*
   › *Befürworter des Organhandels: Die Organabgabe von Gesunden soll gefördert werden. Nur feste Organverkaufspreise könnten den Schwarzmarkt austrocknen.*

2.4 Letzte Dinge: Deutungen des Todes in Religion und Philosophie*

Seit Urzeiten haben Vorstellungen über den Tod die Menschen bewegt und zum Nachdenken angeregt. Durch alle Zeiten und Religionen zieht sich der Glaube, dass das Leben mit dem Tod nicht vorbei ist. So steht die Frage nach dem Tod am Anfang aller Religionen. Auch die Philosophie bemüht sich um Antworten auf diese Frage.

Religiöse Deutungen

Die Lehre von den letzten Dingen (Eschatologie) beschäftigt sich mit den Fragen nach dem Ende der Welt, nach Gericht und Auferstehung, nach Himmel und Hölle.

Christentum: Tod und Auferstehung Christi

Jesus zog mit einer Schar von Anhängern als armer Wanderprediger durch Galiläa bis nach Jerusalem. Seine Botschaft stieß bei der jüdischen Priesterschaft auf Ablehnung. Man warf ihm Anmaßung und Gotteslästerung vor. Er wurde festgenommen und durch die römische Besatzungsmacht um das Jahr 30 vor den Toren von Jerusalem hingerichtet. Sein Tod am Kreuz wurde zum zentralen Symbol des christlichen Glaubens.

Das Kreuz steht nicht nur für das Schicksal Jesu, sondern zugleich auch für die christliche Hoffnung auf Auferstehung und Befreiung vom Tod. Das ewige Leben, das allen Gläubigen geschenkt werden soll, wurde erst möglich durch Jesu Tod am Kreuz und seine Auferstehung von den Toten. Die Auferstehung Jesu gibt Christen die Kraft für eine sinnvolle Lebensgestaltung in dieser Welt.

Umfrage zur Auferstehung

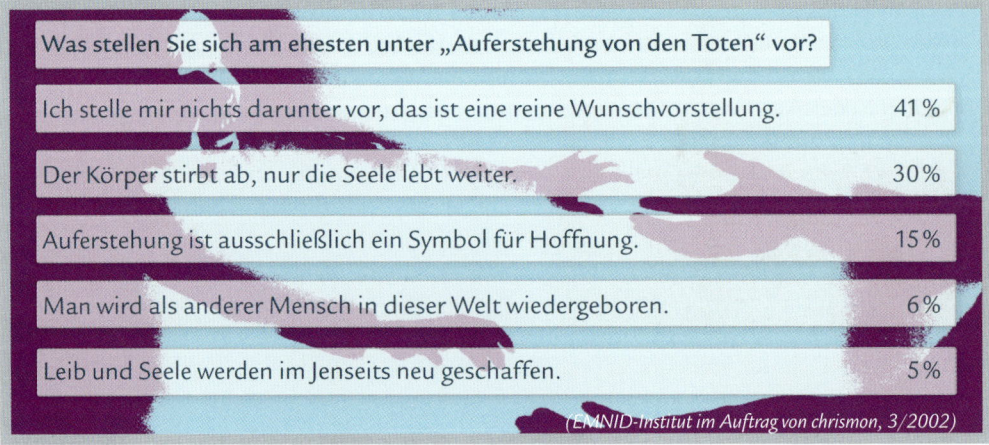

Was stellen Sie sich am ehesten unter „Auferstehung von den Toten" vor?	
Ich stelle mir nichts darunter vor, das ist eine reine Wunschvorstellung.	41 %
Der Körper stirbt ab, nur die Seele lebt weiter.	30 %
Auferstehung ist ausschließlich ein Symbol für Hoffnung.	15 %
Man wird als anderer Mensch in dieser Welt wiedergeboren.	6 %
Leib und Seele werden im Jenseits neu geschaffen.	5 %

(EMNID-Institut im Auftrag von chrismon, 3/2002)

1. *Informiere dich im Internet über den Tod Jesu und seine Auferstehung.*
2. *Lies und vergleiche die Aussagen der Evangelien zur Auferstehung Jesu (Mt. 28, 1-10; Mk. 16, 1-8; Lk. 24, 1-12; Joh. 20, 1-18).*
3. *Glaubst du an ein Leben nach dem Tod? Beziehe in deine Überlegungen die Umfrageergebnisse mit ein.*

Der Glaube an das ewige Leben

Christen glauben an ein Leben nach dem Tod, an die Auferstehung der Toten bzw. die Unsterblichkeit der Seele. Der Tod ist für sie nicht das Ende, sondern das Tor zu einer anderen, für uns unsichtbaren Welt Gottes, genannt „Jenseits", „Himmel" oder „ewige Seligkeit". Sie bringen die christliche Glaubensgewissheit zum Ausdruck, dass Gott durch Jesus die Macht des Todes überwunden hat und alle an seinem ewigen Leben teilhaben lässt, die an ihn glauben. Erst durch diesen Glauben finden Christen einen Sinn in der Ungerechtigkeit des Lebens auf der Erde. Auch gibt es denen, die einen nahe stehenden Menschen verloren haben, die Hoffnung ihn „wiederzusehen". Was nach dem Tod passieren wird, ist jedoch eine Streitfrage, die das Christentum in zwei Lager spaltet.

Die protestantische Sichtweise

Nach dem Tod wird über jeden Menschen gerichtet: Gute Menschen kommen in den Himmel, zu Gott, böse Menschen kommen in die Hölle. Wie die Katholiken glauben die Protestanten an die „Unsterblichkeit der Seele". Im Neuen Testament wird an mehreren Stellen vom „Tag des Jüngsten Gerichts" erzählt. An diesem Tag, der gleichzeitig das Ende der Welt ist, wird die Seele wieder mit ihrem früheren Leib vereinigt.

Die katholische Sichtweise

Die katholische Kirche kennt nicht nur Himmel und Hölle, sondern noch einen dritten Ort: das Fegefeuer. Dorthin kommen Menschen, die keine Todsünden, sondern nur leichte Sünden begangen haben. Im Fegefeuer büßt die Seele für diese Sünden und bereitet sich auf das ewige Leben im Himmel vor. Dabei können die noch auf der Erde lebenden Angehörigen des Toten beeinflussen, wie lange die Seele im Fegefeuer bleibt, indem sie für die Seele des Verstorbenen beten oder eine Messe für ihn lesen lassen.

(Nach Michael Keene: Was Weltreligionen zu Alltagsthemen sagen. Verlag an der Ruhr, Mülheim 2005, S. 26 f.)

Christen glauben, dass Jesus gekreuzigt wurde und drei Tage später von Gott ins Leben zurückgerufen wurde (Michelangelo, Kreuzigung, 1540).

1. *Welche Bezüge ergeben sich zur Kreuzigung Jesu, wenn aus heutiger Sicht von Dorothee Sölle, einer bekannten Theologin, danach gefragt wird, „Wo kreuzigen wir Christus heute?" Wo beschädigen wir das Leben so, dass es keine Hoffnung mehr hat? Wo verletzen wir Menschen unheilbar? Und wie machen wir das heute, kreuzigen?* A
2. *Vorstellungen über ein Leben nach dem Tod haben auch andere Religionen entwickelt. Lies im Kapitel „Fernöstliche Religiosität – Hinduismus und Buddhismus" auf den Seiten 188f. nach, welche Vorstellungen dazu in diesen Religionen bestehen. Vergleiche diese mit den Deutungen des Todes im Christentum, Judentum und Islam.*

Judentum

[Q] Im Judentum wird der Tod vor allem als Bestandteil des Lebens gesehen: Man muss immer für ihn bereit sein und sich bewusst auf ihn vorbereiten. Obwohl Juden an ein Leben nach dem Tod glauben, gibt es in der jüdischen Lehre wenige konkrete Vorstellungen über Auferstehung und ewiges Leben. Ein wichtiges Element des jüdischen Glaubens ist die *Erwartung des Messias.* Der

Messias wird die Zeit des Heils einleiten und das Volk Israel von seinen Leiden erlösen. Zu Beginn dieser „Endzeit" werden, manchen Lehrmeinungen zufolge, auch die Toten auferstehen.

Das Judentum lehrt aber vor allem, dass die Seele des Menschen im Gedächtnis seiner Angehörigen weiterlebt, weil dort weder die guten Taten eines Menschen noch die Erinnerung an ihn ausgelöscht werden. Die Juden gehen zwar davon aus, das das Gute belohnt und das Böse bestraft werden wird, darüber hinaus halten sie es aber für unzulässig, Vermutungen über das Leben nach dem Tod anzustellen. Seine Einzelheiten müssen ein Geheimnis bleiben, das Gott allein kennt.

(Michael Keene: Was Weltreligionen zu Alltagsthemen sagen. Verlag an der Ruhr, Mühlheim 2005, S. 28)

Beerdigungsrituale

[Q] Der hervorstechendste Aspekt einer jüdischen Beerdigung ist ihre bemerkenswerte Schlichtheit. Der Leichnam wird in einen billigen Holzsarg gelegt oder direkt im Leichentuch in die Erde gebettet, und eine Handvoll Erde aus Israel wird ins Grab gestreut. Die Andacht besteht aus Psalmen, Lobreden auf den Toten, Gebeten für den Frieden seiner Seele und einem abschließenden Rezitieren des *Kaddisch*, eines Totengebets zum Lob Gottes. Nach der Rückkehr von der Zeremonie nehmen die Hinterbliebenen ein einfaches Mal zu sich, das Freunde oder Nachbarn für sie zubereiten. Die Trauerzeit dauert zwischen einem Monat und einem Jahr.

(Brian Innes: Jenseits. Der Tod und das Leben danach. Loewe, Bindlach 1999, S. 66)

[A] 1. *Die jüdische Bezeichnung für Friedhof ist „Bet ha-Hayyim". Dies bedeutet „Haus des Lebens". Warum finden viele gläubige Juden diese Bezeichnung wohl so passend?*

Islam

Im muslimischen Glauben bringt der *Engel des Todes* die Seele des Verstorbenen ins Grab. Dort warten sie auf den Tag des jüngsten Gerichts. Gute Menschen blicken während dieser Zeit nach dem Paradies, böse müssen Qualen erleiden. Eine Sonderstellung nehmen Propheten, Märtyrer und Glaubenskämpfer ein: Sie gehen nach dem Tod sofort in die himmlischen Gärten des Paradieses ein.

Alle anderen warten auf das Ende der Welt, das sich dadurch ankündigt, dass Berge versetzt und Meere über die Ufer treten werden. Darauf folgt das Jüngste Gericht: Jeder Mensch muss vor Allah treten und erhält ein Buch, in dem seine guten und bösen Taten aufgezeichnet wurden. Wer im irdischen Leben Allahs Regeln befolgte, wird mit dem ewigen Leben im Himmel belohnt. Wer das von Mohammed gebrachte „Licht Gottes" nicht annehmen wollte, kommt in die Hölle.

Paradies und Hölle werden im Koran sehr plastisch beschrieben:

››› Im Paradies fließen Bäche aus Milch, Wein und Honig und auf die Männer warten Jungfrauen von unvergänglicher Schönheit. Zu diesen „Sinnesfreuden" erfahren die Menschen im Paradies noch die Nähe Gottes.

››› Die Hölle ist ein Furcht einflößender sehr heißer Ort voller Qualen. Die Menschen müssen dort der Wahrheit über ihre schlechten Taten auf der Erde ins Auge sehen. Sie haben nun die ganze Ewigkeit lang Zeit zu bereuen, dass sie nicht auf Mohammed, den Propheten Gottes, gehört hatten.

(Nach Michael Keene: Was Weltreligionen zu Alltagsthemen sagen. Verlag an der Ruhr, Mühlheim 2005, S. 29)

Muslimische Bestattung

Der Leichnam wird gewaschen, in Leichentücher gehüllt und zum Friedhof transportiert. Eile ist geboten, denn binnen vierundzwanzig Stunden soll der Tote beerdigt sein. Man sagt, dass er möglichst bald das Paradies sehen soll. Im Islam ist ausschließlich Erdbestattung üblich. Der Tote wird nur in die Leichentücher gehüllt, auf der rechten Seite liegend und mit dem Gesicht nach Mekka begraben. Mit dem linken Ohr soll er den Ruf zur Auferstehung und zum Jüngsten Gericht vernehmen.

(Nach Kati Deutrich: Begegnungen mit Religionen und Kulturen. In: Helge Eisenschmidt (Hg.) Miteinander leben: Militzke, Leipzig 2000, S. 147)

1. *Findest du Gemeinsamkeiten und Unterschiede in der christlichen, jüdischen und muslimischen Sicht vom Leben nach dem Tod?*   A
2. *Welche Vorstellungen könnten islamische Selbstmordattentäter von der Zeit nach dem Tod haben?*

Licht am Ende des Tunnels?

Gustave Dorè, Eintritt ins Paradies

1. Beschreibe, wie sich der französische Maler Gustave Dorè den Eintritt ins Paradies vorstellt. Vergleiche seine Vorstellungen zum Paradies mit denen, die auf den vorangegangenen Seiten zum Paradies vorgestellt worden sind.
2. Kannst du erklären, welcher Zusammenhang zwischen der Angst vor dem Tod und dem Licht am Ende des Tunnels im Bild zum Ausdruck kommt? Lies dazu nochmals den Text "Moment des Sterbens" (S.65).

3. Schreib eine Geschichte, mit der du auf deine Ängste und Hoffnungen zu dem unter 2. genannten Sachverhalt eingehst.

Philosophische* Deutungen

Im Laufe der Philosophiegeschichte hat es unterschiedliche Vorstellungen vom Tod und einem möglichen Leben danach gegeben. Grundsätzlich geht es in philosophischen Überlegungen zum Todesproblem insbesondere um die Frage, welche Bedeutung der Tod im Leben des Menschen besitzt und welche Konsequenzen sich daraus für die individuelle Auseinandersetzung mit dem Tod ergeben.

Stoa: Der Tod geht mich nichts an

Als Stoa wird eine der wirkungsvollsten philosophischen Lehren in der abendländischen Geschichte bezeichnet. Ihr Name geht auf einen Säulengang („stoa" heißt auf Griechisch „Säule") zurück, in dem ihre Anhänger, die als „Stoiker" bezeichnet werden, umher wandelten und philosophierten. Noch heute sprechen wir von „stoischer Ruhe", wenn sich ein Mensch nicht von seinen Gefühlen mitreißen lässt. Der ideale Stoiker tritt seinem Schicksal mit größter Gelassenheit entgegen. Er begreift den Tod als ein notwendiges Geschehen im Rahmen der geordneten Gesamtschöpfung und nimmt ihn darum furchtlos an.

Seneca* (4 v. Chr. –65)

Einer der bedeutendsten Vertreter der Stoa ist *Seneca*. Als im Jahre 65 eine gegen Nero* gerichtete Verschwörung aufgedeckt wurde, ließ dieser dem gar nicht beteiligten Seneca eine Aufforderung zur Selbsttötung zustellen. In der Gelassenheit des stoischen Weisen vollzog Seneca diesen Schritt, auf den er gedanklich längst vorbereitet war:

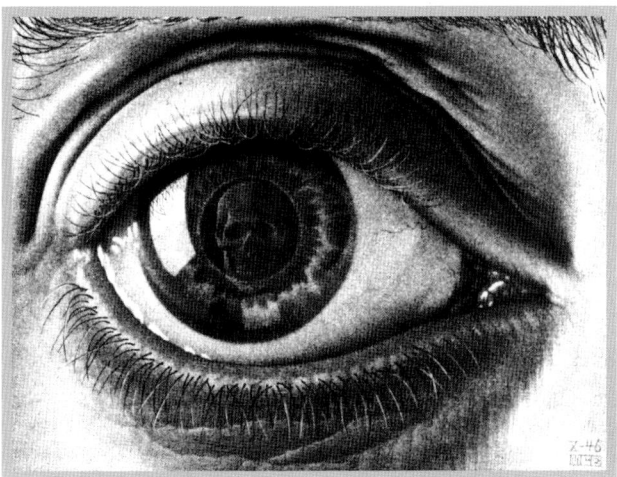

M. C. Escher, Tod im Auge, Mezzotinto, 1946

 Der letzte Lebenstag, vor dem dir so graut, ist der Geburtstag der Ewigkeit. Wirf alle Last von dir! Wozu das Zögern? Hast du nicht einst auch den Leib verlassen, der dich der Welt verbarg, und das Licht des Tages erblickt? Du zögerst und willst nicht? Auch damals hat dich die Mutter unter schweren Leiden ans Licht gebracht. Du seufzest und weinst? Das tun auch die Neugeborenen.

(Zit. aus: http://de.wikipedia.org/wiki/Stoa; Zugriff: 27.08.2010)

1. *Woraus schöpft Seneca die Kraft, seinem Tod gelassen entgegen zu sehen?*
2. *Vergleiche die Haltung Senecas zum Tod mit der anderer Philosophen (siehe S. 96 bis 98) und mit religiösen Todesdeutungen. Welche Unterschiede und welche Gemeinsamkeiten stellst du fest?*
3. *Sprecht über die Empfindungen und Gedanken, die das Bild von Escher in euch hervorruft.*
4. *Erläutere die Beziehungen, die das Bild zwischen Leben und Tod sowie zwischen Körper und Geist ausdrückt. Welche Bezüge gibt es zwischen dem Bild und den philosophischen Deutungen des Todes?*

Ihre Vorstellungen über den Tod und das Leben danach formulierten auch die Philosophen Epikur* (341–270 v. Chr.) und Platon* (428–347 v. Chr.).

Epikur

Epikur bricht radikal mit der Tradition der Todesphilosophie (mit der unsterblichen Seele im Zentrum). Er will den Menschen frei machen von seiner Todesfurcht und erklärt den Tod erstaunlich einfach: „So ist der Tod, das schauervollste Übel, für uns ein Nichts; wenn wir da sind, ist der Tod nicht da, aber wenn der Tod da ist, sind wir nicht mehr. Er geht also weder die Lebenden noch die Gestorbenen an; für die einen ist er ja nicht vorhanden, die anderen aber sind für ihn nicht mehr vorhanden. [...] Der Weise jedoch fürchtet weder das Leben, noch das Nichtleben. [...] Wie er bei einer Speise nicht die größere Menge, sondern das Wohlschmeckendste vorzieht, so will er sich nicht eines möglichst langen, sondern eines möglichst angenehmen Lebens erfreuen."

(Epikur: zit. nach Uta Brumann u.a.: Projekt Tod. Verlag an der Ruhr, Mühlheim a. d. Ruhr 1998, S. 123)

Platon

Zwei Grundsätze, die diesen Philosophen sein ganzes Leben lang begleitet haben, sind: „Erkenne dich selbst!" und „Bedenke, dass du sterblich bist!". Die Selbsterkenntnis wird zur Todeserkenntnis, d.h. jeder muss sich irgendwann einmal zugestehen, dass er sterblich ist. Doch für Platon beinhaltet der Tod eine große Befreiung. Der Sterbende löst sich aus seiner körperlichen und geistigen Begrenztheit und gelangt in die Unterwelt, in der reine Wahrheit herrscht. Diese Einstellung wird bei Platon besonders deutlich, als er Sokrates' Tod und das Gespräch mit Simmias ausführlich beschreibt: „Wer aber wahrhaft nach Erkenntnis trachtet und leidenschaftlich erfasst hat, dass er sie nie sonst in nennenswertem Maße erreichen werde als in der Unterwelt, der sollte sich wegen des Sterbens grämen, und er sollte nicht freudig dorthin gehen? Das ist doch unglaublich, Freund, sofern er wirklich ein Philosoph ist. Denn es wird seine feste Überzeugung sein, dass er nirgends anders die Wahrheit rein antreffen werde, als nur dort. Wenn es sich aber so verhält, wie ich eben sagte, wäre es nicht große Unvernunft, wenn ein solcher den Tod fürchtete?"

(Platon: zit. nach Dies.: Ebd., S. 123)

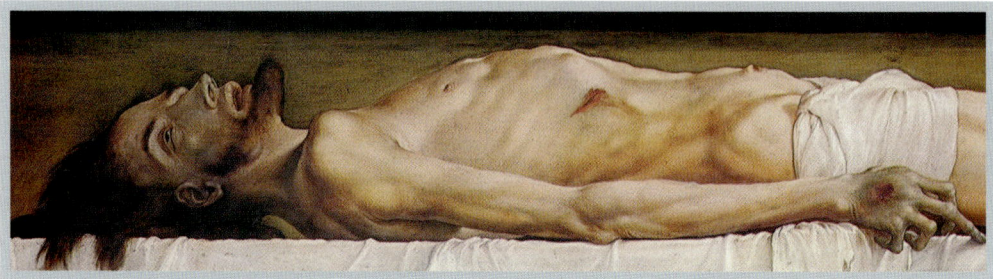

Hans Holbein der Jüngere, Jesus im Grab (1521–1522)

1. *Vergleiche die Vorstellungen Platons und Epikurs miteinander. Welche unterschiedlichen Einstellungen zum Leben stecken hinter ihren Deutungen des Todes?*
2. *Worin liegt der Unterschied zwischen einem Leben mit dem Platon'schen oder dem Epikur'schen Weltbild?*

Von der Unsterblichkeit der Seele

Sokrates spielt die Hauptrolle im Dialog „Phaidon" des griechischen Philosophen Platon. Sokrates stirbt am Ende. Trotzdem hat der Tod nichts Tragisches an sich. Warum sollte der Tod auch etwas Tragisches sein, wenn er der Beginn der Unsterblichkeit ist. Wenige Momente bevor der Verurteilte den Giftbecher leeren muss, erzählt er im Kreis seiner Freunde einen Mythos über das künftige Schicksal der Seele.

Da nun dieses so ist, so werden, sobald die Verstorbenen an dem Orte angelangt sind, wohin der Dämon jeden bringt, zuerst diejenigen gerichtet, welche schön und heilig gelebt haben und welche nicht. Die nun dafür erkannt werden, einen mittelmäßigen Wandel geführt zu haben, begeben sich zum Acheron [Fluss der Unterwelt], besteigen die Fahrzeuge, die es für sie gibt, und gelangen auf diesem zu dem See. Hier wohnen sie und reinigen sich, büßen ihre Vergehungen ab [...], wie sie auch ebenso für ihre guten Taten den Lohn erlangen.
Deren Zustand aber für unheilbar erkannt wird wegen der Größe ihrer Vergehungen, weil sie häufigen und bedeutenden Raub an den Heiligtümern begangen und viele ungerechte und gesetzwidrige Mordtaten vollbracht haben, diese wirft gebührendes Geschick in den Tartaros [Unterwelt], aus dem sie nie wieder heraussteigen.
Die hingegen zwar heilbare, aber doch große Vergehen begangen haben [...], wie die gegen Vater und Mutter im Zorn etwas Gewalttätiges ausgeübt oder die auf diese oder andere Weise Mörder geworden sind, diese müssen zwar auch in den Tartaros stürzen, aber wenn sie hineingestürzt und ein Jahr darin gewesen sind, wirft die Welle sie wieder aus, die Mörder auf der Seite des Kokytos [Fluss in der Unterwelt], die aber gegen Vater und Mutter sich versündigt, auf der des Pyriphlegethon [Fluss in der Unterwelt]. Wenn sie nun, auf diesen fortgetrieben, an den Acherusischen See kommen: so schreien sie da und rufen die, welche von ihnen getötet worden sind oder frevelhaft behandelt. Haben sie sie nun herbeigerufen, so flehen sie und bitten, sie möchten sie in den See aussteigen lassen und sie dort aufnehmen. Wenn sie sie nun überreden, so steigen sie aus, und ihre Übel sind am Ende; wo nicht, so werden sie wieder in die Tartaros getrieben und aus diesem wieder in die Flüsse, und so hört es nicht auf ihnen zu ergehen, bis sie diejenigen überreden, welchen sie unrecht getan haben; denn diese Strafe ist ihnen von den Richtern angeordnet.

(Platon: Phaidon. Reclam, Stuttgart 1994, S.89 f.)

Arnold Böcklin, Die Toteninsel, 1886

1. Beschreibe, welche Vor- bzw. Nachteile die hier dargestellten Auffassungen deiner Ansicht nach haben.
2. Erläutere, welche Vorstellung du selbst für wichtig erachtest.

Gedanken über den Tod

Fernando Savater (geb. 1946) lehrt an der Universität Complutense in Madrid in Spanien. In seinem Buch „Die Fragen des Lebens" erinnert er sich, wie er als Kind eines Abends von einem Gedanken wach gehalten wird: Sein Leben wird nicht ewig dauern. Und was kommt dann? Mit dieser Erkenntnis seiner eigenen Endlichkeit ist er schon mittendrin in der Welt der Philosophie.

Alle Bestrebungen unseres Lebens sind Formen des Widerstandes gegen den Tod, von dessen Unausweichlichkeit wir wissen. Es ist das Bewusstsein des Todes, durch das sich das Leben für jeden von uns in eine sehr bedeutsame Angelegenheit verwandelt, in etwas, über das wir nachdenken müssen: etwas Geheimnisvolles und Unerhörtes, ein kostbares Wunder, für das wir kämpfen und unseren Geist anstrengen müssen.

Giorgione: Das Konzert oder Die drei Menschenalter, um 1500–1510

Was wissen wir noch über den Tod? Zweifellos recht wenig. Was wir wissen ist, dass er absolut persönlich und nicht übertragbar ist: Niemand kann für einen anderen sterben. Das heißt, dass niemand mit dem eigenen Tod das früher oder später eintretende Sterben eines anderen vermeiden kann. Daher ist der Tod nicht nur das individualisierendste Faktum, sondern er macht uns auch in höchstem Maße einander gleich.

Noch etwas wissen wir über den Tod: dass er nicht nur gewiss ist, sondern ständig drohend bevorsteht. Sterben ist nicht nur eine Sache von Alten und Kranken: Vom ersten Moment, in dem wir zu leben beginnen, sind wir Todeskandidaten. Eigentlich befinden wir uns immer im selben Abstand zum Tod. Er besteht darin, ob wir lebendig oder tot sind, das heißt zwischen Sein und Nichtsein. Es gibt kein Dazwischen. Nur der Tod ist unwiderruflich. Auch wenn wir einiges über den Tod wissen, letztlich bleibt er für uns das Unbekannteste: Wir wissen, wann jemand tot ist, aber wir wissen nicht, wie das Sterben „von innen" aussieht.

Der Gedanke an den eigenen Tod ruft Angst hervor. Einige fürchten, dass nach dem Tod etwas Schreckliches auf sie zukommt. Andere glauben, dass es danach nichts gibt und dieses Nichts schreckt sie am meisten. Wenn der Tod gleichbedeutend mit dem Nichtsein ist, dann haben wir ihn bereits besiegt: an dem Tag, als wir geboren wurden. So sind wir dem Tod bereits entkommen. Wir haben ihm jene Tage, Monate und Jahre voraus, die wir gelebt haben. Und diese Zeit wird, geschehe, was wolle, immer unsere sein. Ich habe gelebt und weiß, was es heißt zu leben und kann voraussehen, was ich mit dem Tod verlieren werde. So bringt der Tod uns zum Nachdenken über das eigene Leben.

(Nach Fernando Savater: Die Fragen des Lebens. Campus, Frankfurt/New York 2000, S. 29 ff.)

1. Formuliere mit eigenen Worten, was Savater in den einzelnen Abschnitten zum Tod aussagt.

2. Entwickele zu den Abschnitten eigene Gedanken, wirf Fragen auf oder formuliere gegensätzliche Positionen.

Dilemmamethode

Eine Dilemmasituation zeichnet sich dadurch aus, dass der Handelnde sich in einer „Zwickmühle" befindet. Ihm stehen bei einer Entscheidung zwei Handlungsmöglichkeiten zur Verfügung, die beide moralisch plausibel erscheinen, die sich jedoch gegenseitig ausschließen. Gleich welche Wahl man trifft, man verletzt einen moralischen Grundsatz.

Ein Dilemma enthält also einen Widerspruch, mit dem man sich in der Regel nicht abfinden will. Um überhaupt eine Entscheidung treffen zu können, muss man versuchen, eine Abwägung zugunsten der einen oder der anderen Seite zu treffen. Am Ende dieser Abwägung gelangt man zu einer Entscheidung, bei der eine der beiden Handlungsmöglichkeiten höher gewichtet wird als die andere. Für diese wird sich dann in der Regel auch entschieden.

Um in Dilemmasituationen sicherer entscheiden zu können, hat es sich bewährt, vier Schritte der Entscheidungsfindung zugrunde zu legen. Das soll hier am Beispiel der Präimplantationsdiagnostik (PID) auszugsweise untersucht werden.

1 Konfrontation mit einem Dilemma, bei dem zwei Handlungsmöglichkeiten miteinander konkurrieren:
Es konkurriert die Akzeptanz gesundheitlicher Schäden eines Kindes mit der Befürchtung, den Menschen nach Maß (Designerbaby) zu bekommen.

2 Sammlung von Begründungen für beide Seiten, indem die Situation genau analysiert wird:
Welche Argumente ziehen die Befürworter und welche die Gegner der PID heran?

3 Überprüfung der Gründe, indem gewohnte Muster der Argumentation verunsichert werden:
Kann man Einschränkungen dafür angeben, in welchen Fällen oder zu welchem Zweck die PID angewendet werden darf und wann und wozu nicht? Sind zum Beispiel Fälle denkbar, dass gehörlose Eltern sich mit Hilfe der PID ein Kind aussuchen, das ebenfalls gehörlos ist? Welche Gründe könnte es für sie geben, vorsätzlich ein Kind mit einer Behinderung auszuwählen?

4 Einbau neuer Elemente in die bisherige Auffassung, was im Ergebnis zu einer neuen Position führt:
Was wiegt schwerer? Die Möglichkeit des Missbrauchs der PID oder die Gefahr, dass Kinder mit schweren Behinderungen geboren werden? Lässt sich ein Missbrauch verhindern, wenn eine Ethikkommission einen Katalog von Erbkrankheiten festlegt, die eine Abtötung eines Embryos rechtfertigen?

1. *Vervollständigt in Gruppenarbeit die Schritte der Entscheidungsfindung für das Dilemma „PID". Ihr könnt dazu im Internet nach weiteren Argumenten recherchieren. Stellt die Ergebnisse eurer Überlegungen der Klasse zur Diskussion.* A

2. *Das Kapitel 2 enthält weitere Dilemmata: „Töten oder Sterbenlassen", S. 80; „Letzte Hilfe", S. 83 und „Lebendspende", S. 88. Analysiere diese Dilemmata nach den vier Schritten einer Entscheidungsfindung.*

3. *Überlege dir Entscheidungssituationen, die deiner Meinung nach ein Dilemma darstellen. Stellt eure „Dilemmata" in der Klasse zur Diskussion. Entscheidet, ob es sich um ein Dilemma handelt oder nicht.*

3 Konflikte und Gewalt

Solange es Menschen gibt, werden wir es mit Konflikten zu tun haben. Jugendliche geraten mit Gleichaltrigen, den Lehrern oder den Eltern in Konflikte. Bei den Erwachsenen verringern sich die Konflikte nicht, sondern sie nehmen eher an Schärfe zu. Ehemalige Partner versuchen sich tiefe seelische Wunden beizufügen, Nachbarn streiten sich teilweise erbittert um Nichtigkeiten. In der Arbeitswelt gibt es Auseinandersetzungen zwischen Arbeitnehmern und Arbeitgebern. Aber auch internationale Konflikte bestimmen die Gegenwart. Selbst im Innersten eines Menschen können sich Konflikte abspielen, wenn beispielsweise eine Frau die verschiedenen Rollen als Mutter, Partnerin, Tochter und Berufstätige zu bewältigen hat und damit nicht zurechtkommt (Rollenkonflikt).

Trotz alledem: Konflikte gehören zum Leben. Nicht selten sind Konflikte ein Signal für längst fällige Veränderungen und deshalb positiv zu bewerten. Wichtig ist vor allem, Konflikte geregelt und ohne die Anwendung von Gewalt auszutragen.

1. *Angenommen, du bist Redakteur einer Tageszeitung. Der Bildreporter hat Fotos in die Redaktion gegeben. Finde zu jedem Foto einen passenden Titel und schreibe einen Kommentar dazu.*

2. *Bildet Gruppen, wählt in eurer Gruppe ein Foto aus und geht dann wie folgt vor:*
   › *Foto betrachten: Jeder betrachtet zunächst für sich das Foto und versucht, sich in die Person(en) hineinzudenken: Was siehst du im Gesicht und der Körperhaltung der Person(en)? Was sagt und was hört die Person? Was fühlt und denkt die Person?*
   › *Miteinander sprechen: Tauscht euch in eurer Gruppe über eure Gedanken aus. Hat jemand von euch schon einmal eine ähnliche Situation erlebt? Was kannst du als Beteiligter, Opfer oder Zuschauer in einer solchen Situation tun?*
   › *Sprechblasen schreiben: Schreibt in Sprechblasen, was die abgebildeten Personen denken und sagen könnten. Kopiert die Fotos und klebt die Sprechblasen zusammen mit dem Foto auf ein großes Stück Papier. Diskutiert die Ergebnisse der Gruppenarbeit in der Klasse.*

3.1 Konflikte gehören zum Leben

Wer Konflikten ausweicht oder sie vertuscht, vergibt die Chance, die Situation zu verbessern. Das kann zu einer unerträglichen Belastung im Zusammenleben mit anderen führen.

Konflikte im Überblick

Ein Konflikt entsteht dann, wenn unterschiedliche Ansichten, Handlungen, Interessen und Werte aufeinander prallen. Nicht jede Gegensätzlichkeit oder Meinungsverschiedenheit ist aber bereits ein Konflikt. Erst wenn sich solche Differenzen nicht auflösen lassen, sondern zu Unvereinbarkeiten im Denken, Fühlen und Handeln führen, liegt ein Konflikt vor.

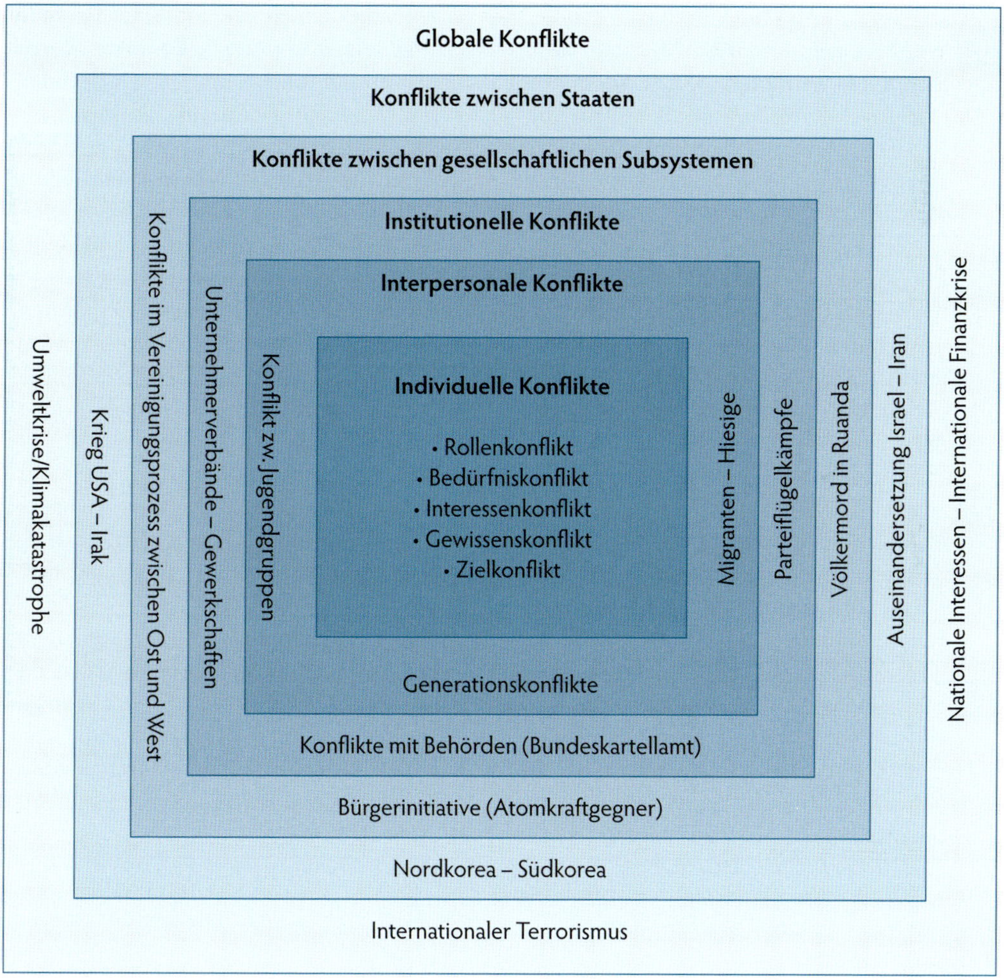

Globale Konflikte

Konflikte zwischen Staaten

Konflikte zwischen gesellschaftlichen Subsystemen

Institutionelle Konflikte

Interpersonale Konflikte

Individuelle Konflikte

- Rollenkonflikt
- Bedürfniskonflikt
- Interessenkonflikt
- Gewissenskonflikt
- Zielkonflikt

Umweltkrise/Klimakatastrophe

Krieg USA – Irak

Konflikte im Vereinigungsprozess zwischen Ost und West

Unternehmerverbände – Gewerkschaften

Konflikt zw. Jugendgruppen

Migranten – Hiesige

Parteiflügelkämpfe

Völkermord in Ruanda

Auseinandersetzung Israel – Iran

Nationale Interessen – Internationale Finanzkrise

Generationskonflikte

Konflikte mit Behörden (Bundeskartellamt)

Bürgerinitiative (Atomkraftgegner)

Nordkorea – Südkorea

Internationaler Terrorismus

1. *Stellt aus Zeitungen und Zeitschriften eine Materialsammlung zu den einzelnen Konfliktbereichen zusammen.*
2. *Wählt euch einen Konfliktbereich aus und erläutert in einem kurzen Statement anhand eines konkreten Beispiels, wer die Konfliktparteien sind und wie der Konflikt zum Ausdruck kommt.*

Konflikte oder sachliche Differenzen?

1. Jonas und Felix sind in Mathematik die Besten der Klasse. Sie lachen über andere, die so ihre Schwierigkeiten in Mathe haben. Viele in der Klasse ärgern sich darüber, sagen aber nichts.

2. Die Eltern des 14jährigen Paul verbieten ihm am Abend vor der Klassenarbeit den Fernsehkrimi zu sehen. Paul verlässt, laut die Tür knallend, das Wohnzimmer.

3. Wegen seiner „uncoolen Kleidung" wird Jannes oft gehänselt. Zum Wortführer macht sich Tim, der ihn als Versager bezeichnet. Während einige Schüler der Klasse die Attacken Tims unterstützen, wollen andere so etwas nicht weiter hinnehmen.

4. Mit Jessica will Anne nie wieder etwas zu tun haben. Während sie ihr gegenüber auf „Freundin machte", redete sie hinter ihrem Rücken schlecht über sie. Offenbar missfällt ihr die Anerkennung, die Anne bei anderen genießt.

5. Mit seinem Ausspruch „Religion ist nur etwas für Schwachsinnige" zielte Max direkt auf Hannes, von dem jeder in der Klasse weiß, dass er aus einer gläubigen Familie stammt.

6. Mehrere Schüler einer Klasse fühlen sich von einem Lehrer ungerecht behandelt. Die Auseinandersetzung eskaliert, als die betroffenen Schüler den Unterricht stören und die Mitarbeit verweigern.

7. In der Clique von Kai ist es zum Streit über die Anwendung von Gewalt gekommen. Während einige die Inanspruchnahme ihres angestammten Treffpunktes durch eine andere Clique mit Gewalt beenden wollen, setzen andere auf Gespräche.

8. In der 10b ist ein heftiger Streit entbrannt. Während einige Schüler es richtig finden, das islamische Kopftuch und andere äußere Zeichen von Religionen – wie in Frankreich – aus der Schule zu verbannen, pochen andere auf die Religionsfreiheit.

9. Philip ist sauer auf seine Schwester Julia. Ohne ihn zu fragen, hat sie sich an seinem Computer zu schaffen gemacht. Scheinbar sind einige Dateien unwiederbringlich verloren gegangen. Julia hat sie aber nur in einer anderen Datei abgelegt.

10. Lisa lebt seit der Trennung ihrer Eltern bei ihrer Mutter. Vor einem Jahr hat die Mutter einen neuen Mann kennen gelernt. Lisa lehnt sich dagegen auf, dass das, was ihnen früher in ihrer Familie wichtig und wertvoll war, heute nichts mehr zählen soll.

 A

1. *Unterscheide die angegebenen Beispiele danach, ob es sich um Konflikte handelt oder um sachliche Differenzen, die sich durch Information und Diskussion klären lassen.*

2. *Erstellt für euch eine Konfliktfeldanalyse nach folgendem Muster: Auf einem Extrablatt schreibst du den Begriff „Konflikt" in die Mitte. Nun trägst du mögliche Konfliktpartner (z. B. Trainer, Nachbar) zusammen, die du ringförmig um den Begriff „Konflikt" anordnest. Dann werden Gründe für Konflikte gefunden, die du in einem äußeren Ring anordnest. Zum Schluss kannst du die Begriffe mit Linien verbinden, so dass Verästelungen entstehen, mit denen Abhängigkeiten sichtbar gemacht werden.*

Gewissenskonflikte

Auch ein gut trainiertes Gewissen hilft einem nicht immer weiter. Manchmal scheint das Gewissen zwei Handlungen zu empfehlen, von denen wir aber nur eine wählen können. Oder wir sollen zwei Handlungen ablehnen, von denen wir aber eine wählen müssen. Dann steckt man in einem Gewissenskonflikt.

Drei Situationen

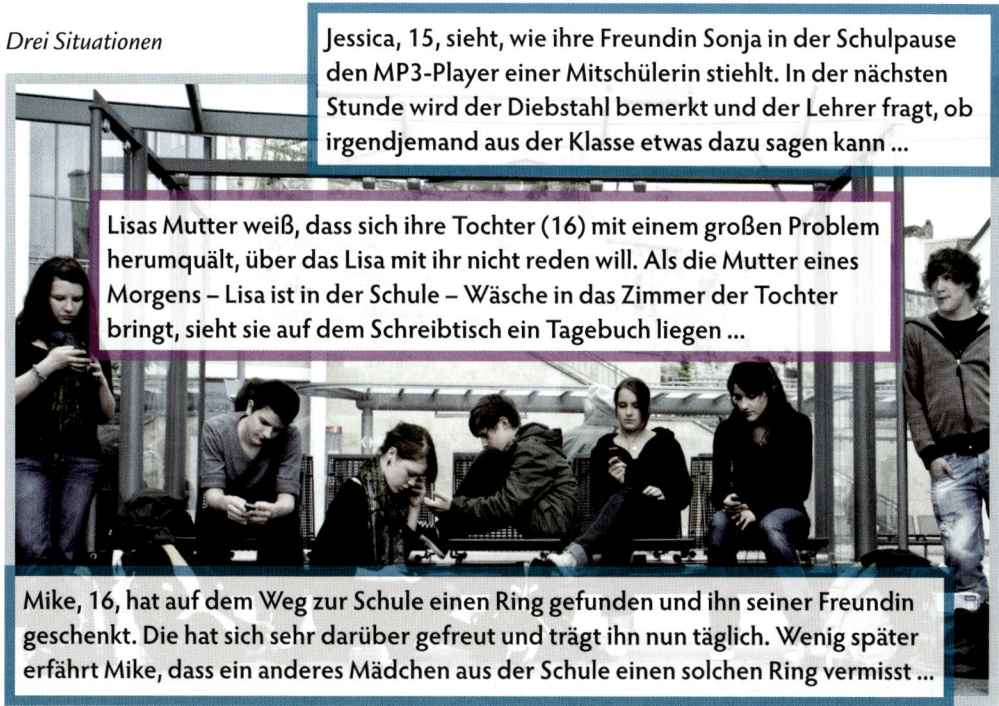

Jessica, 15, sieht, wie ihre Freundin Sonja in der Schulpause den MP3-Player einer Mitschülerin stiehlt. In der nächsten Stunde wird der Diebstahl bemerkt und der Lehrer fragt, ob irgendjemand aus der Klasse etwas dazu sagen kann ...

Lisas Mutter weiß, dass sich ihre Tochter (16) mit einem großen Problem herumquält, über das Lisa mit ihr nicht reden will. Als die Mutter eines Morgens – Lisa ist in der Schule – Wäsche in das Zimmer der Tochter bringt, sieht sie auf dem Schreibtisch ein Tagebuch liegen ...

Mike, 16, hat auf dem Weg zur Schule einen Ring gefunden und ihn seiner Freundin geschenkt. Die hat sich sehr darüber gefreut und trägt ihn nun täglich. Wenig später erfährt Mike, dass ein anderes Mädchen aus der Schule einen solchen Ring vermisst ...

(Dominik Fehrmann: Im Freiheit und Würde. In: Helge Eisenschmidt (Hg.): Gesichter des Lebens. Militzke, Leipzig 2011, S. 126)

1. *Was sollte Jessica tun, was Lisas Mutter und was Mike? Erzähle die Geschichten zu Ende und diskutiert eure* **A**
   Entscheidungen.
2. *Das Wort „Konflikt" stammt vom lateinischen „conflictus" = „Zusammenstoß, Kampf". Erläutere, was in den drei Situationen jeweils zusammenstößt oder miteinander kämpft.*

Spiele das Gewissensspiel: **Ü**
1. *Denkt euch Gewissenskonflikte aus und schreibt diese jeweils auf ein Kärtchen. Ihr braucht mindestens so viele Kärtchen, wie Schüler in der Klasse sind.*
2. *Setzt euch in eine Spielrunde und legt die Kärtchen verdeckt in die Mitte.*
3. *Eine(r) von euch deckt eine Karte auf, liest sich den Text durch und konfrontiert dann eine(n) Mitschüler(in) mit der Konfliktsituation.*
4. *Die ausgewählte Person teilt allen nach kurzer Überlegung mit, wie sie in der Situation handeln würde und warum.*
5. *Alle anderen beurteilen die Entscheidung und ihre Begründung, indem sie z.B. bei Unklarheiten nachfragen, zur Unterstützung vergleichbare Fälle schildern, auf übersehene Konsequenzen oder Widersprüche hinweisen. (Achtet darauf, dass es keine persönlichen Angriffe wie „Dir glaube ich sowieso kein Wort!" gibt.)*
6. *Wenn die Mehrheit der Gruppe die Entscheidung und ihre Begründung für gut hält, darf die befragte Person ein neues Kärtchen aufdecken. Sonst ist an der Reihe, wer Entscheidung und Begründung am besten kritisiert hat. (Alle sollten mal drankommen.)*

Konflikte verstehen lernen

Eisberge sind tückisch für die Schifffahrt. Nur einen Teil sieht man aus dem Wasser ragen, der größere Teil liegt unter der Wasseroberfläche verborgen – nicht oder nur schwer erkennbar. Ähnlich verhält es sich auch mit Konflikten. Auch sie lassen sich – oberflächlich betrachtet – nur mühsam erkennen.

Sabine und Stefan: Das Fest

Sabine und Stefan leben seit sieben Jahren zusammen. In einer Woche wollen sie das mit Freunden feiern. Beide überlegen, wie sie den Abend gestalten und was es zu essen geben könnte.

Stefan kennt es aus seiner Familie so, dass bei Festen reichlich aufgetischt wird. Das wünscht er sich auch heute noch. Sabine möchte wegen des Essens möglichst wenig Arbeit haben. Sie kommt gut mit kleinen Gerichten zurecht.

Die beiden können sich nicht einigen. Nach einer Weile kommt es zum Streit und Sabine brüllt ärgerlich: „Schon wieder so blöder Braten! Den kannst du alleine essen!" Worauf Stefan erwidert: „Was ist denn mit dir los! Regst dich hier auf! Jetzt bleib doch mal sachlich!"

Immer wenn wir uns ärgern, wütend sind usw. besteht die Gefahr, dass wir einen Fehler beim Gegenüber suchen. Wir verurteilen, machen Vorwürfe, konstatieren, dass er/sie etwas falsch gemacht hat oder Bestrafung verdient.

Sabine und Stefan sind in ihre privaten „Waffenkammern" gegangen und greifen jeweils heftig das Universum des anderen an. „Du machst mich wütend!" „Du bist schuld, wenn aus dem Fest nichts wird!" „Du missachtest mich!" – so klingt es wahrscheinlich.

Diese Gedankenmuster trennen sie von ihren Bedürfnissen. Sie analysieren und verurteilen den anderen, anstatt ihre Aufmerksamkeit auf das zu richten, was sie selbst brauchen und nicht bekommen. Ein Ausweg aus dieser schwierigen Situation könnte sein, dass Stefan und Sabine aufhören, die Verantwortung für ihren Ärger dem jeweils anderen zuzuschreiben.

(Friedemann Schulz von Thun: Gefühle? – Muss das denn sein? In: http://www.streitschule.de/htlm/gefuhle.htlm; Zugriff: 22.04.2008)

Maria und Paul: Der Blumenstrauß

A

1. *Erörtert die Hintergründe, die beide Paare dazu bewegt haben könnten, so zu reagieren.*
2. *Findet eigene Beispiele für Konflikte, die sich wie Eisberge schwer erkennen lassen.*

Das Eisbergmodell

Warum ein Konflikt ausbricht und dann vielleicht auch noch eskaliert, ist oft nicht sofort zu erkennen. Zumeist ist es so, dass wir vom Gegenüber nicht erkennen können, welche Bedürfnisse und Gefühle, Absichten und Motive ihn bewegen. Erkennbar ist nur das Sichtbare: Was und wie sagt er etwas? Welche Körperhaltung nimmt er ein? Der nicht sichtbare Teil kann zu Missverständnissen und Konflikten führen.

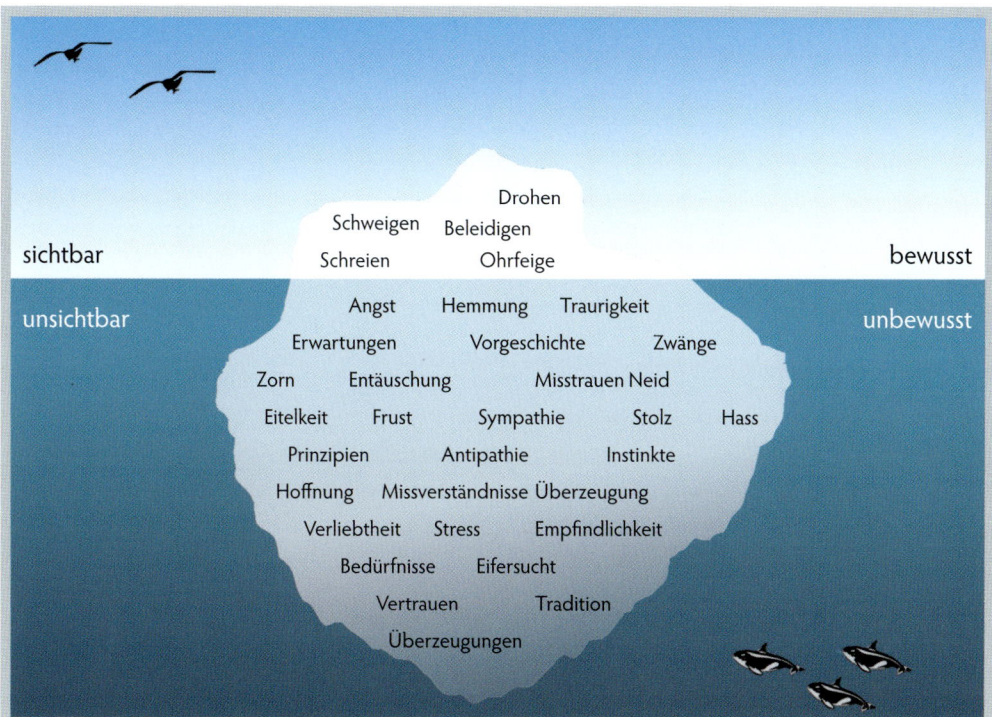

Zur Erläuterung:

Stichwort Gefühle: Die menschlichen Gefühle werden auf die vier Grundgefühle – Freude – Trauer – Wut – Angst zurückgeführt. Deren Varianten und Mischungen ergeben den Gefühlsreichtum.

Stichwort Bedürfnisse: Auch die Bedürfnisse lassen sich auf wenige Grundbedürfnisse zurückführen wie etwa – Grundbedürfnisse (Existenzsicherung) – Gemeinschaftsbedürfnisse (Zugehörigkeit, Anerkennung) – Kulturbedürfnisse – Selbstverwirklichungsbedürfnisse.

1. *Wähle dir entweder die Situation von Sabine und Stefan oder die von Maria und Paul aus und erkläre schriftlich anhand des Eisbergmodells den Konflikt zwischen den Partnern. Wichtig ist dabei, dass die Konfliktpartner ihre eigene Sicht darstellen, ohne sich gegenseitig Vorwürfe zu machen. Auch ihre Gefühle und Bedürfnisse sollen dabei zur Sprache kommen.* **A**

2. *Wie könnten die Konflikte zwischen den Partnern friedlich beigelegt werden? Schreibe entsprechende Vorschläge auf.*

3. *Erprobt im Rollenspiel Varianten der Konfliktbestimmung (siehe Aufgabe 1) und der Konfliktbewältigung (Aufgabe 2). Die männliche Rolle übernimmt eine Schülerin, die weibliche Rolle ein Schüler.* **Ü**

Konflikteskalation

Die Konflikteskalation nach Friedrich Glasl stellt ein Modell zur Verfügung, um unterschiedliche Konflikte zu analysieren: Scheidungen, Konflikte zwischen Kollegen oder Schülern, aber auch Konflikte zwischen Staaten. In der ersten Ebene können beide Konfliktparteien noch gewinnen (Win–Win). In der zweiten Ebene verliert eine Partei, während die andere gewinnt (Win–Lose) und in der dritten Ebene verlieren beide Parteien (Lose–Lose). (win = engl.: gewinnen/lose = engl.: verlieren)

Q

Stufe 1 – Verhärtung
Konflikte beginnen mit Spannungen. Das Aufeinanderprallen von Meinungen wird nicht als Beginn eines Konflikts wahrgenommen.

Stufe 2 – Debatte
Konfliktpartner überlegen sich Strategien, um den Anderen zu überzeugen. Man will den Anderen unter Druck setzen.

Stufe 3 – Taten statt Worte
Konfliktpartner erhöhen den Druck auf den jeweils Anderen. Es findet keine Kommunikation mehr statt.

1. Ebene (Win-Win)

Stufe 4 – Koalitionen
Der Konflikt verschärft sich dadurch, dass man Sympathisanten für seine Sache sucht. Es geht darum, den Konflikt zu gewinnen.

Stufe 5 – Gesichtsverlust
Der Gegner soll in seiner Identität vernichtet werden durch alle möglichen Unterstellungen. Der Vertrauensverlust ist vollständig.

Stufe 6 – Drohstrategien
Mit Drohungen versuchen die Konfliktparteien, die Situation absolut zu kontrollieren. Sie sollen die eigene Macht veranschaulichen.

2. Ebene (Win-Lose)

Stufe 7 – Begrenzte Vernichtung
Dem Gegner soll mit allen Tricks empfindlich geschadet werden. Ein begrenzter eigener Schaden wird als Gewinn angesehen.

Stufe 8 – Zersplitterung
Der Gegner soll mit Vernichtungsaktionen zerstört werden.

3. Ebene (Lose-Lose)

Stufe 9 – Gemeinsam in den Abgrund
Ab hier kalkuliert man die eigene Vernichtung mit ein, um den Gegner zu besiegen.

(Nach: http://de.wikipedia.org/wiki/konflikteskalation-nach-Friedrich_Glasl; Zugriff: 11.7.2011)

A

1. *Unterteilt die Klasse in drei Gruppen. Jeweils eine Gruppe beschäftigt sich mit einer Stufe. Charakterisiert diese Stufe genauer, indem ihr Beispiele dazu findet und aufschreibt. Diskutiert die Ergebnisse eurer Untersuchungen in der Klasse.*
2. *Problemdiskussion: Manche Konflikte kommen erst dann ins Bewusstsein, wenn sie sich zugespitzt haben. Dies ist besonders bei (gesellschaftlichen) Konflikten der Fall, bei denen eine Seite ihre Privilegien sichern will und die andere Seite für die Durchsetzung ihrer Rechte kämpft. Stellt Konflikt-Eskalationen aus Vergangenheit und Gegenwart zur Diskussion, bei der eine Konfliktpartei für die Durchsetzung ihrer Rechte kämpfte.*

Keiner will helfen

Die Lehrerin ist fassungslos und enttäuscht. Das hätte sie von ihrer Klasse nicht gedacht. Was ist geschehen? Zwei Schüler aus der 11. Klasse eines Wirtschaftsgymnasiums sind mit dem Motorrad verunglückt. Eike und Sahand haben sich glücklicherweise nur „glimpfliche" Verletzungen zugezogen. [...] Damit sie den Anschluss nicht verlieren, hat die Lehrerin vorgeschlagen, dass täglich ein Schüler oder eine Schülerin den beiden die Hausaufgaben ins naheliegende Krankenhaus bringt und sie über das Schulgeschehen informiert.

Die Lehrerin hat in der letzten Woche schon mehrfach angemerkt, dass sich im Unterricht das Fehlen der beiden Klassenbesten auswirke. Nun ist sie völlig überrascht, dass niemand aus der Klasse bereit ist, die beiden zu besuchen. Der größte Teil der Klasse schaut bei der Frage zu Boden. Winfried, Volker und Anna sagen offen, dass sie nicht bereit sind, diese Aufgabe zu übernehmen. Andere meinen, sie hätten keine Zeit. Was ist der Hintergrund für dieses Verhalten der Klasse?

Die 11. Klassen am Wirtschaftsgymnasium sind heterogen zusammengesetzt. Nur wenige kommen aus der gleichen Schule. Eike und Sahand kommen von dem örtlichen Elitegymnasium. Dort mussten sie nach der 10. Klasse aussteigen, weil sie zu schlechte Noten hatten. In der 11. Klasse aber sind sie die Klassenbesten, da sie vieles schon einmal im Unterricht hatten. Diesen Vorsprung spielen sie voll aus, rufen ständig dazwischen und lachen, wenn jemand eine falsche Antwort gibt. [...] Der größere Teil der Klasse hält sich zurück. Die Mitarbeit der meisten Schülerinnen und Schüler ist sehr stark zurückgegangen. Obwohl einige auch froh sind, dass die beiden die Lehrerinnen und Lehrer zufriedenstellen, haben sie doch zunehmend Angst wegen der Noten.

Nur Winfried und Volker, die auch relativ gut sind, protestieren häufiger gegen das Verhalten von Eike und Sahand, allerdings ohne größere Wirkung. Besonders scharf ist der Konflikt zwischen Sahand, der aus einer iranischen Familie kommt, und Anna, die aus einer spanischen Familie kommt. Anna ist recht gut in der Schule, aber sprachlich manchmal etwas unsicher. Jedesmal, wenn sie einen kleinen Fehler macht, lacht Sahand sie lauthals aus. Das hat dazu geführt, dass Anna sich immer weniger im Unterricht meldet. Sie spricht aber bei den anderen Mädchen schlecht über Sahand, was diesen wiederum empört.

[...] Bei der Klassenfahrt im September gab es harte Auseinandersetzungen zwischen Eike und Sahand und einem großen Teil der Mädchen. Im Oktober kam es zu einem Eklat, als Anna bei einem Schulfest ein Gedicht vortragen und Sahand sie anschließend nachgeäfft und sich über sie lustig gemacht hat. Im November haben Eike und Sahand ebenfalls durchgesetzt, dass in Mathematik der Stoff für eine Klassenarbeit, die schlecht ausgefallen war, nicht noch einmal behandelt wurde. Die zweite Arbeit fiel noch schlechter aus.

(Kurt Faller u.a.: Konflikte selber lösen. Verlag an der Ruhr, Mühlheim 1996, S. 55)

1. *Bildet vier Arbeitsgruppen, die sich in folgende Personengruppen hineinversetzen sollen:*
   ››› *1) Eike und Sahand* ››› *2) Winfried, Volker und Anna* ››› *3) Schweigende Mehrheit* ››› *4) Lehrer/innen.*
   Notiert euch in den Arbeitsgruppen Fakten und Hintergründe. Beurteilt, wie weit der Konflikt aus der Sicht der jeweiligen Konfliktpartei eskaliert ist. Bezieht euch dabei auf die Ebenen der Konflikteskalation. Diskutiert die Ergebnisse in der Klasse.
2. *Erörtert Möglichkeiten, wie „kritische Ereignisse", die den Konflikt eskalieren ließen, auch Ansatzpunkte sein könnten, um ihn bei konstruktiver Bearbeitung zu deeskalieren.*

3.2 Bausteine zur Konfliktbewältigung

Mit Konflikten kann auf verschiedene Art und Weise umgegangen werden. Gewaltsame Lösungen, der Einsatz von Macht („Ich bin hier der Boss, und was ich sage, wird gemacht!") und das Ausweichen aus einem Konflikt (z.B. Lüge als Konfliktlösung) sind ungeeignete Konfliktbewältigungen. Sie sind deshalb ungeeignet, weil die dem Konflikt zugrundeliegenden Probleme nur verdrängt werden, sie weiter fortbestehen und sich häufig sogar verschärfen. Für Konfliktlösungen sind immer ein *Aufeinanderzugehen*, *Gesprächsbereitschaft* und *Toleranz* erforderlich.

Schritte einer Konfliktbewältigung
Eine Lösung kann es nur geben, wenn ein Konflikt klar zum Ausdruck gebracht wird, die Konfliktparteien anerkennen, dass sie in den Konflikt verwickelt sind und eine Lösung wollen.

Schritte einer Konfliktbewältigung

Konfliktbestimmung
- Wodurch ergibt sich der Konflikt?
  (Abgrenzung gegenüber anderen Problemen)
- Wie stark ist der Konflikt ausgeprägt?
  (Konflikt klar aussprechen)
- Was kann ich selbst einbringen?
  (Zusammenarbeit anbieten)

Konfliktbearbeitung
- Welche Lösungen sehen die Konfliktpartner?
  (Lösungen nicht bewerten)
- Wie kann das Beziehungsklima zwischen den Konfliktpartnern entspannt werden?
  (Angst vor Versagen bei der Lösungssuche abbauen)

Konfliktlösung
- Wie sieht die beste Lösung aus?
  (Übereinstimmung und Unterschiede benennen)
- Zu welcher Kompromisslösung sind beide Seiten bereit?
  („Gesichtswahrung", Lösung nicht als endgültig ansehen)
- Wie wird die Konfliktlösung durchgesetzt?
  (Abmachungen vereinbaren, Handlungsgrenzen bestimmen)

 1. *Untersucht das 6., 8. und 10. Beispiel von S. 102 in Bezug auf die Schritte einer Konfliktbewältigung. Schlagt aus der Perspektive der Beteiligten Möglichkeiten der Konfliktbewältigung vor. Schreibt in Stichworten eure Lösungsvorschläge auf.*

 2. *Erprobt im Rollenspiel für das 6., 8. und 10. Beispiel von S. 102 Vorschläge für Konfliktbewältigungen. Die Situationen werden von unterschiedlichen Spielern jeweils dreimal gespielt. Welche Rollenspielpartner haben die beste Lösung gefunden?*

Wege zur Konfliktlösung suchen

Oftmals ist es ein längerer Lernprozess, um die richtige „Gangart" bei der Bewältigung von Konflikten herauszufinden. Manchmal sind es aber auch Zufälle oder in der Persönlichkeit des Einzelnen liegende Ursachen, die bestimmen, wie Konflikte ausgetragen werden.

Unkonventionelle Konfliktlösungen

Das sind Konfliktlösungen, die oft unglaublich erscheinen. Aber sie zeigen, dass mit Phantasie, Erfindungsreichtum und manchmal auch Mut Konflikte durchaus „anders" – jenseits ausgetretener Pfade – angegangen werden können.

Der „Konflikt – Dolmetscher"

Der amerikanische Kommunikationswissenschaftler Paul Watzlawick zeigt uns, wie Konflikte auch ungewöhnlich bewältigt werden können.

Der Kommandeur einer österreichischen Abteilung soll Repressalien (Strafmaßnahmen) gegen ein albanisches Dorf durchführen, wenn sich die Dorfbewohner weigern, gewissen österreichischen Forderungen nachzukommen. Nur spricht keiner der Soldaten Albanisch, die Dorfbewohner wiederum kennen keine Sprachen, die damals in Österreich gesprochen wurden. Schließlich findet sich doch noch ein Dolmetscher. Und der hat nichts Besseres zu tun, als kaum einen Satz wahrheitsgetreu zu übersetzen. Vielmehr erzählt er jeder der beiden Seiten nur das, was sie von der anderen Seite hören will. Der Kommandeur gewinnt den Eindruck, dass die Dorfbewohner durchaus bereit sind, ihre Fehler einzusehen. Und die Dorfbewohner glauben, dass der Offizier ihnen recht gibt. Schließlich finden sich beide Seiten so vernünftig und fair, dass der österreichische Offizier keinen Grund mehr für Repressalien sieht, während die Dorfbewohner ihn nicht gehen lassen, bis er gewisse Abschiedsgeschenke annimmt, von denen er wiederum glaubt, es handle sich um freiwillige Wiedergutmachungen.

(Leipziger Volkszeitung, 26.4.1991, S. 2)

1. *Betätige dich im Sinne von Watzlawick als Dolmetscher für ungewöhnliche Konfliktlösungen (Konflikt aus deinem Alltag oder Konstruktion). Vermittele zwischen den Konfliktparteien in der Weise, dass beide Seiten den Konflikt als bewältigt ansehen.*
   Wie könnte eine solche Konfliktlösung aussehen?
2. *Finde weitere ungewöhnliche Konfliktlösungen und erläutere diese anhand eines Beispiels.*

Konfliktlösungen ohne Niederlagen

Je nach Grundeinstellung gehen Personen ganz unterschiedlich an Konflikte heran. Bei der Gewinner-Verlierer-Einstellung geht es nicht in erster Linie um die Beilegung eines Streites, um eine Lösung, sondern es geht darum, den anderen zu besiegen, sich gegen ihn durchzusetzen. Dagegen werden bei der Gewinner-Gewinner-Einstellung Lösungen gesucht, die allen am Konflikt Beteiligten gerecht werden. Lösungen werden also nicht nur im Hinblick auf den eigenen Vorteil bewertet, sondern auch danach, welche Folgen sie für alle am Konflikt Beteiligten haben.

Gewinner – Verlierer-Einstellung	*Gewinner – Gewinner-Einstellung*
››› Ich will siegen	››› Ich will den Konflikt lösen
››› Ich will mich durchsetzen, …	››› Ich will mich einigen, …
››› … deshalb behalte ich mein Wissen und meine Ziele für mich	››› … deshalb erkläre ich meine Motive und die Gründe für mein Handeln
››› Die Konfliktlösung dient nur mir	››› Die Lösung ist für beide wichtig
››› Ich achte nur darauf, den Konflikt zu gewinnen	››› Ich achte darauf, dass wir auch später gut miteinander auskommen können
››› … deshalb ist mir jedes Mittel recht	››› … deshalb verhalte ich mich fair
››› Ich darf täuschen, tricksen, bluffen, lügen	››› Ich argumentiere, will überzeugen
››› Ob der andere mich als Feind sieht, ist mir gleichgültig – das passiert eben	››› Ich möchte, dass wir uns gegenseitig akzeptieren und vertrauen

(Nach: Wolfgang Kindler: Gegen Mobbing und Gewalt. Seelze-Velber 2002, S. 75 f.)

Wenn die Fetzen fliegen

„Übrigens, am Freitag ist ein Fest bei der Silvi, das dauert so bis zwölf, und da geh' ich auch hin!" Petra schaut kurz in die Abendtischrunde, streift mit einer raschen Handbewegung ein paar Haarsträhnen aus der Stirn und rückt, schon halb aufgestanden, ihren Stuhl zurück.

Die Mutter findet als erste die Sprache wieder: „Halt mal! So geht das ja nicht! Was soll das heißen?" Der Vater starrt schweigend auf seinen Teller, Daniel, der kleine Bruder, blickt verlegen grinsend abwechselnd auf Mutter und Schwester. Er weiß, was jetzt kommt, er kennt den Verlauf im Voraus, er hat das oft genug miterlebt.

„Was soll das heißen, dauert bis um zwölf, und da geh' ich hin! Ob du da hingehst und wie lang, das haben immer noch wir zu entscheiden!" In routiniert scharfem Ton, mit deutlich erhobener Stimme hat die Mutter die Sätze hervorgestoßen. Daniel schaut auf Petra. Sie ist an der Reihe. Gleich wird sie zurückschreien. Die 14-Jährige steht hinter dem Stuhl, hat die Hände um die

Lehne geklammert, ihre Mundwinkel zucken. „Ich hab's ja gewusst, ich hätt's mir denken können, dass ihr mich nicht lasst! Bei euch darf man ja überhaupt nichts! Ihr könnt immer bloß verbieten!"

Mit zwei Schritten ist sie bei der Tür, reißt sie auf und knallt sie hinter sich zu. Ein paar stampfende Tritte auf dem Flur, dann fällt noch eine Tür ins Schloss, die von Petras Zimmer. „Also, das ist doch ...!" Die Mutter will aufspringen, um der Tochter nachzulaufen, der Vater fasst sie, ein wenig hilflos, am Arm: Daniel murmelt in seinen Teller: „Lass sie doch, die blöde Kuh! Die führt sich doch immer so auf!" Mit einem wütenden Seufzer setzt sich die Mutter nieder. [...]

(Werner Müller: Wenn die Fetzen fliegen. In: Bayrisches Staatsministerium für Unterricht, Kultus, Wissenschaft und Kunst (Hg.): Schule aktuell, 4/1996, S. 2 f.)

Anregungen zur Konfliktbearbeitung:
Welche Kompromissmöglichkeiten könnten eine Lösung oder zumindest Minderung des Konflikts herbeiführen? Welche Kompromisse könnte die Tochter und welche die Eltern vorschlagen? Welche vorläufigen Regelungen sollten getroffen werden, um eine Entspannung des Verhältnisses zwischen den Eltern und der Tochter zu ermöglichen? Wie könnte eine langfristige Lösung aussehen? Wie kann das verhärtete Beziehungsklima zwischen den Eltern und der Tochter – unabhängig vom konkreten Konfliktgehalt – verbessert werden? Was kann die Tochter dafür tun? Was sollten die Eltern unternehmen?

1. *Analysiert und erklärt den Konflikt zwischen Petra und ihren Eltern anhand des Eisbergmodells (S. 105). Nutzt weiterhin das Modell der Konflikteskalation (S. 106) zur präzisen Konfliktbestimmung.*
2. *Orientiert euch zunächst an den Schritten einer Konfliktbewältigung (Konfliktbestimmung, Konfliktbearbeitung, Konfliktlösung). Wie sollten die Eltern und die Tochter vorgehen, damit es zu einer gelungenen Konfliktlösung im Sinne der „Gewinner–Gewinner–Einstellung" kommen kann?*

Gewinner-Gewinner-Lösung: Empathie gefragt

Ein wesentlicher Bestandteil der Gewinner-Gewinner-Lösung ist die Bereitschaft der am Konflikt Beteiligten, sich in die Gedanken und Gefühle der Konfliktpartner hinein zu versetzen.

Empathie bedeutet, in der Lage zu sein, sich in die Welt des anderen *einzufühlen* und diese Welt gleichsam mit dessen Augen zu sehen. Es bedeutet auch, sich selbst mit den Augen des anderen sehen zu können. Oder anders ausgedrückt: Empathisches Verhalten ist ein Verständnis *mit (!)* einem Menschen, nicht *von (!)* ihm.

(Susanne Ulrich: Achtung (+) Toleranz. Wege demokratischer Konfliktregelung. Bertelsmann Stiftung, Gütersloh 2000, S. 176)

Regelverstoß: Der 16jährige Lars probiert in seinem Zimmer gerade ein neues Computerspiel aus und hört dazu ein „bisschen" Musik. Er ist mit sich und der Welt zufrieden. Da wird die Tür aufgerissen. Seine Mutter ermahnt ihn, die Musik leiser zu stellen. Dann sieht sie sich um und reagiert ärgerlich: „So ein Saustall – das hast du bis heute Abend in Ordnung gebracht." „Dein übertriebener Reinheitsfimmel nervt, ich finde es so gemütlich. Und es ist ja schließlich mein Zimmer." Die Mutter darauf: „So lange du hier wohnst, hast du dich an unsere Regeln zu halten."

Graffiti-Malerei: Der Friede in der Stadt ist gestört. Ungehemmt besprühen Jugendliche immer wieder Hauswände, Container oder Eisenbahnwaggons mit Graffiti. Überall in der Stadt sind Graffiti mit der Bezeichnung *Meine Wand* als Markenzeichen zu sehen. Der Unmut der Bürger mehrt sich, die Verantwortlichen werden zum Handeln aufgefordert. Bis vor einem Jahr hatte die Stadt den Jugendlichen eine Wand für Graffiti-Malerei zur Verfügung gestellt. Wegen Vorfällen im Umfeld der Graffiti-Wand hob die Stadt diese Möglichkeit auf. Die Jugendlichen beharren aber auf ihrer Wand.

1. *Analysiere zunächst die Postionen der genannten Personen bzw. Personengruppen aus empathischer Sicht: Lars sieht sich aus der Sicht seiner Mutter – die Mutter sieht sich aus der Sicht von Lars usw. Was bedeutet es in diesem Zusammenhang, ein „Verständnis mit (!) einem Menschen, nicht von (!) ihm" zu erhalten?*
2. *Entwickle – unter Berücksichtigung empathischen Verhaltens – für die zwei Konflikte Lösungen, die sich am Gewinner-Gewinner-Modell orientieren.*

Keine Toleranz* der Intoleranz

In dem Kurzfilm „Der Schwarzfahrer" diskriminiert* eine alte Dame einen jungen Mann, indem sie ihn aufgrund der Zugehörigkeit zu einer bestimmten Ethnie* beleidigt. Nachfolgend eine Filmbeschreibung:

Der Schwarzfahrer

Eine Straßenbahn in Berlin. Ein junger Mann in schwarzer Hautfarbe fragt eine ältere Dame, ob er sich auf den freien Platz neben ihr setzen könne. Sie antwortet nicht, sondern schaut ihn zunächst entrüstet an, um ihn dann nicht mehr zu beachten. Der Farbige nimmt trotzdem Platz. Seine Nachbarin fängt daraufhin an, über Schwarze und Ausländer zu schimpfen. Sie steigert sich immer mehr in ihren Hass hinein, nennt alle gängigen Vorurteile und Klischees. Keiner der übrigen Passagiere scheint die Schimpftiraden zu hören oder reagiert darauf. Alle sehen gleichgültig aus. Nur ein kleiner Junge, der mit seiner Mutter gegenüber sitzt, lächelt den Beleidigten freundlich an. Einige türkische Jugendliche fallen der Frau ins Wort, als sie über Türken

schimpft, mischen sich aber sonst nicht ein.

Plötzlich eine Fahrkartenkontrolle. Der junge Mann beobachtet, wie seine Nachbarin eine Einzelfahrkarte aus der Tasche zieht. Als der Kontrolleur nicht hinsieht, reist er ihr die Fahrkarte aus der Hand, steckt sie in den Mund und schluckt sie blitzschnell herunter. Der kleine Junge ihm gegenüber lacht vergnügt. Die ältere Dame erklärt dem Kontrolleur entrüstet, dass „der Neger" gerade ihre Fahrkarte „gefressen" habe, woraufhin dieser kopfschüttelnd entgegnet: „So'ne blöde Ausrede hab' ich auch noch nicht gehört!" Die ältere Dame muss mit dem Kontrolleur aussteigen – sie erwartet eine Geldbuße. Happy End?

(Susanne Ulrich: Achtung (+) Toleranz. Wege demokratischer Konfliktregelung. Bertelsmann Stiftung, Gütersloh 2000, S. 100 f.)

1. *Wäre es in dieser Situation sinnvoll gewesen, einen Dialog mit der alten Dame zu führen? Wenn ja, wie könnte* *ein solcher Dialog aussehen? Wenn nein, was ließe sich tun, um ihr zumindest klarzumachen, dass man ihren Äußerungen nicht zustimmt.*
2. *Welche Wege für einen deeskalierenden und konstruktiven Umgang mit der Konfliktsituation bieten sich weiter an (z.B. Einbeziehung der anderen Fahrgäste)? Beachtet bei euren Überlegungen auch die Hinweise zur Deeskalation und Eskalation von Konflikten auf S. 119.*
3. *Was ist zu tun, wenn es sich bei den Tätern um eine Gruppe randalierender Jugendlicher handelt? An welche Grenzen stoßen in solchen Fällen die Hinweise zur Deeskalation?*
4. *Die letzten Worte der Filmbeschreibung lauten „Happy End?". Seht ihr das auch so? Was ist gemeint mit der Überschrift „Keine Toleranz der Intoleranz? Lest dazu auch im Lehrbuch auf S. 221 nach.*

5. *Rollenspiel: Die Situation in der Straßenbahn lässt sich auch in einem Rollenspiel nachspielen. Benötigte* Ü *Rollen: Alte Dame, junger Mann in schwarzer Hautfarbe, Kontrolleur, mehrere Fahrgäste – davon einige türkische Jugendliche. Der Rest der Klasse beobachtet das Geschehen und die Wirksamkeit der Dialoge.*

Konfliktlösung durch Mediation

Mediation ist ein Verfahren der Konfliktlösung, bei dem die Beteiligten selbst ihre Konflikte lösen. Im Kern geht es dabei um die Vermittlung in Streitfällen durch unparteiische Dritte. Ihre Aufgabe ist es, die am Konflikt Beteiligten bei der Suche nach Lösungen zu unterstützen. Die Mediatoren müssen von allen Konfliktparteien akzeptiert werden.

Die fünf Phasen einer Mediation

1. Einleitung
››› Freiwilligkeit der Teilnahme betonen
››› Neutralität des Mediators hervorheben
››› Regeln des Gesprächs erklären:
   a) ausreden lassen und zuhören
   b) keine Beleidigungen oder Beschimpfungen zulassen
   c) Alles, was gesagt wird, ist vertraulich

2. Sichtweisen der Konfliktparteien darstellen
››› Konfliktparteien tragen ihre Sichtweisen und Interessen nacheinander vor
››› Mögliche Verletzungen werden offen benannt
››› Zusammenfassung: Einverständnis über Konflikt – Sachverhalt herstellen

3. Konflikthintergründe und –motive bewusstmachen
››› Ereignisse benennen, die als „Vorleben" zur Konfliktentstehung beigetragen haben
››› Hintergründe und Handlungsmotive herausfinden, Gefühle aussprechen
››› Gemeinsame Interessen hervorheben, positive Elemente stärken

4. Suche nach Lösungen
››› Lösungswünsche der Parteien erfragen („Was wünschst du dir vom anderen?" Was möchtest du selbst zur Lösung beitragen"?).
››› Vorschläge der Parteien auf Karteikarten festhalten, vergleichen und besprechen
››› Auswahl der Vorschläge, mit denen beide Parteien einverstanden sind

5. Vereinbarungen treffen und schriftlich festhalten
››› Mit Hilfe der Lösungsvorschläge Vereinbarung formulieren
››› Vereinbarung in das Schlichtungsformular eintragen und von den Beteiligten unterschreiben lassen

Schlichtungsformular

Konfliktpartei A: Klasse:
Konfliktpartei B: Klasse:
Streitschlichter*:   Klasse:

* Schüler einer höheren Klassenstufe, der für Einhaltung von Schlichtungsregeln sorgt; Streitpartner hören sich zu, Beschimpfungen werden nicht zugelassen, Unterschiede in den Auffassungen werden klar benannt

Termin: Ort:

Sachverhalt klären (Warum ist es zum Streit gekommen? Warum hat man so reagiert?):

Lösungen suchen und Verständigung finden (Was bin ich bereit zu tun? Was erwarte ich vom anderen? Können beide Konfliktpartner mit den Lösungen leben?):

Vereinbarungen treffen (Vereinbarungen werden schriftlich festgehalten, wie z. B. Wiedergutmachung, Versöhnung und künftiges Verhalten):

Unterschrift A   Unterschrift B

A
1. Erkundigt euch, ob es an eurer Schule Mediatoren (Streitschlichter) gibt. Wenn ja, lasst euch von ihnen berichten, wie sie arbeiten und in welchem Umfang sie von Schülerinnern und Schülern angefragt werden.
2. Beschreibt und diskutiert, welche Konflikte sich für die Bearbeitung durch eine Mediation eignen. Welche Konflikte sind für eine Mediation ungeeignet?

Mediation zwischen Jugendlichen und Erwachsenen

Im Falle eines Konfliktes zwischen Lehrern und Schülern sollte die Mediation möglichst vom Schulsozialarbeiter oder von außenstehenden Personen durchgeführt werden. Das ist deshalb notwendig, weil die Autorität der Lehrperson sonst den Mediationsprozess beeinflussen könnte. Möglich ist auch eine Co-Mediation von Schüler und Lehrperson.

Der Fall: Ein Konflikt mit dem Klassenlehrer

Im Rahmen des Ethikunterrichts sollen die Schülerinnen und Schüler die Konflikte darstellen, die sie zuletzt erlebt haben. Es kommt auch zur Sprache, dass sie seit geraumer Zeit Probleme mit ihrem Klassenlehrer, Herrn Mutig haben. Etliche Mitglieder fühlen sich von ihm gegängelt und verhöhnt. Besonders nehmen sie ihm aber übel, dass er bestimmte Vorkommnisse mit den Eltern telefonisch bespricht, ohne sie zuvor mit den betreffenden Schülern zu klären. Es wird der Wunsch geäußert, die Ethiklehrerin solle doch einmal mit Herrn Mutig darüber sprechen; einzelne Schüler hätten dies schon mehrfach ohne Erfolg versucht. [...]
Die Ethiklehrerin bietet der Klasse an, vermittelnd tätig zu werden und informiert den Klassenleiter. Dieser ist grundsätzlich zu einer klärenden Aussprache bereit, verlangt aber, dass die Ethiklehrerin für eine akzeptable Atmosphäre sorgt, in der dann eine Verständigung möglich sei. Insbesondere sollen dabei beleidigende Äußerungen ausgeschlossen werden.

(Wolfgang Wildfeuer: Mediation in der Schule. In: Hinter den Kulissen der Mediation. Haupt, Bern/Stuttgart/Wien 2005, S. 346)

Mediation mit Gruppen

Bei Konflikten zwischen zwei Gruppen gibt es die Möglichkeit, jede Gruppe einen oder zwei Delegierte auswählen zu lassen. Diese sollten das Mandat ihrer Gruppe haben, den Konflikt zu klären. Bei Konflikten zwischen einer Gruppe und einer einzelnen Person empfiehlt es sich, mit dem „Meinungsführer" der Gruppe und der einzelnen Person eine Mediation durchzuführen. Eine einzelne Person kann sich auch durch eine Person des Vertrauens begleiten lassen.

Info für Mediatoren: Alle gegen einen

Herr Willems, der Klassenleiter der 9c, ist vor einigen Tagen zu euch gekommen und hat berichtet, dass er in seiner Klasse einen Jungen namens Jürgen hat, der von allen anderen gemobbt wird und dem es deshalb offensichtlich sehr schlecht geht. Deshalb will Herr Willems, dass ihr zu ihm in die Klassenleiterstunde kommt, um eine Mediation durchzuführen.
Ihr erklärt ihm, dass ihr das so nicht machen könnt. Ihr fragt nach, wer genau Jürgen so behandelt. Obwohl es ihm schwer fällt, benennt Herr Willems auf euer beharrliches Nachfragen hin eine Gruppe von drei Jungen, die er als „die Schlimmsten" bezeichnet. Herr Willems kann Jürgen und die drei Jungen bewegen, zu euch in die Mediation zu kommen.

(Nach: Almut Hoffmann u.a.: Alltagskonflikte durchspielen. Verlag an der Ruhr, Mühlheim 2001, S.16 u. 50)

1. *Bearbeitet beide Konflikte in Gruppenarbeit nach den Phasen der Mediation. Erstellt ein „Drehbuch", mit dem ihr gedanklich die Konflikte durch die Mediation löst.*

2. *Wählt euch in der Gruppe eine Phase der Mediation (Phase 2 bis 4) aus, die ihr im Rollenspiel der Klasse zur Diskussion stellt.*

Konflikte zwischen Einzelpersonen

Konflikte zwischen Mädchen oder zwischen Jungen oder zwischen Mädchen und Jungen sind so vielfältig wie das Leben selbst. Unter Vermittlung der Mediatoren suchen die Konfliktparteien nach Lösungen für ihren Konflikt.

Tino und Eric in Schwierigkeiten

Vor einem Jahr war die Welt noch in Ordnung. Tino und Eric waren die besten Freunde. Bis Julia in die Klasse kam. Das veränderte alles. Erst baggerte Tino Julia an, dann tat es ihm Eric nach. Irgendwann schien es so, als ob sich Julia für Tino entschieden habe. Mit ihrer Freundschaft ging es während dieser Zeit immer steiler bergab. Ein vorläufiger Tiefpunkt war erreicht, als Julia und Eric ein Paar wurden. Es verging fast kein Tag ohne irgendwelche Gehässigkeiten.

Mal ließ Tino absichtlich seine Tasche auf Erics Handy knallen, wofür sich Eric wiederum mit einem Stich in den Fahrradreifen von Tino revanchierte.

Weil sie beide zu den Meinungsführern in ihrer Klasse gehören, wirkt sich ihr gestörtes Verhältnis auch negativ auf das Klima der Klasse aus. Zu Beginn des neuen Schuljahrs dann ein weiterer Höhepunkt ihrer Feindseligkeiten. Eric verbreitet das Gerücht, Tino wäre schwul. Das hätte er von Julia erfahren. Tino behauptet indes von Eric, dass dieser Sportfreunde seiner Trainingsgruppe beklaut hätte. Dies habe ihm Eric vor einiger Zeit erzählt und als Geheimnis anvertraut. Durch seine Verleumdungen ihm gegenüber fühle er sich nun nicht mehr an das Schweigegelübde gebunden.

Nun warten alle in der Klasse ab, wie sich die Dinge weiter entwickeln werden. Was ist als nächstes zu erwarten? Oder gibt es einen Ausweg aus dem Dilemma?

A
1. Analysiere den Konflikt zwischen Tino und Eric nach den Ebenen der Konflikteskalation (siehe S. 106). Beziehe in deine Analyse auch die Erklärung von Konflikten nach dem Eisbergmodell (S. 105) mit ein. Schreibe auf, wie der Konflikt zwischen Tino und Eric weiter eskalieren könnte.
2. Angenommen, Tino und Eric empfinden den eskalierenden Konflikt als belastend. Sie sind bereit, sich einer Mediation anzuvertrauen. Versetze dich in die Rolle von Tino und Eric sowie des Mediators. Schreibe eine Szenenfolge auf, in der du als Mediator mit den beiden Kontrahenten nach einer Lösung suchst. Orientiere dich dabei an den Stufen der Mediation.
3. Diskutiert die Ergebnisse eurer Untersuchungen zur Konfkliteskalation und die Vorschläge, die in der Mediation zur Beilegung des Konflikts eingebracht worden sind.

Ü
4. Erprobt die Mediation im Rollenspiel. Die Situation und die handelnden Personen sind durch das obige Beispiel vorgegeben. Wichtig ist dabei, dass man sich durch empathisches Verhalten in die Person des anderen „hineinfühlen", „hineindenken" kann (Perspektivwechsel).

Kommunizieren in Konflikten

Der amerikanische Konfliktforscher Kelman hat den Begriff des „joint thinking" geprägt. Er möchte damit den Idealzustand einer Kommunikation zwischen Konfliktparteien beschreiben, welcher dann gegeben ist, wenn beide Parteien den Konflikt als ein „gemeinsames und gemeinsam zu lösendes" Problem begreifen. Erst wenn dieser qualitative Sprung im Kommunikationsprozess gelingt, ist es nach Kelman möglich, für beide Parteien akzeptable Lösungen zu finden.

Kommunikationsstrategien in Konflikten

Strategie:	Beispiele:	Merkmal:
negative Bewertungen, Rücknahme von positiven Bewertungen	„Du bist total rücksichtslos." „Du bist doch sonst so nett zu deiner Schwester."	Aussagen, die suggerieren, dass jemand nicht o.k. ist
Verallgemeinerungen	„Du kommst auch immer zu spät." „Nie hilfst du mir im Haushalt."	Verwendung von Wörtern wie *immer, nie, oft, meistens, häufig, selten*
Schuldgefühle wecken	„Ich bin traurig, wenn du dein Zimmer nicht aufräumst."	Die Handlungen anderer werden als Ursache für eigene Gefühle dargestellt
Leugnen von Wahlmöglichkeiten	„Es gibt nun mal Dinge, die man tun muss, egal ob sie einem gefallen oder nicht."	Formulierungen mit *müssen, sollen, nicht können, nicht dürfen, es gehört sich, es wird erwartet*
Fordern	„Du darfst nicht zu spät kommen." „Wenn du nicht sofort tust, was ich dir gesagt habe, dann ..."	Ankündigung von unangenehmen Folgen im Falle der Nicht-Kooperation
Bestrafen, Entzug von Belohnungen	„Da du mir vorhin nicht im Garten geholfen hast, kannst du dir heute Abend jemand anderen suchen, der dich zum Training fährt."	Umsetzen von unangenehmen Folgen, ggf. auch ohne dass dies vorher angekündigt worden ist

(Joachim Hiester: Konflikt als Kampf oder Einladung zur Kooperation. In: Ethik & Unterricht. H. 1/2010, S. 38)

1. *Verändert die Formulierungen so, dass von ihnen eine positive Wirkung ausgeht. Statt: „Nie hilfst du mir im Haushalt" könnten deine Eltern zum Beispiel sagen: „Ich wünsche mir Unterstützung. Bist du bereit, nach dem Essen die Spülmaschine einzuräumen?" Sprecht darüber, in welcher Weise sich durch veränderte Formulierungen die Kommunikationsstrategie ändert.*

2. *Jeder schreibt Vorwürfe auf, die er/sie einem anderen gemacht hat. Zum Beispiel: „Jetzt halt dich da mal raus. Du musst immer zu allem deinen Senf dazugeben." Im Rollenspiel wird darauf reagiert.*

Aktives Zuhören

Um Konflikte konstruktiv zu lösen, bedarf es des aktiven Zuhörens der Konfliktpartner, um das gegenseitige Verständnis zu fördern.

Die blöden Weiber hocken ständig zusammen und sind am Quatschen, allen voran Maria.

Sven, dieser Obermacho, ist doch zu kindisch, wenn er glaubt, ich würde ihm bei der nächsten Mathearbeit helfen.

 1. *Überlegt euch, wie die im Bild dargestellte Szene zum Konflikt zwischen Sven und Maria führen könnte. Erzählt die Geschichte weiter. Verteilt die beiden Rollen von Sven und Maria an zwei Personen in eurer Klasse.*
2. *Die anderen Klassenmitglieder fertigen stichpunktartig Gesprächsprotokolle an. Vergleicht eure Gesprächsprotokolle. Beurteilt, ob Sven und Maria durch aktives Zuhören den Konflikt entschärft haben oder ihn durch fehlendes Einfühlungsvermögen eskalieren ließen.*

 Damit euch dieses „Widerspiegeln" von Gefühlen und Inhalten leichter fällt, werden im Folgenden einige Formulierungshilfen gegeben. Bedenkt aber, dass ihr vor allem dann echt und authentisch wirkt, wenn ihr dabei Formulierungen verwendet, die euren Sprachgewohnheiten entsprechen. Damit ihr nicht immer die gleichen Redewendungen benutzen müsst, sind hier einige Anregungen aufgelistet: „Aus deiner Sicht ..." „Von deinem Standpunkt aus gesehen ..." „Es scheint dir ..." „Mit anderen Worten ..." „Du denkst, dass ..." „Du sagst, dass ..." „Ich höre heraus ..." „So, wie ich dich verstehe ..." „Du fühlst ..." „Wenn du daran denkst, bist du (glücklich, zufrieden, enttäuscht ...) ..."

(Nach: Wolfgang Wildfeuer: Kommunikation – Moderation – Mediation. In: Wochenschau Nr. 3–4/2008, S. 118)

Ich-Botschaften

Oft wird ein Streit verschärft, weil sich Streitende mit Vorwürfen überhäufen. Besser ist es, durch Ich-Botschaften dem Streitgegner konkret zu sagen, was einen ärgert. Dabei sind sogenannte Du-Aussagen und starre Botschaften in Konfliktsituationen weit verbreitet. Kennzeichen für eine Du-Botschaft ist nicht das „Du" am Anfang des Satzes, sondern die Bewertung und oft Abwertung einer (oder mehrerer) Person(en).

Beispiel: Statt „Dein blödes Gequassel geht mir auf die Nerven" sagt man besser: „Ich finde, dass du oft unsachlich bist." Oder: Statt den Streit mit der Bemerkung „Bist du blöd, so was von blöd" anzuheizen, ist es besser zu sagen: „Ich ärgere mich über dich, weil du mich nicht verstehen willst."

A 3. *Stellt in Gruppenarbeit die Ziele und Vorteile von Ich-Botschaften zusammen.*
4. *Sucht in Partnerarbeit alltägliche Formulierungen, von denen ihr annehmt, dass sie den Streit verschärfen. Formuliert die Aussagen dann so um, dass sie vom Streitgegner akzeptiert werden. Stellt eure Ergebnisse in kleinen Rollenspielen der Klasse vor.*

Abschwächung oder Verschärfung von Konflikten

Je nachdem, welche Mittel und Herangehensweisen die Konfliktpartner bevorzugen, kann es zur Deeskalation (stufenweise Abschwächung) oder zur Eskalation (stufenweise Verschärfung) eines Konflikts kommen.

Deeskalation

››› durch „Ich"-Aussagen dem anderen die eigene Befindlichkeit signalisieren

››› Sachlichkeit bewahren, den anderen nicht beleidigen, verletzen oder provozieren

››› Anerkennung der Bedürfnisse des anderen

››› beim Thema bleiben und nicht noch andere Probleme ansprechen

››› zuhören können, den anderen ausreden lassen

››› Suche nach einer Lösung, die beiden Seiten gerecht wird

››› Regeln einhalten, die miteinander vereinbart wurden

Eskalation

››› der aktuelle Streitfall wird ausgeweitet: „Du bist schon immer aggressiv gewesen."

››› unterschiedliche Standpunkte werden zur moralischen Frage von „Gut" und „Böse"

››› Angst vor Gesichtsverlust, vor physischen und psychischen Verletzungen tritt auf

››› eine differenzierte Wahrnehmung fehlt; Vorurteile und Misstrauen dominieren

››› alte Verletzungen und alte Streitpunkte werden wieder ausgegraben

››› der Konflikt wird unter dem Aspekt des eigenen Überlebens interpretiert

››› Einfühlen und Verstehen des Konfliktpartners spielen keine Rolle

(Nach: Verein für Friedenspädagogik Tübingen e.V. (Hg.): Konflikte XXL, Konstruktive Konfliktbewältigung als Gewaltprävention, Bonn 2002, CD-ROM)

1. *Sprecht über die Bezüge, die zwischen dem Modell der Konflikteskalation (S. 106) und den hier angeführten Aspekten der Eskalation bestehen.* `A`

2. *Wähle einen Konflikt aus, den du mit ausgewählten Mitteln der Deeskalation und Eskalation bearbeitest. Das kann ein Konflikt aus diesem Kapitel sein bzw. einer, den du selbst erlebt oder den du dir ausgedacht hast. Sucht euch aus der Klasse einen Konfliktpartner aus, mit dem du denselben Konflikt einmal abschwächend (deeskalierend) und das andere Mal verschärfend (eskalierend) vorspielst.* `Ü`

3.3 Halt – keine Gewalt!

Man spricht dann von Gewalt, wenn eine körperlich/sozial stärkere eine körperlich/sozial schwächere Person angreift, bedroht oder schädigt. Mit Gewalt geht zudem körperliche oder psychische Macht einher. Die Angriffe gegenüber anderen Personen können sich direkt in Form psychischer bzw. körperlicher Gewalt oder aber indirekt durch strukturelle Gewalt äußern. Bei der strukturellen Gewalt tritt niemand in Erscheinung, der einem anderen direkt Schaden zufügen könnte; die Gewalt ist über Regeln und Institutionen in das System eingebaut und äußert sich in der Minderung von Lebenschancen betroffener Menschen.

Strukturelle Gewalt
Ungerechtigkeit, Machtmissbrauch, Ungleichheit, Zwangslage, Übervorteilung, Armut, ...

Körperliche Gewalt
treten, töten, schlagen, wegstoßen, festhalten, berauben, ...

Der Typ von Gewalt, bei dem es einen Akteur gibt, ...

Psychische Gewalt
ausgrenzen, erniedrigen, abwerten, beleidigen, zurückweisen, erpressen, ...

 A

1. *Schreibe – unter Verwendung der angegebenen Wörter – jeweils ein Beispiel zu körperlicher, psychischer und struktureller Gewalt auf.*
2. *Vollende schriftlich die folgenden Satzanfänge:*
   › *Die Gewaltbereitschaft steigt, wenn ...*
   › *Gewalt ist für mich ...*
   › *Mädchen sind weniger gewalttätig als Jungen, weil ...*
   › *Wenn ich wütend bin, ...*

Gewalt hat viele Gesichter

Gewalt begegnet uns überall: in der Schule, in der Familie, im Sport, im Verkehr, in den Medien, in den internationalen Beziehungen. Sie kann unter anderem als politisch motivierte Gewalt, als alltägliche Gewalt, Jugendgewalt, sexuelle Gewalt und Gewalt gegen Sachen zum Ausdruck kommen.

 Ü

3. *Sammle aus Zeitungen und Zeitschriften Beispiele von Gewalt. Das können Fotos, Schlagzeilen, Statistiken, Situationsberichte und andere Materialien sein, die sich mit der Gewaltproblematik auseinandersetzen. Ordne die Materialien auf der Wandzeitung nach Gesichtspunkten von Gewalt, auf die ihr euch in der Klasse geeinigt habt.*

Gewalt ist überall

1. Ausgelacht: Deine Schulklasse scheint dich zu hassen. Egal, was du tust, sie machen sich über dich lustig. Niemand lädt dich zu einer Party ein. Auf dem Schulhof stehst du immer alleine rum.

2. Angepöbelt: Du stehst auf einer Party mit Freunden zusammen. Plötzlich kommt ein unbekannter Typ auf dich zu, baut sich vor dir auf und sagt: „Na, du Arschloch, was schaust du so blöd? Brauchst du Ärger?"

3. Ausgeschlossen: Du beobachtest, wie ein Mädchen/ein Junge aus deiner Klasse häufig schikaniert wird.

4. Angegriffen: Auf dem Schulhof wirst du von einem älteren Schüler mit einem Messer bedroht.

5. Angemacht: Du bist ein Mädchen und fährst nachts allein mit der U-Bahn heim. Dein Wagen scheint leer. Als du dich vor die Tür stellst, um auszusteigen, stellt sich plötzlich ein Mann hinter dich und fasst dir an den Po.

6. Angeschlagen: Du gehst in die Disco und wirst von drei Jungs angerempelt. Sie machen dich an, weil sie angeblich deine Baseballkappe nicht mögen. Sie umringen dich, und es scheint, dass sie dich verprügeln wollen.

7. Ausgenommen: Du sollst einer Clique in der Schule regelmäßig Geld zahlen. Wenn du nicht zahlst, hat die Clique dir Prügel angedroht.

8. Angetrunken: Auf der Straße siehst du, wie auf dem Bürgersteig gegenüber ein Mann eine Frau schlägt. Er macht einen betrunkenen Eindruck.

(Christine Koischwitz: Helden wie wir. In: Bundeszentrale für politische Bildung (Hg.): fluter. 8/2003, S. 18 f.)

1. *Fertige ein Gewaltthermometer an, indem du mehrere Blätter zusammen klebst und eine Skala von 0 Grad (keine Gewalt) bis 100 Grad (sehr starke Gewalt) einträgst.*
2. *Schreibe Situationen aus dem Alltag auf, die du als Gewalt empfindest. Nutze auch die Beispiele von Gewalt, die ihr an der Wandzeitung zusammengestellt habt. Ordne ebenso die oben beschriebenen Gewaltsituationen dem Gewaltthermometer zu.*
3. *Auf einem kleinen Kärtchen wird die Kurzform der Situation notiert. Mit Stecknadeln o.ä. werden die Kärtchen auf dem Gewaltthermometer befestigt. Je stärker eine Situation als Gewalt empfunden wird, desto näher gehört sie zum Siedepunkt (100 Grad). Je weniger eine Situation als gewalttätig empfunden wird, desto näher soll sie beim Nullpunkt liegen.*
Diskutiert in der Klasse die Zuordnungen.

Gewaltvideos auf Handys (Happy Slapping)

Als Happy Slapping (engl. etwa für „fröhliches Dreinschlagen") wird ein grundloser Angriff auf andere Menschen bezeichnet. Die Täter sind meist Jugendliche. Es ist eine neue Form der Gewalt Jugendlicher [...]. Üblicherweise wird der Angriff von einem weiteren Beteiligten der Tat mit einem Handy gefilmt. Die Aufnahmen werden anschließend im Internet veröffentlicht oder per Mobiltelefon verbreitet. [...]

(Krimpedia. http://www.kriminilogie. uni-hamburg.de/wiki/index.php/ Happy_slapping)

Keine Regeln, keine Grenzen

Ausgestattet mit ihren Handy-Kameras ziehen sie durch die Straßen auf der Suche nach immer neuen Motiven: Ein Angetrunkener, dem man mit einem schweren Tritt ins Gesicht die Nase zertrümmert, ein Straßenkampf, bei dem sechs Jugendliche einen am Boden Liegenden in sämtliche Körperteile treten, ein Mädchen, das vor laufender Kamera geschlagen und verbal erniedrigt wird [...].

Für die Jugendlichen ist das Handy ihre Waffe, um einen Gegner zu denunzieren und zu erpressen. Es gibt keine Mann-gegen-Mann-Kämpfe mehr, es gibt keine Regeln und demnach keine Hemmungen. Video-Aufnahmen werden an Freunde verschickt. Die Opfer werden bald von Hunderten von Jugendlichen erkannt – denn alle haben sie auf ihren Handys. Erniedrigt und gequält. Gesammelt wie eine Trophäe. Die Inszenierung realen Leidens von Menschen, zu denen oft ein persönlicher Bezug hergestellt werden kann. [...]

Das Drehbuch der Gewaltfilme ist meist einfach: Das „Opfer", wie Gegner, Feinde, Andersdenkende im Straßenslang heißen, wird in ein Gespräch verwickelt, nach banalen Dingen wie der Uhrzeit oder einer Zigarette gefragt. Kaum lässt es sich auf eine Diskussion ein, bekommt es einen Schlag ins Gesicht. Entzieht sich das Opfer dem Gespräch, wird es von hinten attackiert. So oder so, es gibt kein Entrinnen. [...]

(Güner Balci/Anna Reimann: Verprügelt, vergewaltigt und gefilmt. Spiegel Online, 13. Juni 2006. Auf: http://www.spiegel.de/politik/deutschland)

A

1. Wie beurteilst du das Verhalten Jugendlicher, andere Menschen zu misshandeln und dabei zu filmen?

2. Wie kann man sich erklären, dass andere Menschen bereit sind, sich solche Gewaltfilme anzusehen?

3. Erarbeitet in kleinen Gruppen Vorschläge, was getan werden könnte, damit derartige Dinge nicht passieren.

Entgrenzte Gewalt

Im Film „Böse Bilder" geht es nicht bloß um harmlose Raufereien, sondern um eine Gewalt, die immer weiter eskaliert. Entgrenzung meint in diesem Zusammenhang die Anwendung von Gewalt ohne Hemmungsinstinkt.

Böse Bilder

Der Außenseiter Jonas lebt alleine mit seiner Mutter und hat, bis auf seinen Klassenkameraden Lukas, nur wenige Freunde. In der Schule wird Jonas ausgegrenzt. Besonders gemein zu ihm ist Christian – ein stärkerer Mitschüler, der ihn zum Beispiel beim Handballspiel herabsetzt und gegen ihn handgreiflich wird. Nachdem sich Christian eine Sportverletzung zugezogen hat, nutzen Jonas und Lukas Christians Schwächen aus und setzen sich gegen ihn zur Wehr. Es beginnt damit, dass Lukas Christians Krücken wegschlägt und ihm zeigt, wer nun das Sagen hat. Und es geht so weit, dass ihm die beiden im Waschraum auflauern. Lukas schlägt Christian zusammen und befiehlt ihm, sich auszuziehen und selbst zu befriedigen. Jonas filmt das Geschehen mit dem Handy und hält so die Erniedrigung Christians fest. Dann versuchen sie, Christian mit der Drohung zu erpressen, das Video allen zu zeigen bzw. ins Internet zu stellen. Von nun an habe er alles zu tun, was von ihm verlangt werde. Er muss sich in demütigender Pose bei Jonas entschuldigen, der sich absichtlich eine Gesichtsverletzung beigebracht hat, wofür wiederum Christian verantwortlich sein soll. Er wird gezwungen, sich einer Lehrerin gegenüber zu bezichtigen, und zwar eines Verhaltens, das in Inhalt und Bedeutung aus der rechtsradikalen Szene stammt [...] Die Lehrerin geht trotz der Ungeheuerlichkeit des Vorgangs nicht weiter darauf ein, genauso wie der Sportlehrer nicht sehr tief dringt bei dem Versuch, die drei zur Rede zu stellen, als er von einer der Handgreiflichkeiten erfährt, sondern alle drei zusammen damit bestraft, die Sporthalle aufräumen zu müssen. Als Christian wieder gesund und von den Krücken befreit ist, schlägt er Lukas erbarmungslos zusammen, traktiert ihn unaufhörlich mit Fußtritten, bis Jonas auftaucht. Der aber greift nicht ein, sondern schaltet die Videofunktion seines Handys ein. Das Weitere bleibt offen.

Böse Bilder. Film. Laufzeit 30 Min, Buch und Regie: Stefan Schaller, Lingua Medien 2007

Nehmt die Filmbeschreibung zum Anlass, um über diese Form von Jugendgewalt zu reden. **A**
1. *Welche Absichten verfolgt der jeweilige Täter? Warum tut er das? Welche Gefühle und Erfahrungen liegen offensichtlich seinem Handeln zugrunde?*
2. *Wie ergibt sich eine Tat aus der anderen? Und wie kann es sein, dass man Täter und Opfer zugleich sein kann?*
3. *An welcher Stelle könnte der Gewaltmechanismus wodurch unterbrochen werden? Welches sind die Voraussetzungen dafür?*

(Nach: Richard Breun, Die Faszination entgrenzter Gewalt. In: Ethik & Unterricht H. 2/2009, S. 41 u. 44

Tatort Stadion: Inszenierung von Gewalt

Vor allem die sogenannten Hooligans inszenieren immer wieder „Indianerspiele", die den Boden karnevalistischer Schlägereien verlassen, zu blutigem Ernst werden und nicht selten in brutalen Gewalttätigkeiten enden.

Geil auf Gewalt

Q Es ist ein unheimlich spannendes Gefühl, wenn man in so einer riesigen Gruppe von 100 bis 120 Leuten mitläuft und man muss wirklich aufpassen, ob jetzt von links und rechts [...] feindliche Hooligans kommen. Das erinnert mich irgendwie immer so an diese Geländespiele, die man früher immer gemacht hat mit Jugendgruppen. Das ist wirklich so, wie wenn man Räuber und Gendarm spielt. Und was das Ganze manchmal noch spannender macht, ist, dass höchst überflüssigerweise die Polizei dann auch noch mitmischt, weil das macht die Sache dann interessanter, weil es schwieriger ist, weil man dann auf zwei Gegner achten muss und nicht nur auf einen.

Wenn du natürlich jetzt mit so 'nem Übermob antobst und dann eben alles niedermachst, also das schönste Gefühl ist das eigentlich. Dann fliegen vielleicht 'n paar Flaschen oder Steine. Und dann rennt der andere Mob und dann jagst du die anderen durch die Gegend. Also siebenter Himmel. Das würdest du mit keiner Frau schaffen und mit keiner Droge. Dieses Gefühl, das ist schön.

Der Reiz liegt in dem Moment, wenn du um die Ecke biegst und 40 Mann auf dich zu rennen. Das ist der Kick für den Augenblick. Das ist wie Bungee-Springen – nur ohne Seil.

(Günter A. Pilz: „Tatort Stadion" – Wandlungen der Zuschauergewalt. In: Der Bürger im Staat. H 1/2006, S. 46)

A 1. *Bildet zwei nach Geschlechtern getrennte Gruppen. Die Mädchengruppe verteidigt mit ihren Argumenten die Hooligans, während die Jungengruppe sich argumentativ gegen gewalttätige Hooligans wendet.*
   2. *Erarbeitet einen Maßnahme-Katalog, was gegen die Gewalt auf Sportplätzen getan werden kann.*

Selbstverletzendes Verhalten

Insbesondere Jugendliche weiblichen Geschlechts sind von selbstverletzendem Verhalten betroffen.

Meine Seele weint

Alles fing vor drei oder vier Jahren an. Alle machten mich nur noch fertig und lachten mich aus, weil ich hässlich war. Sie haben mir „Schlampe" und „hässliches Miststück" hinterher gerufen. Ich habe immer so gemacht, als würde es mir nichts ausmachen, aber zu Hause kam dann alles über mich. Ich habe stundenlang im Bett gelegen und habe geweint. Es ging Wochen so weiter, irgendwann konnte ich nicht mehr, war mit den Nerven am Ende. Ich habe oft vom Ritzen gelesen. Gelesen, dass es hilft, wenn es einem dreckig geht. Also habe ich es ausprobiert. Die ersten Male tat es höllisch weh, aber ich habe mich an den Schmerz gewöhnt. Und es half tatsächlich. Mir ging es besser. Also habe ich es immer und immer wieder gemacht. Irgendwann haben es ein paar aus meiner Klasse gesehen und darin einen neuen Grund zum Mobben gefunden. Es ging fast ein Jahr so weiter, bis ich in der Schule zusammenbrach. Alle machten sich Sorgen und waren auf einmal wieder nett zu mir. Ich ritzte mich nicht mehr so oft.

Inzwischen hatte ich eine neue Freundin gefunden. Wir hatten etwas, was uns verband. Wir hatten das gleiche Schicksal. Sie ritzte sich auch. Die Freundschaft zu ihr tat mir gut. In den zwei Jahren der Freundschaft ritzte ich mich nicht mehr regelmäßig, fast gar nicht mehr. Doch dann der schlimmste Tag in meinem Leben. Es war der 31. Oktober 2008. Miri hatte sich umgebracht,

sie hatte sich die Adern aufgeschnitten. Ihre Schwester erzählte mir, dass Miri von ihrem Stiefvater missbraucht und vergewaltigt wurde. Ich war am Boden zerstört. Bis heute weiß ich nicht, wieso sie mir das nie erzählt hat. Seit diesem Tag stecke ich richtig drin in der Sucht. Ich ritze mich nun täglich mehrere Male. Doch jetzt will ich aufhören. Ich habe ein Mädchen in meiner neuen Klasse, das sich auch ritzt. Wir haben nun zusammen beschlossen, dass wir in eine Klinik gehen werden. Und ich kann allen Ritzern raten, lasst euch helfen.

(anonym, weiblich, 15 Jahre, In: http:rotelinien.de/betroffene.leb161.html, Zugriff: 04.09.2010)

1. Informiert euch im Internet (z.B. unter: http://rotelinien.de/start.htlm) über selbstverletzendes Verhalten: In welchen Formen und mit welcher Häufigkeit tritt es auf? Gibt es allgemein feststellbare Ursachen, die zu diesem Verhalten führen? Wie sollen Angehörige und Freunde mit den Betroffenen umgehen? Welche Möglichkeiten der Therapie gibt es?
2. Beschreibt den Lebensweg des Mädchens aus der Geschichte „Meine Seele weint". Welche Zusammenhänge ergeben sich aus ihrer Biografie zum selbstverletzenden Verhalten?
3. Angenommen, das Mädchen aus der Geschichte wäre eure Mitschülerin. Gäbe es neben der Notwendigkeit, dass sie sich einer Therapie unterzieht, Möglichkeiten der Unterstützung durch euch. Diskutiert darüber.

Gewalt durch Mobbing

Mobbing ist Gewalt an einer Person innerhalb ihrer sozialen Bezugsgruppe (Schulklasse, Wohngruppe, Verein, Mannschaft usw.). Diese Gruppe quält und schädigt eine einzelne Person über einen längeren Zeitraum gezielt durch psychische und körperliche Gewalt, soziale Manipulation, Verleumdung, Ausschluss und Verbreitung von Gerüchten.

(Nach: Nicole Marjo Gerlach: Mit Mobbing umgehen. In: Heinz Ulrich Brinkmann u.a. (Hg.): Gewalt zum Thema machen. BpB, Köln 2008, S. 134)

Ich wurde komplett „rausgeschossen"!
Marko, heute Student, hat als Schwuler in einer westdeutschen Kleinstadt erlebt, was es heißt, in der Schule gedemütigt und ausgeschlossen zu werden.

Wie haben sich deine Mitschüler verhalten?

Sehr abweisend. Es kamen Sprüche wie: „Dumme Schwuchtel, verzieh dich!" [...] Schule war für mich dann nur noch: morgens hingehen und bis mittags durchziehen. Darüber hinaus lief nichts mehr. Ich war in keiner Klassengemeinschaft integriert, wurde zu keiner Party mehr eingeladen, wurde komplett „rausgeschossen". Das war in der 9., 10. Klasse. Vorher war ich wirklich gut integriert, in der 7., 8. Klasse sogar Klassensprecher. Das hörte auf einmal auf. Bei der Klassenfahrt in der 10. wollte niemand mit mir auf ein Zimmer gehen. [...] In der Schule habe ich es nie bestätigt, dass ich schwul bin. Trotzdem wurden die Anfeindungen immer ärger.

Zum Beispiel?
Da gibt es mehrere. Meine Mitschüler haben den Direktor gebeten, mich in einen anderen Kurs zu verlegen, weil sie mit mir keinen gemeinsamen Unterricht haben wollten. Oder mitten im Unterricht, ich saß vorne links und von hinten rechts aus der Ecke wurde gerufen: „Wie ist es eigentlich, mit einem Mann ins Bett zu gehen?" Da habe ich mein Buch genommen und es nach hinten geschmissen. Der Lehrer wollte mir wohl helfen und sagte: „Du hättest das Buch jetzt nicht werfen müssen. Du hättest doch nur einfach sagen können: ,Es ist schön!'"
Ein anderes einschneidendes Erlebnis war: Unser Jahrgangsleiter hatte das Mobbing mitbekommen, bat mich zum Gespräch und fragte, was los wäre, warum ich Außenseiter wäre. Ich habe ihm dann den Grund gesagt. Er guckte mich an und meinte, aus tiefster Überzeugung: „Ja, da bist du selbst schuld, das hat eine Schwuchtel nicht anders verdient."

(Imbke Behnken: Ich wurde komplett „rausgeschossen". Interview. In: Friedrich Verlag (Hg.): Schüler 2010 – Szenen, Gruppen, Peers. Seelze 2010, S. 40f.)

1. *Begründet, dass sowohl Marko als auch das Mädchen aus dem Text auf S. 125 Mobbing ausgesetzt sind. Nutzt zur Begründung auch die Definition.*
2. *Spielt Mobbing in eurer Klasse eine Rolle? Beantworte zu Hause zwei Fragen:*
   a) Bist du bereits Opfer von Mobbing geworden (Beispiele)?
   b) Hast du selbst andere Schüler gemobbt (Beispiele)?
   Die Antworten werden, damit sie anonym behandelt werden können, in Druckschrift oder mit dem Computer aufgeschrieben. Im Unterricht werden die Zettel eingesammelt und vom Lehrer vorgelesen. Anschließend führt ihr eine Diskussion über das Problemfeld „Mobbing in unserer Klasse."

Internet-Mobbing

Vom sogenannten Cyber-Mobbing ist gut ein Fünftel der Jugendlichen in Deutschland betroffen. Zur Zielscheibe der virtuellen Angriffe werden vor allem Mädchen aller Jahrgangsstufen sowie Jungen bis 14 Jahre. Das zeigt eine Studie der Universität Hohenheim. Das Spektrum des Mobbings reicht von persönlichen Angriffen in sozialen Netzwerken und dem Veröffentlichen verletzender Bilder bis hin zum Einstellen peinlicher Videos im Netz. Täter nehmen der Studie zufolge innerhalb der Klasse meist eine zentrale und strategische Position ein – sie scheinen gut integriert zu sein. Das typische Opfer stehe hingegen meist am Rande des Klassenverbandes und sei ein sozialer Außenseiter.

(Pressemitteilung der Uni-Hohenheim. IN: Gesund. Ein Magazin der LVZ, Nr. 12/2011, S. 14)

1. *Befasst euch zunächst nochmals mit den Texten „Keine Regeln, keine Grenzen" (S. 122) und „Böse Bilder" (S. 123). Berichtet von Erfahrungen, die ihr mit dem Cyper-Mobbing verbindet.* [A]
2. *Die Freizügigkeit von Online-Netzwerken hat ihren Preis: Wenn Jugendliche in der Schule gemobbt werden, gehen die Schmähattacken im Internet-Chat, per E-Mail und Online-Portalen weiter. Alles wird ins Netz gestellt. Welche Folgen können damit für den Einzelnen verbunden sein?*
3. *Angenommen, man könnte für Online-Netzwerke Regeln des Umgangs festlegen. Welche wären das aus eurer Sicht, wenn ihr speziell an Mobbingattacken denkt?*

facebook
weltweit 580 Mio. Mitglieder

myspace
weltweit 220 Mio. Mitglieder

schülerVZ studiVZ, meinVZ
über 17 Mio. Mitglieder

lokalisten.de
7,5 Mio. Mitglieder

(Nach: Jörg Blech u.a.: Nackt unter Freunden. In: Spiegel 10/2009, S. 120)

Wie kann ich mich wehren?

Schüler der Gutenbergschule in Riederich machten folgende Vorschläge:

››› Suche dir moralischen und menschlichen Beistand und Unterstützung bei Verbündeten in deiner Klasse, nötigenfalls auch in anderen Klassen.
››› Sprich Schüler in deiner Umgebung auf das Problem an.
››› Suche dir eine Selbsthilfegruppe.
››› Protokolliere jede Art von Übergriffen (Mobbingtagebuch).
››› Wenn möglich, sichere dir Aussagen von Zeugen.
››› Fordere deine Mitschüler, aber auch die beteiligten Lehrer, notfalls schriftlich auf, das unerwünschte Verhalten zu unterlassen.
››› Geht der Terror weiter, wende dich an die Schulleitung oder den Vertrauenslehrer.
››› Gegebenenfalls kann es auch hilfreich sein, mit den Eltern der mobbenden Schüler zu reden. Kommst du damit nicht klar, hol' dir professionelle Hilfe durch Psychologen oder eine Erziehungsberatungsstelle.

(Nach Verein für Friedenspädagogik (Hg.): Konstruktive Konfliktbearbeitung als Gewaltprävention. Tübingen 2002, o. Seitenang.)

4. *Diskutiert über die Vorschläge, die von Schülern der Gutenbergschule entwickelt worden sind.* [A]
5. *Stellt in der Klasse Regeln für eine Anti-Mobbing-Konvention eurer Schule auf. Diskutiert die Vorschläge mit Schülern anderer Klassen.*

Ursachen von Gewalt und Aggressionen

Gewaltsame Einstellungen und Haltungen haben verschiedene Ursachen. Sie sind zunächst in personenbezogenen Merkmalen der Täter zu suchen. Hinzu kommen soziale Bedingungen im nahen Umfeld wie schulische und familiäre Faktoren sowie Bindungen in jugendliche Lebenswelten. Schließlich gibt es noch gesellschaftliche und politische Einflüsse, die gewaltfördernd sind. Gewalt ist aber nur mehrdimensional zu erklären. Dies bedeutet, dass Aspekte in Individuum, Umfeld und Gesellschaft bei der Entstehung von Gewalt zusammenwirken.

Erklärungen für menschliche Aggressionen

In seiner ursprünglichen Bedeutung beinhaltete das lateinische Wort „aggredi" die friedlich-konstruktive Komponente eines „positiv" aggressiven Verhaltens, das beispielsweise dazu gehören kann, Konflikte offen anzusprechen und zu klären.

Im heutigen Verständnis werden Aggressionen in der Regel als Verhaltensweisen und Einstellungen bestimmt, die das Ziel verfolgen, bewusst Sachen und/oder Personen physisch oder psychisch zu schädigen. Dabei wird schädigen im Sinne von verletzen, zerstören, vernichten oder Schmerz zufügen verstanden und kann sich sowohl auf Personen als auch auf Gegenstände beziehen.

AGGRESSION

Positiv
im Sinne der friedlich-konstruktiven Komponente des Sich-Annäherns, Herangehens, des Entdecken und Erforschens

Negativ
im Sinne von zielgerichteten Verhaltensweisen, die im Kern darauf ausgerichtet sind, andere zu schädigen

Gewalt
wenn eine körperlich/sozial starke eine körperlich/sozial schwächere Person schädigt (Ungleichgewicht der Kräfte, Machtmissbrauch)

(Nach Herbert Scheithauer; Tobias Hayer; Franz Petermann: Bulling unter Schülern. Erscheinungsformen, Risikobedingungen und Interventionskonzepte. Göttingen 2003, S. 18 ff.)

1. *Überlege, wann du das letzte Mal aggressiv warst. Schreibe in Grundzügen die erlebte Situation auf. Welche Gefühle waren mit der erinnerten Situation verbunden? Wie hast du reagiert? Notiere diese Sachverhalte in Stichpunkten.*
2. *Sprecht in Kleingruppen (je drei bis vier Personen) über diese Aggressionen.*

Sind die Medien schuld?

Die Medien – eingeschlossen Computerspiele – können nicht für Gewalt verantwortlich gemacht werden. Richtig ist aber auch, dass durch den ständigen Konsum von Mediengewalt die Sensibilität gegenüber Gewalt abnimmt. Insbesondere nach Amokläufen von Schülern wird in der Öffentlichkeit regelmäßig diskutiert, welche Rolle Killerspiele (Ego-Shooter) als Auslöser oder Modell dafür spielen.

Killerspiele

Der Amerikaner Dave Grossmann, ein früherer Militärpsychologe, der Soldaten für den Kampf ausbildete, sagt, Spiele wie „Counter Strike" glichen jenen Videosimulatoren, welche die US-Armee einsetzt, um die Treffsicherheit zu erhöhen – und Hemmungen vor dem Töten abzubauen.

Experimente amerikanischer Forscher belegen den Abstumpfungseffekt: Probanden, die ein Ballerspiel gespielt hatten, reagieren danach mit deutlich weniger Mitgefühl auf Bilder realer Gewalt als Versuchsteilnehmer, die passiv einen brutalen Film geschaut oder eine brutale Geschichte gelesen hatten. [...]

(Der Spiegel, 12/2009, S. 44)

Der Amokläufer von Winnenden

Tim Kretschmar, 17, liebte Waffen und Computerspiele. Am 11. März 2009 stürzte er sich in eine Orgie der Gewalt, eine Serie von Exekutionen. An einer Realschule in Winnenden und in einem Industriegebiet in Wendlingen erschoss er insgesamt 15 Menschen. Anschließend starb er bei einem Schusswechsel mit Polizisten – offenbar durch Selbsttötung. Neun weitere Menschen wurden bei dem Verbrechen verletzt. Auf seinem Computer hatte Tim K. auch Schießspiele wie „Counter Strike" installiert.

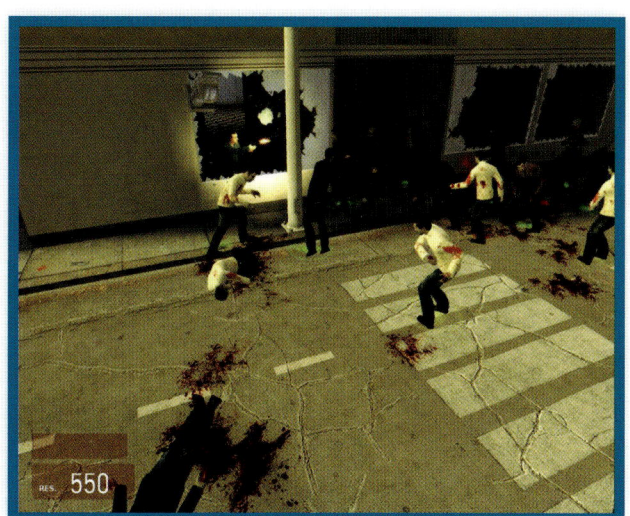

Counter Strike

Inhalt des Spiels ist ein stark taktisch geprägter Kampf zwischen zwei Gruppen, den Terroristen (T) und der Antiterroreinheit („Counter-Terroristen", CT), einer polizeilichen Sondereinheit. Jede der beiden Gruppen hat die Aufgabe, die jeweils andere Gruppe an der Erfüllung des ihr erteilten Auftrags zu hindern.

Durch Eliminierung (Beseitigung) der gegnerischen Spieler oder Erfüllung von Missionszielen erhält der einzelne Spieler Punkte sowie Geld. Die Missionsziele sind meist für CTs das Befreien von Geiseln oder für Ts das Legen einer Bombe. Für Abschüsse eigener Teammitglieder [...] oder Geiseln werden dem jeweiligen Spieler Geld und Punkte abgezogen. [...] Counter-Strike wird oft als „Killerspiel" bezeichnet, da man mit Waffen auf menschenähnliche Gestalten schießt.

(Counterstrike. In: http://de.wikipedia.org/wiki/Counter-Strike ; Zugriff: 2.3.2009)

Gewaltspiele ächten

 Herr Lukesch, wie bei anderen Amokläufern hat man bei Tim K. Horrorfilme und Gewaltspiele gefunden. Kann man da von Kausalität [Zusammenhang Ursache und Wirkung] sprechen?

Alle, die sich mit Medienwirkung beschäftigen, sagen nicht: Jemand spielt ein Spiel und wird hinterher zum Mörder. Wir sagen: Durch Computerspiele werden gewisse Einstellungen und Bereitschaften geweckt, die sich dann in einer bestimmten Situation auswirken können. Eine Tat ist immer multikausal und nicht eindimensional [einseitig] bedingt.

Spielt die Verfügbarkeit von Waffen eine entscheidende Rolle für die Motivation eines Amokläufers?

[...] Zur Verfügbarkeit von Waffen muss auch Kompetenz hinzukommen. Der Amokläufer konnte anscheinend gut schießen. Auch die Motivation muss da sein. Die kann aus unterschiedlichsten Quellen genährt werden. Da bieten Spielindustrie und Medienwelt vieles an: Beispiel: Terroristen. Da denken viele: Wenn man die umbringt, macht das nichts.

(Marco Dettweiler: Interview mit Helmut Lukesch, Professor für pädagogische Psychologie und Medienpsychologie. In: FAZ, 13.3.2009. S. 2)

Kontrovers diskutiert

 Computerspiele haben keinen guten Ruf in der Öffentlichkeit – [einige] Wissenschaftler [...] unterstellen ihnen eine Veränderung der Wahrnehmung und eine Motivation zur Gewalt. Andere Studien [...] zeigen jedoch, dass nur ein kleiner Teil der Jugendlichen die Flucht aus der Realität anstrebt. Vielmehr trainieren die meisten eine Art „Selbstbildung": „Wie man lebt, was man denkt, wie man sich in bestimmten Situationen verhält – das alles lernen sie selbständig voneinander, spielerisch, beiläufig, ohne die Hierarchie der Schule."

(Petra Thorbrietz: Jugend im Netz: besser als ihr Ruf. In: Menschen. Das Magazin H. 1/2009, S. 79)

„Es ist doch nur ein Spiel!"

 Peter Vorderer (Medienforscher an der Universität Amsterdam) zweifelt an der offiziellen Einschätzung von Gewaltspielen, wie sie etwa die zuständigen Jugendschützer der „Unterhaltungssoftware Selbstkontrolle" (USK) vertreten: Entscheidend sei, heißt es dort, dass der Einzelne Spiel und Wirklichkeit auseinanderhalten kann. Nach dieser Logik gibt die USK sogar Spiele frei, solange jene „immer deutlich als Spiel erkennbar" bleiben. Verteidiger dieser Definition [...] treiben den Gedanken auf die Spitze: „Das Niederschießen einer anderen Spielfigur bedeutet nur das Vorankommen im Spiel – nicht Tötung, Schmerz und Leid."

(Jochen Paulus: Es ist doch nur ein Spiel. In: GEO WISSEN, Nr. 41, 2008, S. 69)

A *1. Kritiker von Gewaltspielen sehen die Gefahr, dass durch solche Spiele die Grenzen zwischen Spiel und Wirklichkeit verschwimmen. Befürworter dieser Spiele sehen das anders. Wie seht ihr das? Bezieht in eure Überlegungen auch die Tat von Winnenden mit ein.*

1. *Erfasst in Gruppenarbeit über einen festgelegten Zeitraum (Vorschlag: eine Woche) Gewaltdarstellungen im Fernsehen. Wählt Fernsehsender aus, die ihr untersuchen möchtet. In welchen Sendeformaten kommt Gewalt vor (Horror- und Actionfilme, Dokumentationen und Informationssendungen, Kriminalfilme, Serien, Talkshows, Sportsendungen u.a.).*
2. *Ordnet die Gewaltdarstellungen nach ihrer Form der körperlichen, psychischen und strukturellen Gewalt zu.*
3. *Diskutiert die Ergebnisse. Versucht die Grenzen zu bestimmen, die Fernsehmacher einhalten sollten, wenn es um die Darstellung von Gewalt im Fernsehen geht.*
4. *Der österreichische Philosoph Karl Popper schlägt vor, für Fernsehproduzenten eine „Lizenz zum Fernsehmachen" einzuführen. Medienproduzenten sollten einen Ethikkurs besuchen, um ihnen bewusst zu machen, dass nicht alles, was die Einschaltquoten erhöht, produziert werden sollte. Entwickelt Vorschläge, welche Inhalte ein solcher Ethikkurs haben könnte.*

Aus der Erklärung eines Computerspieleherstellers

Die Tatsache, dass entsprechend eingestufte Spiele mit Gewaltszenen in die Hände von Kindern gelangen, kann nicht uns angelastet werden. Eltern haben die Aufsichtspflicht über ihre Kinder wahrzunehmen. Die Bezeichnung „Killerspiele" ist zudem wenig hilfreich. Alle interaktiven Spiele haben ihre Wurzeln in Spieleklassikern wie „Räuber und Gendarm" und Schach ist der Vater aller Strategiespiele.

(Nach ZUXXEZ Entertainment AG. Offener Brief an die Innenministerkonferenz vom 10.3.2006)

Theorien zum Thema „Gewaltbereitschaft und Computerspiele"

Die Vertreter der **Eingewöhnungstheorie** vertreten die Auffassung, dass mediale Gewalt abstumpfend wirkt und den Menschen an Gewalt so gewöhnt, dass die sozialen Hemmungen, sie einzusetzen, vermindert werden. Mediale Gewalt fördere demnach reale Gewalt.	Die Vertreter der **Hemmungstheorie** vertreten die Auffassung, dass gewalthaltige Bilder eine eher hemmende, beängstigende Wirkung haben und den potenziellen Täter von einer real gewalttätigen Handlung abhalten.	Die Vertreter der **Reinigungstheorie** gehen davon aus, dass der Mensch seine inneren Spannungen löst, in dem er sich abreagiert. Dadurch würde reale Gewalt verhindert werden.

(Frank Becker: Wahrheit, Wirklichkeit, Medien. In: Arnold K. D. Lorenzen (Hg.): Menschen in ihrer Welt. Militzke, Leipzig 2010, S. 173)

5. *Bildet drei Arbeitsgruppen. Jede Arbeitsgruppe befasst sich genauer mit einer Theorie zur „Gewaltbereitschaft und Computerspielen". Sucht nach Argumenten und Beispielen, die die von euch untersuchte Theorie*
   a) *unterstützen oder*
   b) *ablehnen.*
6. *Diskutiert eure Auffassungen im Klassenverband. Jede Gruppe trägt zur Diskussionseinführung ein Statement* vor.*

Was tun gegen Gewalt?

Jeder Mensch nimmt Gewalt anders wahr, jeder hat seine individuelle Grenze, wo für ihn Gewalt zum Problem wird. Es gibt kein Allheilmittel, keine kompakte und einheitliche Strategie, wie der Gewalt wirkungsvoll und möglichst nachhaltig begegnet werden kann. Immer aber geht es um die Verantwortung des Einzelnen, wie er Gewalt begegnet und zur Deeskalation von Gewaltsituationen beiträgt.

Zivilcourage zeigen

1. sich für andere einsetzen, auch wenn es einfacher wäre wegzusehen und wegzulaufen

2. bereit sein, auch Nachteile in Kauf zu nehmen

3. sich nicht einschüchtern lassen

4. jemanden, der oder die in Not ist, helfen

5. eine Meinung sagen, auch wenn fast alle in der Gruppe anders denken

6. dem anderen zeigen, dass man stärker ist

7. Hilfe holen, Anzeige erstatten, Täter beschreiben

8. nur auf die eigene Körperkraft vertrauen

9. handeln statt nachdenken

(Wolfgang Redwanz: Schritte gegen Gewalt. In: BpB (Hg.): Informationen zur politischen Bildung 269, Bonn 2000, S. 7)

1. *Drei der Aussagen von 1 bis 9 kann man als falsch bezeichnen. Welche sind das? Welche drei Aussagen hältst du für besonders wichtig?*
2. *Begründe, warum Mut, als eine Kardinaltugend, nur im Verbund mit den anderen Kardinaltugenden (Klugheit, z.B. in der Situationserfassung und -beurteilung, Gerechtigkeit und Maß) zur Anwendung kommen kann.*
3. *Erarbeite eine möglichst knappe Begriffsbestimmung von Zivilcourage. Nutze hierfür die Hinweise zur Begriffsanalyse auf S. 53. Vergleiche deine Begriffsbestimmung mit bereits vorliegenden zur Zivilcourage.*
4. *Informiert euch unter www.aktion-tu-was.de oder über anderes Info-Material, welche wichtigen Regeln die Polizei zur Zivilcourage aufgestellt hat.*

Im Supermarkt

Pia erzählte ein Erlebnis: „Ich betrat ein Lebensmittelgeschäft unseres Stadtviertels; dort kaufe ich öfter ein und bin [...] bekannt. Einige Frauen standen vor mir. Deutlich als Ausländerin erkennbar, wartete abseits stehend eine türkische Frau, dahinter stand ein ausländischer Arbeiter [...]. Da begann eine der Frauen laut über Ausländer zu schimpfen: Was für ein Pack das wäre, wie dreckig diese Kanaken seien, wie viele Verbrechen sie beginge, dass sie uns Arbeitsplätze und Wohnungen wegnähmen. Sie erntete schweigende, und zum Teil lautstarke Zustimmung, es erfolgte kein Widerspruch. Die beiden Ausländer sagten nichts. – Ich war empört über die Beleidigungen, zumal ich gerade eine Reihe guter Erfahrungen mit ausländischen Menschen gemacht hatte. Innerlich war ich wütend und entsetzt. Aber ich traute mir nichts zu sagen, obwohl ich so gern etwas entgegnet hätte. Vor lauter Angst brachte ich kein Wort heraus. Jetzt schäme ich mich wegen meines Verhaltens."

(Kurt Singer: Zivilcourage wagen. Wie man lernt, sich einzumischen. Piper, München 1992, S. 32)

1. *Diskutiert in Kleingruppen, wie es euch in vergleichbaren Situationen gehen könnte? Was hindert euch daran, eure Meinung stets offen zu sagen?*

Die eigene Meinung zu vertreten, wenn man sich ohne Beistand weiß, kann schwerfallen. Noch schwerer ist es, sich einzumischen, wenn Gewalttätigkeiten gegen andere ausgeübt werden. Welche Regeln sollte man in diesem Falle beachten:

Punkte für Zivilcourage

>>> **Überwinde deine Angst!**
Reagiere immer und sofort, warte nicht, dass ein anderer zuerst hilft!

>>> **Hole Hilfe!**
Alarmiere im Bus z.B. den Fahrer. Rufe mit deinem Handy die Polizei!

>>> **Suche Solidarität!**
Sprich andere Zuschauer an und beziehe sie ein: „Sie in der gelben Jacke ..."

>>> **Verunsichere den Täter!**
Schreie laut und schrill. Das geht auch, wenn die Stimme versagt!

>>> **Halte zum Opfer Kontakt!**
Nimm Blickkontakt zum Opfer auf und sprich es an: „Ich helfe Ihnen!"

>>> **Wende keine Gewalt an!**
Benutze keine Waffen, fasse den Täter nicht an, er kann aggressiv werden, bleibe ruhig!

>>> **Provoziere nicht!**
Duze den Täter nicht, kritisiere sein Verhalten, aber werte ihn persönlich nicht ab.

>>> **Informiere die Polizei!**
Merke dir Gesichter, Kleidung und Fluchtweg der Täter und erstatte Anzeige.

2. *Überlegt euch in der Gruppe Situationen, in denen Gewalt geschieht und wie dieser Gewalt im Sinne von Zivilcourage begegnet werden kann. Stellt die Ergebnisse der Gruppenarbeit in der Klasse zur Diskussion.*

3. *Stellt in eurer Klasse eine Situation nach, in der ein Mitschüler von zwei anderen angegriffen und misshandelt worden ist. Leistet Hilfe, indem ihr die Regeln der Zivilcourage berücksichtigt. Diskutiert über die Anwendungsmöglichkeiten dieser Regeln.*

Täter-Opfer-Ausgleich

Strafe ist eine Möglichkeit, auf Gewalt zu reagieren. Beim Täter-Opfer-Ausgleich geschieht etwas anderes: Schadenswiedergutmachung hat Vorrang vor Strafe. Bei einem Täter-Opfer-Ausgleich sollen vor allem die Belange des Opfers berücksichtigt werden – der Täter soll sich bemühen, den angerichteten Schaden wieder gut zu machen, dem Opfer soll die Angst vor weiterer Gewalt genommen werden.

Zusammengeschlagen

Q Markus hatte Tobias vor einem Cafè in Cochem an der Mosel krankenhausreif geschlagen, weil er glaubte, von ihm ausgelacht zu werden. Tobias erstattete Anzeige wegen Körperverletzung. Das Verfahren hätte den üblichen Verlauf durch die Instanzen genommen, wäre nicht der Jugendstaatsanwalt auf die Idee des Ausgleichs gekommen. So landete die Akte auf dem Schreibtisch des Jugendgerichtshelfers Thomas Maurer. Er bat Markus ins Jugendamt. Der fühlte sich immer noch unschuldig. Dennoch stimmte er einem Treffen mit Tobias zu. Es kam zu einem klärenden Gespräch zwischen Täter und Opfer. Vor dem Jugendgerichtshelfer schilderte jeder den Fall aus seiner Sicht. [...] Tobias berichtete von seinen Verletzungen und Schmerzen. „Das tut mir dann doch leid", gab

Markus kleinlaut zu. Schließlich unterschrieben beide einen Vertrag: Markus zahlt 100 Euro Schmerzensgeld an Tobias, dafür zieht der seine Anzeige zurück. Da Markus „blank" war, wurde das Geld aus dem eigens für den Täter-Opfer-Ausgleich eingerichteten Opferfonds an Tobias bezahlt. Dafür absolvierte Markus beim Sozialdienst der Caritas 20 Arbeitsstunden.

(Nach Wochenschau Nr. 5/2005, S. 184)

A 1. Untersucht das Fallbeispiel: Was ist gemeint mit der Formulierung „üblichen Verlauf durch die Instanzen"? Wie sieht der Täter-Opfer-Ausgleich konkret aus? Ist der Ausgleich eurer Meinung nach der Tat angemessen?

2. Was würde passieren, wenn sich Markus und Tobias nicht einigen könnten? Wie würde nach eurer Auffassung ein Gerichtsverfahren ausgehen?

3. Das Projekt „Handschlag" ist ein konkreter „Täter-Opfer-Ausgleich". Informiert euch im Internet unter http://www.projekt-handschlag.de über das zentrale Anliegen und die Grundsätze dieses Projektes.

Ü 4. Im Internet finden sich weitere Webseiten, die über den „Täter-Opfer-Ausgleich" informieren. Fasst in einem Kurzvortrag zusammen, wie durch den „Täter-Opfer-Ausgleich" Wege aus der Gewalt aufgezeigt werden.

Das Schülergericht

Schülergerichte verhandeln zum Beispiel „jugendtypische Gewalttaten" wie Körperverletzung durch Prügeleien, mutwillige Sachbeschädigung, Bedrohung.

Voraussetzung für ein Schülergericht ist immer, dass der jugendliche Täter die Tat gestanden hat. Außerdem muss er mit einer Verhandlung vor dem Schülergericht einverstanden sein. Die Schülerrichter sollen den Fall nicht aufklären, sondern nur über eine angemessene Strafe beraten. So kann es neben gemeinnütziger Arbeit am Ende des Gesprächs auch als Auflage den befristeten Verzicht auf das Handy oder einen Entschuldigungsbrief geben, genau so wie eine andere Wiedergutmachungsleistung, die im Zusammenhang mit der Tat steht, quasi als Anlehnung an den *Täter-Opfer-Ausgleich*.

Fälle vor dem Schülergericht

Anne sagte immer wieder „Gurke". Das soll eine Beleidigung gewesen sein? Ihr gegenüber sitzt ein Junge, Andreas. Anne ist eine sogenannte Schülerrichterin und Andreas der Angeklagte. Andreas ist ausgetickt, als er das Wort „Gurke" hörte. Ein Mitschüler hat zu ihm „Gurke" gesagt. Andreas hat den Jungen die Treppe hinunter geschubst, ohne Rücksicht auf Verletzungen. Darum sitzt er jetzt hier. Andreas hätte damals besser einfach lachen sollen, über die „Gurke". Das wäre eine gute Reaktion gewesen. Jetzt muss er sich von Richterin Anne, 17, dafür belächeln lassen, wie uncool er war. Das schmerzt. [...]
Martin, 16, ist erst seit diesem Sommer Richter. [...] Ein Junge hat einen anderen verprügelt, weil seine Freundin behauptet hatte, er habe über sie gelästert. „Der kannte sein Opfer nicht einmal" sagt Martin. Zwei Freunde sollen die Szene mit dem Handy gefilmt haben: „Die beiden haben erst gar nicht eingesehen, dass auch sie Unrecht begangen haben. Der eine Freund des Täters habe schließlich langsam im Laufe des Gesprächs mit Martin und anderen Schülerrichtern zugegeben, dass er und der Dritte im Bunde dem Gruppenzwang gefolgt seien – sie haben mitgemacht, weil der Täter sie dazu aufgefordert hatte.

(http://www.spiegel.de/schulspiegel/leben/0,1518,519381,00.htlm; Zugriff: 2.7.2011)

>>> **Nina und Lona haben Finn, einem Schüler der 6. Klasse, über Wochen aufgelauert, ihn beleidigt, getreten und ihm sein Taschengeld abgepresst.**
>>> **Noah hat in einer Nacht und Nebel Aktion gegenüber dem Wohnhaus von Bea, in die er heimlich verliebt ist, ein Graffiti auf die frisch sanierte Hauswand gesprüht.**
>>> **Elena wurde dabei erwischt, wie sie in einem Drogeriemarkt ein teures Parfüm stahl.**

1. *Informiert euch weiterführend im Internet über das Schülergericht. Das kann unter folgenden Adressen geschehen: http://www.rechtslupe.de/strafrecht/schuelergericht-320901;*
   http://www.jugendhaus-leipzig.de/schuelergericht/Projektvorstellung.htm
2. *Beratet darüber wie die Strafen eines Schülergerichts für die jugendlichen Täter aussehen könnten und begründet kurz.*

3. *Nehmt einen der Fälle zum Anlass, ein fiktives Schülergericht durchzuführen. Benötigt werden drei Schülerrichter, ein oder auch mehrere Täter und ein Erwachsener (Lehrer, Sozialpädagoge) als Berater. Im Gespräch mit dem jugendlichen Straftäter werden die Hintergründe und Motive der Tat erkundet, die Unrechtseinsicht des Täters erfragt sowie Sanktionen mit dem Täter vereinbart.*

3.4 Ethische Konzepte der Konfliktlösung und des Umgangs mit Gewalt

In der Geschichte der Menschheit hat es immer wieder Bestrebungen gegeben, verbindliche Maßstäbe zu finden, mit denen Konflikte geregelt ausgetragen und Gewalt vermieden wird. Eine der ältesten und bekanntesten Grundsätze ist in diesem Zusammenhang die Goldene Regel, die in mannigfaltigen Formulierungen in fast allen Kulturen und Religionen vorkommt. In den Religionen und in Philosophien wurden weitere Vorschläge entwickelt, wie mit Konflikten umgegangen werden soll, damit diese ein friedliches Zusammenleben ermöglichen.

Religiös fundierte Theorien gewaltloser Konfliktlösungen

Lange Zeit war es üblich, in Konfliktfällen Gleiches mit Gleichem zu vergelten. Umso mehr überraschte die Botschaft des Neuen Testaments. Dort lesen wir:

Bergpredigt

Q Ihr habt gehört, dass gesagt worden ist: *Auge für Auge, Zahn für Zahn*. Ich aber sage euch: leistet dem, der euch etwas Böses antut, keinen Widerstand, sondern wenn dich einer auf die rechte Wange schlägt, dann halt ihm auch die andere hin. Und wenn dich einer vor Gericht bringen will, um dir das Hemd wegzunehmen, dann lass ihm auch den Mantel. Und wenn dich einer zwingen will, eine Meile mit ihm zu gehen, dann gehe zwei mit ihm. Wer dich bittet, dem gib, und wer von dir borgen will, den weise nicht ab.

Fra Angelico, Die Bergpredigt (1437–1445), Fresco im Markuskloster in Florenz

Ihr habt gehört, dass gesagt worden ist: *du sollst deinen Nächsten lieben* und deinen Feind hassen. Ich aber sage euch: Liebt eure Feinde und betet für die, die euch verfolgen, damit ihr Söhne eures Vaters im Himmel werdet; denn er lässt seine Sonne aufgehen über Bösen und Guten, und er lässt regnen über Gerechte und Ungerechte. Wenn ihr nämlich nur die liebt, die euch lieben, welchen Lohn könnt ihr dafür erwarten? Tun das nicht auch die Zöllner? Und wenn ihr nur eure Brüder grüßt, was tut ihr damit Besonderes? Tun das nicht auch die Heiden? Ihr sollt also vollkommen sein, wie es auch euer himmlischer Vater ist.

(Bibel. NT, Mt. 5, 38-48. Kathol. Bibelwerk, Stuttgart 1997)

Jesus selbst gilt als Vorreiter gewaltfreier Konfliktlösungen. Trotz seines gewaltsamen Todes am Kreuz fand die Idee der Gewaltlosigkeit immer wieder Anhänger. Zu den bekanntesten gehören Mahatma Gandhi, Martin Luther King und der Musiker John Lennon. Alle drei setzten sich auf ihre Weise für ein friedliches und gewaltloses Zusammenleben der Menschen ein. Und alle drei teilen ein trauriges Schicksal: Sie kamen gewaltsam bei Attentaten ums Leben.

A
1. *Erkläre mit eigenen Worten, warum man seine Feinde lieben soll.*
2. *Finde mögliche Ursachen dafür, warum gerade Kämpfer für Frieden und Gewaltlosigkeit von Attentätern umgebracht werden.*

Widerstand der Seele

[Gewaltfreiheit] bedeutet nicht Unterwerfung unter den Willen des Übeltäters, sondern Einsetzen der ganzen Seelenkraft gegen den Willen des Tyrannen. [...] Gewalt-
freiheit, wie ich sie verstehe, bedeutet einen aktiveren und wirkungsvolleren Kampf
gegen die Bosheit als Vergeltung, die im Grunde die Bosheit nur vermehrt. Ich denke
dabei an einen geistigen und folglich moralischen Widerstand gegen jede Art von Unmoral. Mir
geht es allein darum, die Schneide des Tyrannenschwertes abzustumpfen, indem [...] ich die Erwartungen enttäusche, ich würde physischen Widerstand leisten. Dieser Widerstand der Seele,
den ich stattdessen biete, lässt den Tyrannen ins Leere laufen, verwirrt ihn zunächst und erzwingt schließlich seine Anerkennung, eine Anerkennung, die ihn nicht erniedrigt, sondern erhöht.

(Mahatma Gandhi: Für Pazifisten. LIT, Münster 1996, S. 4 f.)

Martin Luther King (1929–1968) war Pfarrer und fasziniert von Gandhis Kampf. Er selbst
setzte Gandhis Konzept im gewaltfreien Kampf gegen Rassismus und Diskriminierungen in den
USA ein. Martin Luther King überlebte mehrere tätliche Angriffe bevor er 1968 in Memphis ermordet wurde.

Gewaltloser Widerstand

[...] ist keine Widerstandslosigkeit gegenüber dem Bösen, sondern gewaltloser Widerstand gegen das Böse. Ein anderer charakteristischer Zug des gewaltlosen Widerstands ist der, dass er den Gegner nicht vernichten oder demütigen, sondern seine
Freundschaft und sein Verständnis gewinnen will. Wer gewaltlosen Widerstand leistet, muss oft
durch Boykott oder dadurch, dass er seine Mitarbeit versagt, protestieren. Aber er weiß, dass
diese Mittel nicht Selbstzweck sind. Sie sollen beim Gegner ein Gefühl der Scham wecken. Der
Zweck ist Wiedergutmachung und Aussöhnung. Die Frucht des gewaltlosen Widerstands ist eine
neue innige Gemeinschaft während die Folge der Gewalttätigkeit tragische Verbitterung ist.
Ein drittes Charakteristikum dieser Methode ist, dass ihr Angriff gegen die Mächte des Bösen
gerichtet ist, nicht gegen Personen, die Böses tun. Der Anhänger des gewaltlosen Widerstands
will das Böse vernichten und nicht die Menschen, die dem Bösen verfallen sind. [...]
Ein weiterer charakteristischer Zug des gewaltlosen Widerstands ist die Bereitschaft, Demütigun-
gen zu erdulden. Ohne sich zu rächen, und Schläge hinzunehmen, ohne zurückzuschlagen. [...]
Fünftens lässt sich der Anhänger des gewaltlosen Widerstands weder äußerlich noch innerlich
zur Gewalttätigkeit hinreißen. Er weigert sich nicht nur seinen Gegner niederzuschießen, sondern auch, ihn zu hassen. Im Mittelpunkt der Lehre vom gewaltlosen Widerstand steht das
Gebot der Liebe.

(Martin Luther King: Mein Traum vom Ende des Hassens. Herder, Freiburg/Basel/Wien 1994. S. 43ff.)

1. *Widerlegt die Ermordung von Verfechtern der Gewaltlosigkeit den Traum von einem Leben ohne Gewalt?*
   Führt dazu eine Pro-Contra-Debatte.
2. *Recherchiert, wer Gandhi war und was sein Handeln bewirkt hat. Stellt Gandhi in einer ansprechenden Präsentation (Vortrag, Poster) vor.*
3. *Gib mit eigenen Worten wieder, was Gandhi und Martin Luther King unter Gewaltlosigkeit verstehen und wie
   sie funktioniert.*
4. *Verständigt euch in einer Diskussion darüber, ob die Forderung nach Gewaltlosigkeit wie sie in der Bergpredigt
   und in den Auffassungen von Gandhi und King zu finden ist, über die Goldene Regel hinausgeht und inwiefern
   dies notwendig/nicht notwendig sein könnte.*

Konflikte durch Vernunft regeln

Der Philosoph Immanuel Kant* (1724–1804) entwickelte einen Grundsatz, der es unabhängig von Religion, Kultur oder persönlichen Vorlieben möglich machen sollte, ein friedliches Zusammenleben der Menschen allein auf die Vernunft zu begründen – ein universelles Moralgesetz.

D   *Kategorischer Imperativ:* Handle nur nach derjenigen Maxime, durch die du zugleich wollen kannst, dass sie ein allgemeines Gesetz werde.

Q   Kants Kategorischer Imperativ besagt, dass der Mensch nicht allein zweckgebunden (also aufgrund der Folgen einer Handlung), sondern gemäß eines höheren Gesetzes handeln sollte. Wenn man sich nach diesem Grundsatz richte, so wisse man, was ethisch richtig ist. Kant meint damit, dass man sich immer fragen sollte, ob man wollen kann, dass alle Menschen so handeln, wie ich es gerade tun möchte. Für Kant ist also nicht das eigene Ich, sondern die Vernunft der alleinige Maßstab moralisch guten Handelns. Laut Kant sollte man immer aus reinem Pflichtgefühl handeln. Seine Ethik bezeichnet man als *deontologisch* (=Pflichtethik).
Immanuel Kant hat den Kategorischen Imperativ später erweitert und gefordert, dass sich die Menschen einander niemals nur als Mittel betrachten dürfen, sondern dass jeder Mensch gleich viel wert ist und seinen Zweck in sich hat (=Selbstzweckformel).

(Nach Katrin Schüppel: Kann ich die Welt retten? Verlag an der Ruhr, Mühlheim 2009, S. 13)

A   1. *Informiere dich auf S. 217 über die Goldene Regel und die Selbstzweckformel Immanuel Kants. Inwiefern kann man die Goldene Regel als spezielle Version und auf den Einzelnen bezogene Variante des Kategorischen Imperativs bezeichnen?*
2. *Charakterisiere die Gemeinsamkeit und den Unterschied zwischen der Goldenen Regel und dem Kategorischen Imperativ. Untersuche insbesondere, von welchen Folgen des Handelns die Goldene Regel und der Kategorische Imperativ ausgehen.*

↗   *Beachte: Die Goldene Regel fordert die Handelnden auf, stets an die negativen Folgen ihres Handelns zu denken: was ich selbst für mich nicht möchte, darf ich auch für einen anderen nicht wollen. Wenn ich z.B. nicht geschlagen werden möchte, dann darf ich auch andere Menschen nicht schlagen. Den Ausgangspunkt moralischen Handelns bildet demzufolge immer die eigene Person. Das formuliert Kant mit dem Kategorischen Imperativ anders.*

Wunschkind

Q   Als Gauvin fünf Monate alt war, brachten ihn seine Eltern voller Hoffnung zum Spezialisten. Der Mediziner verdrahtete den Kopf des Säuglings mit Elektroden und fing an, sein linkes Ohr mit klickenden Lauten zu reizen. Er begann leise, erhöhte den Pegel, drehte lauter und lauter, bis das Geräusch 95 Dezibel erreichte. Doch das Kind blieb ungerührt. Auch das rechte Ohr erwies sich als fast funktionslos. Erst ab 75 Dezibel reagierte das Gehirn auf den Lärm. Gauvins Eltern waren zufrieden. Ihre Mühen hatten sich gelohnt: Der Junge ist wie sie selbst – nahezu vollständig taub.
Bereits zum zweiten Mal haben Sharon Duchesneau und ihre lesbische Partnerin Candace McCullough in der genetischen Lotterie ihr Glückslos gezogen. Vor fünf Jahren kam Tochter Jehanne zur Welt. Auch damals standen die Chancen fünfzig zu fünfzig, dass das Mädchen das

gewünschte Merkmal der Gehörlosigkeit trägt. Und auch damals konnte Sharon Duchesneau glücklich in das Geburtsbuch schreiben: „11. Oktober – keine Antwort bei 95 Dezibel – taub!" [...] Der Bioethiker Arthur Caplan verurteilte die Eltern, weil sie dem Kind mit dem Hören zugleich eine wichtige Chance nähmen. Andere dagegen verteidigten das lesbische Paar und führten dessen „reproduktive Freiheit" ins Feld, ein in den USA legendäres Argument, das von der Leihmutter bis zur Geschlechtsselektion fast alles erlaubt, was Paare wollen. Doch eigentlich wünschte sich Sharon Duchesneau nur, was alle Eltern möchten: ein Kind, das die Welt aus ihrer Perspektive sieht und ein Leben führt, wie „wir es genießen". Denn weder sie selbst noch ihre Lebensgefährtin oder all ihre tauben Freunde empfinden das körperliche Defizit, das sie eint, als Handikap [...].

(Martin Spiewak und Astrid Viciano: Wunschkind. In: Die Zeit 18/2002)

Entscheidungsfindung nach Kant

a) Konflikt: Elternwunsch   Recht des Kindes

>>> eigenes Glück („Glückslos")   >>> Anspruch auf Integrität (Unversehrtheit)
>>> Glück des Kindes („Leben, wie   >>> Anspruch auf Würde (Selbstbestimmung)
wir es genießen")

b) Kategorischer Imperativ:

Kann ich wollen, dass es zu   >>> in die genetische Ausstattung eines Menschen
einem allgemeinen Gesetz wird, ...   einzugreifen?
          >>> die Fähigkeiten eines Menschen zu bestimmen?
          >>> Kinder nach den Wünschen der Eltern zu
          „gestalten"?

Es stehen sich also gegenüber:

Wunsch des Elternpaars   Pflicht der Menschheit gegenüber sich selbst

>>> Kind, dessen besondere   >>> Pflicht ist, seine Handlungsmaxime so zu
Beschaffenheit mit der eigenen   wählen, dass sie zu einem allgemeinen Gesetz
übereinstimmt (Taubheit)   werden kann
>>> Kind soll die Welt aus der Per-   >>> Selbstzweckformel
spektive der Eltern wahrnehmen
>>> Taubheit ist kein Handikap   >>> Taubheit und Selbstbestimmung

(Nach Heidemarie Mau: Über Kant, die Würde der Kellnerin und Kinderkriegen als Akt der Freiheit. In:
Ethik & Unterricht 2/2003, S. 39)

1. *Wendet den Kategorischen Imperativ auf das im Text „Wunschkind" beschriebene moralische Problem an,*
   indem ihr Lösungen diskutiert, die zur Bewältigung des Konflikts zwischen Elternwunsch und Recht des Kindes
   führen könnten. Beziehet euch dabei auf die Übersicht und auf die Kriterien moralischer Beurteilung: Autono-
   mie (aller Beteiligten), Würde, Pflicht, Glück (Wünsche, Interessen), (reproduktive) Freiheit.

Konflikte im Diskurs lösen

Die Diskurstheorie nimmt einen festen Platz innerhalb der politischen Ethik ein. Ihre Hauptvertreter im deutschsprachigen Raum sind Karl-Otto Apel und Jürgen Habermas.

Das Wort *Diskurs* kommt aus dem Lateinischen und lässt sich übersetzen als: „Hin- und Herlaufen". Genau das geschieht in einem Diskurs mit strittigen Positionen: Sie werden mittels Argumenten abgewogen, sie wandern dabei zwischen den Diskursteilnehmern hin und her.

> Ein Diskurs ist ein dialogisch-argumentatives *Verfahren*, in welchem strittige *Geltungsansprüche* (z.B. von Normen, Interessenlagen und Wertvorstellungen) geprüft werden. Die Prüfung erfolgt *verständigungsorientiert*. Sie verfolgt das Ziel, einen universalen, das heißt, für alle vernünftig Argumentierenden gültigen Konsens* herbeizuführen. Dieser Konsens wird in einem *herrschaftsfreien Dialog* errungen, in welchem sich alle Teilnehmer lediglich der „Macht" der besseren Argumente beugen.
>
> *(Nach Meyers kleines Lexikon. Philosophie. Lexikonverlag, Mannheim, Leipzig, Wien, Zürich O.J.)*

1. *Gib mit eigenen Worten wieder, was ein Diskurs ist. Wodurch unterscheidet er sich von einem Alltagsgespräch, einer Unterrichtsstunde oder einer Diskussion?*
2. *Erläutere mit Hilfe geeigneter Medien schriftlich die in der Definition hervorgehobenen Worte.*

Diskurse wenden sich strittigen Themen zu, sie lösen vorhandene Konflikte auf einer Meta-Ebene, nicht aber im realen Leben. Ein Beispiel soll das verdeutlichen:

Mia hat ein Problem. Sie wird von Paul und Philipp offen umworben. Mia findet beide sehr attraktiv. Sie mag sowohl den einen wie den anderen und kann sich für keinen der beiden entscheiden. Würden die drei nun in einen Diskurs eintreten, um das Problem zu lösen, dann könnten Argumente die Ansprüche von Philipp und Paul untersetzen, Mia könnte Gründe für ihre Sympathien sowohl für Paul wie für Philipp darlegen. Allein Mias reales Problem lösen, könnten sie nicht.

Die Aufgabe eines Diskurses besteht darin, die Berechtigung von Soll-Aussagen (Normen), Wertvorstellungen oder Interessenansprüchen argumentativ zu kritisieren oder zu bestätigen. Diese argumentative Abwägung ist möglich, weil die strittigen Fragen sich auf die Lebenswelt oder auf Ansprüche beziehen, die jeder Mensch im Hinblick auf seine konkreten Interessen zu beurteilen vermag. Solche Themen sind z.B.:

Sterbehilfe
Embryonenforschung
Todesstrafe
Atomausstieg
Energiewende
Krieg gegen den Terror …

3. *Begründe mit eigenen Worten, warum Mias Problem nicht in einem Diskurs zu lösen ist. Beziehe dazu alle Bestimmungen mit ein, die du zu diesem Konfliktlösungsverfahren auf dieser und der nächsten Seite findest.*

Das Diskursverfahren

Das Diskursverfahren erscheint Beobachtern mitunter durch das stetige Hin- und Herwägen der unterschiedlichen Positionen, durch scharfe und temporeiche Wortgefechte chaotisch. Jedoch der Eindruck täuscht. Damit ein Diskurs gelingen kann, müssen die Teilnehmer bestimmte Regeln einhalten.

18. Januar 1990: Runder Tisch, geleitet von
Superintendent Friedrich Magirius

Argumente darlegen

Jeder am Konflikt Beteiligte hat das Recht und die Pflicht, seine Sicht auf den Konflikt darzulegen und seine besonderen Interessenlagen im Konflikt zu benennen. Er bekommt dafür einen Zeitfonds zur Verfügung gestellt. Während dieser Redezeit ist er weder mit Zwischenbemerkungen noch anderweitig zu unterbrechen. Nur, wenn jeder seine Interessen darlegen kann, bekommen die anderen Beteiligten überhaupt Kenntnis davon.

Jeder Teilnehmer folgt den Darlegungen der anderen, er hört zu, wenn sie ihre Sichtweise auf das Problem darlegen und nimmt diese erst einmal zur Kenntnis. Er beginnt nicht bereits, während der andere spricht, seine eigenen (Gegen-) Argumente zu sammeln und zu einer Argumentationskette zu sortieren.

<<< Zuhören

>>> Sich in die Lage des Anderen hineinversetzen

Dieser Part des **idealen Rollentauschs** verlangt, dass jeder gedanklich die eigene Position verlässt und für sich prüft, wie er die Dinge betrachten würde, befände er sich auf der Position des Anderen.

Erst danach beginnt das eigentliche Streitgespräch, in dem alle Teilnehmer **gleichberechtigt** zu den Argumenten anderer Stellung nehmen, eigene Ansichten präzisieren. Die Argumente der anderen Beteiligten werden in dieser Phase kritisch geprüft, es wird Argument gegen Argument gesetzt und versucht, den vorhandenen Konflikt mit Hilfe des besseren Arguments zu schlichten. Besser ist ein Argument dann, wenn es vernünftig, logisch widerspruchsfrei und universalisierbar ist, d.h., wenn die Norm, um die es geht, verallgemeinerungsfähig ist.

<<< Streiten

>>> Lösung

In der Auseinandersetzung mit anderen geht es nicht um eine Übervorteilung oder um das Überreden, sondern um das Aushandeln eines tragfähigen Kompromisses, der von allen Beteiligten gebilligt werden kann.

1. *Führt nach den Diskursregeln einen Diskurs über die Normen und Verhaltensweisen des täglichen Umgangs in eurer Klasse durch.* Ü
2. *Wertet euren Diskurs in der Folgestunde aus. Besprecht, was euch bei der Suche nach einem Konsens die größten Schwierigkeiten bereitet hat. Was ist euch gut gelungen?*
3. *Versucht, anhand eures Wissens und eurer Erfahrungen in der Nutzung dieses Verfahrens zu verallgemeinern, welche Vorteile und welche Nachteile sein Einsatz bei der Konfliktlösung aufweist.*

Der Utilitaristismus zum Konflikt zwischen Individuum und Gesellschaft

Der Utilitarismus ist dem Prinzip der Nützlichkeit verpflichtet ist. Gut ist ein Handeln demnach dann, wenn es nützlich ist. Jeremy Bentham (1748–1832), einer der Begründer dieser Richtung, schreibt:

Q Unter dem Prinzip der Nützlichkeit ist jenes Prinzip zu verstehen, das schlechthin jede Handlung in dem Maß billigt oder missbilligt, wie ihr die Tendenz innezuwohnen scheint, das Glück der Gruppe, deren Interesse in Frage steht, zu vermehren oder zu vermindern, oder – das gleiche mit anderen Worten gesagt – dieses Glück zu befördern oder zu vermindern.

(Jeremy Bentham: Eine Einführung in die Prinzipien der Moral und der Gesetzgebung. Hirschgaben, o.O. 1985, S. 18)

Dem Utilitarismus geht es dabei nicht nur um das Glück des Einzelnen, sondern auch darum, das Glück aller in einer Gemeinschaft Zusammenlebenden zu sichern. Zwischen diesen beiden Polen können sich Konflikte ergeben, die das Eingreifen des Staates erforderlich machen.

Der Macht des Staates Grenzen setzen

Der englische Philosoph John Stuart Mill (1806–1873) tritt jedoch für sehr enge Grenzen ein, wenn es um staatliche Eingriffe in die Selbstbestimmung und Glückssuche des Individuums geht.

Q Der Zweck dieser Abhandlung ist es, einen sehr einfachen Grundsatz aufzustellen, welcher den Anspruch erhebt, das Verhältnis der Gesellschaft zum Individuum in bezug auf Zwang oder Bevormundung zu regeln, gleichgültig ob die dabei gebrauchten Mittel physische Gewalt in Form von gerichtlichen Strafen oder moralischer Zwang durch die öffentliche Meinung sind. Dies Prinzip lautet: dass der einzige Grund, aus dem die Menschheit, einzeln oder vereint, sich in die Handlungsfreiheit eines ihrer Mitglieder einzumengen befugt ist, der ist, sich selbst zu schützen. Dass der einzige Zweck, um dessentwillen man Zwang gegen den Willen eines Mitglieds einer zivilisierten Gemein-schaft rechtmäßig ausüben darf, der ist: die Schädigung anderer zu verhüten. Das eigene Wohl, sei es das physische oder das moralische, ist keine genügende Rechtfertigung. Man kann einen Menschen nicht rechtmäßig zwingen, etwas zu tun oder zu unterlassen, weil dies besser für ihn wäre [...]. Nur insoweit sein Verhalten andere in Mitleidenschaft zieht, ist jemand der Gesellschaft verantwortlich. Soweit er dagegen selbst betroffen ist, bleibt seine Unabhängigkeit von Rechts wegen unbeschränkt. Über sich selbst, über seinen eigenen Körper und Geist ist der einzelne souveräner Herrscher.

(John Stuart Mill: Über die Freiheit. Reclam, Stuttgart 1974, S. 16f.)

A 1. *Erläutere mit eigenen Worten, aus welchem Grund es nach Mill allein gerechtfertigt erscheint, dass ein Staat die Handlungsfreiheit und Glücksansprüche eines Einzelnen einschränkt.*

2. *Welchen Glücksansprüchen räumt Mill im Konfliktfall Vorrang ein und wie begründet er dies?*

3. *Führt unter Nutzung des Mill'schen Grundsatzes eine Pro- und Contra-Debatte zu der Streitfrage durch, ob weiche Drogen weiterhin gesetzlich verboten bleiben oder ob ihr Gebrauch jedem Menschen frei gestellt sein sollte.*

Standbild-Bauen

Menschen können Situationen darstellen und Gefühle zum Ausdruck bringen, ohne dass sie sich sprachlicher Äußerungen bedienen. Gerade in besonderen Lebenssituationen vermitteln sie anderen ihre Gefühle (Trauer, Angst, Wut, Freude) über die Sprache des Körpers. Mit der Mimik (Augen, Mund, Nase, Gesichtsmuskeln), der Gestik (Hände, Arme, Beine, Füße), der Körperhaltung (Kombination der Körperteile im Ganzen) sowie der Bewegung im Raum (Abstand zu anderen Menschen) verfügt der Mensch über außersprachliche Mittel, um sich gegenüber anderen zu äußern.

Das Standbild-Bauen kann, wie bei der Darstellung von *Mobbingsituationen*, wie folgt durchgeführt werden:

Vorbereitung:

Es werden die einzelnen Rollen beschrieben und erläutert, die am Mobbingprozess beteiligt sind. Es sind „Rollenabzeichen" aus Papier oder Pappe (z.B.: Pfeil für Täter; Stern für Eingreifer) anzufertigen.

››› Wer sind die mobbenden Täter/innen?
››› Wer sind aktive Gehilfen?
››› Wer sind die Zuschauer/innen, die nur lachend/auslachend dabei stehen?
››› Wer sind die Zuschauer/innen, die gelähmt und desinteressiert sind?
››› Wer sind die Eingreifer/innen?
››› Wer sind die Mobbingopfer?

Durchführung:

Je fünf Teilnehmer stellen zusammen eine Mobbingsituation als Standbild dar. Die Übung läuft folgendermaßen ab:

1. Eine/r der fünf Teilnehmenden ist Regisseur/in und formt die anderen zu dem Standbild. Die Zuschauer bekommen die zuvor festgelegten „Rollenabzeichen". Sie haben die Aufgabe, diese den einzelnen Personen im Standbild zuzuordnen (alles nonverbal). Der Lehrer/die Lehrerin fragt anschließend die Darsteller, ob die Rollen richtig verteilt wurden.
2. Die Darsteller/innen werden neu gestellt. Kriterium ist es jetzt, das Opfer aus seiner Opferrolle zu befreien.
3. Die Zuschauer und der Lehrer/die Lehrerin überprüfen, ob das Kriterium erfüllt worden ist. Der Lehrer/die Lehrerin fragt die einzelnen Akteure, wie sie sich in ihrer neuen Position fühlen. Es wird überprüft, ob das neue Standbild und die damit verbundenen Positionen für alle Beteiligten angenehm sind!

Auswertung mit folgenden Fragen:

1. Woran habt ihr die verschiedenen Rollen erkannt? War die Rollenverteilung immer eindeutig, wenn nicht, warum?
2. Hat eine Veränderung stattgefunden, welche?
3. Was hat dem Mobbingopfer geholfen?
4. Was hat den anderen Beteiligten geholfen?
5. Was braucht eine Gruppe, in der Mobbing stattfindet, um den Prozess zu stoppen?

(Nach Nicole Marjo Gerlach: Mit Mobbing umgehen. In: Heinz Ulrich Brinkmann u.a. [Hg.]: Gewalt zum Thema machen, BpB. Bonn 2008, S. 138)

4 Wahrheit und Wirklichkeit

René Magritte (1898–1967)

1. *Halte zuerst schriftlich deine spontanen Einfälle und Gedanken zu dem 1935 entstandenen Bild des belgischen Malers René Magritte fest.*
2. *Beschreibe dann mündlich, was du auf dem Bild siehst.*
3. *Welche Botschaft lässt sich aus dem Bild erschließen?*
4. *Tauscht euch in Kleingruppen über die verschiedenen Deutungen aus.*
5. *Gib dem Bild einen Titel (Den Originaltitel findest du im Anhang, S. 238).*

4.1 Möglichkeiten und Grenzen von Wahrnehmung und Erkenntnis

Wenn ich durch das Fenster schaue, den blauen Himmel betrachte, die Sonne als warm empfinde und der leisen Musik lausche, die im Hintergrund spielt, dann nehme ich etwas „wahr". Doch stimmt das wirklich? Ist diese Wahrnehmungswelt die gleiche für alle Menschen? Und wie steht es mit anderen Lebewesen? Sehen, fühlen riechen, hören sie ebenso wie ich?

Viele Tiere können wesentlich weniger als der Mensch wahrnehmen, andere dagegen verfügen über uns völlig fremde Sinne. Man denke nur an die Ultraschallortung der Fledermäuse und Delfine oder den Magnetsinn der Vögel.

Wenn Wissenschaftler untersuchen, wie unsere *Wahrnehmung, d.h. unsere Sinneswahrnehmung* die Umwelt repräsentiert, konzentrieren sie sich oft auf den *Sehsinn* als den in unserer Zeit dominanten. 70–80% unserer Wahrnehmung wird vom Sehsinn beeinflusst. Er ist der detailreichste und meistens auch recht zuverlässig. Doch nicht immer! Der eine Mensch sieht z.B. am Loch Ness ein Ungeheuer, der andere nur einen Baumstamm.

Sinneswahrnehmungen auf dem Prüfstand

Optische Täuschungen verblüffen nicht nur, sondern können auch die Grenze zwischen visueller Wahrnehmung und Erkennen aufzeigen – also zwischen dem, was das Auge sieht, und dem, wie das Gehirn das Bild verarbeitet.

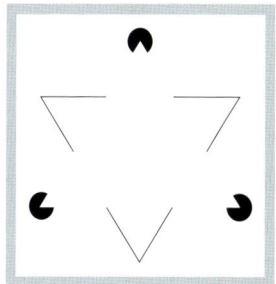

1. Eine Frage des Denkens

Zwei Dreiecke? Wirklich? Ich sehe kein einziges, sondern nur drei Kreisausschnitte und drei Winkel. Faktisch vervollständigt unser Denken unsere Beobachtungen, sodass man Dinge zu sehen glaubt, die vielleicht gar nicht existieren – ganz einfach weil wir meinen, dass sie da sind. Wenn man jedoch lernt, sich eines vorschnellen Urteils zu enthalten, dann läuft man weniger Gefahr, dem Denken und Meinen in die Falle zu laufen.

Keine vorschnellen Urteile fällen, sondern erst einmal „nur" beobachten und beschreiben.

2. Eine Frage der Perspektive

Je nachdem, welchen Standpunkt man hat, wird die Welt mal so und mal so erscheinen. Aus dieser Perspektive muss man annehmen, der Leuchtturm ist winzig, kein Schiff auf See kann ihn sehen. Bewegt man sich jedoch, blickt man aus einer anderen Perspektive, dann bemerkt man die Täuschung. Damit man einer Täuschung nicht erliegt, muss man in der Lage sein, seinen Standpunkt zu ändern.

Im Geist beweglich bleiben und verschiedene Standpunkte einnehmen!

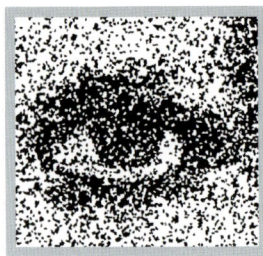

3. Eine Frage der Genauigkeit

Auf dem Bild links sind nur schwarze Flecken? Sicher richtig. Aber wer genauer hinschaut, der sieht mehr. Manchmal sieht man Dinge nicht auf den ersten Blick. Man kann Situationen nicht immer sofort überblicken. Und: Wer genauer hinschaut, wird manchmal auch enttäuscht. So gilt für jede Wahrnehmung: Lieber erst einmal in Ruhe hinschauen.

 Genau hinschauen, sich Zeit nehmen, die Wahrnehmung „verlangsamen".

4. Eine Frage der Einstellung

Von Verliebten sagt man, dass sie eine „rosarote Brille" aufhaben. Gemeint ist damit, dass man nur das Positive sieht und Negatives übersieht. Wenn einer „schwarzmalt", dann wird er hingegen einige schöne Dinge nicht für „wahr" nehmen. So funktioniert Wahr-Nehmung: Wie man in den Wald hineinruft, so schallt es heraus. Je nachdem, welche Herangehensweise man hat, blendet man bestimmte Dinge aus oder nimmt andere stärker wahr. Man spricht in diesem Zusammenhang davon, dass Wahrnehmung selektiv ist. Wenn man weiß, welche Gefühlslage man gerade hat, dann kann man die eigene Wahrnehmung kritisch hinterfragen.

 Immer überlegen, welche „Brille" man gerade aufhat – und überlegen, wie es durch eine andere Brille aussehen könnte.

5. Eine Frage der Gewöhnung

Nicht immer muss alles so sein, wie man es gelernt hat oder wie andere es sagen. Innerhalb gesunder Grenzen sollte man Neues ausprobieren, alte Denkgewohnheiten ignorieren und neue Sichtweisen einnehmen. Wenn jeder alles so hingenommen hätte, wie er es vermittelt bekommen hat, würden wir heute immer noch glauben, dass die Erde eine Scheibe ist. Um herauszufinden, was an einer Sache dran ist, bedarf es der richtigen Dosis Zweifel und einfacher Fragen: Wieso sollte ich das glauben? Was wäre, wenn es sich doch anders verhält? Gibt es gute Gründe für eine andere Sichtweise?

 Nicht einfach alles hinnehmen, sondern sich selbst ein Bild machen.

A   *1. Erweitere auf der Grundlage eigener Erfahrungen die Liste, wann und wodurch uns Wahrnehmungen täuschen können und der Tipps, wie man dieser Gefahr entgehen kann.*

    2. Tragt in einem Brainstorming zusammen, wovon abhängig ist, was ich sehe, höre oder spüre. Bezieht in eure Überlegungen den Text und die Abbildungen auf dieser Seite und auf S. 145 mit ein.

Experiment zur Wahrnehmung in der Fernsehshow „clever! – Die Show, die Wissen schafft!"

Das Experiment ist einfach, aufschlussreich und tückisch. Jedem Versuchsteilnehmer wird ein einminütiger Videofilm gezeigt, in dem sich Studenten, drei mit weißem und drei mit schwarzem T-Shirt, Basketbälle zuwerfen. Die Aufgabe besteht darin, die Pässe des weißen Teams zu zählen. Sind es 12, 14 oder sogar 15? Das ist nicht ganz einfach zu verfolgen, denn die Spieler laufen durcheinander, und es sind zwei Bälle im Spiel.

35 Sekunden vergehen, bis von rechts eine skurrile Figur im Gorillakostüm ins Bild stapft.

Sie begibt sich mitten ins Getümmel, dreht sich zur Kamera, klopft sich auf die Brust, entfernt sich nach links. Wirklich? War da etwas? Während die zottige Gestalt jedem unbeteiligten Beobachter geradezu „ins Auge springt", sehen rund 50 Prozent der konzentriert zählenden Probanden nur, was sie sehen sollen: Werfer und Bälle, keinen Gorilla. Erst wenn das Videoband noch einmal ohne Zusatz-Aufgabe gezeigt wird, folgt – je nach Temperament – Verblüffung („Das soll ich übersehen haben??") oder beleidigter Unglauben („Der war eben noch nicht da!").

(GEO Wissen. Erkenntnis Weisheit Spiritualität, H. 29, Hamburg 2002, S. 106)

1. *Welche Folgerung lässt sich aus diesem Experiment für das, was wir „wahr" – nehmen, ziehen?*
2. *Finde Beispiele dafür, dass auch Hör-, Geruchs-, Geschmacks- und Tastsinn sich täuschen lassen können.*
3. *Schildere eine Situation aus deinem persönlichen Leben, die die Wirkung emotionaler Faktoren auf die Wahrnehmung belegt.*
4. *Informiere dich (z.B. im Biologiebuch, Biologieunterricht oder Internet) über das Experiment mit dem „Blinden Fleck"!*

Wahrnehmung

››› stimmungs- und erfahrungsabhängig (siehe sog. Kippbilder)
››› ergänzt konstruktiv unvollständige Konturen (siehe nicht vorhandenes Dreieck, S. 145)
››› kontextabhängig (das jeweilige Bezugssystem entscheidet, was wir sehen wie wir etwas sehen)
››› konstruktiv und auf der Suche nach Form und Sinn (z.B. S. 146, eine Frage der Genauigkeit)
››› paradox: ein und dieselbe Information kann zu zwei sich widersprechenden Ergebnissen führen
››› selektiv: was wir sehen, ist z.B. abhängig vom Grad der Konzentration

Woher kommt unser Wissen?

Der Begriff „Erkenntnis" bezeichnet sowohl das Ergebnis (das Erkannte) als auch den Prozess des Erkennens (den Erkenntnisakt). Das Erkannte bezeichnet man auch als Wissen, wenn es allgemein anerkannt und nachprüfbar ist. Wissen als wahre und begründete Annahme ist also ein Ergebnis der Erkenntnis.

„Ich weiß, dass ich nichts weiß!" soll Sokrates, der große Philosoph der Antike, gesagt haben.

Soll das heißen, dass ich mich niemals auf das verlassen kann, was mir meine Wahrnehmungen sagen, was mir andere erzählen, was ich lerne und selbst erfahren habe?

Nein, so hat Sokrates das ganz bestimmt nicht gemeint, er wollte nur seine Bescheidenheit ausdrücken, wenn es um sein vermeintliches Wissen ging.

Wie erwirbt der Mensch sein Wissen?

 Ich muss damit beginnen, das Wissen, das ich bereits zu haben glaube, einer Prüfung zu unterziehen. Darüber kann ich wenigstens drei Fragen stellen:

1. Woher stammt mein Wissen, wie habe ich es erfahren?
2. Wie weit kann ich mir dieses Wissens sicher sein?
3. Wie kann ich es erweitern, verbessern oder gegebenenfalls durch zuverlässigeres Wissen ersetzen?

Es gibt Dinge, die weiß ich, weil andere sie mir erzählt haben. [...]
Ich erfuhr von meinen Klassenkameraden auf dem Schulhof, dass die Glasmurmeln teurer sind als Tonmurmeln. Ein Freund, der ein großer Frauenheld war, erzählte mir später, dass man, wenn man sich zwei Mädchen nähert, zuerst mit dem weniger schönen sprechen sollte, um die Aufmerksamkeit des anderen zu gewinnen. [...]

Es gibt andere Dinge, die ich weiß, weil ich sie in der Schule gelernt habe. Aus den verschwommenen Erinnerungen an den Geographieunterricht weiß ich, dass die Hauptstadt von Honduras den erstaunlichen Namen Tegucigalpa trägt. Meine oberflächlichen Geometriestudien überzeugten mich davon, dass die kürzeste Verbindung zwischen zwei Punkten eine Gerade ist und dass sich parallele Linien in der Unendlichkeit treffen. [...]

Aber ich weiß auch viele Dinge aus eigener Erfahrung. So habe ich zum Beispiel erfahren, dass man sich mit Feuer verbrennen kann oder dass Wasser nass macht. [...] Und ich erfuhr, was Glück ist, als mich ein Mädchen küsste. [...] Aus Erfahrung weiß ich auch, dass ich träume, wenn ich schlafe, mit Bildern, die in erstaunlicher Weise denen ähneln, die mich am längsten im Wachzustand befallen. [...]

In manchen Fällen kann ich einige rationale (verstandesmäßige) Gewißheiten erreichen, die mir als Kriterium dienen, um meine Kenntnisse zu vertiefen: so zum Beispiel, dass zwei Dinge, die

M. C. Escher, Hand mit reflektierender Kugel (1935)

einem dritten gleichen, sich auch untereinander gleichen. [...] Die Vernunft ist nicht etwas, das mir die anderen erzählen und sie ist auch nicht das Ergebnis meines Lernens oder meiner Erfahrung, sondern ein kritisches intellektuelles Verfahren. Ich benutze es, um die Nachrichten, die ich erhalte, die Studien, die ich betreibe, oder die Erfahrungen, die ich mache, zu organisieren, indem ich bestimmte Dinge akzeptiere – zumindest vorläufig, in Erwartung besserer Argumente –, andere dagegen nicht. Dabei versuche ich immer, meine Annahmen untereinander in Einklang zu bringen. Und die erste Anstrengung der Vernunft in diese Richtung ist der Versuch, meinen rein persönlichen und subjektiven Standpunkt mit einem objektiveren oder intersubjektiven (zwischen verschiedenen Personen anerkannten) Standpunkt in Harmonie zu bringen – einem Standpunkt, von dem aus jedes andere rationale Wesen die Wirklichkeit betrachten kann.

(Fernando Savater: Die Fragen des Lebens, Campus, Frankfurt/M 2007, S. 40ff.)

1. Gib den einzelnen Textabschnitten verschiedene sinntragende Überschriften!
2. Erkläre anhand eines Beispiels, wie der Mensch die verschiedenen Quellen seines Wissens nutzen kann.
3. Welche Aufgabe hat die Vernunft im Erkenntnisprozess?
4. Welche Parallelen im Erkenntnisprozess lassen sich aus dem Text von Savater und aus dem Bild des niederländischen Künstlers M. C. Escher ziehen? Schreibe einen kurzen Text dazu.

[A]

5. Savater hat in seinen Überlegungen die Gefühle des Menschen nicht erwähnt. Diskutiert in der Klasse darüber, welchen Einfluss sie auf den Erwerb von Wissen haben.

[Ü]

Erkenntnistheoretische Hauptströmungen

Es ist eine sehr alte philosophische Disziplin, die Erkenntnistheorie, die versucht auf Fragen nach Ursprung und Grenzen des menschlichen Wissens eine Antwort zu geben. Es gibt in der Philosophiegeschichte hauptsächlich drei erkenntnistheoretische Hauptströmungen: Den Rationalismus, den Empirismus und den Kritizismus.

Der Rationalismus (von lat. ratio: Vernunft, Verstand)

Klassischer Vertreter des Rationalismus ist der französische Philosoph René Descartes (1596–1650). Er hat in seinem Werk „Meditationen über die erste Philosophie" zunächst einmal alles, was wir in der Welt vorfinden, prinzipiell in Zweifel gezogen. Die Sinneswahrnehmungen, die Wirklichkeit der Außenwelt, selbst die Existenz Gottes. Es ist sein Ziel, durch den Zweifel zur höchstmöglichen Gewissheit zu gelangen.

Indem er alles, was außerhalb des Menschen liegt, anzweifelt, kommt er schließlich zu seinem Innersten, zum Denken. Den Nachweis für die eigene Existenz findet er allein im Denken, und zwar im Vollzug des Denkens. Dadurch, dass ich über mein Denken nachdenke, habe ich Gewissheit, dass ich existiere und damit eine sichere Basis für alles Wissen. So kommt er zu der ebenso berühmten wie anfechtbaren Folgerung: „Ich denke, also bin ich."

Nach Descartes ist es auch möglich, durch Nachdenken allein Erkenntnisse über die Welt zu erlangen. Das Nachdenken wird auch als Vernunft oder Verstand bezeichnet.

Das Wachsbeispiel

Betrachten wir diejenigen Gegenstände, von denen man für gewöhnlich annimmt, sie von allen würden am deutlichsten begriffen, d.h. Körper, die wir betasten und sehen, und zwar nicht Körper im allgemeinen, denn diese allgemeinen Begriffe pflegen bedeutend verworrener zu sein, nehmen wir vielmehr irgendeinen Körper im besonderen, z.B. dieses Stück Wachs. Vor kurzem erst hat man es aus der Wachsscheibe gewonnen, noch verlor es nicht ganz den Geschmack des Honigs, noch blieb ein wenig zurück von dem Duft der Blumen, aus denen es gesammelt worden; seine Farbe, Gestalt, Größe liegen offen zutage, es ist hart, auch kalt, man kann es leicht anfassen, und schlägt man mit dem Knöchel darauf, so gibt es einen Ton von sich, kurz – es besitzt alles, was erforderlich scheint, um irgendeinen Körper ganz deutlich erkennbar zu machen.

Doch sieh! Während ich noch so rede, nähert man es dem Feuer, – was an Geschmack da war, geht verloren, der Geruch verschwindet, die Farbe ändert sich, es wird unförmig, wird größer, wird flüssig, wird warm, kaum mehr lässt es sich anfassen, und wenn man darauf klopft, so wird es keinen Ton mehr von sich geben. Bleibt es dennnoch dasselbe Wachs? Man muss zugeben – es bleibt, keiner leugnet es, niemand ist darüber anderer Meinung. [...]

Was an ihm also war es, das man so deutlich erkannte? Sicherlich nichts von dem, was im Bereich der Sinne lag; denn alles, was unter den Geschmack, den Geruch, das Gesicht, das Gefühl oder das Gehör fiel, ist ja jetzt verändert, und doch es bleibt – das Wachs. [...]

Was aber ist dieses Wachs, das sich nur denkend begreifen lässt?

Nun dasselbe, das ich sehe, das ich betaste, das ich mir bildlich vorstelle, kurz, dasselbe was ich von Anfang an gemeint habe; aber – wohlgemerkt – seine Erkenntnis ist nicht Sehen, nicht Berühren, nicht Einbilden und ist es auch nie gewesen, wenn gleich es früher so schien, sondern sie ist eine Einsicht einzig und allein des Verstandes, die entweder, wie früher, unvollkommen und verworren, oder, wie jetzt, klar und deutlich sein kann, je nachdem ich mit größerer oder geringerer Aufmerksamkeit auf ihre Bestandteile achte. [...]

Doch da sehe ich zufällig vom Fenster aus Menschen auf der Straße vorübergehen, von denen ich ebenfalls, genau wie vom Wachse, gewohnt bin zu sagen: ich sehe sie, und doch sehe ich nichts als die Hüte und Kleider, unter denen sich ja Automaten verstecken könnten! Ich urteile aber, dass es Menschen sind. Und so erkenne ich das, was ich mit meinen Augen zu sehen vermeinte, einzig und allein durch die meinem Denken innewohnenden Fähigkeiten zu urteilen.

(René Descartes: Meditationes. Meiner, Hamburg 1959, S. 53f.)

1. *Schildere den Gang des Experiments mit dem Wachs oder gib es in Form einer kommentierten grafischen Darstellung wieder.*
2. *Wie beurteilt Descartes die Sinneswahrnehmungen?*
3. *Was erkennt er klar und deutlich? Woher stammen all unsere Erkenntnisse?*
4. *Sehe oder denke ich das Bienenwachs? Begründe deine Meinung!*

5. *Ein „Descartes-Spiel": Notiere einen Satz, dessen Wahrheit für dich zweifelsfrei fest steht. Diese Sätze werden nun in der Klasse zur Diskussion gestellt. Ziel ist es, möglichst viele der zunächst für sicher gehaltenen Wahrheiten fragwürdig erscheinen zu lassen. Sieger/in ist, wem es am Ende nach Abstimmung in der Klasse am besten gelungen ist, „seine/ihre" Wahrheit gegen alle skeptischen Einwände zu verteidigen.*

Der Empirismus (von lat. empiricus = der Erfahrung folgend)

Diese Gegenposition zum Rationalismus entwickelte der englische Philosoph John Locke.
John Locke (1632–1704) charakterisiert in seinem Werk „Versuch über den menschlichen Verstand" das Verhältnis von Sinneswahrnehmung (Sensation) und Geist/Verstand (Reflexion). Für ihn gibt es keine angeborenen Ideen (Bewusstseinsinhalte), wie z.B. die Gottesidee, sondern nur solche, die aus der Sinneserfahrung stammen. Diese unterteilt er in äußere und innere Wahrnehmungen.

Äußere Wahrnehmungen

 Nehmen wir also an, der Geist sei, wie man sagt, ein unbeschriebenes Blatt ohne alle Schriftzeichen, frei von allen Ideen; wie werden ihm diese dann zugeführt? Wie gelangt er zu dem gewaltigen Vorrat an Ideen, womit ihm die geschäftige schrankenlose Fantasie des Menschen in nahezu unendlicher Mannigfaltigkeit beschrieben hat? Woher hat er all das *Material* für seine Vernunft und für seine Erkenntnis? Ich antworte darauf mit einem einzigen Worte: aus der *Erfahrung*. Auf sie gründet sich unsere gesamte Erkenntnis, von ihr leitet sie sich schließlich her. Unsere Beobachtung, die entweder auf äußere sinnlich wahrnehmbare Objekte gerichtet ist oder auf innere Operationen des Geistes, die wir wahrnehmen und über die wir nachdenken, liefert unserm Verstand das gesamte *Material* des Denkens. Dies sind die beiden Quellen der Erkenntnis, aus denen alle Ideen entspringen, die wir haben oder naturgemäß haben können. [...]

Wenn ich sage, die Sinne führen sie dem Geist zu, so meine ich damit, sie führen von den Gegenständen der Außenwelt her dem Geist dasjenige zu, was in demselben jene Wahrnehmungen hervorruft. Diese wichtige Quelle der meisten unserer Ideen, die ganz und gar von unseren Sinnen abhängen und durch sie dem Verstand zugeleitet werden, nenne ich *Sensation*.

(John Locke: Ein Versuch über den menschlichen Verstand. Meiner, Hamburg 2006, S. 107ff.)

A 1. *Locke sagt, dass der Geist ein „ unbeschriebenes Blatt" (lat. tabula rasa) sei. Man spricht auch vom „Wachstafelmodell" der Erkenntnis. Erkläre, was Locke darunter versteht.*
2. *Charakterisiere die erste Quelle der Erkenntnis, die Locke „Sensation" nennt, mit eigenen Worten.*

 3. *„Nichts ist im Verstand, was nicht vorher in den Sinnen gewesen wäre." (Locke)*
„Nichts ist im Verstand, was nicht zuvor in den Sinnen war – außer dem Verstand selbst." (Leibniz)
Vergleiche die Aussage von Locke mit der seines Zeitgenossen, dem deutschen Philosophen Gottfried Wilhelm Leibniz (1646–1716).

Innere Wahrnehmungen

Q Die andere Quelle, aus der die Erfahrung den Verstand mit Ideen speist, ist die Wahrnehmung der Operationen des eigenen Geistes in uns, der sich mit den ihm zugeführten Ideen beschäftigt.
Diese Operationen statten den Verstand, sobald die Seele zum Nachdenken und Betrachten kommt, mit einer anderen Reihe von Ideen aus, die durch Dinge der Außenwelt nicht hätten er-

langt werden können. Solche Ideen sind: *wahrnehmen, denken, zweifeln, glauben, schließen, erkennen, wollen* und all die verschiedenen Tätigkeiten unseres eigenen Geistes. Indem wir uns ihrer bewusst werden und sie in uns beobachten, gewinnen wir von ihnen für unseren Verstand ebenso deutliche Ideen wie von Körpern, die auf unsere Sinne einwirken. Diese Quelle von Ideen liegt ausschließlich im Innern des Menschen, und wenn sie auch kein Sinn ist, da sie mit den äußeren Objekten nichts zu tun hat, so ist sie doch etwas sehr Ähnliches und könnte füglich als *innerer Sinn* bezeichnet werden. Während ich im ersten Fall von Sensation rede, so nenne ich diese Quelle *Reflexion*, weil die Ideen, die sie liefert, lediglich solche sind, die der Geist durch eine Beobachtung seiner eigenen Operationen gewinnt. [...]

Zweierlei Dinge also, nämlich äußere materielle Dinge als die Objekte der *Sensation* und die inneren Operationen unseres Geistes als die Objekte der *Reflexion*, sind für mich die einzigen Ursprünge, von denen alle unsere Ideen ihren Anfang nehmen.

(John Locke: Ebenda. S. 107ff.)

1. *Charakterisiere die zweite Quelle der Erkenntnis.*   [A]
2. *Veranschauliche den Zusammenhang von Sensation und Reflexion in einem kommentierten Schaubild.*

3. *Stelle dir vor, du bist Moderator/in in einer philosophischen Talkshow. Descartes und Locke sind eingeladen.* [Ü]
   Du hast zirka 30 Sekunden Zeit für jeden Philosophen, um seine Erkenntnistheorie vorzustellen. Was würdest du sagen? Mache dir vorher Notizen!

4. *Interpretiere das Bild „Die Beschaffenheit des Menschen" von René Magritte (S. 144) im Sinne von Locke. Welche Parallelen lassen sich zwischen dem Gemälde und der „Ansicht" Lockes feststellen?*

5. *Wie würde Locke selbst das Problem lösen?*   [A]

Ein von Geburt an blinder Mensch kann eine Kugel und einen Würfel mittels des Tastsinns unterscheiden ...

Wenn er plötzlich sehen könnte, kann er sie dann auch ohne Betastung auseinanderhalten?

Lockes Rätsel

Der Kritizismus (von gr. kritiké = Kunst der Beurteilung)

Als ein Höhepunkt der Erkenntnistheorie gilt das Werk „Kritik der reinen Vernunft" des wohl bekanntesten deutschen Philosophen Immanuel Kant (1724–1804). Er lotet darin aus, was wir überhaupt wissen können.

Für Kant sind alle Erkenntnisgegenstände nur durch bestimmte „Formen" zu erfassen, die in unserem Verstand schon vor aller Sinneserfahrung eingebaut sind. Nicht nur die Welt draußen wirkt auf unsere Sinne ein, sondern es kommen eigene angeborene Aktivitäten unseres Verstandes hinzu:

1. Die Anschauungsformen

von *Raum und Zeit*, gleichsam zu verstehen als eine „Raum-Zeit-Brille", durch die wir alles in der Welt betrachten.

2. Bestimmte Denkformen.

Dazu gehört z.B. die *Kausalität*, das Gesetz von Ursache und Wirkung. Außerhalb der Kausalität können wir keine Erfahrungen machen.

Wenn unser Gehirn nicht **vor aller Sinneserfahrung** (Kant sagt: „a priori") diese „Formen" hätte, wären wir einem unerträglichen „Wahrnehmungs-gewitter" ausgesetzt, das sich in kein sinnvolles Schema einordnen lassen würde.

Die uns zugängliche Welt wird also von unserem Erkenntnisapparat erzeugt, von *Anschauung* und *Verstand*. Folglich können wir nicht erkennen, wie die Dinge in Wahrheit beschaffen sind, sondern nur wie sie uns erscheinen.

Kant fragt sich, ob diese Art von Erkenntnis nun eher auf den Leistungen der Sinne oder auf der Fähigkeit des Verstandes beruht.

Überprüfung der Positionen des Rationalismus und des Empirismus

Dass alle unsere Erkenntnis mit der Erfahrung anfange, daran ist gar kein Zweifel; denn wodurch sollte das Erkenntnisvermögen sonst zur Ausübung erweckt werden, geschähe es nicht durch Gegenstände, die unsere Sinne rühren und teils von selbst Vorstellungen bewirken, teils unsere Verstandestätigkeit in Bewegung bringen, diese zu vergleichen, sie zu verknüpfen oder zu trennen, und so den rohen Stoff sinnlicher Eindrücke zu einer Erkenntnis der Gegenstände zu verarbeiten, die Erfahrung heißt? *Der Zeit nach* geht also keine Erkenntnis in uns vor der Erfahrung vorher, und mit dieser fängt alles an.

Wenn aber gleich alle unsere Erkenntnis *mit* der Erfahrung anhebt, so entspringt sie darum doch nicht eben alle *aus* der Erfahrung.

(Immanuel Kant: Kritik der reinen Vernunft. Reclam, Stuttgart 1995, S. 49–50)

Unsre Natur bringt es so mit sich, dass die *Anschauung* niemals anders als *sinnlich* sein kann, d.i. nur die Art enthält, wie wir von Gegenständen affiziert [berührt – Anm. der Autorin] werden. Dagegen ist das Vermögen, den Gegenstand sinnlicher Anschauung zu *denken*, der *Verstand*. Keine dieser Eigenschaften ist der andern vorzuziehen. Ohne Sinnlichkeit würde uns kein Gegenstand gegeben, und ohne Verstand keiner gedacht werden. Gedanken ohne Inhalt sind leer, Anschauungen ohne Begriffe sind blind. Daher ist es eben so notwendig, seine Begriffe sinnlich zu machen (d.i. ihnen den Gegenstand in der Anschauung beizufügen), als seine Anschauungen sich verständlich zu machen (d.i. sie unter Begriffe zu bringen). Beide Vermögen oder Fähigkeiten, können auch ihre Funktionen nicht vertauschen. Der Verstand vermag nichts anzuschauen, und die Sinne nichts zu denken. Nur daraus, dass sie sich vereinigen, kann Erkenntnis entspringen.

(Immanuel Kant: Kritik der reinen Vernunft. a.a.O. S. 120)

1. Mit welchen Feststellungen schließt Kant sich eher der Position von Descartes, mit welchen eher der von Locke an?
2. Schreibe aus dem Text die Formulierungen heraus, die Kants eigene Position deutlich machen.
3. Erstelle aus den Begriffen „Erkenntnis", „Erfahrung", „Anschauungen", „Verstand", „Gedanken" eine Begriffspyramide, indem du eine Wertung vornimmst, so wie sie sich aus dem Text von Kant ergibt.

Je wichtiger ein Begriff ist, desto höher ist seine Stellung in der Pyramide, je geringer seine Bedeutung ist, desto niedriger seine Position.

René Magritte, Die Stimme der Winde, 1928

4. Erläutere am Beispiel des Bildes von Magritte den Satz: „Gedanken ohne Inhalt sind leer, Anschauungen ohne Begriffe sind blind."
   Beziehe dich dabei auch auf die Erklärung von Kant: „Wir können uns keine Linie denken, ohne sie in Gedanken zu ziehen, keinen Zirkel denken, ohne ihn zu beschreiben."

5. Bereitet eine Fernsehdiskussion zwischen Descartes, Locke und Kant vor.
   Thema: „Woher kommen unsere Erkenntnisse?"
   Die drei „Philosophen" sollten vorher ihre Argumente schriftlich festhalten und versuchen, Beispiele aus dem Alltag zu finden, die ihre jeweilige Position untermauern.

Holt euch im Internet (mit Hilfe einer Internetrecherche, siehe S. 185), z. B. unter: www.dadalos.org/ deutsch/.../ streitgespraech.htm Anregungen für ein solches Streitgespräch.

4.2 Wahrheitstheorien und Wahrheitsansprüche

Jeder Mensch hat das Bedürfnis die Wahrheit herauszufinden. Wir empören uns über eine besonders dreiste Lüge, wir sind verunsichert, wenn mehrere Zeugen unterschiedliche Aussagen zur gleichen Sache machen, wir stellen die bange Frage, wem wir bei der Suche nach den Ursachen eines großen Unglücks noch vertrauen können.

„Was ist Wahrheit?" Diese Frage steht schon in der Bibel. (Joh. 18, 38). Sie wurde von Pilatus an Jesus gerichtet und wird noch heute oft zitiert um auszudrücken, wie schwierig die Wahrheitsfindung ist.

Seit mehr als zwei Jahrtausenden hat auch die Philosophie sich um eine Klärung des Wahrheitsbegriffs bemüht. So könnte man meinen, die Wahrheitsfrage sei schon längst endgültig beantwortet. Aber weit gefehlt: die Diskussion darüber ebbt nicht ab.

Ein Vier-Ecken-Gespräch über die Wahrheit

Q

> 1.
> Wo keine Liebe ist, ist auch keine Wahrheit.

Henrik Ibsen, Schriftsteller

> 2.
> Der Geist der Wahrheit und der Geist der Freiheit – dies sind die Stützen der Gesellschaft.

Ludwig Feuerbach, Philosoph

> 3.
> Gewohnheit, Sitte und Brauch sind stärker als die Wahrheit.

Marie von Ebner-Eschenbach, Schriftstellerin

> 4.
> Der Klügere gibt nach! Eine traurige Wahrheit, sie begründet die Weltherrschaft der Dummheit.

Voltaire, Philosoph

A
1. Bringt in den vier Ecken des Klassenzimmers die Zitate über die Wahrheit an.
2. Entscheide dich für eine dieser Aussagen, die dich besonders anspricht oder auch provoziert.
3. Diskutiert in eurer Gruppe, warum die Einzelnen diese Aussage gewählt haben.
   Anschließend stellt ein Vertreter eurer Gruppe der Klasse die wesentlichen Gesprächsinhalte vor.

Muss man immer die Wahrheit sagen?

Schon im 18. Jahrhundert haben sich die beiden Philosophen, Immanuel Kant (1724–1804) und Benjamin Constant (1767–1830), in philosophischen Büchern und Zeitschriften über dieses Thema gestritten.

Constant brachte das Beispiel, dass ein Mensch, der von einem Verbrecher verfolgt wird, sich in das Haus von Kant flüchtet. Muss Kant dann den Fluchtweg verraten?

Eine fiktive Diskussion

Kant: Bei der Wahrheit müssen wir auf jeden Fall und unbedingt bleiben. Andernfalls wäre jede Grundlage für Gespräche unter Menschen zerstört. [...]

Constant: Sie wollen im Ernst den Täter das Opfer ermorden lassen – bloß wegen Ihres Wahrheitsfanatismus?

Kant: Natürlich nicht! Wir müssen zur Rettung alles tun, was wir können und was in dieser Situation erlaubt ist. Aber eine Lüge im Vertrauen darauf, dass sie dem Opfer nützt, ist nicht nur unmoralisch, sondern vielleicht sogar das falsche Mittel.

Stellen Sie sich doch nur vor, ich sage dem Verbrecher in bester Absicht, sein Opfer sei gerade um die Ecke gelaufen. Vielleicht hat das Opfer tatsächlich ohne mein Wissen sein Versteck wieder verlassen, hat genau diesen Weg genommen und kann gerade durch meine gutgemeinte Falschauskunft seinem Mörder nicht entkommen. Sein Tod wäre doch eine direkte Folge meiner Auskunft! Bleibe ich jedoch bei der Wahrheit, kann mir kein Vorwurf aus den Folgen gemacht werden, jedenfalls wenn ich sonst alles getan habe, den Mörder zu stoppen. Natürlich sind die Folgen unseres Handelns immer ungewiss: Aus den besten Absichten kann Unglück erwachsen; auch böse Absichten können zufällig erfreuliche Folgen haben – das haben wir nicht im Griff! Wir können auch nicht immer jedes Unrecht verhindern.

Was wir aber können, ist in unserem eigenen Handeln sittlich bleiben, und das heißt für unser Beispiel: Wenn wir etwas sagen, dann muss es wahr sein – unter welchen Bedingungen und wem gegenüber auch immer!

(Leo Kauter: Vom Lügen, Betrügen und der Moral. Verlag an der Ruhr, Mühlheim 2003, S. 98)

Kant und der Verbrecher

1. *Welches sind die einzelnen Argumente, die Kant für das Wahrheitsgebot vorbringt?*
2. *Greife in die Diskussion ein: Überlege bei jedem Argument, ob du damit übereinstimmst oder nicht. Begründe deine Zustimmung oder Ablehnung.*
3. *Eine Weisheitsregel lautet: „Sage nicht immer alles, was Du weißt, aber wisse immer alles, was Du sagst." Wer sich an diese Regel hält, wird sich manchen Ärger ersparen. Gib dafür konkrete Beispiele an.*
4. *Was will diese Karikatur unterstreichen?*

Überblick über grundlegende Wahrheitstheorien

Die Welt als solche ist weder wahr noch falsch. Sie ist, wie sie ist. *Wahr* oder *falsch* können im strengen Sinn nur *Aussagen, Sätze* über die Welt sein.

„Du sollst nicht lügen." „Tokio ist die größte Stadt der Welt." „Deutschland hat die Fußball-Weltmeisterschaft 2010 gewonnen." Was müssen wir tun, um herauszufinden, ob die obigen Behauptungen wahr oder falsch sind?

In der Philosophiegeschichte lassen sich hauptsächlich vier Wahrheitstheorien unterscheiden, die versuchen darauf eine Antwort zu geben. Sie alle sollten folgende Fragen beantworten:

Was wollen wir unter „Wahrheit" verstehen?	(Wahrheitsdefinition)

Wovon kann „ist wahr" ausgesagt werden?	(Wahrheitsträger)

Woran erkennt man Wahrheit / Falschheit?	(Wahrheitskriterium)

Korrespondenztheorien

Klassischer Vertreter: Thomas von Aquin (1225–1274)

Wahrheit als Übereinstimmung einer Aussage mit einer Tatsache

 Die Korrespondenztheorie ist zum einen **die** klassische Theorie der Wahrheit, zum anderen auch die Theorie, die dem ganz gewöhnlichen Alltagsverstand am einleuchtendsten erscheint: Eine Aussage ist dann wahr, wenn sie mit den Tatsachen, mit der Wirklichkeit, auf die sie sich bezieht, *übereinstimmt*, also *korrespondiert*.

Es ist in der Tat auch nichts plausibler als festzustellen, dass der Satz „Schnee ist weiß" genau dann wahr ist, wenn Schnee weiß ist. Das lässt sich überprüfen, indem man hingeht und nachsieht, ob der Schnee weiß ist.

Aussagesätze	◀ **Korrespondenz** ▶	**Tatsachen der Welt**

Doch wie sieht es bei All-Aussagen aus? Zum Beispiel:

››› Alle Raben sind schwarz. Oder bei Aussagen, wie:

››› Dies sind Atomkerne.

››› Zeus existiert nicht.

Wo ist hier jeweils die *Tatsache*? Und kann sie immer überprüft werden?

Um feststellen zu können, ob eine Übereinstimmung zwischen einer Aussage und einer Tatsache besteht, muss ich nämlich die Wahrheit immer schon wissen: Ich kann z.B. einen Lügner nicht der Lüge überführen, wenn ich die Wahrheit nicht kenne.

(Frei nach Handlexikon zur Wissenschaftstheorie. dtv, München 1992, S. 370ff.)

 1. *Inwiefern kommt die Korrespondenztheorie dem „normalen" Menschen entgegen?*

2. *Wie werden die drei eingangs gestellten Fragen von der Korrespondenztheorie beantwortet?*

3. *Welche Einwände kann man gegen diese Theorie erheben?*

Kohärenztheorien

Es werden nicht mehr *Sätze mit der Außenwelt* verglichen, sondern nur noch *Sätze mit Sätzen*.

Wahrheit als Widerspruchsfreiheit innerhalb eines Gesamtsystems von Sätzen

Gemäß der Korrespondenztheorie ist ein Satz nur dann wahr, wenn er mit anderen, schon bewährten Sätzen *kohärent* ist, d.h. mit ihnen systematisch zusammenhängt und sich *widerspruchsfrei* in ein Gesamtsystem von Sätzen einordnen lässt. Wenn also in einer wissenschaftlichen Theorie logische Widersprüche auftreten, muss etwas falsch an der Theorie sein. Nehmen wir wieder das Beispiel von der Lüge. Auch wenn ich die Wahrheit nicht kenne, vermute ich eine Lüge, wenn der Lügner sich in einen logischen Widerspruch verwickelt. Ich werde misstrauisch, wenn er zuerst behauptet, den ganzen Abend bei Freunden verbracht zu haben und dann wiederum darauf besteht im Kino gewesen zu sein.

Natürlich kann Widerspruchsfreiheit (Kohärenz) – auch in der Wissenschaft – kein endgültiges Kriterium für Wahrheit sein, aber doch so etwas wie Zuverlässigkeit verbürgen.

(Frei nach Konrad Paul Liessmann: Vom Denken. Braumüller, Wien 2009, S. 106)

Paradoxon
Ein Paradoxon oder Paradox, aus dem Altgriechischen kommend von para = gegen und doxa = Meinung/Ansicht, ist ein scheinbar oder tatsächlich unauflöslicher Widerspruch.

---

1. *Erkläre die Kohärenztheorie und überprüfe diese anhand der Sätze:*
   › *Die Sonne kreist um die Erde.*
   › *Die Erde kreist um die Sonne.*
   Wie wahr sind die beiden Sätze in dem jeweiligen Gesamtsystem, in das sie sich einordnen lassen?
2. *Wären nach der Kohärenztheorie auch Märchen wahr? Genauso wie die Sätze in eurem Mathematik- oder Geschichtsbuch?*

3. *In der Physik bestehen nebeneinander sowohl die Partikel – als auch die Wellentheorie des Lichts. Informiere dich!*
   Wenn es offenbar zwei als wahr bzw. als richtig angenommene Theorien über das Licht gibt, was folgt daraus für den Begriff der Wahrheit?

4. *Ein Paradox ist eine selbstwidersprüchliche Aussage. Was sagst du zu dem sogenannten*
   „Lügnerparadox"?

Ein Kreter sagt: „Alle Kreter lügen".

Ist dieser Satz wahr oder falsch? Recherchiere (siehe S. 185) auch im Internet.
5. *Wenn die Übereinstimmung zwischen Aussage und Tatsache nicht feststellbar ist, ich den Lügner nicht überführen kann, wenn ich nicht die Wahrheit weiß, dann kann er dennoch überführt werden: Durch Indizien.*
   Wie müsste eine Wahrheitstheorie aussehen, die aus „Indizien" auf die Wahrheit schließen will? Gib – wenn möglich – dafür eine Wahrheitsdefinition, den Wahrheitsträger und das Wahrheitskriterium an!

Konsenstheorien

Vertreter: z. B. der deutsche Philosoph Jürgen Habermas

Wahrheit als Zustimmung qualifizierter Personen

Q Die Konsenstheorie definiert Wahrheit nicht – wie in der Kohärenztheorie – als Übereinstimmung von Sätzen, sondern als *Übereinstimmung von Meinungen*. Menschen, die über eine Sache verhandeln, können der Wahrheit zumindest näher kommen, wenn sie eine Übereinstimmung, einen Konsens gefunden haben. Voraussetzung ist aber, dass ich von kompetenten, vernunftbegabten Gesprächspartnern ausgehe. Damit ein Satz im wissenschaftlichen Sinne Wahrheit beanspruchen kann, muss sich über diesen Satz allein auf Grund von Argumenten bzw. Vernunftgründen ein Konsens herstellen lassen.
So ist z.B. die Aussage, dass Kolumbus Amerika 1492 entdeckte, wahr, weil sie allgemein von Wissenschaftlern anerkannt wird.

(Frei nach Handlexikon zur Wissenschaftstheorie. dtv, München 1994 S. 374 ff.)

Pragmatische Theorien der Wahrheit

Mit der Konsenstheorie verwandt ist die *Pragmatische Theorie der Wahrheit*, die vor allem von amerikanischen Philosophen im 20. Jahrhundert entwickelt wurde.

Wahrheit als Nützlichkeit in der Lebenspraxis

Q Die Pragmatiker meinen, man könne nur die *praktischen Konsequenzen* einer Aussage untersuchen, nie die Aussagen oder Meinungen selbst.
Wahrheit ist also etwas, was sich in der Lebenspraxis bewähren muss. Wenn also z.B. unsere Häuser stehen bleiben, dann sind die Gesetze der Statik wahr.
Was funktioniert, gilt als wahr. Das gilt auch für religiöse Ideen. Wenn sich aus der Annahme, dass Gott existiert, nützliche Konsequenzen für unser Leben ergeben, dann ist sie wahr.

(Frei nach Handlexikon zur Wissenschaftstheorie. a.a.O. S. 374 f.)

A 1. Wie wird in der Konsenstheorie die „Übereinstimmung" aufgefasst?
2. Welche Probleme ergeben sich, wenn man zu einem Konsens kommen will, z. B.:
„Was ist ein gerechter Lehrer/eine gerechte Lehrerin ?" Wer soll alles an dem Wahrheitsfindungsprozess beteiligt sein? Beziehe dich auch auf die Karikatur.
3. Gib in Bezug auf die Pragmatische Wahrheitstheorie Beispiele dafür an, dass eine Behauptung nützlich sein kann, aber nicht immer wahr ist.

»Zum Zwecke einer gerechten Auslese, lautet die Prüfungsaufgabe für Sie Alle: ›Klettern Sie auf einen Baum!‹.«

Konkurrierende Wahrheitsansprüche

Es gibt konkurrierende Wahrheitsansprüche, nicht nur im alltäglichen Leben, sondern auch in Wissenschaft, Religion und Philosophie.

Im Unterschied zu Religion und Philosophie will insbesondere die Naturwissenschaft feststellen, *was* ist und nicht *warum* etwas ist. Auch wenn sie immer wieder an Grenzen ihrer Erkenntnisfähigkeit stößt, so versucht sie doch zu einer möglichst detaillierten *Sacherkenntnis* zu gelangen, die jederzeit verändert und auch widerlegt werden kann.

Die Frage nach dem „Warum", die *Sinnfrage* gehört in das Gebiet von Philosophie und Religion. Die jeweiligen Wahrheitsansprüche innerhalb dieser Systeme sind unterschiedlich, und die Frage bleibt offen: Gibt es eine einzige Wahrheit, viele Wahrheiten, keine Wahrheit?

Naturwissenschaft als Weg zur Wahrheit

Gerade der Naturwissenschaft wird die Rolle zugedacht, *Wahrheiten besonderer Güte* hervorzubringen. Ihre Aussagen gelten als *objektiv*, frei von subjektiven Meinungen und Vermutungen. Sie beruhen auf Beobachtung, Messung und Experiment, sind nachprüfbar und verallgemeinerbar. Dabei bedient sich die Naturwissenschaft klassischer Methoden, wie *Induktion* und *Deduktion*, die logische Schlussfolgerungen sind.

Truthahn Konstantin

Der Truthahn Konstantin machte immer wieder die gleiche Beobachtung: Jeden Morgen um neun Uhr wurde er gefüttert. Als vorsichtiger „Induktivist", d.h. als jemand, der Einzelfälle verallgemeinert, wartete er zunächst ab. Aber seine Beobachtung bestätigte sich immer wieder: Pünktlich jeden Morgen kam der Bauer und brachte das Futter. Diese Beobachtungen konnte

der Truthahn Konstantin an verschiedenen Wochentagen, selbst bei verschiedenen Jahreszeiten sammeln. Schließlich war er beruhigt und stellte ein allgemeines Gesetz auf: „Ich werde jeden Morgen um neun Uhr gefüttert!"

Leider stellte sich diese Schlussfolgerung als falsch heraus, denn am Heiligabend kam der Bauer, schnitt unserem armen Konstantin die Kehle durch, und der Truthahn landete im Kochtopf. Im Monat darauf schlüpfte ein neues, junges Truthahn-Küken.

Der Hofhund Jakob, der das Spiel seit Jahren beobachtet hatte, stellte nun seinerseits eine Gesetzmäßigkeit fest: „Die Truthähne auf diesem Hof werden drei Jahre lang um neun Uhr morgens gefüttert, um dann am Heiligabend für das Festmahl geschlachtet zu werden!"

(Frei nach www.pflegewiki.de/wiki/Theoriebildung)

1. *Nenne weitere Beispiele, wo unzulässige Verallgemeinerungen gezogen werden. Denke dabei z. B. an Aussagen über die Homosexuellen, die Ausländer oder den Islam. Beschreibe, worin die unzulässigen Verallgemeinerungen bestehen.*

2. *Prüft in Partnerarbeit, ob die getroffenen Verallgemeinerungen wahr und richtig sind. Begründet für jeden Fall, ob die Folgerung richtig oder unrichtig ist oder ob es andere schlüssige Erklärungen gibt.*
   › *Es regnet. Die Straße ist nass?*
   › *Es regnet nicht. Die Straße ist also trocken?*
   › *Die Straße ist nass. Ist es richtig, dass es geregnet hat?*

Induktion

Die Induktion, auch *induktiver Schluss* genannt, bedeutet in der Logik das Verfahren, *vom Einzelnen auf das Allgemeine* zu schließen. Ein berühmtes Beispiel, das für den *induktiven Schluss* in der Philosophiegeschichte immer wieder angeführt wird, ist das folgende:

Hintergrundwissen:	Sokrates ist ein Mensch.
Beobachtung:	Sokrates ist sterblich.
Verallgemeinerung:	Alle Menschen sind sterblich.

Die Logiker sagen, dass die Verallgemeinerung induktiv aus Hintergrundwissen und Beobachtung erfolgt ist. Doch es gibt zahlreiche Verallgemeinerungen, die Fehlschlüsse sind:

Hintergrundwissen:	Einzeller sind Lebewesen.
Beobachtung.	Lebewesen müssen sterben.
Verallgemeinerung:	Alle Einzeller auch. (Sie müssen nicht sterben, sie teilen sich.)

Der induktive Schluss kann zwar zu Gewissheiten gelangen und unser *Wissen erweitern*, aber er hat den „Nachteil", dass wir uns irren können. Er gilt nur solange, wie nichts Gegenteiliges entdeckt wird. Wenn wir z.B. hundert weiße Schwäne sehen und dann verallgemeinern: „Alle Schwäne sind weiß", so müssen wir diese Erkenntnis verwerfen, wenn schwarze Schwäne entdeckt werden.

Deduktion

Die Deduktion, auch *deduktiver Schluss* genannt, führt vom Allgemeinen zum Besonderen. Wenn etwas für eine ganze Gattung gilt, dann gilt es auch für jedes Individuum.

Grundsatz.	Alle Menschen sind sterblich.
Fakt:	Sokrates ist ein Mensch
Schlussfolgerung:	Sokrates ist sterblich.

 Die Deduktion vermehrt unser Wissen nicht, sondern verdeutlicht lediglich unser Wissen über die Welt. In der Schlussfolgerung kann nicht mehr ausgesagt werden als schon in dem Grundsatz vorausgesetzt wurde.

(Frei nach Georgi Schischkoff [Hg.]: Philosophisches Wörterbuch. Kröner, Stuttgart 1991)

1. *Siehst du Zusammenhänge zwischen der alltäglichen Anwendung von Induktionsschlüssen und der Entstehung von Vorurteilen?*
2. *Begründe, warum wir nicht nur in der Wissenschaft, sondern auch in unserem Alltag nicht auf das Induktionsprinzip verzichten können.*
3. *Gib weitere Beispiele für eine deduktive Argumentation an.*
4. *Erkläre mit eigenen Worten den Unterschied zwischen induktivem und deduktivem Schließen.*

Die naturwissenschaftliche Methode

Hans-Peter Dürr, Kernphysiker und Alternativer Nobelpreisträger, erläutert in seinem Buch „Das Netz des Physikers" den naturwissenschaftlichen Weg zur „Wahrheit" anhand einer Parabel. Er bezieht sich auf einen Ichthyologen, einen Fischkundigen, der das Leben im Meer erforschen will. Dieser wirft dazu mehrmals sein Netz aus, prüft gewissenhaft seinen Fang und gelangt zur folgenden Entdeckung:

Die Parabel vom Ichthyologen

1. Alle Fische sind größer als fünf Zentimeter. 2. Alle Fische haben Kiemen.
Er nennt diese Aussagen Grundgesetze, da beide Punkte sich ohne Ausnahmen bei jedem Fang bestätigt hätten. Hypothetisch nimmt er deshalb an, dass diese Aussagen auch bei jedem künftigen Fang sich bestätigen, also wahr bleiben werden.
Ein kritischer Beobachter [...] wendet energisch ein:
„Dein zweites Grundgesetz, das alle Fische Kiemen haben, lasse ich als Gesetz gelten, aber dein erstes Grundgesetz, das über die Mindestgröße der Fische, ist gar kein Gesetz. Es gibt im Meer sehr wohl Fische, die kleiner als fünf Zentimeter sind, aber diese kannst Du mit deinem Netz einfach nicht fangen, da es eine Maschenweite von fünf Zentimetern hat!"
Unser Ichthyologe ist von diesem Einwand jedoch keineswegs beeindruckt und entgegnet: „Was ich mit meinem Netz nicht fangen kann, liegt prinzipiell außerhalb fischkundlichen Wissens, es bezieht sich auf kein Objekt der Art, wie es in der Ichthyologie als Objekt definiert ist. Für mich

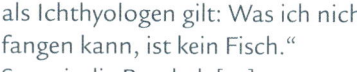

als Ichthyologen gilt: Was ich nicht fangen kann, ist kein Fisch."
So weit die Parabel. [...]
Bei Anwendung dieses Gleichnisses auf die Naturwissenschaft entsprechen dem Netz des Ichthyologen das methodische Rüstzeug und die Sinneswerkzeuge des Naturwissenschaftlers, die er benutzt, um seinen Fang zu machen, das heißt naturwissenschaftliches Wissen zu sammeln, dem Auswerfen und Einziehen des Netzes die naturwissenschaftliche Beobachtung.
(Hans-Peter Dürr: Das Netz des Physikers. Hanser, München 1988, S. 29ff.)

3. *Erzähle mit eigenen Worten die Parabel vom Ichthyologen.*
4. *Welche Entsprechungen stellt Dürr her zwischen der Arbeitsweise des Ichthyologen und der eines Naturwissenschaftlers? Stelle sie zeichnerisch dar!*
5. *Worin liegt die Leistungsfähigkeit des naturwissenschaftlichen Weges, worin die Grenze?*

6. *Wie sieht das induktive Verfahren eines Naturwissenschaftlers im Hinblick auf den Klimawandel aus? Sammle Daten! Formuliere eine Hypothese (Annahme)!*

Nutzt als Quellen der Recherche: den Film: Al Gore „Eine unbequeme Wahrheit": Kostenlos erhältlich in allen Kreisbildstellen und Medienzentren in Niedersachsen, Zeitschriften und das Internet

Glaube als Weg zur Wahrheit

Alle großen religiösen Traditionen beanspruchen, auf je eigene Weise den Weg zum Heil des Menschen zu zeigen. Die monotheistischen Religionen erheben den Anspruch auf eine allgemeingültige Wahrheit – im Gegensatz zu den östlichen Religionen wie dem Buddhismus, der – neben dem Edlen Achtfachen Pfad – auch andere Wege zur Wahrheit für möglich hält.

In der gegenwärtigen religionstheologischen Diskussion werden drei Modelle unterschieden, in denen das Verhältnis des Christentums zu anderen Religionen dargestellt wird. Es handelt sich um den *Exklusivismus*, den *Inklusivismus* und den *Pluralismus*. Während der Exklusivismus anderen Religionen keine Heilsbedeutung zubilligt, gesteht der Inklusivismus sie anderen Religionen zu, wenn auch in eingeschränktem Maße, da nur die eigene Religion sie zu voller Entfaltung bringen könne. Gegen diese Position wendet sich die Pluralistische Religionstheologie. Sie kritisiert zum einen den Anspruch auf Alleingeltung, den der Exklusivismus erhebt, und zum anderen die Vereinnahmungstendenzen des Inklusivismus. Demgegenüber sind für den Pluralismus die großen Religionen hinsichtlich ihrer Heilsbedeutung gleichwertig.

Es stellt sich die Frage, wie ein gläubiger Mensch mit dem Glaubensanspruch von Jesus Christus umgehen soll:

Ich bin der Weg
und die Wahrheit
und das Leben;
niemand kommt zum Vater
denn durch mich.
(Joh.14,6)

Dieser Selbstanspruch von Jesus hat es in sich! Jesus sagt nicht: *ein* Weg, *eine* Wahrheit, *eine* Lebensmöglichkeit, sondern *der* Weg, *das* Leben, *die* Wahrheit.

Das ist ein Absolutheitsanspruch, dem sich jeder Suchende stellen muss. Er wird durch den Nachsatz noch verstärkt:

Niemand kommt zum Vater denn durch mich.

Erklärung „Dominus Jesus"

Das römisch-katholische Wahrheitsverständnis, so wie es in einer Erklärung des Vatikans aus dem Jahre 2000 zum Ausdruck kommt, hat die gegensätzlichsten Reaktionen ausgelöst und wird von vielen christlichen Kirchen nicht geteilt. Diese Erklärung wurde vom damaligen Kardinal Ratzinger (ab 2005 Papst Benedikt XVI.) herausgegeben.

Über die Einzigkeit und die Heilsuniversalität Jesu Christi und der Kirche

Nicht selten wird der Vorschlag gemacht, in der Theologie Ausdrücke wie „Einzigkeit", „Universalität" oder „Absolutheit" zu vermeiden, weil dadurch der Eindruck entstünde, die Bedeutung und der Wert des Heilsereignisses Jesu Christi würde gegenüber den anderen Religionen in übertriebener Weise betont. In Wirklichkeit bringen diese Worte nur die Treue zum Offenbarungsgut zum Ausdruck, weil sie sich aus den Glaubensquellen selbst ergeben.

In diesem Sinne kann und muss man sagen, dass Jesus Christus für das Menschengeschlecht und seine Geschichte eine herausragende und einmalige, nur ihm eigene, ausschließliche, universale und absolute Bedeutung und Wichtigkeit hat. [...]

Mit dem Kommen Jesu Christi, des Retters, hat Gott die Kirche für das Heil aller Menschen eingesetzt (vgl. Apg. 17, 30-31). Diese Glaubenswahrheit nimmt nichts von der Tatsache weg, dass die Kirche die Religionen der Welt mit aufrichtiger Ehrfurcht betrachtet, schließt aber zugleich radikal jene Mentalität des Indifferentismus [gleichgültige Einstellung – Anm. des Autors] aus, die „durchdrungen ist von einem religiösen Relativismus [Denkrichtung, die davon ausgeht, dass es keine absolute Wahrheit gibt – Anm. des Autors], der zur Annahme führt, dass eine Religion gleich viel gilt wie die andere" (Johannes Paul II., 1991).

Wenn es auch wahr ist, dass die Nichtchristen die göttliche Gnade empfangen können, so ist doch gewiss, dass sie sich objektiv in einer schwer defizitären Situation [eine die Mängel hat, fehlerhaft ist, Anm. des Autors) befinden im Vergleich zu jenen, die in der Kirche die Fülle der Heilsmittel besitzen.

(Joseph Ratzinger: Dominus Jesus. Über die Einzigkeit und Heilsuniversalität Jesu Christi und der Kirche. Christiana-Verlag, Stein am Rhein 2005, S. 27 f.)

1. *Wie begründet Ratzinger, dass eine Religion nicht „gleich viel gilt wie die andere"?*
2. *Welche Vorteile siehst du für die Gläubigen bei dem Absolutheitsanspruch der katholischen Kirche, dass es nur eine einzige, universale Wahrheit gibt?*
3. *Welche Gefahren könnten bei der Suche nach dem Frieden der Religionen und Kulturen dadurch entstehen? Lies auch auf S. 216 nach, wie das Projekt Weltethos dem entgegensteuern will.*

Die Wahrheit vom Mond

Ein und derselbe Mond

Spiegelt sich in allen Wassern.

Alle Monde im Wasser sind eins

In dem einen Einzigen Mond.

(Aus dem Zen-Buddhismus. In: Udo Tworuschka: Himmel ist überall. Mohn, Gütersloh 1985, S. 7)

4. *Vergleiche das Wahrheitsverständnis von Ratzinger mit demjenigen, das sich aus dem Satz des Zen-Buddhismus ergibt. Nimm Stellung und formuliere eine eigene begründete Meinung!*
5. *Ordne das Wahrheitsverständnis von Ratzinger und das des Zen-Buddhismus jeweils einem der drei theologischen Modelle zu, die in der Einleitung (siehe S. 164) erwähnt wurden.*

Philosophie als Weg zur Wahrheit

In den vorgestellten philosophischen Wahrheitstheorien (siehe S. 158) genügt das jeweilige Kriterium (Korrespondenz, Kohärenz, Konsens und Nützlichkeit) nicht, um endgültig sagen zu können, was Wahrheit ist. Diesen Anspruch erhebt aber Platon (427–347 v.u.Z.), der erste Philosoph, der den mühsamen Weg zur Wahrheit in einem eindrucksvollen und anschaulichen Gleichnis, dem Höhlengleichnis, beschrieben hat.

Für Platon sind die *Ideen* der Grund aller Wahrheit und hinter der sichtbaren Welt verborgen. Die Idee im platonischen Sinne darf nicht mit unserer heutigen Vorstellung verwechselt werden: „Ich habe da eine Idee!" Bei Platon ist sie keine vom Geist hervorgebrachte Vorstellung, sondern existiert unabhängig von ihm.

Die sichtbare Welt ist nur ein verfälschtes und vergängliches *Abbild* der unvergänglichen *Ideenwelt*. Den Weg, der zu dieser Erkenntnis führt, schildert das berühmte Höhlengleichnis.

Das Höhlengleichnis

Der norwegische Schriftsteller Jostein Gaarder schildert in seinem Buch „Sofies Welt" das Höhlengleichnis Platons mit folgenden Worten:

Q Stell Dir Menschen vor, die in einer unterirdischen Höhle wohnen. Sie kehren dem Eingang die Rücken zu und sind am Hals und an den Füßen festgebunden, deshalb können sie nur die Höhlenwand ansehen. Hinter ihnen erhebt sich eine hohe Mauer, und hinter dieser Mauer wiederum gehen menschenähnliche Gestalten vorbei, die verschiedene Figuren über den Mauerrand halten. Da hinter diesen Figuren ein Feuer brennt, werfen sie auf der Höhlenwand zitternde Schatten. Das einzige, was die Menschen in der Höhle sehen können, ist also dieses „Schattentheater". Sie sitzen seit ihrer Geburt hier und halten die Schatten folglich für das einzige, was es gibt.

(Jostein Gaarder: Sofies Welt. Hanser, München 1993, S. 110f.)

A 1. *Bevor du weiterliest, eine Gruppenarbeit: Fertigt eine Skizze an, die die unterirdische Höhlenwelt in Übereinstimmung mit dem Text veranschaulicht. Vielleicht auch auf Folie oder als Plakat.*

2. *Stelle dir nun vor, einer der Gefangenen könnte sich von seinen Ketten befreien. Wie würde er sich verhalten? Diskutiert in der Gruppe über die verschiedenen Ansichten und teilt diese der Klasse mit.*

3. *Vergleicht im Anschluss eure Vermutungen mit der Fortsetzung des Textes.*

Zuerst fragt er sich, woher die Schattenbilder an der Höhlenwand kommen. Schließlich kann er sich freikämpfen. Was glaubst Du, passiert, wenn er sich zu den Figuren umdreht, die über die Mauer gehalten werden? Er ist natürlich zuerst vom scharfen Licht geblendet. Auch der Anblick der scharfumrissenen Figuren blendet ihn – er hat bisher ja nur ihre Schattenbilder gesehen. Wenn er über die Mauer steigen und am Feuer vorbei aus der Höhle ins Freie klettern könnte, dann würde er noch mehr geblendet werden. Aber nachdem er sich die Augen gerieben hätte, würde er auch sehen, wie schön alles ist. Zum ersten Mal würde er Farben und scharfe Konturen sehen. Er würde wirkliche Tiere und Blumen sehen – deren schlechte Nachahmungen die Figuren in der Höhle waren. Aber auch jetzt fragt er sich, woher die Blumen und Tiere kommen. Er sieht die Sonne am Himmel und begreift, dass die Sonne den Blumen und Tieren in der Natur Leben gibt, wie das Feuer in der Höhle dafür gesorgt hat, dass er die Schattenbilder sehen konnte.

Jetzt könnte der glückliche Höhlenbewohner in die Natur hinauslaufen und sich über seine frischgewonnene Freiheit freuen. Aber er denkt an alle, die noch unten in der Höhle sitzen. Deshalb kehrt er zurück. Sowie er wieder unten angekommen ist, versucht er, den anderen Höhlenbewohnern klarzumachen, dass die Schattenbilder an der Höhlenwand nur zitternde Nachahmungen des *Wirklichen* sind. Aber niemand glaubt ihm.

(Jostein Gaarder: Sofies Welt. a.a.O., S. 110f.)

1. Erkläre mit eigenen Worten, was Platon mit seinem Höhlengleichnis ausdrücken will.
2. Am Ende von Platons Gleichnis wird dem „Aufklärer" nicht nur nicht geglaubt, er wird sogar mit dem Tode bedroht. Kennst du Beispiele aus der Geschichte, wo es Menschen ähnlich erging?

3. Schreibe einen Bericht aus der Sicht des Befreiers: „Aus der Höhle zum Licht!" oder aus der Sicht eines Menschen, der sich der Aufklärung verweigert und die Höhle als einen lebenswerten Ort ansieht. „Was ich nicht weiß, macht mich nicht heiß!"
4. Stelle Parallelen her zwischen der Aussage des Höhlengleichnisses und dem bekannten Gedicht von Matthias Claudius: „Der Mond ist aufgegangen".

5. Aus heutiger Sicht kann Platons Höhlengleichnis als Medienkritik gelesen werden. Verfasse eine Fernsehkritik im Sinne Platons.

Macht und Wahrheit

Wer die Macht hat, hält sich oft nicht an die Wahrheit und wer der Macht ausgeliefert ist, kann sie wie ein Narr ausplappern oder wie ein Weiser mitteilen.

Nathan der Weise

In diesem Drama von Lessing (1729–1781) stellt der muslimische Sultan Saladin dem Juden Nathan die heikle Frage, ob das Judentum, das Christentum oder der Islam die wahre Religion sei. Nathan antwortet mit der Ringparabel: Ein Vater hat seinen drei Söhnen drei Ringe vererbt, von denen zwei eine Kopie sind, so dass die Söhne nun den einzig echten Ring nicht mehr erkennen können. Sie befragen daraufhin einen Richter, der folgenden Rat gibt:

Drei gleichwertige Ringe

Q

Hat von Euch jeder seinen Ring von seinem Vater:	Es eifre jeder seiner unbestochnen Von Vorurteilen freien Liebe nach!
So glaube jeder sicher seinen Ring Den echten. – Möglich; dass der Vater nun Die Tyrannei des *einen* Rings nicht länger In seinem Hause dulden wollen! – Und gewiss; Dass er euch alle drei geliebt, und gleich Geliebt: indem er zwei nicht drücken mögen, um einen zu begünstigen. – Wohlan!	Es strebe von euch um die Wette, Die Kraft des Steins in seinem Ring an Tag Zu legen! komme dieser Kraft mit Sanftmut Mit herzlicher Verträglichkeit, mit Wohltun, Mit innigster Ergebenheit in Gott Zu Hilf!

(Gotthold Ephraim Lessing: Nathan der Weise, Reclam, Stuttgart 1986, S. 75)

Die buddhistische Parabel von den Blinden und dem Elefanten

Q

Es war einmal ein König von Benares, der rief zu seiner Zerstreuung etliche Bettler zusammen, die von Geburt an blind waren, und setzte einen Preis aus für denjenigen, der ihm die beste Beschreibung eines Elefanten geben würde. Zufällig geriet der erste Bettler, der den Elefanten untersuchte, an dessen Bein, und er berichtete, dass der Elefant ein Baumstamm sei. Der zweite, der den Schwanz erfasste, erklärte, der Elefant sei wie ein Seil. Ein anderer, welcher ein Ohr ergriff, beteuerte, dass der Elefant einem Palmblatt gleiche und so fort. Die Bettler begannen untereinander zu streiten, und der König war überaus belustigt.

(Nach Michael Wittschier: Erkenne dich selbst. Patmos, Düsseldorf 1994, S. 54)

A

1. Warum wird Nathan mit Recht „der Weise" genannt?
2. Was müsste jeder Ring erfüllen, um zu belegen, dass er der „wahre" ist?
3. Welche Einsichten vermittelt diese Parabel?
4. Interpretiere den Satz: Der „König war überaus belustigt."

Wahrheit in der Politik

Carl Friedrich von Weizsäcker (1912–2007), Philosoph und Naturwissenschaftler, hat sich in einem Artikel mit dem Wahrheitsanspruch in der Politik auseinandergesetzt:

Gründe, die Wahrheit nicht zu sagen

Im Kampf um die Macht kann man die Wahrheit nicht sagen.

Was heißt das?

Die volle Wahrheit kann ohnehin niemand sagen, aus drei einander folgenden Gründen.

Erstens weiß niemand die volle Wahrheit.

Zweitens, soweit er sie weiß, würde niemand sie verstehen, wenn er sie ausspräche; eigentlich kann er selbst sie nicht sagen.

Drittens, soweit er sie aussprechen kann und sie verständlich wäre, ist sie so schmerzhaft, dass die Menschen instinktiv vermeiden, sie zu hören.

Das Problem der Politik beginnt auf der vierten Stufe. Wahrheit, die gehört wird, ist noch immer so schmerzhaft, dass sie die Hörenden in ihrer Mehrzahl gegen den Sprechenden aufbringt. Deshalb muss, wer in seinem Kampf um die Macht auf die Zustimmung vieler angewiesen ist, auch noch vermeiden, ihnen die Wahrheit der vierten Stufe zu sagen.

In der fünften Stufe wird dosierte Wahrheit eine Waffe im Machtkampf. Diese Waffe ist scharf, denn: der Kampf um die Macht wird letztlich durch die Wahrheit entschieden.

(Carl Friedrich von Weizsäcker: Wahrnehmung der Neuzeit. dtv, München 1985, S. 314ff.)

1. *Gib mit eigenen Worten die Gründe wieder, warum ein Politiker nach von Weizsäcker im Kampf um die Macht nicht die volle Wahrheit sagen kann.*
2. *Beschreibe den Teufelskreis, in dem Politiker stecken.*
3. *Glaubst du auch, dass Politiker manchmal lügen müssen? Wann? Warum? Suche Beispiele!*
4. *Lies auf S. 184 über den Zusammenhang von Propaganda und Manipulation nach.*

5. *Verfasse einen Leserbrief zu diesem Artikel, indem du auf die Thesen von Weizsäckers eingehst und dich (kritisch) mit ihnen auseinandersetzt.*

6. *Bildet zwei Gruppen und führt eine Umfrage zum Thema „Wahrheit in der Politik" durch.*
   Die eine Gruppe befragt Passanten auf der Straße, was sie von der Ehrlichkeit in der Politik halten. Die andere Gruppe befragt einen örtlichen Politiker bzw. eine Politikerin, mit dem bzw. mit der sie vorher einen Gesprächstermin verabredet hat.

4.3 Wirklichkeit in den Medien-Welten

In der Alltagssprache unterscheidet man zwischen der wirklichen, der gewöhnlichen und der künstlich erzeugten, der virtuellen Welt. Die Medienrevolutionen – die gegenwärtige des Internet mit seiner Multifunktionalität und die zukünftigen Technologien, die eine immer umfangreichere virtuelle Realität erzeugen, werden unseren Alltag weiter verändern – nur wohin geht die Reise?

Mediennutzung

Medium	Nutzungsdauer in Min./Tag	Nutzungszweck(e)	Nutzungszwecke von Medien
Fernsehen			Bildung/ Wissenserwerb
Hörfunk			
Internet			Information/ Neuigkeiten
Computer			
Zeitungen/Zeitschriften			Beratung/ Lebenshilfe
Buch			Unterhaltung/ Entspannung
Handy/Telefon			
CD/MP3			Spiel/Spaß
Video/DVD			Kommunikation/ Gespräch
....			

1. Übernimm die Tabelle in deinen Hefter und vervollständigen sie.
2. Bildet Fünfer Gruppen und vergleicht eure Tabellen: Was sind die drei von euch am meisten genutzten Funktionen?
3. Stelle dir vor, du dürftest nur drei dieser Medien und nur drei dieser Funktionen nutzen: Welche wären das? Diskutiert in der Gruppe und fasst die Ergebnisse in der Klasse zusammen.
4. Erkläre, welche Gründe mögliche Unterschiede von Wichtigkeit und Nutzungshäufigkeit haben könnten.

(Donat Schmidt: Kommunikation, Medien, Wahrheit. In: Helge Eisenschmidt [Hg.]: Gesichter des Lebens. Militzke, Leipzig 2011, S. 21)

5. Welche Gefühle und Gedanken hast du beim Betrachten folgender Bilder?

Die Macht der Bilder

In unserer Kultur sind wir durch die Medien, die immer mehr unser Verständnis von der Wirklichkeit bestimmen, einer regelrechten Bilderflut ausgeliefert.

Wir sehen Bilder, wir machen Bilder, wir betrachten Bilder, wir „machen uns ein Bild" von einer Sache und sehen es dann auch als „objektiv" an.

Besonders das **Foto** ist durch Werbung und Nachrichten zum Massenmedium geworden. Es stellt sich die Frage: Bilden nicht vor allem Fotos die Wirklichkeit bzw. Realität ab?

1. *Welche Absicht haben diese Fotos gemeinsam?*
2. *Stell dir vor, du solltest das einem Schüler der Klasse 5 erklären. Was sagst du ihm?*
3. *Bring selbst ein Foto zur nächsten Stunde mit, z.B. aus der Werbung, aus einem Zeitungsmagazin oder auch ein privates Foto. Stellt in Kleingruppen Gedanken und Gefühle zu dem Bild zusammen. Schließt dann auf die vermeintliche Absicht des Fotografen. Im Anschluss daran äußert dann derjenige, der das Foto mitgebracht hat, seine eigene Absicht.*
Was sagt ihr abschließend zur Wirklichkeitsdarstellung von Fotos?

(Nach E&U H. 3, 2006, S. 25)

4. *Mache folgendes Experiment: Nimm dir einen Spiegel und schau hinein. Was siehst du? Jetzt bitte jemanden, ein Bild von dir mit dem Handy zu machen.*
Schau es dir an und vergleiche die beiden Seherlebnisse. Wann kommst du dir wirklicher/fremder/natürlicher/näher vor?

5. *Teilt die Klasse in zwei Gruppen ein: Die eine macht eine Foto- oder Videoreportage über eure Schule, die sie von der „Schokoladenseite" zeigt, so dass man denkt, dass alle dort ganz begeistert sind. Die andere zeigt die Schule von ihrer schlechtesten Seite, so als könne man niemandem zumuten, sich dort aufzuhalten.*
Diskutiert nach der Vorstellung der Reportagen:
   › *Mit welchen Methoden ist gearbeitet worden?*
   › *Welche Gruppe hat die Schule „richtig" dargestellt?*

(Nach Leo Kauter: Vom Lügen, Betrügen und der Moral. Verlag an der Ruhr, Mühlheim 2003, S. 80 f.)

Ausschnitte der Wirklichkeit

Bilder wecken unser Interesse und können uns berühren. Sie wirken viel unmittelbarer als Texte. Aber das tun sie nicht mit einer klaren Aussage. Vielmehr sind Bilder für Deutungen viel offener als Texte. Darüber hinaus sind sie auch für Manipulationen anfälliger. Jeder, der ein Bildbearbeitungsprogramm bedienen kann, kann uns eine neue, berührende Wirklichkeit schaffen.

Durch Montagen, Ausschnitte, Übermalen, Farbänderungen usw. können Bilder beinahe beliebig verändert werden.

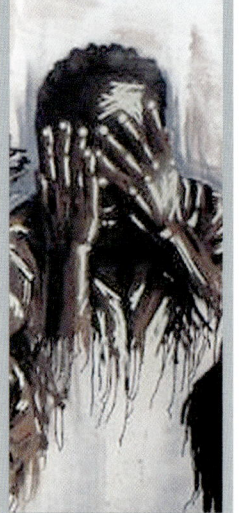

Die Augen stopfen

 [Das ist die Gefahr der] Bilderflut von heute: die Tatsache, dass man den heutigen Menschen, und zwar überall, mit allen Mitteln [...]: mit illustrierten Blättern, Filmen, Fernsehsendungen, zum Angaffen von Weltbildern, also zur scheinbaren Teilnahme an der ganzen Welt (bzw. an dem, was ihm als „ganze" gelten soll) einlade; [...] dass man ihm [...] „die Augen stopfe": ihm nämlich um so mehr zu sehen gebe, je weniger er zu sagen habe, [...] dass Bilder stets die Gefahr in sich trügen, zu Verdummungsgeräten zu werden, weil sie, [...] im Unterschied zu Texten, grundsätzlich keine Zusammenhänge sichtbar machten, sondern immer nur herausgerissene Weltfetzen: also, die Welt zeigend, die Welt verhüllten.

(Günther Anders: Die Antiquiertheit des Menschen 1. Beck, München 1994. S. 3)

A
1. *Erläutere am obigen Bild die Merkmale von Bildern.*
2. *Informiere dich bei http://www.rhetorik.ch/Bildmanipulation über Möglichkeiten der Manipulation. Erläutere anhand eines Beispiels die Möglichkeiten der Wirklichkeitsverzerrung durch Bilder.*
3. *Beurteile den Satz: „Bilder sind eine Gefahr für das Denken – dennoch sind sie notwendig."*
4. *Erkläre, was im Text mit „Weltfetzen" und „Welt zeigend, die Welt verhüllten" gemeint sein könnte.*
5. *Analysiere den bildlichen Ausdruck „die Augen stopfen": Was ist gemeint? Wer stopft? Wie? Warum?*
6. *Baut in Gruppen ein Standbild zu diesem Text (siehe dazu auch Seite 143).*

Was bilden Bilder ab?

In seinem Buch „Der Staat" lässt Platon (427–347 v.u.Z.) Sokrates auftreten, der seinem Gesprächspartner nachweisen will, wie unzuverlässig und sogar schädlich bloße Abbildungen der Wirklichkeit sind. Als Beispiel dient ihm ein gemalter Pferdekopf.

Ein gemalter Pferdekopf

„Ein Maler, sagen wir, malt Zügel und Gebiss."

„Ja!"

„Verfertigen aber wird sie der Sattler und der Schmied."

„Natürlich!"

„Versteht nun der Maler, wie Zügel und Gebiss sein müssen? [...] Somit hat der Nachahmer von dem nachgeahmten Gegenstand weder ein sachkundiges Wissen noch eine richtige Vorstellung, was Schönheit und Hässlichkeit anlangt?"

„Ich glaube nicht!"

„Auf die Übereinstimmung in diesem Punkt wollte ich hinaus, als ich vorher sagte, Malerei und überhaupt jede nachahmende Kunst sei weitab von der Wahrheit, wenn sie ihr Werk ausführe [...]."

„Ganz richtig!"

„Selbst wertlos, vereint sich die nachahmende Kunst mit Wertlosem und zeugt Wertloses."

„So ist es!"

(Platon: Der Staat. Reclam, Stuttgart 1984, S. 440f.)

1. *Formuliere mit eigenen Worten, warum nach Platon der nachahmende Maler etwas Unechtes tut. Sokrates' Gesprächspartner stimmt immer nur zu, was antwortest du?*
2. *Vergleiche die Bilder der beiden Maler Marc und Magritte. Wo entdeckst du Täuschendes, wo Wahres?*
3. *Organisiert eine Debatte (vier Schüler, zwei vertreten Pro-Argumente, zwei Contra- Argumente; Redezeit je vier Minuten) zum Thema: „Bilder sind schädlich!"*
   Stimmt danach ab, wie viele Schüler dafür sind und wie viele das Gegenteil denken.

links: Franz Marc, Blaues Pferd I, 1911
rechts: René Magritte, Die Blankovollmacht, 1965

4. *Unterscheiden sich gemalte Bilder von Fernsehbildern oder Computerbildern? Diskutiert darüber in der Klasse! Bedenkt dabei auch die Aussage von Picasso: „Wenn es eine einzige Wahrheit gäbe, könnte man nicht hundert Bilder über dasselbe Thema machen!"*

Schafft Fernsehen Wirklichkeit?

Die Bilder des Fernsehens vermitteln dem Zuschauer das Gefühl, selbst dabei gewesen zu sein. Tatsächlich aber montieren Fernsehleute Teile der Wirklichkeit durch z.B. gezielte Bildauswahl, Schnittfolgen und Hintergrundmusik zu einem Ganzen, das es so in der Wirklichkeit nicht gibt. Gerade die heutigen „Reality-Formate" des Fernsehens schaffen eine neue Wirklichkeit. Das vermeintlich „Echte-Menschen-Fernsehen" fasziniert die Zuschauer.

„Gottschalk zieht ein"

Eine Sendung mit diesem Namen wurde im Juli 2004 ausgestrahlt. Vier Tage lang lebte Thomas Gottschalk mit Frau Heins und ihren vier Kindern zusammen. Knapp vier Millionen Zuschauer schalteten sich ein, um zu erleben wie der Star „wirklich" ist.
Hier nun eine Vorankündigung in der Süddeutschen Zeitung:

Q Rent-a-Papa
Rund um die Uhr wird er bei der Ersatzfamilie wohnen und dabei gefilmt werden; die Highlights jeder Woche taugen zu einem 60-Minuten-Quotenhit, hofft das ZDF. […]
Der Millionär aus Malibu kümmert sich also persönlich um pubertierende Bälger, Dreckwäsche und die Sorgen der Ehefrau. Auch zur Schulnachhilfe taugt Rent-a-Papa Gottschalk, schließlich ist er studierter Lehrer und hat auch im echten Leben zwei tüchtige Kinder erzogen.
„Reality Pur", nennt das ZDF das Sendekonzept. […] Nach ZDF-Angaben gibt es nun schon erste Bewerbungen. Es soll ein „Familien-Casting" geben, Geld für die Gastgeber aber werde nicht fließen – jeder könne ja froh sein, einen Gottschalk als fähige Haushaltshilfe zu bekommen, so Sprecher Bogenschütz.
Den Vergleich mit Big Brother indes weist das ZDF erbost zurück: Hier gehe es nicht um triviales Reality-Fernsehen – sondern um „Unterhaltung für die ganze Familie".

(SZ, 10.2.2004, S. 21)

Warten auf Gottschalk???

A *1. Echter Alltag oder Inszenierung? Nimm dazu Stellung!*

2. Wäre es für dich selbst attraktiv, Gottschalk in deinern Familie als Ersatzvater aufzunehmen und dich filmen zu lassen? Begründe deine Meinung!

Ü *3. Ist der Vergleich mit Big Brother auch für dich unberechtigt? Setze dich auch mit der neuen Fernsehshow „Solitary" auseinander!*

4. Die Gier nach Sensationen verleitet unter Umständen zu bedenklichen Grenzüberschreitungen. Sollen, wie in den USA diskutiert, Fernsehübertragungen aus der Todeszelle erlaubt sein?
Führt eine Meinungsumfrage an eurer Schule oder auch eine Online-Befragung in eurem sozialen Netzwerk durch!

5. Lies im Internet den Artikel in der Süddeutschen Zeitung:„Wie Google Glotze und Netz verschmelzen will".
Stellt in Partnerarbeit die positiven und negativen Aspekte heraus und begründet eure Meinung über die neue Fernsehwelt!

Konstruktivismus

Vertreter des sogenannten Konstruktivismus, wie z.B. Paul Watzlawick (1921–2007) behaupten, dass auch unsere alltägliche Wirklichkeit eine *Konstruktion* des Menschen ist. Die Wirklichkeit wird von uns nicht gefunden, sondern *erfunden*. Das, was wir wahrnehmen, ist *Interpretation*. Sie hängt von dem Wissen, den Erlebnissen, den Erwartungen der Menschen und den Zeitumständen ab.

Die zerkratzten Windschutzscheiben

Watzlawick erzählt von einem Phänomen, das sich tatsächlich in der Stadt Seattle ereignet hat. Immer mehr Autobesitzer mussten feststellen, dass ihre Windschutzscheiben von kleinen Kratzern übersät waren. In der Stadt waren zwei Theorien über die Windschutzscheiben im Umlauf: Nach der einen hatten die kürzlich abgehaltenen russischen Atomtests einen radioaktiven Niederschlag verursacht und dadurch die Kratzer bewirkt. Nach der anderen waren die langen Strecken frisch asphaltierter Autobahnen die Ursache.

In Wahrheit war es vielmehr zu einem Massenphänomen gekommen: Als sich die Berichte über pockennarbige Windschutzscheiben häuften, untersuchten immer mehr Autofahrer ihre Wagen. Die meisten taten dies, indem sie sich von außen über die Scheiben beugten und sie auf kürzeste Entfernung prüften, statt wie bisher von innen und unter dem normalen Winkel durch die Scheiben durchzusehen. In diesem ungewöhnlichen Blickwinkel hoben sich die Kratzer klar ab, die normalerweise und auf jeden Fall bei einem im Gebrauch stehenden Wagen vorhanden sind. Was sich also in Seattle ergeben hatte, war keine Epidemie beschädigter, sondern angestarrter Windschutzscheiben. Die einfache Erklärung aber war so ernüchternd, dass die ganze Episode den typischen Verlauf vieler aufsehenerregender Berichte nahm, die die Massenmedien zuerst als Sensation auftischen, deren unsensationelle Erklärung aber totgeschwiegen wird, was so zur Verewigung eines Zustands der Desinformation führt.

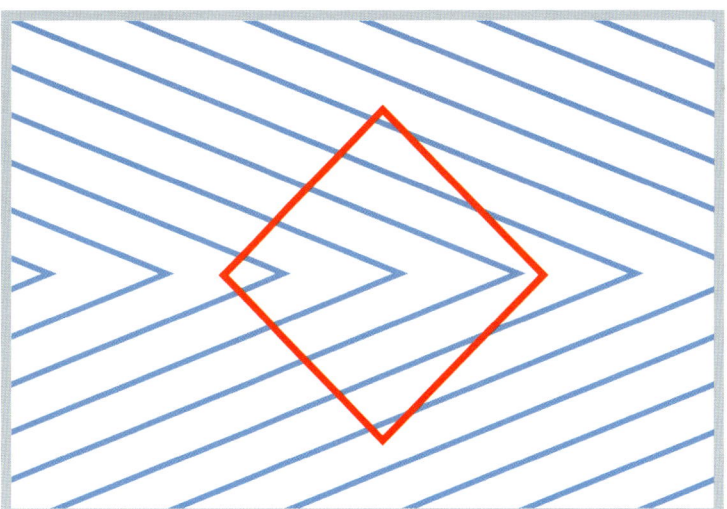

(Paul Watzlawick: Wie wirklich ist die Wirklichkeit? Piper, München 1978, S. 85)

Orbison Illusion

1. *Wie ist in diesem Fall die Wirklichkeit „erfunden" worden?*
2. *Kennst du ähnliche Fälle?*
3. *Häufig haben wir nach stressigen Situationen im Alltag, wie z.B. nach einem Streit, das Bedürfnis die Situation mehrfach mit Freunden und Eltern durchzusprechen. Stell dir eine solche Situation vor und überlege, welche Funktion die anschließenden Gespräche haben.*

Zwischen Realität und virtueller Realität

Virtuelle Realität, kurz VR genannt (eng. virtual reality), ist eine im Rechner erzeugte dreidimensionale „künstliche Wirklichkeit", in die der Computerbenutzer eintauchen und die er visuell und akustisch wahrnehmen kann. „Virtuelle Realitätsmaschinen", in denen auch Tast-, Geruchs- und Geschmackssinn angesprochen werden könnten, wären der Höhepunkt dieser Entwicklung von VR-Systemen.

Können wir noch zwischen Wirklichkeit und Künstlichkeit als Symptom des technischen Fortschritts unterscheiden?

Künstlich erzeugte Welten

Q Spiele wie „Tomb Raider" mit der errechneten Lara Croft sind Megaseller. Das Superweib mit seinem überproportionierten Busen, das den Spielern als Projektionsfigur zur Verfügung steht, scheint stärkere sexuelle Phantasien hervorzurufen als reale Frauen.

(Manfred Geier: Fake: Leben in künstlichen Welten. Rowohlt, Reinbek 1999, S. 10f.)

A *1. Stimmst du dem Autor zu, dass die Cyber-Figur Lara Croft den Spielern auch als Projektionsfigur dient?*

2. Welche sozialen Netzwerke, wie z.B. Facebook, MySpace, Schüler VZ oder MeinVZ nutzt du? Inwiefern ist das Netz für dich ein sozialer Raum, in dem du Freundschaften/Kontakte pflegen/aufbauen kannst?

Die Onlinewelt „Second Life" (SL)

SL ist seit 2003 verfügbar und baut eine 3D-Parallelwelt auf, in der z.B. aus einer grauen Maus ein Sexygirl werden kann, aus einem Schwächling ein Superboy.

A *3. Was ist an einem zweiten Leben neben dem „normalen" Leben a) faszinierend, was b) eher abschreckend? Bildet zwei Gruppen (a und b). Notiert eure Argumente und diskutiert eure Ergebnisse!*

4. Gehe auf die Webseite von „Second Life" (http://de.secondlife.com) und erkunde:
  › Wie funktioniert Second Life (SL)?
  › Was kann man dort machen/erleben/veranstalten?
  › Warum soll man bei SL mitmachen bzw. was wird den Teilnehmern versprochen?
  › Wie viele Teilnehmer gibt es weltweit?

5. Recherchiere auch bei Wikipedia. Mach dir Notizen zu der Kritik an SL. Beziehe dich auch auf die Karikatur!

Ü *6. Schreibe einen Tagebucheintrag über einen Tag in SL als Avatar*, den du selbst „kreiert" hast.*

7. Überlegt zu zweit: Wie weit ist unser eigenes Leben auch immer schon ein inszeniertes Leben?

Das künstliche Baby

Bestimmte Verhaltensweisen, die in der elektronischen Welt eingeübt werden, könnten unser Alltagsverhalten verändern und unsere Alltagsrealität prägen.

Realität und Simulation

Die Frage, wie weit die Verschleifung von Realität und Virtualität geht, wird kontrovers disku- Q
tiert. Manche Theoretiker meinen: gar nicht weit. Realität und Simulation bleiben vielmehr klar
unterscheidbar. Beispielsweise habe noch niemand den Ehekrach in einer laufenden Familien-
serie mit der Ungemütlichkeit am eigenen Frühstückstisch verwechselt. Das ist wohl wahr, greift
aber als Diagnose zu kurz. Denn gewiss gelingt uns die Kurzzeitunterscheidung zwischen Simulation und Realität weiterhin, aber das Entscheidende sind die längerfristigen Effekte des
Medienumgangs. Untersuchungen zeigen, dass Verhaltensweisen, die in der elektronischen Leit-
welt eingeübt werden, zunehmend das Alltagsverhalten imprägnieren. Die Virtualisierung der
Wirklichkeit ist ein Langzeiteffekt der Medienwelten.

Dies sei an einem Beispiel erläutert: In den USA wird unter der Bezeichnung „Video-Baby" ein
8-Minuten-Band mit interaktiven Komponenten vertrieben. Geburtszertifikat und Gesund-
heitsattest sind der Packung beigefügt. Der Benutzer hat sein Wunschbaby vor sich auf dem
Bildschirm und kann sich ungestört an ihm erfreuen, es reagiert auf Sätze wie „Iss den Brei",
„Lächle Mammi an". Und man kann sich denken: Die Folgsamkeit dieses Kindes ist perfekt. Am

Ende der acht Minuten lässt
es sich auch noch in den
Schlaf singen. Auf der Ver-
packung steht: „Die volle,
reiche Erfahrung der Elternschaft ohne das Durchei-
nander und die Lästigkeit
der wirklichen Dinge! Lieben Sie Kinder, haben aber
keine Zeit sich um sie zu
kümmern? *Video-Baby* ist für
sie da!"

(Gianni Vattimo/Wolfgang Welsch
(Hg.): Medien-Welten Wirklichkeiten.
Fink, München 1998, S. 239–240)

1. *Wie beurteilt der Autor die Vermischung von Realität und Simulation?*   A
2. *Das Video-Baby steht für ein reales Baby. Wie stehst du zu dieser „Simulations"-Erfahrung?*

3. *„Erwachsen auf Probe" hieß eine umstrittene RTL-Sendung von 2009. Sie verstand sich als Eignungstest für*   Ü
   Jugendliche zwischen 16 und 19 Jahren, die sich ein Kind wünschen.
   › *„An Babys das Leben üben"?*
   › *„Elternschaft auf Probe"?*
   › *„Pädagogisch wertvolle Idee"?*
   › *„Ethisch fragwürdiger Versuch"?*
   Recherchiere im Internet und nimm dazu Stellung!

4.4 Wahrheit und Lüge

Alle Religionen und Kulturen kennen ein grundsätzliches Lügenverbot. Doch ist es wirklichkeitsfremd zu glauben, dass das Lügenverbot immer eingehalten werden kann. Das würde zu einem weltfremden Wahrheitsfanatismus führen. Lügen werden einerseits als Kavaliersdelikt toleriert und sind auch in den meisten Fällen nicht strafbar. Andererseits hängt das Verhältnis der Menschen zueinander entscheidend davon ab, ob man sich vertrauen kann. Lügen zerstören eben dieses Vertrauen und damit auch die Grundlage des Zusammenlebens.

Was ist eine Lüge?

Eine Lüge

ist eine Aussage, von der ein Sender (Lügner) weiß oder vermutet, dass sie unwahr ist, und die er dennoch in der Absicht äußert, der Empfänger möge sie trotzdem glauben. Dies geschieht zumeist, um einen Vorteil zu erlangen oder um einen Fehler bzw. eine verbotene Handlung zu verdecken und so der Kritik oder Strafe zu entgehen. Von „Unwahrheit" spricht man, wenn die Aussage an sich nicht korrekt ist, der Sender das aber nicht weiß, sondern angenommen hat, die Tatsache sei wahr. Gelogen wird aus Höflichkeit, aus Scham, aus Angst, Furcht, Unsicherheit oder Not (*Notlüge*), um die Pläne des Empfängers zu vereiteln oder zum Schutz der eigenen Person, anderer Personen oder von Interessen (z.B. Privatsphäre, wirtschaftliche Interessen).

(Frei nach: http://de.wikipedia.org/wiki/L%C3%BCge; Zugriff: 31.05.2011)

Aussagen zur Lüge

Lüge nie, denn das tut weh!
Sage niemals – Ich liebe dich –
wenn du es nicht so meinst!
Sprich nie über Gefühle, wenn diese
nicht vorhanden sind!
Halte niemals meine Hand, wenn
du mein Herz brechen willst!
Schau mir niemals in die Augen,
wenn alles, was du sagst, gelogen ist!
Sag niemals – Hallo – wenn du –
Tschüss – meinst!
Und sage niemals für immer,
wenn du mich für immer weinen
lässt!
(http://erpics.de/data/media/4//ge_nicht.jpg)

Es werden nur Lügen über mich
verbreitet. – Sei doch froh, dass
sie nicht die Wahrheit schreiben.
(http://www.dietiwag.org/img//negen.gif)

Eine gute Lüge findet mehr Gläubiger als eine üble Wahrheit.
(http://www.grusskartenkoenig.de/?s=search&q=eine+gute+L%FCge)

Lügen Sie los! Es macht intelligent
Die Wahrheit ist: alle lügen und wer behauptet, er lüge nicht –
der lügt erst recht. Jetzt haben Wissenschaftler erforscht, warum
gute Lügen manchmal viel besser sind als die nackte Wahrheit.
(http://medienlabor-potsdam.de/?p=676)

1. *Finde Redensarten und Sprüche zum Thema Lüge und Wahrheit.*
2. *Wähle einen Spruch aus und schreibe dazu einen Kommentar. Diskutiert die Kommentare in der Klasse.*

3. *Ein Gedankenexperiment: a) Eine Welt ohne Lüge. b) Eine Welt, in der immer alle die Wahrheit sagen. Welche Konsequenzen ergeben sich aus a) und b) für das Zusammenleben der Menschen?*

Eine Typologie der Lüge

Es gibt eine ganze Flut alltäglicher Formen der Täuschung und Lüge. Die „Typologie der Lüge" vermittelt einerseits einen ordnenden Überblick, wie sie anderseits auch Einsicht in die Schwierigkeiten der Grenzziehung zum Ausdruck bringt.

1. Die *wohlwollende Lüge* unterscheidet sich von der *bevormundenden Lüge* dadurch, dass sie sich neben der Rücksicht auf eine ernstzunehmende Schwäche des Belogenen auch auf die Vermutung seines Einverständnisses stützt. Wer den anderen in wohlwollender Absicht belügt, maßt sich nicht an, besser zu wissen, worin sein Glück liegt. Er will den anderen nicht durch Täuschung gegen seinen Willen zu seinem Glück zwingen, sondern lügt aus der Annahme, der andere wolle in einer solchen Situation der Schwäche lieber belogen werden, als die Wahrheit zu hören. Wer fürchtet von anderen durch Lügen in ein „Paradies der Dummen" verbannt zu werden, kann sich eine solche Art des Wohlwollens im Einzelfall durch ausdrückliche Erklärungen verbitten und unerwünschten Rücksichten damit die Grundlage entziehen.

2. Die *Lüge aus Notwehr* orientiert sich nicht am individuellen Gefühl der Bedrohung, sondern am gleichen Prinzip der Freiheit. Nicht jede Beeinträchtigung meiner Freiheit durch andere rechtfertigt Abwehrmaßnahmen, entscheidend ist die Vereinbarkeit meiner Freiheit mit der Freiheit der anderen. Der Mörder auf der Suche nach seinem Opfer, die Ladendiebin oder der Schwarzfahrer können sich nicht auf Notwehr berufen, wenn sie lügen, um Sanktionen zu vermeiden, die im Sinne aller gerechtfertigt sind. Hier geht es nur um die Vermeidung individueller Nachteile, also um eine *Lüge aus Eigennutz*. Aus Notwehr handeln diejenige, die einen ungerechtfertigten Angriff auf ihre Freiheit abwehren wollen.

3. *Die Lüge zum Schutz der Privatsphäre* setzt voraus, dass andere kein Recht darauf haben, den fraglichen Sachverhalt zu erfahren. Das ist immer dann der Fall, wenn die anderen von diesem Sachverhalt selbst nicht betroffen sind. Allerdings ist eine derart klare Grenzziehung in den wenigsten Fällen möglich. Dann liefert das Feld der gemeinsamen Angelegenheiten das entscheidende Kriterium zur Abgrenzung von der Privatsphäre. Nur was nicht in den Bereich von Treueversprechen und alltäglich, eingelebter Kooperation fällt, kann als Privatsphäre der Kommunikation entzogen und durch Lügen geschützt werden. Eine Lüge, die den anderen im Feld der gemeinsamen Angelegenheiten täuscht, ist eine *Lüge der Untreue*.

(Simone Dietz. Die Kunst des Lügens. Rowohlt, Reinbek 2003, S. 142 f.)

1. *Findet euch in Gruppen zusammen. Jede Gruppe sammelt Beispiele für einen der drei Lügentypen und versucht, eine Unterscheidung in „zulässige Lügen" und „unzulässige Lügen" vorzunehmen. Sind klare Grenzziehungen möglich?*

2. *Versucht, den jeweils kritischen Umschlagpunkt, an dem eine „zulässige" zu einer „unzulässigen" Lüge wird, anhand von Beispielen herauszuarbeiten!*

Vom Umgang mit Wahrheit und Lüge

 Ein unbedingter Anspruch, anderen in jeder Hinsicht vertrauen zu dürfen, käme einer Selbstentmündigung gleich. In dieser Hinsicht gibt es kein unbedingtes Recht auf die Wahrhaftigkeit der anderen, ein Recht auf Leichtgläubigkeit. Wohl aber gibt es einen berechtigten moralischen Anspruch darauf, von anderen nicht verletzt, geschädigt und in meiner Selbstbestimmung unzulässig behindert zu werden. In diesem Sinn besteht wohl ein berechtigter moralischer Anspruch, von anderen nicht boshaft belogen zu werden, und hier ist es allenfalls ein Gebot der Klugheit, mit solcher Bosheit doch zu rechnen.

(Simone Dietz: Der Wert der Lüge. Montis, Paderborn 2002, S. 45)

Lügen, um zu retten

 Gloria: „Wie wäre es eigentlich, wenn jemand ein moralisches Verbot übertritt, aber nicht um sich selbst einen Vorteil zu verschaffen, sondern um einem anderen zu helfen?"

„Komische Frage", sagte Manuel.

„Gar nicht komisch, sondern wirklich passiert. […] Ich erinnere mich noch, dass meine Mutter gerade vor dem Haus stand, als ein Jugendlicher in Panik die Straße heruntergelaufen kam. Sie erfasste gleich die Situation, und noch ehe der Verfolger um die Ecke bog, hatte sie den Jungen in unser Haus bugsiert. Als der Verfolger in der Höhe unseres Hauses war, ein jähzorniger Bursche mit einem Messer in der Hand, da zeigte sie in die Richtung der nächsten Einfahrt gegenüber, und als er weg war, konnte der verängstigte Junge herauskommen und in der entgegengesetzten Richtung verschwinden. Das war zwar Rettung in letzter Sekunde, aber eigentlich hat doch meine Mutter dabei gelogen, was sie normalerweise nie tun würde."

„Trotzdem glaube ich, dass deine Mutter das Richtige getan hat", fand Camilla. „Ich denke, in dieser Lage hatte sie die Pflicht, dem Jungen zu helfen."

„Das sehe ich genauso", sagte Manuel. „Ich finde, es ist immer ein guter Grund zu lügen, wenn man dadurch Leben retten kann."

„Ich meine es so", sagte Manuel. „Wenn zwei Gebote sich widersprechen wie hier das Gebot nicht zu lügen und das Gebot Hilfe zu leisten, hätten wir uns zu fragen: wie müsste die Super-Regel aussehen, die über diesen *beiden* Geboten in *diesem* Fall zu gelten hätte? Also: was möchte ich und was möchte jeder von uns, das in so einem Fall, wenn jemand verfolgt wird und man ihn durch eine Lüge retten kann, im Allgemeinen gelten soll? Soll man dann lügen und ihn retten, oder soll man die Wahrheit sagen und ihn seinen Verfolgern ausliefern? Ist es nicht klar, dass wir alle dafür wären (immer angenommen, dass wir nicht die Verfolger sind), dass die Super-Regel lauten muss: in Fällen dieser Art hat das Gebot zu helfen den Vorrang? Der Verfolger in diesem Fall natürlich nicht, aber auch der müsste sich fragen, was er dann wollen würde, wenn er der Verfolgte wäre oder wenn er unbeteiligt ist."

„Du bist ja genial, Manuel", sagte Camilla. „Wenn du Recht hast, so würde daraus folgen, dass wir, wenn sich auf diese Weise zwei Regeln widersprechen, denselben Trick anwenden wie sonst bei der goldenen Regel. Wir müssten uns nur fragen, was wir als allgemeine Regel wollen."

(Ernst Tugendhat/Celso López/Ana María Vicuna: Wie sollen wir handeln? Schülergespräche über Moral. Reclam, Stuttgart 2000, S. 110–112)

 1. *Schreibe so genau wie möglich eine Situation auf, in denen eine Lüge deiner Meinung nach gerechtfertigt sein könnte.*

2. *Diskutiert anschließend gemeinsam über eure Beispiele und klärt, welcher Wert jeweils über dem der Wahrheit stünde und vor allem warum.*

Wie soll man sich entscheiden?

Die handelnden Personen stehen vor schwierigen Entscheidungen. Es handelt sich um Dilemmasituationen (siehe Dilemmamethode, S. 99), in denen man – gleich wie man sich entscheidet – immer gegen moralische Gebote verstößt.

Eltern scheinbar beruhigen

Lena möchte in den Ferien mit ein paar Freunden eine Bergbesteigung in den Alpen unternehmen. Ihre Eltern halten das – Lenas Meinung nach zu Unrecht – für viel zu gefährlich. Um ihre Eltern nicht zu beunruhigen, erzählt sie ihnen, dass sie davon Abstand genommen hat.

Den nahenden Tod verschweigen

Peters Mutter ist plötzlich an Knochenkrebs erkrankt und liegt im Krankenhaus. Der behandelnde Arzt hat Peter die wenig hoffnungsvolle Diagnose mitgeteilt. Aber seine Mutter weiß noch nicht, dass sie nur noch ein paar Monate zu leben hat. Sie fragt Peter, ob sie todkrank sei.

Einen falschen Fahrer benennen

Jürgen wurde mit seinem Auto geblitzt, er war zu schnell gefahren. Als Führerscheinneuling müsste er mit drei Punkten in Flensburg und einer „Nachschulung" rechnen, die ihn 600 Euro kosten würde. Er bittet seinen Vater, sich als Fahrer auszugeben. Damit würde er nicht nur ihn, sondern auch das Familienvermögen schonen, weil er nur 100 Euro zahlen müsste.

(Nach: http://sz-magazin.sueddeutsche.de/texte/liste/l/10)

Die Unterschrift fälschen

Bald nach ihrer Hochzeit mit dem Rechtsanwalt Helmer steht Nora in einer schwierigen Situation. Ihr Mann ist lebensgefährlich erkrankt; für den erforderlichen Genesungsaufenthalt müsste ein Darlehen aufgenommen werden. Ihr Vater, der einzige, der für sie hätte bürgen können, ist vor drei Tagen gestorben. Sie fälscht die Unterschrift.

(Frei nach:http://www.learn-line.nrw.de/angebote/praktphilo/didaktik/dilemma_rolf.html)

Spendername geheim halten

Ein Politiker hat einer Firma, die seiner Partei eine große Summe Geld gespendet hat, versprochen, ihren Namen geheim zu halten. Bald darauf wird die illegale Spendenpraxis aufgedeckt und die Öffentlichkeit verlangt die Bekanntgabe des Spendernamens. Der Politiker schweigt.

(Nach einem Fall aus den 1990er Jahren. In: http://www.learn-line.nrw.de/angebote/praktphilo/didaktik/dilemma_rolf.html)

Bearbeitet die fünf Fälle arbeitsteilig in Gruppen. Stellt dann „euren" Fall der Klasse vor:
1. *Erklärt, worin der Konflikt in der jeweiligen Geschichte besteht.*
2. *Entwickelt mögliche Handlungsalternativen für die Beteiligten.*
3. *Begründet eure eigene Entscheidung! Bezieht in eure Überlegungen auch die Erörterungen zur „Typologie der Lüge"(S. 179) und „Lügen, um zu retten" auf S. 180 mit ein.*

4. *Formuliert Regeln, wie Menschen im Idealfall mit Wahrheit und Lüge umgehen sollten.*

Schwierigkeiten mit der Wahrheit

Q Vermutlich lügt jeder Mensch mehrfach täglich. Das beginnt damit, dass wir auch dann antworten: „Mir geht es gut", wenn es uns eher schlecht geht. [...] *White lies* nennen die Engländer Lügen dieser Art. Es sind keine Notlügen, Lügen aus Not, es sind kleine Lügen des Alltags, die wir uns nicht verbieten lassen möchten und die keine moralische Verurteilung verdienen. Mit den „Weißen Lügen" des Alltags schützen wir uns vor Eingriffen und Übergriffen unserer Mitmenschen. [...] Die Frage an den verheirateten Politiker: „Haben Sie eine Geliebte?" rechtfertigt eine Weiße Lüge, um die Privatsphäre zu schützen. [...]
In der Politik sind die Voraussetzungen „Weißer Lügen" sehr selten erfüllt. [...] Manche wahre Aussage ist dabei unverantwortlich, weil unwahrhaftig. Die Methode, mit wahren Aussagen unwahrhaftig zu sein, hat es in der Politik zu einer gewissen Perfektion gebracht. [...] Ein berühmtes, schon etwas zurückliegendes Beispiel aus der Politik ist Norbert Blüms gebetsmühlenartig und mit treuherzigen Augenaufschlag wiederholter Spruch: „Die Renten sind sicher." Das war (und ist) zweifellos wahr: Niemand muss befürchten, dass er eines Tages keine Rente mehr bekommt. [...] Dennoch scheint mir die Blümsche Mantra [...] Ausdruck mangelnder Wahrhaftigkeit zu sein, denn es wurde als Versicherung verstanden, es sei im System der Rentenfinanzierung alles in Ordnung, ein großer Reformbedarf bestehe nicht. [...]

(Julian Nida-Rümelin: Mit der Wahrheit lügen. Zit. aus: Leo Kauter: Vom Lügen, Betrügen und der Moral. Verlag an der Ruhr, Mülheim 2003, S. 108)

Anklage gegen die Werbung

Q LÜGE. Für Zehntausende von Dollar wird ein Super-Model in Szene gesetzt, um frischverliebten Friseusen ohne das nötige Kleingeld und schwärmerischen Sekretärinnen auf der ganzen Welt Parfüms zu verkaufen. [...] Die Werbung verkauft keine Produkte oder Ideen, sondern ein verfälschtes und hypnotisierendes Glücksmodell. [...] Man muss die breite Öffentlichkeit mit einem Lebensmodell blenden, dessen gesellschaftliches Ansehen es verlangt, dass man Garderobe, Möbel, Fernseher, Auto, Haushaltsgeräte, Kinderspielzeug, einfach sämtliche Gebrauchsgegenstände so oft wie möglich erneuert. Und selbst dann, wenn es überhaupt nicht notwendig wäre. [...] Die Werbung geht unterschwellig auf unsere Wünsche ein, mit einem Universum, das uns vorgaukelt, Jugend, Gesundheit, Männlichkeit wie

Weiblichkeit hingen einzig davon ab, was wir kaufen. Eine Welt des Lächelns, in der in heiteren Dialogen und dümmlichen Liedchen heimlich diese hinterhältigen Ratschläge mitschwingen: [...] Du wirst keine Arbeit finden, wenn du nicht diesen Rasierapparat für Siegertypen und das dazu passende Notebook hast, du wirst hässlich und verpasst das „wahre Leben", das „Leben voller Leben", „das authentische Leben", „das Leben in vollen Zügen", wenn du nicht diesen faden Magerkäse oder dieses schwarz gefärbte Zuckerwasser kaufst.

(Oliviero Toscani: Verbrechen gegen die Intelligenz. In: Ders.: Die Werbung ist ein lächelndes Aas. Bollmann, Mannheim 1996, S. 15–37)

A
1. Finde drei Bespiele für „Weiße Lügen". Bildet Kleingruppen und beurteilt, ob eure Beispiele „moralisch legitim" sind.
2. Im Text wird zwischen Wahrheit und Wahrhaftigkeit unterschieden. Erkläre den Unterschied an einem selbst gewählten Beispiel.
3. Was wirft Toscani der Werbung vor?

Leser der Süddeutschen Zeitung haben sich an den Ethikexperten Rainer Erlinger gewandt und ihm moralische Zwickmühlen geschildert.

Notlüge ohne Not

Manchmal verabrede ich mich mit einem Bekannten, zum Beispiel zum Sonntagsspaziergang. Gelegentlich passiert es mir, dass ich am Sonntag aufwache und merke: Eigentlich habe ich heute keine Lust. Nun die Gewissensfrage: Rufe ich an und erfinde irgendeine Ausrede, oder sage ich einfach ehrlich, wie es ist? Ich persönlich tendiere zur Wahrheit, weil ich es selbst nicht mag, wenn mir jemand etwas vorschwindelt. Nur habe ich bemerkt, dass nicht jeder die Wahrheit gut verträgt. Oder ist es schon unmöglich, überhaupt so kurzfristig abzusagen?

Beate K., Berlin

Erlingers Antwort

Toll ist das sicherlich nicht. Wahrscheinlich hat sich Ihr Bekannter auf den Spaziergang eingerichtet, womöglich eine andere Verabredung ausfallen lassen. Und auch er hat nur einen Sonntag in der Woche. Andererseits haben Sie weder eine verantwortungsvolle Aufgabe übernommen noch ein Gelübde abgelegt, sondern sich lediglich zum gemeinsamen Vergnügen verabredet. Wenn Sie das nun nicht mehr haben, ist der Sinn der Veranstaltung weggefallen. Stellen Sie sich vor, Ihrem Bekannten ginge es genauso: Wenn keiner etwas sagt, gehen zwei Leute, die beide nicht wollen, vermeintlich dem jeweils anderen zuliebe spazieren. Diese Groteske ist aber kein Freibrief dafür, ihre Interessen und Launen zum allgemeinen Maß zu erheben. Deshalb sollten Sie die Zusage nur bei echter Unlust zurücknehmen.

Wenn Sie aber absagen, kann ich Ihre Tendenz zur Wahrheit – die ohnehin immer zu begrüßen ist – nur unterstützen. Für eine „Notlüge" müsste wirklich eine Not vorliegen, etwa weil Sie wissen, dass Ihr Bekannter gekränkt wäre oder gerade eine schlechte Zeit durchmacht (obwohl dann schon die Absage kritisch wäre). Eine Ausrede dient nur Ihrer Bequemlichkeit und – das ist entscheidend – verhindert, dass Sie sich selbst gegenüber aufrichtig sind. Ihre plötzliche Unlust zeigt aber auch etwas anderes: Besonders viel liegt Ihnen offenbar nicht an der Gesellschaft des Wandervogels. Das ist nicht weiter schlimm, solange sie sich nichts vormachen. Aber das tun Sie wahrscheinlich, wenn Sie alles auf die Sonntagsfaulheit schieben.

(Rainer Erlinger: Gewissensfragen. Zit. nach: Ethik & Unterricht H. 1/2006, S. 26)

1. *Vereinbart einen Zeitraum (Vorschlag: eine Woche), in dem ihr aufschreibt, welche Notlügen in eurer Gegenwart benutzt worden sind oder welche ihr sogar selbst verwendet habt. Protokolliert sämtliche Notlügen mit einem Vermerk, in welcher Situation sie vorkamen. Vergleicht und besprecht eure Ergebnisse.*
2. *Denkt euch in Partnerarbeit Situationen aus, die im Zusammenhang von Wahrheit und Lüge stehen und die ihr einem „Experten" zur Antwort nach dem angemessenen Verhalten vorlegt. Versetzt euch dazu abwechselnd in die Position eines Fragenden und in die Rolle des Ethikexperten. Bearbeitet die Aufgabe schriftlich.*

Propaganda und Manipulation

Es wird nie mehr gelogen als vor der Wahl, während des Krieges und nach der Jagd (Bismarck)

Im Krieg ist die Wahrheit so kostbar, dass sie immer von einer Leibwache Lügen umgeben sein sollte. (Churchill)

Q Zur Perfektion brachten es die Sprecher der US-Armee im Golfkrieg gegen den Irak. Eine Armada aus 150 Pressesoldaten und etlichen gekauften Lobbyisten hielten erfolgreich die Fiktion von einem sauberen, unblutigen Krieg aufrecht. Captain Ron Wildermuth, PR-Chef von General Norman Schwarzkopf, befahl seinen Presseoffizieren vor Beginn des Krieges: „Die Vertreter der Medien sind ständig zu eskortieren. Wiederhole: ständig." Nicht nur wurde ein Teil der Wirklichkeit ausgespart, sondern auch erfunden. Die PR-Agentur Hill & Knowlton lancierte einen Film mit der 15-jährigen Najirah al-Sabah, der Tochter des kuwaitischen Botschafters in den USA. Das Mädchen gab unter Tränen vor, sie habe gesehen, wie irakische Soldaten neugeborene Babys aus ihren Brutkästen gerissen und auf dem kalten Boden hätten sterben lassen. [...] Augenzeugen widerlegten nach dem Krieg die frei erfundene Geschichte. „Wir wussten damals nicht, dass es nicht wahr war", rechtfertigte sich später US-General Brent Scwcroft, heute Politlobbyist. „Aber ich glaube, das war am Ende auch nicht so wichtig." Die Baby-Story war immerhin so wichtig, dass Präsident George Bush sie in fünf Reden erwähnte, wie auch sieben Senatoren zur Rechtfertigung einer Pro-Kriegs-Resolution.
Beschämt stellte die britische Journalistin Maggie O'Kane nach dem Krieg im „Guardian" fest: „Wir haben einen lausigen Job gemacht: mit dem Krieg, der Wahrheit und dem Blut. Wir, die Medien, wurden wie 2.000 Strandesel eingespannt und durch den Sand geleitet, um zu sehen, was das britische und amerikanische Militär uns sehen lassen wollte in diesem schönen sauberen Krieg."
Nur durch den Wagemut einiger weniger Journalisten kamen Bruchstücke der Wahrheit ans Licht der Öffentlichkeit. So zum Beispiel die 314 Menschen, die zwei US-Bomben in einem Bagdader Bunker zerschmorten. Oder der Angriff gegen die bereits abziehenden irakischen Truppen auf die Straße nach Basra, obwohl sie längst auf der Flucht waren und keine Gegenwehr leisteten.

(Christoph Schuldt. Zit. nach: Leo Kauter: Vom Lügen, Betrügen und der Moral: Verlag an der Ruhr, Mülheim 2003, S. 102)

A *1. Es ist bekannt, dass diktatorische Regime lügen, um ihre Absichten zu verschleiern. Wie ist das bei demokratischen Regierungen? Kann ein erstrebenswertes Ziel die Lüge rechtfertigen?*

2. Manche meinen, wenn die US-amerikanische Regierung nicht strikt bei der Wahrheit bliebe, schade das letztlich den Amerikanern selbst. Wie stehst du zu dieser Vermutung?

P *3. Wie möchtet ihr als TV-Beobachter, als Zeitungsleser von Journalisten unterrichtet werden. Formuliert als Ergebnis eurer Überlegungen einen Verhaltenskodex: „Gebote für Journalisten im Krieg".*

(Nach: Leo Kauter: Vom Lügen, Betrügen und der Moral.a.a.O., S. 99 f.)

Methode: Internetrecherche

Vorgehen bei der Internetrecherche

>> Klarheit gewinnen: Was will ich wissen? Frage formulieren.
>> Suchbegriffe bestimmen: Brainstorming zu möglichen Suchbegriffen, die gängigsten auswählen
>> Suchformel formulieren: Nutzung von Operatoren
>> Verwendung mehrerer Suchmaschinen
>> beste Ergebnis-Seiten aufschlagen und überprüfen

Suche nach den richtigen Seiten

>> Welches Problem ist zu klären?
>> Von welchem Gegenstand (welcher Theorie) sind Lösungsansätze zu erwarten?
>> Welche Suchbegriffe sind sinnvoll?
>> Ist die verwendete Suchformel (Operatoren, Kombination der Begriffe) sinnvoll?
>> Welche Suchdienste (Meta-, Suchmaschinen) werden genutzt (Googeln allein reicht nicht!)?
>> Welche Seiten werden von mehreren Suchdiensten empfohlen?
>> Welche Rolle spielt der Gegenstand auf den gefundenen Seiten?

Kritische Prüfung einer Webseite

Wer ...	Sucht das Impressum der Webseite: Wer ist der Verfasser bzw. Herausgeber? Recherchiert: Welche Kompetenz hat er und für wen arbeitet er?
sagt was ...	Überprüft stichprobenartig Informationen der Seite: Sind sie korrekt und aktuell? Werden verschiedene Meinungen (neutral) dargestellt? Werden Belege (Quellennachweis!) und Begründungen angeführt?
warum ...	Was ist der Zweck einer Seite (unterhalten/informieren/überzeugen/werben)? Ist die Seite sachlich und neutral oder will sie etwas vermarkten?
in welchem Medium ...	Werden Texte/Bilder/Filme auf der Seite verwendet? (Texte sind meist informativer.)
wie ...	Sind die Medien der Seite informativ oder sind sie werbend bzw. manipulierend gestaltet?
zu wem ...	An wen wendet sich die Seite?
mit welcher Wirkung?	Gibt mir die Seite eine zuverlässige, glaubwürdige und umfassende Antwort auf meine Frage?

Bewertung der gewonnenen Informationen

>> Sind die Informationen zur Problemklärung/Beantwortung der Frage wichtig?
>> Sind sie begründet, belegt, zuverlässig und glaubwürdig?
>> Gibt es andere Ansichten/Lösungsansätze zum vorliegenden Problem?
>> Sollte eine vertiefende Recherche angeschlossen werden?
>> Sollte die Ausgangsfrage geändert (ausgeweitet/konkretisiert) werden?

(Donat Schmidt: Kommunikation, Medien, Wahrheit. In: Helge Eisenschmidt (Hg.): Gesichter des Lebens. Militzke, Leipzig 2011, S. 43)

5 Weltreligionen und Weltanschauungen

Was ist das Gute, das Anständige? Wie soll ich mich verhalten? Was tun, was lassen? Das sind die Fragen der Ethik. Einige der ältesten Antworten auf diese Fragen finden wir in den Religionen. Für nicht-religiöse Menschen stellt sich die Frage:

Was geht mich das an?

André (14): Ich glaube nicht an Gott, was soll ich mich da mit religiösen Moralvorstellungen auseinandersetzen.

Ben (15): Europa ist nun mal von der jüdisch-christlichen Kultur geprägt. Da sollten wir jüdisch-christliche Moralvorstellungen schon kennen. Auch, um uns selbst zu verstehen.

Jennifer (14): Mich interessieren vor allem die Werte des Islam. Er hat einen schlechten Ruf, aber es leben ja auch sehr viele freundliche und friedliche Muslime unter uns.

Carlotta (15): Ich bin zwar nicht religiös, aber meditiere manchmal. Ich glaube, vom Buddhismus mit seiner Friedfertigkeit können wir uns eine Scheibe abschneiden.

A
1. *Beurteilt die Ansichten der vier Jugendlichen und diskutiert über die Frage „Was gehen mich religiöse Moralvorstellungen an?".*
2. *Führt dann an Eurer Schule eine anonyme Umfrage zu diesem Thema durch. Entwickelt dazu einen Fragenkatalog. Berücksichtigt u.a. folgende Aspekte:*
   › *Welche religiösen Moralvorstellungen sind nicht-religiösen Menschen bekannt?*
   › *Können Religionen auch nicht-religiösen Menschen gute Antworten auf drängende Fragen bieten?*
   › *Woher – wenn nicht aus einer Religion – stammen die Moralvorstellungen nicht-religiöser Menschen?*
   › *Wäre es gut oder schlecht für die Menschheit, wenn nicht-religiöse Menschen sich mit religiösen Moralvorstellungen stärker auseinandersetzen würden?*
3. *Wertet die Umfrage aus und veröffentlicht die Ergebnisse in der Schülerzeitung.*

5.1 Fernöstliche Religiosität – Hinduismus und Buddhismus

Der Sri Kamadchi Ampal Tempel in Hamm, das buddhistische Kloster Vien Giac in Hannover oder die Buddhafabrik in Braunschweig – sie alle zeugen davon, dass Hinduismus und Buddhismus auch in Deutschland zu finden sind.

Das ewige Gesetz – die Lehren des Hinduismus

Der Hinduismus ist keine einheitliche Religion. Er hat keinen Religionsstifter, keine allgemeingültige Lehre und kennt auch kein für alle Hindus verbindliches Glaubensbekenntnis. Vielmehr ist das, was wir Hinduismus nennen, ein System unterschiedlicher religiöser, philosophischer und ethischer Vorstellungen, die im Laufe der Jahrhunderte gewachsen sind. Nach der Tradition wird man in den Hinduismus hineingeboren, man kann also kein Hindu werden. Genau so wenig kann man aufhören, ein Hindu zu sein.

Dharma

In allen Dingen und Wesen ist ein ewiges Gesetz „Dharma" wirksam. Es manifestiert sich:

1. als natürliche Ordnung, indem es bewirkt, dass die Himmelslichter in den ihnen zugewiesenen Bahnen bleiben, die Flüsse abwärts fließen, die Pflanzen sich aus ihrem Samen entwickeln, der Regen das befruchtende Nass spendet usw.,
2. als sittliche Ordnung, indem es allen Wesen ihr richtiges Verhalten vorschreibt, die Einhaltung der Pflichten der Kasten und Lebensstadien erzwingt und den guten und bösen Taten den ihnen gemäßen Lohn gibt, und
3. als magisch-rituelle Ordnung, indem es die heiligen Handlungen, Opfer usw. gebietet, welche für den richtigen Verlauf des Lebens unerlässlich sind. Für viele Philosophen ist das Weltgesetz das letzte, nicht weiter zurückführbare Weltprinzip, das in und über allem waltet.

(Helmuth von Glasenapp: Die fünf Weltreligionen. Heyne, München 1992, S. 65)

1. *Vergleiche die Lehre von einem ewigen Gesetz (Dharma) mit den Lehren der monotheistischen Religionen*. Finde Entsprechungen für die drei genannten Ordnungen.*
2. *Informiere dich über die Heiligen Schriften des Hinduismus. Nutze die Möglichkeit offener Foren im Internet (z. B. www.religionsforum.de), um die heutige Bedeutung dieser Schriften für gläubige Hindus zu verstehen.*

Vielleicht hast du die Möglichkeit, den Hindu-Tempel in Hamm zu besuchen oder über das Internet Kontakt zu Hindus aufzunehmen und eine Begegnung zu organisieren.

Samsara und Karma

Für die Hindus besteht die Welt seit Ewigkeiten. Immer wieder ist sie entstanden und vergangen, immer wieder wird sie neu entstehen und vergehen. Ebenso alle Lebewesen, sie werden geboren, leben, sterben und werden wiedergeboren. Diesen ewigen Kreislauf nennen die Hindus Samsara, das bedeutet Wanderung oder Umherwandern. Die Seele verlässt den Körper eines Sterbenden, um dann nach einer gewissen Zeit im Körper eines neu entstehenden Lebewesens auf die Erde zurückzukehren.

Das Rad symbolisiert den Kreislauf des Lebens, hier in Stein gemeißelt am Tempel des Sonnengottes Surya in Konaraka

Samsara empfinden die Hindus nicht als etwas Positives.
Es ist eine Art „ewiges Leben" und eng mit der Lehre vom Karma verbunden. *Karma* bedeutet Tat oder Handlung und ist das Gesetz der Vergeltung. Jede Tat eines Menschen hat eine Ursache, die ihr vorangeht, und Folgen, die nach der Tat weiter bestehen. Was ein Mensch jetzt ist und was er tut, hat seine Ursachen in früheren Handlungen und wird Auswirkungen auf die Zukunft haben, die sich auch auf das nächste Leben erstrecken können. Deshalb betrachten die Hindus Samsara als ewige Verdammnis. Die Seele ist „verdammt" dazu, von Körper zu Körper zu wandern und das Karma mitzunehmen. Es begleitet die Seele also über Tod und Wiedergeburt hinweg. Man könnte es sich wie eine Art Konto vorstellen, auf das etwas eingezahlt und von dem etwas abgehoben wird. So wie es anwachsen kann, so kann es auch weniger werden, je nachdem, ob das Tun des Menschen positives oder negatives Karma hervorruft. Wie es einem Menschen in seinem jetzigen Leben ergeht, die Gestalt seines Körpers, seine Lebensdauer, seine geistige Verfassung hängt vom Karma ab. Das Karma bestimmt auch, wie der Mensch wiedergeboren wird und wie er seine Erlösung erlangt.

 A

1. *Welche Antworten geben Judentum, Christentum und Islam auf die Frage, was nach dem Tod mit dem Menschen geschieht? Lies dazu auch auf S. 90 ff. nach.*
2. *In der heutigen Zeit findet die Vorstellung von der Wiedergeburt auch in der westlichen Welt immer mehr Anklang. Erörtere mögliche Gründe dafür.*
3. *Entsprechend der hinduistischen Lehre ist jeder Mensch selbst für sein Karma verantwortlich. Einige Menschen verfallen jedoch in eine Art Resignation. Für ihre Lage sei eben ihr Karma verantwortlich, ihr Leben sei die Folge vergangener Taten, die sie nicht ungeschehen machen könnten. Bei uns würde man vielleicht sagen, es das Schicksal, das sich nicht ändern lässt. Diskutiert über diese Ansicht. Klärt dabei den Begriff „Schicksal". Lässt sich die Lehre vom Karma mit dem Schicksal vergleichen?*

Wege zur Erlösung

Das Lebensziel eines gläubigen Hindu ist Moksha, die Befreiung aus dem Samsara. Der Hinduismus kennt im Gegensatz zu anderen Religionen gleich mehrere Wege, dieses Ziel zu erreichen.

Vorbereitungen für das Hindu-Fest Divali

Erlösung
Befreiung aus dem Kreislauf der Wiedergeburt

erloesung

Der Weg des Handelns	**Der Weg der Gottesliebe**	**Der Weg der Erkenntnis**
Gebete, Opfergaben, Wallfahrten, Schmücken der Götterstatuen, Besuch der Tempel	fordert absolute Hingabe an einen persönlichen Gott (meist wird der Gott Vishnu verehrt, vor allem in seiner Verkörperung als Krishna)	langwieriger Prozess geistiger Konzentration und Meditation, verbunden mit Askese
diese Handlungen beeinflussen das Karma und bringen der Erlösung näher	für alle Gläubigen geeignet *gottesfürchtiges Leben führt zur Erlösung durch Gott*	führt zum absoluten Wissen: Atman (das Selbst) und Brahman (der Urgrund allen Seins) sind identisch *nur geeignet für Menschen, die philosophisch geschult sind*
karma-marga	**bhakti-marga**	**jnana-marga**

1. *Erlösung ist ein Grundgedanke der Religionen. Sprecht darüber, welche Gedanken du persönlich mit diesem Begriff verbindest.*
2. *Was verstehen Juden, Christen und Muslime unter Erlösung? Wo siehst du Gemeinsamkeiten bzw. Unterschiede?*
3. *Auch Martin Luther hat sich mit der Frage beschäftigt, was die Werke eines gläubigen Menschen zu dessen Erlösung beitragen können. Informiere dich zunächst im Internet, welche Antworten Martin Luther dazu gibt. Tauscht dann euer Wissen darüber aus.*

Atman und Brahman

Der Begriff Brahman bezeichnet das Urprinzip, das Eine. Damit ist nicht der Gott Brahma gemeint, sondern das Absolute, das Göttliche, der Urgrund allen Seins. Alles, das Universum, die Welt, Menschen, Tiere, Pflanzen und auch Götter sind Erscheinungsformen des Brahman.

Atman dagegen bezeichnet das innere Selbst bzw. die individuelle Seele, die die eigene Identität ausmacht. Wenn die ganze Welt aus Brahman besteht, dann ist Atman auch Brahman. Diese Erkenntnis führt zur Befreiung aus dem Samsara und damit zur Erlösung.

In den alten Schriften ist die Geschichte von Uddalaka Aruni überliefert, der seinem Sohn diesen Gedanken erklärt. Er lässt ihn eine Feige holen und öffnen.

Q „Was siehst du da?", fragt er. „Ganz feine Samenkörner." – „Öffne eines von ihnen. Was siehst du da?" – „Nichts, Vater." Der sprach zu ihm: „Der feinste Stoff, den du nicht wahrnimmst, aus dem besteht der große Feigenbaum. Dieser Stoff durchzieht den Kosmos, das ist das Wahre, das bist du, Shvetaketu." – Da bittet der Sohn um weitere Belehrung. „Lege dieses Salz hier in Wasser und setze dich morgen früh wieder zu meinen Füßen." Am nächsten Morgen sagte der Vater: „Bring' mir nun das Salz, das du gestern in das Wasser getan hast." Da tastete er nach dem Salz, konnte es aber nicht finden. „Koste nun vom Rand des Wassers. Wie schmeckt es?" – „Salzig." – Koste von der Mitte des Wassers. Wie schmeckt es?" – „Salzig." – „Koste von unten. Wie schmeckt es?" – „Salzig." – „Iss etwas und setz' dich zu mir." Das tat er mit den Worten: „Das Salz bleibt immer." Da sprach er zu ihm: „Wahrlich, das in diesem Wasser Seiende, mein Lieber, kannst du nicht greifen, und dennoch ist es darin. Dieser feinste Stoff durchzieht den Kosmos, das ist das Wahre, das bist du, Shvetaketu!" – Dieser feinste Stoff, das Brahman, aus dem alles besteht, das sind wir je selbst.

(Andreas Becke: Hinduismus zur Einführung, Junius, Hamburg 1996, S. 40f.)

A
1. *Überdenke noch einmal, was der Vater seinem Sohn erklärt. Formuliere die Erkenntnis mit eigenen Worten oder stelle sie in Form einer Text-Bild-Collage dar.*
2. *Welche Schlussfolgerungen würden sich daraus für unseren Umgang mit unseren Mitmenschen, mit der Natur und mit uns selbst ergeben? Kannst du dir vorstellen, daraus Konsequenzen für deine ganz persönlichen Handlungen und Entscheidungen zu ziehen?*

Die Götterwelt

Für die Hindus beherrscht die Religion ihr ganzes Leben. Viele Hindus sind überzeugt, dass die Götter ihnen bei der Bewältigung des alltäglichen Lebens helfen können. In jedem Haus gibt es einen Schrein für die Götter mit Bildern und Figuren.

Der Hinduismus kennt eine Vielzahl von Göttern. In vedischer Zeit wurden Gottheiten verehrt, die vor allem Naturphänomene wie Himmel, Erde, Sonne, Mond, Feuer usw. darstellten. In der klassischen Periode bildete sich die Dreigestalt *Brahma – Vishnu – Shiva* heraus. Brahma gilt dabei als Schöpfer der Welt, Vishnu verkörpert das Prinzip der Welterhaltung und Shiva entspricht gleichzeitig den zerstörerischen und schöpferischen Kräften der Welt. Vishnu und Shiva sind heute die bedeutendsten Götter Indiens. Ihre Anhänger bilden die zwei Hauptrichtungen des Hinduismus.

Die drei Götter Brahma, Shiva und Vishnu

Wie kam Ganesha zu seinem Elefantenkopf?

Ganesha ist der Sohn der Parvati, der Gemahlin Shivas. Sie schuf ihn als Türwächter vor ihrem Baderaum. Eines Tages wollte Shiva seine Gattin besuchen, als diese gerade badete. Ganesha, in Erfüllung seiner Pflicht, stellte sich ihm in den Weg. Voller Zorn darüber schlug ihm Shiva mit seinem Schwert den Kopf ab. Parvati flehte ihren Gatten an, ihren Sohn wieder zum Leben zu erwecken. Shiva versprach ihr, Ganesha den Kopf des ersten Lebewesens zu geben, das vorbei kommt. Es war ein Elefant, und so bekam Ganesha seinen neuen Kopf. Durch diese Wiederbelebung wurde Ganesha auch zum Sohn Shivas.

Ganesha wird oft als dickbäuchiger, gemütlicher Gott dargestellt, der auf einer Ratte reitet und einen Teller Süßigkeiten vor sich stehen hat. Viele Hindus lieben ihn, weil er ein offenes Ohr für ihre Bitten hat.

1. *Vergleiche die Gottesvorstellungen im Hinduismus mit den Glaubenslehren von Judentum, Christentum und Islam. Stelle deine Ergebnisse in einem Überblick dar.*
2. *Diskutiert darüber, welche Bedeutung Gebet und Gottesdienst im Leben eines Menschen haben können.*

Heilige Orte

Varanasi bzw. Benares ist für die Hindus die heiligste Stadt. Der Ganges, „Mutter Ganga", ist der heiligste Fluss. Jedes Jahr pilgern hunderttausende Menschen hierher. Schon am frühen Morgen steigen die Pilger die Treppen hinunter ins Wasser, um sich von ihrer Schuld zu reinigen. Alte und kranke Menschen erhoffen sich Heilung. Die Gläubigen stehen andachtsvoll im Wasser, tauchen unter, strecken die

Spirituelle Reinigung im Ganges

Hände zum Himmel empor und gießen sich das heilige Wasser über den Kopf. Es erklingen Gebete und Lieder. Blumen, Rosenblätter, Reis und Süßigkeiten werden als Opfergaben dargebracht. Auf dem großen Verbrennungsplatz am Ufer des Ganges brennen ständig Scheiterhaufen. Viele Hindus wünschen sich, an diesem heiligen Ort zu sterben und hier verbrannt zu werden, denn wer hier stirbt, soll die Erlösung vom Kreislauf der Wiedergeburten erreichen.

[Q] ## Hindus können Reinigungsbad nun auch im Internet nehmen

Neu Delhi (AFP) Gläubige Hindus können rechtzeitig zum größten Glaubensfest der Welt in Nordindien ihr rituelles Reinigungsbad am Zusammenfluss von Ganges und Yamuna nun auch im Internet nehmen. Mit der Möglichkeit der virtuellen Waschung wolle der Internet-Dienst allen Hindus einen Service bieten, die nicht persönlich an dem 42-tägigen Fest Maha Kumbh Mela in Allahabad teilnehmen könnten, sagte der Sprecher des Unternehmens. Freilich habe die virtuelle Waschung nicht denselben Effekt der Sündenbefreiung wie ein tatsächliches Bad im heiligen Fluss. „Aber ich glaube, sie wirkt", sagte er. Für Geistliche stellt die virtuelle Waschung kein Problem dar. Vielmehr spiegele sie den technischen Fortschritt Indiens. *(BerlinOnline, 9.1.2001)*

[A] 1. Wasser hat in vielen Religionen eine besondere spirituelle Bedeutung. Trage dafür verschiedene Gründe zusammen.

2. Wiederhole, was du über heilige Orte der Juden, Christen und Muslime weißt.

[Ü] 3. Elektronische Beichte, multimedialer Gottesdienst, virtuelle Pilgerfahrten, E-Mails an Gott usw. Erkunde das Internet und trage konkrete Beispiele zusammen, welche modernen Möglichkeiten der Religionsausübung es gibt. Was hältst du von solchen Formen? Führt ein Streitgespräch zum Für und Wider moderner Religiosität.

Das Rad dreht sich – die Lehren des Buddhismus

Der Name dieser Weltreligion ist abgeleitet von einem Ehrentitel für ihren Stifter Siddhartha Gautama, den Buddha. Der Buddhismus beruht auf Buddhas Lehre und seiner Ordensgründung.

Buddhist ist man weder durch Geburt noch durch ein formelhaftes Glaubensbekenntnis. Jeder Mensch, der die Lehre des Buddha als Wahrheit erkennt, darf sich als Buddhist betrachten. Der Buddhist bekennt sich zu Buddha, zu dessen Lehre und zur Gemeinschaft der Mönche und Laien. Damit verbunden sind bestimmte Regeln, die er in seinem Leben einhalten soll.

Das Leben des Buddha

Siddhartha (Einer, der das Ziel erreicht hat) Gautama lebte etwa 560 bis 480 v.Chr. Er wurde als Sohn des Landadligen Suddhodana und der Prinzessin Maya in Kapilavastu im heutigen Nepal geboren. Der Reichtum der Familie ermöglichte ihm eine unbeschwerte Kindheit mit allen Annehmlichkeiten und einer gediegenen Ausbildung. Mit 16 Jahren heiratete Siddhartha die schöne Yasodara. Beide haben einen Sohn, den sie Rahula, Fessel, nennen.

Trotz seines Lebens in Luxus geriet Siddhartha in eine tiefe Krise. Er verließ seine Familie und seine Heimat und suchte als Asket die Erlösung vom Leiden. Zunächst folgte er verschiedenen Lehrern, später zog er sich als Bettelmönch in die Einsamkeit zurück. Strengste Askese sollte die Erleuchtung erzwingen.

Die erhoffte religiöse Einsicht blieb jedoch aus. Schließlich erkannte er, dass es einen Mittelweg zwischen Luxus und Askese geben musste.

Darstellung des Buddha als unbeugsamer Asket

1. *Eine Legende erzählt, dass Siddhartha vom Palast seines Vaters aus vier Ausfahrten unternahm. Dabei begegnet er einem Alten, einem Kranken und einem Toten. Siddharthas Jugend war unbeschwert, man hielt alles Leid von ihm fern. Er kannte weder Alter, Krankheit noch Tod. Sein Wagenlenker musste es ihm erklären. Erarbeitet in Partnerarbeit dazu einen Dialog zwischen Siddhartha und seinem Wagenlenker.*

2. *Bei der letzten Ausfahrt trifft Siddhartha einen Wanderasketen, der ihm erklärt, er habe durch die Abkehr von allem Weltlichen seinen inneren Frieden gefunden. Versetze dich in Siddhartha. Formuliere mögliche Gedanken und Empfindungen und vergleicht diese in der Klasse.*

Die Erkenntnis des Heilspfades

Während einer Meditation unter einem Feigenbaum in Bodh Ghaya durchlief Siddhartha die vier Stufen der Versenkung und erlangte die höchste und vollkommene Erleuchtung (Bodhi). Damit wurde er zum Buddha, zum Erleuchteten.

Q

Als mein Denken gesammelt, geläutert, weich und leicht zu bearbeiten geworden war, richtete ich es auf die erinnernde *Erkenntnis meiner früheren Existenzen.* Ich erinnerte mich an eine, an zwei [...] schließlich an hunderttausend meiner Vorgeburten, an viele Perioden der Weltzerstörung und Weltentfaltung. [...] Dieses war das *erste* Wissen, das ich in der ersten Nachtwache erreichte.

Und ich richtete dann das Denken auf die *Erkenntnis des Abscheidens und Wiederentstehens der Wesen.* Mit göttlichem Auge sah ich, wie die Wesen sterben und wieder geboren werden [...] Dieses war das *zweite* Wissen, das ich in der mittleren Nachtwache machte.

Und ich richtete dann das Denken auf die *Erkenntnis der Vernichtung der schlechten „Einflüsse"* (d.h. der Grundübel: Sinnenlust, Werdelust und Nichtwissen). [...] Dieses war das *dritte* Wissen, das ich in der letzten Nachtwache erreichte.

So war das Nichtwissen vernichtet, das Wissen entstanden, die Finsternis vernichtet, das Licht entstanden bei einem, der unbeirrt in heißem Eifer entschlossen verharrte.

(Aus dem Pali-Kanon. In: Helmuth von Glasenapp: Pfad zur Erleuchtung: Ein buddhistisches Lesebuch. Diederichs, München 1994, S. 29f.)

Trotz der Erleuchtung blieb der Buddha in der Welt. Er entwickelte die Grundzüge seiner Lehre, die später als Dharma, d.h. „Lehre" oder „Gesetz", bezeichnet wird.

Er ging nach Benares und hielt dort seine erste Predigt. Er verkündete die vier edlen Wahrheiten vom Leiden, den edlen achtfachen Pfad von der Aufhebung des Leidens und das Gesetz von der Entstehung in Abhängigkeit. Damit setzte der Buddha das „Rad der Lehre" in Bewegung, und dieses Rad dreht sich bis heute.

Danach widmete der Buddha die letzten fünfundvierzig Jahre seines Lebens der Verkündigung seiner Lehre, der Gründung eines Mönchsordens und der Bildung einer Gemeinschaft von Laienanhängern. Seine letzten Worte, die er an seine Mönche richtet, fassen seine gesamte Lehre zusammen: „Jetzt, ihr Mönche, sage ich euch: Alles, was entstanden ist, muss vergehen. Unermüdlich sollt ihr euch bemühen." Der Buddha ging in das endgültige Nirvana ein.
(Über „Nirvana" kannst du auf S. 195 nachlesen)

A

1. Gestalte die wichtigsten Stationen des Lebensweges von Buddha mit Symbolen.

2. Buddha kam zur Erkenntnis, dass nur der Mittelweg zwischen strenger Askese und einem Leben in Luxus der richtige Weg zu Erlösung sei. Erarbeite dazu Argumente und diskutiert diese in der Klasse.

Wohin führt der Weg?
Die Erlösung aus dem ewigen Kreislauf des Werdens und Vergehens erreicht der Buddhist im Nirvana. Das Wort bedeutet so viel wie Erlöschen oder Verwehen. Eine genaue Beschreibung gibt es nicht, weil es die Vorstellungskraft eines nicht erleuchteten Menschen übersteigt. Der Buddha verwendete deshalb verneinende Aussagen, wenn er über das Nirvana sprach.

Es gibt, ihr Mönche, einen Bereich, wo weder Erde noch Wasser, noch Feuer, noch Wind ist, wo die Sphäre der Unendlichkeit des Raumes und der Unendlichkeit des Bewusstseins nicht mehr besteht. Wo nicht irgend etwas mehr ist, weder die Sphäre des Unterscheidens noch die des Nichtunterscheidens, nicht diese Welt noch die jenseitige Welt, wo beide, Sonne und Mond, nicht mehr sind.

Dies erfahrt von uns, ihr Mönche: Ich verkündige euch ein Nichtkommen und Gehen, ein Nichtfeststehen und Vergehen, die Freiheit von der Wiedergeburt; ein Nichtstillstehen und ein Nichtweitergehen. Keinen Grund gibt es mehr für das Sehnen nach dem Leben. Dies ist das Ende des Leides.

(Aus dem Pali-Kanon. Zitiert nach: Reden des Buddha, übersetzt von Ilse-Lore Gunsser. Reclam, Stuttgart 1998, S.71)

1. *Erkläre, warum Buddha vom Nirvana ausschließlich mit verneinenden Aussagen spricht.*
2. *Man vergleicht das Eingehen in das Nirvana auch mit dem Erlöschen einer Flamme oder dem Verwehen des Windes. Interpretiere diese Metaphern.*

Die Lehre des Buddha

Der Dharma (die Lehre des Buddha) ist kein religiöser Glaube, er ist kein Wissen, das man sich nur durch Lernen aneignen kann und er ist auch kein rein philosophisches System. Der Dharma ist zunächst eine geistige Wirklichkeit, die Buddha in seiner Lehre deutet. Aber er ist auch die praktische Umsetzung dieser Lehre und hat die Erlösung des einzelnen Menschen zum Ziel.

Die vier edlen Wahrheiten

4. Der Weg, der zur Aufhebung des Leidens führt.

3. Die Aufhebung des Leidens.
Dreht man die Glieder der Kausalkette um, ist der Weg zu erkennen, wie man diesem Gesetz entkommen kann. Um Alter und Tod zu überwinden, muss die Geburt überwunden werden, um die Geburt zu überwinden, muss die Empfängnis überwunden werden usw. Am Ende werden die Triebkräfte, die für das Karma verantwortlich sind, überwunden, indem das Nichtwissen überwunden wird.

2. Die Entstehung des Leidens.
Der Buddha lehrt, dass alles bedingt ist. Alles hat eine Ursache, nichts entsteht von selbst oder durch Zufall. Davon spricht das Gesetz von der Entstehung in Abhängigkeit. Es führt vom Nichtwissen über die Triebkräfte, das Bewusstsein, Name und Gestalt, die sechs Sinne, Berührung, Gefühl, Lebensdurst und Befriedigung bis hin zu Empfängnis, Geburt und letztlich Alter und Tod.

1. Alles ist Leiden.
Der Mensch besteht aus fünf Daseinsgruppen (Skandhas): Körper, Empfindung, Wahrnehmung, Willens- und Geistesregungen und Bewusstsein. Sie sind aber nicht dauerhaft, sondern unterliegen ständigem Wandel und sind vergänglich. So wie sie sich ändern, ändert sich auch der Mensch. Also ist auch der Mensch unbeständig und vergänglich. Er ist kein konstantes Ich, hat also kein unveränderliches Selbst.

Der achtfache Pfad

1. Rechte Anschauung ist das Wissen um das Leid, um seine Entstehung und um den Weg zu seiner Aufhebung.
2. Rechte Gesinnung ist eine solche, die frei ist von Begierde, Übelwollen und Gewalttätigkeit.
3. Rechtes Reden ist das Abstehen von Lüge, Verleumdung, Schimpfen und Schwatzen.
4. Rechtes Handeln ist das Unterlassen von Töten, Stehlen und Unkeuschheit.
5. Rechtes Leben ist es, wenn man einen schlechten Lebenserwerb [...] aufgibt und seinen Unterhalt in der richtigen Weise gewinnt.
6. Rechtes Streben richtet sich darauf, erstens die schlechten, unheilvollen „Dinge" (Gemütsregungen), welche noch nicht entstanden sind, nicht entstehen zu lassen, und die, welche schon entstanden sind, von sich zu tun, und zweitens die noch nicht entstandenen heilvollen „Dinge" zum Entstehen zu bringen und die, welche schon entstanden sind, zu mehren und zur Vollendung zu bringen.
7. Rechtes Überdenken ist die besonnene Betrachtung des Körpers, der Empfindungen, des Denkens und der „Dinge".
8. Rechtes Sich-Versenken ist das Verweilen in den Versenkungsstufen.

Q

Schüler beim Studium der Texte

(Aus dem Pali-Kanon. In: Helmuth von Glasenapp: Pfad zur Erleuchtung:
Ein buddhistisches Lesebuch. Diederichs, München 1994, S. 92 f.)

1. *Buddha spricht vom Leiden. Was verbindest du damit?*   A
2. *Trage zusammen, wie andere Religionen die Frage: Was ist der Mensch? beantworten. Stelle deine Ergebnisse in einem Überblick dar.*

3. *Stelle dich der Frage, wie die Menschen unserer Zeit mit Leiden umgehen. Diskutiert einzelne Beispiele in einem fiktiven Expertengespräch mit Medizinern, Psychologen, Soziologen, Theologen. Lest dazu auch im Kapitel „Alter – Sterben - Tod" nach.*   Ü

4. *Nimm Kontakt zu praktizierenden Buddhisten auf. Nutze dazu u.a. offene Foren im Internet, z. B. unter www.dharma.de (Deutsche Buddhistische Union). Erkundige dich, welche Ansprüche der achtfache Pfad im alltäglichen Leben an einen Buddhisten stellt. Organisiere - wenn möglich - eine Begegnung.*   P

Die buddhistische Gemeinschaft

Buddha gründete einen Mönchsorden (Sangha), später kamen auch Frauen dazu. Aufgabe der Mönche ist es, den achtfachen Pfad zu gehen. Besondere Bedeutung haben die folgenden zehn Verpflichtungen für Mönche:

1. NICHT TOETEN
2. NICHT STEHLEN
3. NICHT UNKEUSCH LEBEN
4. NICHT LUEGEN
5. KEINE BERAUSCHENDEN MITTEL ZU SICH NEHMEN
6. KEINE MAHLZEITEN NACH DEM MITTAG EINNEHMEN
7. KEINE MUSIK, KEINEN TANZ, KEINEN GESANG UND KEINE SCHAUSPIELE GENIESSEN
8. KEINE BLUMEN, BAENDER, SALBEN UND WOHLGERUECHE VERWENDEN
9. KEIN BEQUEMES BETT BENUTZEN
10. KEIN GOLD, SILBER ODER GELD ANNEHMEN

Ursprünglich waren die Mönche Wandermönche, heute leben sie meist in Klöstern und begeben sich zeitweise auf Wanderzeiten oder Wallfahrten. Ein Mönch soll keinen Beruf ausüben und besitzt nur wenig. Der Tag beginnt mit Meditationsübungen. Danach geht der Mönch von Haus zu Haus und bittet um Essen, das er kurz vor dem Mittag im Kloster allein zu sich nimmt. Später folgen Unterricht, Studium und Meditationsübungen. Es ist jeder Zeit möglich, den Orden wieder zu verlassen.

Auch die Laien nehmen ihre Zuflucht bei Buddha, Dharma und Sangha, aber sie bleiben in der Welt. Daher gelten für sie nur die ersten fünf Verpflichtungen der Mönche. Mönche und Laien sind aufeinander angewiesen. Die Mönche veranschaulichen mit ihren Tugenden der Entsagung und Loslösung den Weg zum Nirvana und sind religiöse Lehrer. Die Laien unterstützen die Mönche, indem sie Kleidung, Essen oder Arznei spenden und damit die buddhistischen Tugenden der Freigiebigkeit und Güte üben.

Laien ziehen die Schuhe aus, bevor sie Essen in die Almosenschalen von Theravadamönchen legen.

1. In jüngster Zeit entwickelt sich der Trend, nur für einige Zeit in ein buddhistisches Kloster (Wat) zu gehen und nach den Ordensregeln zu leben. Diskutiert verschiedene Beweggründe für dieses „Kloster auf Zeit" und die möglichen Auswirkungen auf das Leben nach der Rückkehr in den Alltag.

Der ethische Anspruch des Buddhismus

Im Pali-Kanon, den frühesten Sammlungen buddhistischer Schriften, ist zu lesen:

Auf mich selbst achtend, achte ich auf den anderen, auf den anderen achtend, achte ich auf mich selbst.

Die buddhistische Ethik ist mithin ein Teil der Erlösungslehre, nicht Selbstzweck oder Werkgerechtigkeit und schon gar nicht die Ausführung eines göttlichen Befehls, wie etwa die Ethik des Alten Testaments. Sie beruht auf den Ratschlägen, die der Buddha seinen Anhängern gegeben hat. Sie ist eine reine Gesinnungsethik; nicht auf die zur Ausführung gelangte Tat kommt es an, sondern auf die ihr zugrunde liegende und in ihr zum Ausdruck kommende Geisteshaltung. Wer eine Schnur irrtümlich für eine Schlange hält und auf sie einschlägt, um sie zu töten, hat sich der Tötung schuldig gemacht. Das Nichtverletzen von Leben ist die erste Grundlage sittlichen Verhaltens.

(Hans Küng, Heinz Bechert: Christentum und Weltreligionen: Buddhismus. Piper, München 1998, S.33)

Achtsamkeit

Die buddhistischen Mönche säubern den Weg eines Gartens.

Sie wirken gesammelt, ganz konzentriert auf das Wischen des Bodens, ganz eins mit dem, was sie tun.

Ihre Gesichter strahlen Ernst, Gelassenheit und fast so etwas wie zärtliche Heiterkeit aus. Ob sie wohl die Tugend der Achtsamkeit üben? Oder ob sie das Stadium des bewussten Übens schon hinter sich haben und Achtsamkeit zu ihrer Charakterhaltung geworden ist?

Achtsamkeit bedeutet: jeden Augenblick des Tages aus dem „Herz-Geist" oder, anders ausgedrückt, aus dem wahren Selbst zu leben. Dadurch wird der ganz gewöhnliche Alltag zum kontinuierlichen Übungsfeld. Das Wischen des Bodens, das Trinken eines Glas Wassers, das Tippen am Computer, das Ordnen von Blumen in der Vase – was immer du tust, sei mit deinem ganzen Wesen in dem, was du tust! Dann verringert sich mit der Zeit die Nervosität; Bewegungen und Sprache werden harmonischer, der „Herz-Geist" beginnt, den Alltag zu prägen.

(Pia Gyger. In: Katechetische Blätter 7-8/1995, Kösel, München)

1. *Erkläre auf der Grundlage des Textes oben den Begriff „Gesinnungsethik". Was verlangt die buddhistische Ethik vom Einzelnen? Trage Beispiele zusammen. Wo siehst du persönlich die Grenzen dieser Ethik?*
2. *Was verstehen Buddhisten unter Achtsamkeit? Schildere Handlungen aus deinem eigenen Alltag, die du mit bzw. ohne Achtsamkeit ausführst. Sprecht darüber, welche Chancen mehr Achtsamkeit in deinem Leben eröffnen könnte.*

5.2 Ein Ziel, verschiedene Wege? – Die Weltreligionen im Vergleich

Religion gehört seit Anbeginn und überall auf der Welt zum menschlichen Leben. Wissenschaftler sprechen sogar davon, dass Religion ein menschliches Grundbedürfnis und damit existentiell für den Menschen ist. Schätzungen zufolge gibt es mehrere hundert Religionen auf der Welt. Allgemein bekannt sind dagegen nur fünf bis sieben Religionen, die als große oder Weltreligionen bezeichnet werden. Aber was ist Religion überhaupt?

RELIGION lat. *religio* – abgeleitet von *relegere* – „sorgsam beachten"
Cicero (106–43 v. Chr.; römischer Politiker und Schriftsteller) – die sorgfältige Beachtung all dessen, was zum Kult der Götter gehört

oder

religare – „binden, wieder verbinden"
Lactantius (ca. 250–320; lateinischer Kirchenschriftsteller aus Nordafrika) – die Seele, die sich von Gott losgerissen hat, wieder mit Gott zu versöhnen und zu verbinden

Was ist Religion?

a) ein Glaube an übernatürliche Wesen (Gott) und Kräfte;
b) die Unterscheidung heiliger und profaner Gegenstände;
c) rituelle Akte, die sich um heilige Gegenstände zentrieren;
d) die Annahme eines vom Göttlichen angeordneten und sanktionierten Moralkodex';
e) spezifische Gefühle, die in Gegenwart heiliger Gegenstände und ritueller Praxis entstehen und in Verbindung gesetzt werden zum Göttlichen;
f) Gebete und andere Formen der Kommunikation mit dem Göttlichen;
g) eine aus Erzählungen, Bildern und Begriffen zusammengesetzte Vorstellung von Natur und Geschichte im Ganzen, die den Platz des Individuums in der Welt und die Möglichkeit seines (irdischen oder jenseitigen) Heils oder Unheils, seiner Erlösung oder Verdammung vorzeichnet;
h) eine Art der Gemeinschaft, die durch Anerkennung und Praxis des eben Genannten konstituiert wird …

(Maximilian Forschner: Religion. In: Otfried Höffe (Hg.): Lexikon der Ethik. Beck, München 1977, S.198)

1. *Wende die Definition auf die Weltreligionen an. Nutze dazu die Übersicht auf den Seiten 202 f.*
2. *Die Wissenschaft spricht heute u.a. vom **homo religiosus**, dem von Natur aus religiösen Menschen. Setz dich mit diesem Begriff und seiner Bedeutung für die Frage „Was ist der Mensch?" auseinander. Stelle deinem Ergebnis die Erkenntnisse zum **homo sapiens**, dem mit Vernunft und Verstand ausgestatteten Menschen, gegenüber.*

Wozu Religion?

Religionen sind eigenständige Betrachtungen der Wirklichkeit, die anders als die Wissenschaft angelegt sind und anders funktionieren.

Religion – Die Dimension der Tiefe

Das entscheidende Element in der gegenwärtigen Situation des westlichen Menschen ist der Verlust der Dimension der Tiefe. [Q]

„Dimension der Tiefe" ist eine räumliche Metapher – was bedeutet sie, wenn man sie auf das geistige Leben des Menschen anwendet und sagt, dass sie ihm verloren gegangen sei? Es bedeutet, dass der Mensch die Antwort auf die Frage nach dem Sinn des Lebens verloren hat, die Frage danach, woher er kommt, wohin er geht, was er tun und was er aus sich machen soll in der kurzen Spanne zwischen Geburt und Tod. Diese Fragen finden keine Antwort mehr, ja, sie werden nicht einmal mehr gestellt, wenn die Dimension der Tiefe verloren gegangen ist. Und genau dies hat sich in unserer Zeit ereignet. Unsere Generation hat keinen Mut mehr, solche Fragen mit unbedingtem Ernst zu stellen, wie es frühere Generationen taten, und sie hat auch keinen Mut mehr, auf irgendwelche Antworten auf diese Fragen zu hören.

Ich beabsichtige, die Dimension der Tiefe im Menschen als seine „religiöse Dimension" zu bezeichnen. Religiös sein bedeutet, leidenschaftlich nach dem Sinn unseres Lebens zu fragen und für Antworten offen zu sein, auch wenn sie uns tief erschüttern. Eine solche Auffassung macht die Religion zu etwas universal Menschlichem, wenn sie auch von dem abweicht, was man gewöhnlich unter Religion versteht.

Religion als Tiefendimension ist nicht der Glaube an die Existenz von Göttern, auch nicht an die Existenz eines einzigen Gottes. Sie besteht nicht in Handlungen und Einrichtungen, in denen sich die Verbindung des Menschen mit seinem Gott darstellt. Niemand kann bestreiten, dass die geschichtlichen Religionen „Religion" in diesem Sinne sind. Aber Religion in ihrem wahren Wesen ist mehr als Religion in diesem Sinne: Sie ist das Sein des Menschen, sofern es ihm um den Sinn seines Lebens und des Daseins überhaupt geht.

(Paul Tillich: Die verlorene Dimension. Furche, Hamburg 1962, S. 8 f.)

1. Setze dich mit der Aussage des Textes auseinander. Vergleiche die beiden Religionsbegriffe, die Tillich hier gegenüberstellt, miteinander. [A]

2. Was denkst du: Ist die Dimension der Tiefe ausschließlich in der Religion zu finden? Diskutiert darüber.

3. Entwickelt ein Rollenspiel zum Text. Überlegt euch in Kleingruppen zunächst entsprechende Rollen, die miteinander ins Gespräch kommen könnten. Stellt dann das Rollenspiel in der Klasse zur Diskussion.

Die Weltreligionen im Überblick

	Judentum	Christentum
Symbol	Davidstern bzw. Siegel Salomo, Verbindung Gottes mit den Menschen und umgekehrt	Kreuz, Tod und Auferstehung Jesus Christus = griech. „der Gesalbte" (hebr. Messias), Hoheitstitel Jesu
Entstehungszeit	1800–1400 v.u.Z.	ab ca. 30 u.Z.
Ursprung Gründer	Erzvater Abraham zieht aus Haran (Mesopotamien) nach Kanaan; Mose führt das Volk Israel aus Ägypten, Bund am Sinai	Judentum; Jesus von Nazaret als der von Gott verheißene Messias und Erlöser, entstanden nach dessen Kreuzigung aus dem Glauben der Urgemeinde an seine Auferstehung
Heilige Schriften	Tora = 5 Bücher Mose, Tanach = hebräische Bibel (entspricht im Wesentlichen dem Alten Testament), Talmud	Bibel (Altes und Neues Testament)
Gott	JHWH, einzig und ewig, Schöpfer und Richter, der einen Bund mit seinem auserwählten Volk schließt	Trinität (= Dreieinigkeit), Gott Vater = Schöpfer, Gott Sohn = Jesus Christus, Gott Heiliger Geist = Gottes gegenwärtige, Leben spendende Kraft
Mensch	Geschöpf Gottes, Ebenbildlichkeit, zur verantworteten Freiheit befähigt	wie Judentum, Mensch als „Kind" Gottes
Erlösung	durch Gottesliebe und Einhaltung der Gebote, Auferstehung der Toten, Messiaserwartung	Leben nach dem Vorbild Jesu, Auferstehung der Toten, Gott als Richter am Jüngsten Tag
Riten Bräuche	Beschneidung, Speisegesetze, Gebet, Gottesdienst	Taufe, Abendmahl, Gebet, Gottesdienst
Feste	u.a. Sabbat, Rosh Ha-Shana (=Neujahrsfest), Jom Kippur (=Versöhnungstag), Pessach, Chanukka (=Lichterfest)	u.a. Weihnachten, Ostern, Pfingsten

Islam	Hinduismus	Buddhismus
Glaubensbekenntnis in arabischer Schrift, Islam = Hingabe, Unterwerfung unter den Willen Gottes	Om, das Ewige, Brahman, abgeleitet vom Namen des Flusses Indus, persisch Hindu	Rad der Lehre mit 8 Speichen, achtteiliger Pfad zur Erlösung, Buddha = der Erleuchtete, Ehrentitel für Siddharta Gautama
ca. 600 u.Z.	ab ca. 2000 v.u.Z.	ca. 500 v.u.Z.
Mohammed, der letzte Prophet Allahs	Verschmelzung der vedisch-brahmanischen Religion der indogermanischen Einwanderer mit den Religionen des Industals	Hinduismus; Siddharta Gautama
Koran	Shruti (= Hören), u.a. Veden, Brahmanas, Upanishaden; Smriti (= Erinnerung), u.a. Mahabharata	Pali-Kanon (Sammlung der Worte Buddhas)
Allah, einzig, Schöpfer und Richter	Brahman = Urgrund allen Seins, das Absolute; Brahma – Vishnu – Shiva, 330 Millionen Götter?	kein Gott, aber tolerant gegenüber Gottesglauben
Statthalter und Diener Gottes, Vorherbestimmung und Freiheit, 5 Säulen	Samsara, Karma	Leid, 5 Daseinsformen, kein Selbst bzw. Ich
Leben nach den Regeln des Korans und dem Vorbild Mohammeds, Gott als Richter am Ende aller Tage	Moksha, Befreiung aus dem Samsara durch Handeln, Liebe und/oder Erkenntnis	4 Wahrheiten, Achtteiliger Pfad, Selbsterlösung, Befreiung aus dem Samsara, Nirvana
....	Übergangsriten, Schutz der Kuh, Heiliges Wasser, Hausaltar, Puja	....
u.a. Fest des Fastenbrechens, Opferfest, Geburtstag Mohammeds	u.a. Divali (=Lichterfest), Holi (= Fest der Farben), Feste zu Ehren der Götter	u.a. Vesakh (= Fest der Geburt, der Erleuchtung und des Todes Buddhas), Neujahrsfest

Weisungen für das Leben – die Ethik der Religionen

Alle Religionen kennen Gebote und Verbote, die von den Gläubigen eingehalten werden sollen. Dazu zählen Regeln für das Verhältnis des Einzelnen zu Gott und für das menschliche Zusammenleben sowie religiöse Vorschriften, die Nahrung, Kleidung, Hygiene oder rituelle Handlungen betreffen. In Judentum, Christentum und Islam gelten diese Pflichten als göttliche Weisung.

Ich esse kein Rindfleisch. Kühe sind in unserer Religion heilig.

Nach altem Brauch wird mein Sohn beschnitten.

Ich wahre meine Keuschheit und verhülle meine Reize durch ein Tuch.

Jeden Freitag trifft sich meine Familie zur Sabbatfeier bei den Großeltern.

Vor seinem Tod hat Großvater die letzte Ölung empfangen.

Vor großen religiösen Feiertagen lege ich die Beichte ab.

Ethik

 [Religionen] unterscheiden sich sicherlich stark beim Stellenwert, den sie Gesetzen und Regeln zur Führung eines moralischen Lebens geben [...]. Aber sie stimmen weitestgehend in ihrem Glauben überein, dass menschliche Wesen in der Lage sind, zwischen Gut und Böse oder Recht und Unrecht zu unterscheiden und nach dieser Entscheidung zu handeln. Diese Entscheidungen können in starkem Maße durch viele Dinge erzwungen sein – durch die bisherige Erfahrung, durch Familie, durch Erziehung, durch genetische Vererbung – und wir können eingeschränkt sein in dem, was wir eigentlich für uns selbst machen können. Mit anderen Worten, wir können Hilfe gebrauchen, ob von Gott auf dem Weg über Gebote oder Gnade oder von einem Bodhisattva durch mitfühlende Hilfe oder durch spirituelle Führer und Gurus. Aber alle Religionen glauben, dass wir eine gewisse Kompetenz haben, Verantwortung für das Leben zu übernehmen, das wir für welche Zukunft auch immer planen, und uns moralische Überlegungen zu gestatten, um über unsere Entscheidungen zu befinden. Das ist es, was es bedeutet, Mensch zu sein.

(John Bowker (Hg.): Das Oxford-Lexikon der Weltreligionen. Patmos, Düsseldorf 1999, S. 288)

A
1. *Für welche Religion gilt das jeweilige Gebot im Kasten?*
2. *Gib die Kernaussage des Textes mit eigenen Worten wieder.*
3. *Vergleiche die Gebote bzw. Tugenden der Religionen miteinander. Übertrage diese dazu in eine Tabelle und markiere jeweils Gemeinsamkeiten und Unterschiede. Kreuze an, welche Gebote du für dein eigenes Leben übernehmen könntest und/oder wolltest.*
4. *Formuliere fünf Gebote, die für diese Religionen gleichermaßen gelten können. Vergleiche sie im Anschluss mit den Grundforderungen des Projektes Weltethos auf Seite 216 f.*

 Ü
5. *Bildet Arbeitsgruppen und wählt eine aktuelle ethische Fragestellung aus (z. B. Homosexualität, Schwangerschaftsabbruch, künstliche Befruchtung, Organtransplantation, Krieg, Todesstrafe). Recherchiert, welche Antworten die einzelnen Religionen darauf geben. Informiert eure Mitschüler anschaulich über eure Ergebnisse.*
6. *Bildet Gruppen. Jede Gruppe wählt sich eine Religion, die auf S. 202/203 vorgestellt wird, aus. Stellt diese in Form eines Radio- oder TV-Beitrages, einer Power-Point-Präsentation oder eines Würfelspiels vor. Wenn ihr euch fit genug fühlt, könnt ihr auch eine Lernkartei erstellen, die andere Schüler später nutzen können.*

Judentum

(2. Mose 20,1–17)

keine anderen Götter haben
kein Bildnis machen
den Namen Gottes nicht missbrauchen
den Sabbat heiligen
Vater und Mutter ehren
nicht töten
nicht ehebrechen
nicht stehlen
nicht falsches Zeugnis reden
nicht begehren, was anderen gehört

Hinduismus

Gewaltlosigkeit
Wahrhaftigkeit
Mitgefühl
Begierdelosigkeit
Nachsicht und Verzeihung
Enthaltung von Diebstahl
Nicht-Verleumdung

Islam

(Sure 17)

keinen anderen Gott als Allah
Güte gegenüber den Eltern
Nächstenliebe
Almosen geben
keine Unzucht
nicht töten
nicht stehlen
nicht betrügen
nicht lügen

Christentum

(Markus 12,28–31 parr.)

Gottesliebe
Nächstenliebe
Die zehn Gebote

Buddhismus

nicht töten
nicht stehlen
nicht unkeusch leben
nicht lügen
keine berauschenden Mittel zu sich nehmen
Liebe (Metta)
Wahrhaftigkeit
Zufriedenheit
Achtsamkeit

Was sollen wir tun? – Ethik konkret

Aus dem Jerusalemer Talmud

 Am Anfang wurde nur ein einziger Mensch geschaffen, um dich zu lehren, dass, wenn jemand eine Seele vernichtet, es ihm die Schrift anrechnet, als hätte er eine ganze Welt vernichtet, und wenn jemand eine Seele erhält, es ihm die Schrift anrechnet, als hätte er eine ganze Welt erhalten.

Die Feindesliebe

Kein anderes Gebot ist wohl so schwer zu befolgen wie der Befehl: „Liebet eure Feinde!" Manche Menschen halten es für unausführbar. Es sei zwar leicht, so sagen sie, den zu lieben, von dem man geliebt wird, wie aber könne man den lieben, der einem offen oder insgeheim schadet?

Trotz dieser immer wiederkehrenden Fragen und Einwände gilt dieser Befehl Christi heute mit besonderer Dringlichkeit. Immer neue Umwälzungen zeigen, dass der Mensch sich auf der Straße des Hasses befindet. Er ist auf einer Reise begriffen, die zu Untergang und Verdammnis führt.

Der Befehl, unsere Feinde zu lieben, ist nicht die fromme Bitte eines schwärmerischen Träumers; er ist eine unbedingte Notwendigkeit für unser Überleben. Die Liebe auch zu unseren Feinden ist der Schlüssel, mit dem sich die Probleme der Welt lösen lassen.

(Martin Luther King: Kraft zum Lieben. Christliche Verlagsanstalt, Konstanz o.J., o.S.)

Eine Legende

 Eines Tages, als der Prophet bei Medina im Schatten einer Palme ausruhte, näherte sich ihm Durfur, ein Krieger aus Mekka. Der Klang der Schritte weckte den Propheten aus seinen Träumen. Er blickte empor und sah den Krieger mit gezücktem Säbel vor sich stehen. Ein Araber erschlägt aber seinen Gegner nicht, ohne ihm vorher seine Verachtung ausgedrückt zu haben. „O Mohammed", rief auch Durfur, „wer kann dich jetzt vor mir, dem Krieger Durfur, retten?" Mohammed blickte ihn gelassen an und antwortete: „Gott." Da stürzte sich der Krieger voll Wut auf den Propheten. In seiner Hast stolperte er aber über einen Stein, und der Säbel entglitt seiner Hand. Blitzschnell ergriff der Prophet den Säbel, schwang ihn über dem Kopf Durfurs und rief nun seinerseits:

„O Durfur, wer kann dich jetzt retten?" Und der Krieger erwiderte voll Demut: „Mich kann niemand retten." - „So lerne von mir, gnädig zu sein", sagte der Prophet und entließ den Krieger.

(In: Himmel, Hölle und Nirvana. Die großen Erlöser: Buddha, Jesus, Mohammed. Gustav Lübbe, Bergisch Gladbach 1999, S. 194)

Das Nichtverletzen

Ahimsa ist also nicht eine so einfache Sache, wie sie oft dargestellt wird. Kein lebendes Wesen zu verletzen, ist zweifellos ein Teil von Ahimsa. Doch ist das wirklich nur ihre geringste Ausdrucksform. Das Prinzip von Ahimsa wird ja schon durch jeden übelwollenden Gedanken, durch unnötige Eile, durch Lüge, durch Hass und Missgunst gegenüber anderen verletzt, indem wir an Dingen festhalten, die die Welt benötigt. Die Welt braucht zum Beispiel alles das, was wir täglich essen; der Platz, auf dem wir stehen, gehört Millionen von Mikroorganismen, die durch unsere schlichte Anwesenheit dort schon verletzt werden. Was sollen wir also tun?

(Nach einem Brief von Mahatma Gandhi aus dem Jahr 1930)

Gespräch mit einem deutschen Buddhisten

Interviewer: Sie sind praktizierender Buddhist in Hannover. Der Buddhismus ist ein gelebter Glaube. Wie äußert sich das im täglichen Leben?

Buddhist: Ich übe mich in reiner buddhistischer Lebensweise. Das bedeutet, dass ich Leid, wann immer es mir möglich ist, verhindern möchte und so viel Glück geben möchte, wie ich kann. Das bezieht sich sowohl auf meine Mitmenschen, als auch auf alle anderen Wesen. Ich bemühe mich um Liebe und Mitgefühl für alle Wesen, wobei ich diese als wichtiger, nicht aber als höherwertiger erachte, als mich selbst.

Interviewer: Können Sie ein Beispiel nennen?

Buddhist: Wenn ich z. B. in ein überfülltes Kaufhaus gehe und mir tritt jemand auf den Fuß oder Ähnliches, bemühe ich mich, das nicht negativ zu sehen. Das Leid, das ich erfahre, hat seinen Grund in meinem Karma. Das bedeutet, dass derjenige, der mir auf den Fuß getreten hat, eigentlich gar nicht schuld ist. Würde ich nun schimpfen oder dem anderen vorhalten, er hätte mir wehgetan, würde ich zusätzliches Leid schaffen, indem sich der andere wiederum ärgern würde oder es ihm wortwörtlich leid täte.

Interviewer: Was ist, wenn ein Tier Ihnen Schmerz zufügt, z. B. wenn eine Mücke Sie sticht?

Buddhist: Ich würde sie mich stechen lassen. Alle Wesen, in welchem Formkörper sie auch auftreten, haben den gleichen Geist. Ich will keinem anderen geistigen Wesen Leid zufügen, also töte ich die Mücke nicht. Zusätzlich wünsche ich so viel Glück wie möglich für alle Wesen, und da die Mücke Hunger hat und mein Blut zum Leben benötigt, lasse ich sie mein Blut saugen.

(Anja Bogdanski: Interview mit Hartmut Stender, einem praktizierenden Buddhisten in Hannover. In: Buddhismus. Beate Christmann, Ilsede, o.J., S. 23)

1. *Formuliere einen Satz, der die ethischen Gebote bzw. Tugenden dieser Texte treffend zusammenfasst.*
2. *Finde heraus, wie die Religionen im Einzelnen ihre ethischen Anforderungen begründen.*
3. *Sowohl das Nichtverletzen als auch die Feindesliebe sind hohe ethische Anforderungen, die den meisten Menschen unerreichbar erscheinen. Wie stehst du dazu? Lies dazu noch einmal auf S. 136/137 zu gewaltlosen Konfliktlösungen nach.*

5.3 Wie wir die Welt anschauen

Warum denken wir, wie wir denken? Warum handeln wir, wie wir handeln? Wenn wir unsere Begründungen zurückverfolgen, stoßen wir auf grundlegende Ansichten darüber, wie die Welt ist und sein sollte. Diese Grundlage ist unsere Weltanschauung.

Die Weltanschauung: eine Glaubenssache

Die Frage danach, wie die Welt ist und sein sollte, ist die Frage: Wovon sind wir tief und fest überzeugt? Woran glauben wir? Religiöse Menschen glauben an Gott oder andere übernatürliche Mächte. Manche Menschen glauben an etwas, das sie nicht genau beschreiben können. Und manche glauben sogar, dass sie an gar nichts glauben.

Orientierung im Leben

Woran man glauben kann

Gott	Frieden	Wahre Liebe
Gerechtigkeit	Rechtsstaat	Heilige Schrift
Leben nach dem Tod	Hannover 96	Sinnlosigkeit des Lebens
Das Gute im Menschen	Urknall	Sich selbst

 A

1. *Ergänze diese Begriffsmenge. Überlege, was es in den verschiedenen Fällen jeweils heißt, zu glauben. Ordne dann die Begriffe und begründe deine Entscheidung.*
2. *Kann man eigentlich auch an nichts glauben? Diskutiert darüber.*

Definition: Weltanschauung

 D

[...] allgemein die Gesamtheit von Auffassungen über Aufbau, Ursprung und Ziel, Sinn und Wert der Welt und des menschlichen Lebens. [...] Eine Weltanschauung [betrifft] die letzten und universalen Fragen der Welt und des menschlichen Lebens, beinhaltet sodann die Ideale und die obersten Grundsätze der Lebensgestaltung und hat insofern lebens- und handlungsorientierende Funktion.

(Alexander Ulfig: Lexikon der philosophischen Begriffe. Bechtermünz, Eltville 1993)

 A

3. *Finde Beispiele dafür, dass bestimmte Auffassungen über die Welt und das menschliche Leben „lebens- und handlungsorientierende Funktion" haben. Überprüfe auf der Grundlage der Definition, inwiefern die oben aufgeführten Begriffe zentrale Bestandteile einer Weltanschauung sein können.*
4. *Vergleiche die Definition von Weltanschauung mit der Definition von Religion auf S. 200. Benenne dabei Gemeinsamkeiten und Unterschiede.*

Große Fragen – große Antworten

Unsere Weltanschauung ist die Gesamtheit aller Antworten, die wir uns auf die großen Fragen geben. Manche Menschen suchen, finden und bekräftigen diese Antworten ganz für sich allein, andere zusammen mit Gleichgesinnten, in Glaubensgemeinschaften.

Woher? Wohin? Wozu?

Was ist der Sinn des Lebens?
Was kommt nach dem Tod?
Wie ist die Welt entstanden?
Was ist ein gutes Leben?
Wie lässt sich die Wahrheit erkennen?

1. *Was macht diese Fragen zu „großen" bzw. „letzten" Fragen? Erläutere dies. Vielleicht fallen dir weitere Fragen dieser Art ein.*
2. *Erkundige dich (im Lexikon, im Internet oder bei Experten) nach den Antworten, die diese (ausgewählten) Weltanschauungen auf jene Fragen bereithalten. Sortiere die Antworten in einer Tabelle, so dass Gemeinsamkeiten und Unterschiede deutlich werden.*

Gleich und gleich gesellt sich gern

3. *Menschen gleicher Weltanschauung finden sich oft zusammen in offiziellen oder inoffiziellen Gemeinschaften. Überlege anhand der Bilder, welchen Grund und welchen Sinn das haben kann. Ist das eher positiv oder negativ zu beurteilen? Diskutiert darüber.*

Eine Welt ohne Gott

Es gibt Millionen Menschen, die sich keiner Religion zugehörig fühlen. Oft werden sie „Ungläubige" oder „Gottlose" genannt. Meist in abfälligem Ton. Als sei es ein Makel, nicht religiös zu sein. Als glaubten sie an nichts. Aber natürlich glauben Nichtreligiöse an etwas, und meist sogar mit Sinn und Verstand. Sie glauben halt nur nicht an Gott.

Kein Gott? Kein Problem!
Wer nicht an Gott glaubt, dem muss nichts fehlen. Im Gegenteil. Auch ohne Religion lässt es sich gut leben: verantwortungsvoll und glücklich, frei und kritisch im Denken.

„Ein erfülltes Leben braucht keinen Glauben."

A   1. Dieser Bus ist auf Werbetour für ein Leben ohne Glauben an Gott. Beurteile diese Aktion. Informiere dich dann gründlicher über deren Motive und Ziele unter: www.buskampagne.de. Diskutiert nun – mit größerer Sachkenntnis – erneut.

D   *Zwei Arten, nicht an Gott zu glauben*
Atheismus: Lehre, die bestreitet, dass es einen Gott gibt.
Agnostizismus: Lehre, die behauptet, dass man nicht wissen könne, ob es einen Gott gibt oder nicht.

(Anton Hügli u.a :Philosophielexikon. Rowohlt, Reinbek 1991)

3. Ist – nach dieser Definition – auf dem oben abgebildeten Bus eine atheistische oder eine agnostische Botschaft zu lesen? Begründe deine Meinung. Inwiefern könnte es im Alltag einen Unterschied machen, ob jemand Atheist oder Agnostiker ist. Welche Position erscheint dir sinnvoller? Diskutiert darüber.

Den Menschen achten: Humanismus

Atheismus wie Agnostizismus sind „unvollständige" Weltanschauungen. Ihr Kern besteht ja nur darin, an etwas Bestimmtes *nicht* zu glauben (nämlich an einen Gott). An was aber glaubt ein Atheist oder Agnostiker? Viele von ihnen glauben an den Menschen und seine Würde. Sie sind Humanisten (von lateinisch *humanitas* = „Menschlichkeit").

Humanismus: zwei Definitionen

[...] allgemein das Bemühen um Humanität, um eine der Menschenwürde und freien Persönlichkeitsentfaltung entsprechende Gestaltung des Lebens und der Gesellschaft durch Bildung und Erziehung und/oder Schaffung der dafür notwendigen Lebens- und Umweltbedingungen selbst.

(Brockhaus in 30 Bd.. Bd. 12, Mannheim/Leipzig 2006)

Aus Feinden Gegner, aus Gegnern Partner, aus Partnern Freunde werden zu lassen, das ist das Motto von Humanisten. Mensch und Menschlichkeit stehen für sie im Mittelpunkt, nicht nur ein Prinzip, ein Weg oder eine Autorität. Mensch werden, Mensch sein und Mensch bleiben, das ist ihre Hauptaufgabe. Zum Menschsein gehört Solidarität, Gerechtigkeit und Freiheit. Menschsein-Wollen verpflichtet zur Mündigkeit, was einen unkritischen Glauben an Autoritäten und an Übersinnliches ausschließt. Humanismus verpflichtet zum Streben nach größtmöglicher Selbständigkeit.

(www.humanistische-aktion.de/humdritt.htm; Zugriff: 1.9.2010)

1. Was bedeutet es, Humanist zu sein? Nenne die wesentlichen Aspekte beider Definitionen. Erläutere diese *durch Beispiele. Ist es wohl schwer, Humanist zu sein? Diskutiert darüber.*

Kein Gott

Ich lebe jetzt. Mein Tod ist zu erwarten. / Danach vergehe ich so schnell wie Gras.
Von mir bleibt nur, was andere verwenden, /zu ihrem Nutzen und zu ihrem Spaß.
[...]
Ich habe keinen Gott. Für alle Taten, / die ich begehe, muss ich Täter sein.
Kein Weltenrichter wartet, mich zu strafen – / für jeden Irrtum steh ich selber ein.
[...]
Ich denke selbst. Ich habe keine Rettung / vor meinen Zweifeln, wenn die Furcht mich schreckt.
Ich hab die Grenzen meiner Höh'n und Tiefen / in meinen eignen Träumen abgesteckt.
[...]
Ich liebe Menschen mehr als Tiere. / Sie suchen unaufhörlich einen Sinn
für ihr Vorhandensein, verstrickt in Irrtum. / Es macht mich froh, dass ich beteiligt bin.
[...]
Ich denke noch und bin noch zu belehren. / Ich suche zweifelnd weiter nach dem Sinn,
der uns zu Menschen macht, wer will mich hindern, / die Welt zu lieben, bis ich nicht mehr bin.

(Heinz Kahlau: Bögen. In: Ders.: Ausgewählte Gedichte 1950–1980. Aufbau, Berlin 1982, S. 358f.)

2. Welche Stellen in diesem Gedicht deuten auf ein humanistisches Weltbild hin? Begründe deine Meinung.
Stellst du dir Heinz Kahlau als glücklichen oder unglücklichen Menschen vor?
3. Wähle deine Lieblings-Strophe, und verfasse einen Text, der deine Haltung dazu verdeutlicht.

„Alles ganz natürlich": Naturalismus

Bei vielen Atheisten oder Agnostikern verbindet sich der Nicht-Glaube an Gott mit einem naturalistischen Weltbild: dem Glauben daran, dass alle Phänomene einen natürlichen (im Unterschied zu: übernatürlichen) Ursprung haben und sich letztlich naturwissenschaftlich erklären lassen. Ein Naturalist glaubt, dass es auf der Welt mit rechten Dingen zugeht. Nämlich nach entdeckbaren Naturgesetzen. Deshalb glaubt er nicht an Götter, Feen oder andere magische Kräfte, die sozusagen „von außen" in die Welt eingreifen. Auch der Mensch ist im naturalistischen Weltbild nur ein Teil der Naturgeschichte, ein winziges Stück Materie im riesigen Universum, ein im Laufe der Evolution * entstandener komplizierter Organismus aus Fleisch und Blut, der nach dem Tod zu Staub zerfällt. Selbst das menschliche Innenleben – das Bewusstsein, die Gefühle und Gedanken – hält der Naturalist nicht für etwas Unerklärliches oder Rätselhaftes. Sondern ganz nüchtern für das Ergebnis biologischer, chemischer und physikalischer Vorgänge im Gehirn.

Alles nur eine Hormon-Angelegenheit

1. *Erläutere, was der Cartoon mit einem naturalistischen Weltbild zu tun hat. Übertrage diese Idee auf weitere Phänomene wie „Freude", „Schmerz", „Seele". Was hältst du von dieser Sichtweise? Begründe deine Meinung.*

Ein glückliches Leben als biochemische Maschine?

Verliert eine Welt, in der am Ende alles mit Naturgesetzen erklärt wird, nicht ihren Zauber? Muss ein Mensch mit naturalistischem Weltbild ein fades Leben führen, ohne Gefühle, Träume und Spaß? Nein!, meint der Philosoph Bernulf Kanitscheider:

Q Freude, Glück, Daseinserfüllung und ein gelungenes Leben sind auch dann realisierbar, wenn [...] der Mensch eine komplexe biochemische Maschine darstellt. Eine chemische Entschlüsselung der freudvollen Reaktionen der emotiven Zentren unseres Körpers lässt die Erlebnisqualität der Gefühle auf der Phänomenebene völlig unberührt. Die „Entzauberung" findet auf der Erklärungsebene statt, sie stiftet auf der unmittelbaren Erlebnisebene keinen erkennbaren Schaden. Erklären heißt nicht Wegerklären.

(Bernulf Kanitscheider. In: Materialien und Informationen zur Zeit. Aschaffenburg H. 4/2002)

2. *Verdeutliche an Beispielen, wie hier für die Vereinbarkeit von Naturalismus und Lebensglück argumentiert wird. Überzeugt dich der Gedanke?*
3. *Schließen sich Naturalismus und Humanismus aus oder lassen sie sich sogar gut verbinden? Diskutiert darüber.*

„Mit allem eins": Gottlose Mystik

Manche Menschen sind überzeugte Atheisten oder Agnostiker, glauben aber nicht, dass die Naturwissenschaften alle großen Fragen beantworten können. Für sie gibt es eine Art von nicht-religiösem Weltverständnis jenseits aller nüchternen Naturgesetze. Diese Haltung wird oft als „Mystik" bezeichnet (von griechisch *mystikós* = „geheimnisvoll").

Das „ozeanische Gefühl"

Der kaum wahrnehmbare leuchtende Fleck da hinten neben dem Pegasusquadrat – der Andromedanebel, eine andere Galaxie (von denen es Milliarden gibt, deren jede wieder aus Milliarden von Sternen bestehen), zweihundert Millionen Lichtjahre von uns entfernt, das sind um die zwanzig Milliarden Kilometer! [...] Eine banale, vertraute Erfahrung? Ja, aber wenn man bereit ist, einzutauchen, sich hinzugeben, sich zu verlieren, ist es die umwerfendste Erfahrung, die es gibt. Die Welt ist unser Ort; der Himmel unser Horizont; die Ewigkeit unser Alltag. Das erschüttert mich mehr als die Bibel oder der Koran. Das verblüfft mich mehr als die Wunder, wenn ich an sie glauben würde. Übers Wasser zu gehen – was für eine Lappalie angesichts des Universums. [...] Das ist im Grunde nichts anderes als das, was [Sigmund] Freud [...] das „ozeanische Gefühl" nannte, „ein Gefühl der unauflöslichen Einheit mit dem großen Ganzen und der Zugehörigkeit zum Universellen". Wie die Welle oder der Wassertropfen im Ozean [...]. Das „ozeanische Gefühl" an sich hat nichts Religiöses; nach dem was ich davon erlebt habe, glaube ich eher das Gegenteil: Was braucht man noch, wenn man sich „mit allem eins" fühlt? Gott?

Wozu? Das Universum genügt. Eine Kirche? Unnötig. Die Welt reicht aus.

(Andre Comte-Sponville: Woran glaubt ein Atheist? Diogenes, Zürich 2008, S. 172 u. 177)

1. *Worin besteht das „ozeanische Gefühl"? Beschreibe es mit eigenen Worten und wenn möglich mit weiteren Beispielen. Erläutere anschließend, worin sich das „ozeanische Gefühl" von einem Glauben an Gott oder göttliche Mächte unterscheidet.* [A]

2. *Welche konkreten Auswirkungen könnte ein solches Gefühl haben, z. B. auf den Umgang mit anderen Menschen oder mit der Umwelt? Diskutiert darüber.*

3. *Recherchiere im Internet nach den Positionen atheistischer Organisationen in Deutschland (www.ibka.org, www.humanismus.de, www.giordano-bruno-stiftung.de, brights-deutschland.de). Sammle deren Ansichten, Aktivitäten und Forderungen in einer Tabelle. Welche Gemeinsamkeiten, welche Unterschiede gibt es? Verfasse mit Hilfe deiner Ergebnisse den Ratgeber „10 Tipps für ein Leben ohne Gott".*

Atheistische Ideologien

Im Rahmen des Versuchs, die Menschen aus staatlicher und religiöser Bevormundung zu befreien, wurden im 19. Jahrhundert zwei radikale atheistische Gesellschaftsmodelle entwickelt, die auch heute noch Anhänger finden: Kommunismus und Anarchismus.

Allen alles gemeinsam: Kommunismus

Der Kommunismus (von lateinisch *communis* = „gemeinsam") ist ein Gesellschaftsmodell, das im 19. Jahrhundert von Karl Marx wissenschaftlich begründet und im 20. Jahrhundert in Teilen der Welt zur Staatsideologie erhoben wurde.

Die Idee des Kommunismus

Q Letztlich beförderte die Ungerechtigkeit und Ungleichheit im Kapitalismus die Entwicklung der kommunistischen Lehre, deren Grundidee bereits in der Antike auftauchte. Danach gehört allen Menschen alles gemeinsam, was man zum Leben braucht: Häuser, Maschinen, Geräte, Felder, aber auch Pflanzen und Tiere. Es sollen nicht wenige Besitzende über viele, die Arbeiter, herrschen und diese ausbeuten.

(Gerd Schneider: Politik. Arena, Würzburg 2008, S. 18/19)

Kommunismus oder Käsetorte

Der Liedermacher Wolf Biermann wanderte 1953 als Kommunist aus der BRD in die sozialistische DDR aus. Wegen Kritik an der politischen Situation wurde er 1976 in die BRD ausgewiesen, wo er sich bald auch geistig vom Kommunismus verabschiedete.

Q Mir dämmerte [...]: Auch den Kommunismus muss man über seine Praxis, seine Geschichte, seine Wirklichkeit definieren. Das ist nicht mehr das heilige Wort, für das dein Vater gegen die Nazis gekämpft hat, statt seinen Judenhintern zu retten, hier in Hamburg. Sondern das bedeutet, Gulag, totalitäre Herrschaft. [Danach] habe ich mir lange gesagt: Das Wort „Kommunismus" ist versaut, aber die Substanz, die damit menschlich, sozial gemeint ist, also die Hoffnung auf eine Gesellschaft ohne Ausbeutung, ohne Unterdrückung, ohne Heuchelei, ohne Kriege, wo alle Menschen Brüder sind [...]: die ist doch in Ordnung. Ich brauchte dann doch noch mal einen Anlauf, um zu begreifen, dass die Hoffnung auf dieses Paradies, egal ob man es Kommunismus nennt, oder Käsetorte, selbst schon in die Irre führt [...] Dass ich nämlich ohne den Kinderglauben an den Kommunismus, wie immer er heißt, mich in den Streit der Welt einmischen muss, möglichst auf Seiten der besseren Menschen, der Unterdrückten, der Gequälten, die es immer wieder in neuer Version gibt. Aber ohne diesen Kinderglauben an die Endlösung des Problems.

(www. Spiegel.de/kultur/literatur/0,1518,447661.00.html; Zugriff: 25.8.2010)

A *1. Beschreibe die Entwicklung von Biermanns Denken. Was genau meint er mit „Kinderglauben"? Beurteile seine jetzige Position.*

2. Informiere dich gründlicher über die Idee und Geschichte des Kommunismus. Worauf führst du zurück, dass alle Versuche gescheitert sind, den Kommunismus in einem freiheitlich-demokratischen Staat zu verwirklichen? Diskutiert darüber.

Keine Macht für Niemand: Anarchismus

Wäre die Welt nicht besser dran, wenn niemand von irgendwem beherrscht würde? Das glauben Anarchisten (von griechisch *anarchía* = „Herrschaftslosigkeit"). Weil sich anarchistisches Denken häufig bei Punks, Hausbesetzern und gewaltbereiten Autonomen findet, wird Anarchismus in der Öffentlichkeit oft mit Chaos gleichgesetzt. Überzeugte Anarchisten dagegen behaupten: „Anarchie ist Ordnung ohne Herrschaft".

Was ist Anarchie? Eine junge Anarchistin erzählt

Grundlegend ist der Gedanke, dass man sich nicht von anderen vorschreiben lassen will, wie man zu leben hat und mit Gewaltmaßnahmen bedroht wird, wenn man sich nicht an die von oben vorgegebenen Regeln hält. Stattdessen wollen Anarchisten und Anarchistinnen selber gemeinsam beraten, welche Regeln es in einer Gemeinschaft geben soll und wie man mit Leuten umgeht, die sich nicht daran halten. [...] Die Grundsätze des Anarchismus sind auch niemals vereinbar mit Gewalt, Sexismus, Rassismus, Faschismus und anderen Ideologien, die bestimmte Menschen als minderwertig betrachten. Auch der Kapitalismus ist eine Ordnung, die Anarchisten und Anarchistinnen ablehnen, weil sie darauf beruht, dass sich einige Wenige auf Kosten der armen Mehrheit bereichern. Der Anarchismus ist für eine Wirtschaftsordnung, in der gemeinschaftlich-solidarisch gearbeitet wird. Das heißt, es gibt keinen Chef, der sich an einem Unternehmen bereichert, während die anderen malochen. Sondern der Gewinn wird unter allen Arbeitern und Arbeiterinnen aufgeteilt. [...] Und was machen Anarchisten und Anarchistinnen den lieben langen Tag? Sie diskutieren über die verschiedensten Themen, sie demonstrieren gegen die Ungleichheit und die Herrschaft auf dieser Welt, sie planen lustige und kreative Aktionen und die Musik darf dabei natürlich nicht fehlen. Denn wie die Anarchistin Emma Goldmann sagte: „Wenn ich nicht tanzen kann, ist es nicht meine Revolution!"

(utopia. Jugendzeitung für eine herrschaftslose und gewaltfreie Gesellschaft, Herbst 2007)

1. *Empfindest du Sympathien für den Anarchismus? Skizziere eine anarchistische Gesellschaft und sag, was dir* [A] *gefallen und missfallen würde.*
2. *Erläutert und diskutiert, warum der Anarchismus zum Scheitern verurteilt ist.*
3. *Handelt es sich bei Kommunismus und Anarchismus eigentlich um Weltanschauungen (siehe auch S. 208)? Und müssten entsprechende Gesellschaften atheistisch sein? Begründe deine Meinung.*

Darauf kann man bauen: Gemeinsame Grundlagen

Ist Verständigung und ein friedliches Zusammenleben aller Menschen möglich? Angesichts der Vielfalt unterschiedlicher Weltanschauungen erscheint dies oft fraglich. Andererseits gibt es offenbar auch Prinzipien des Denkens und Handelns, die so gut wie allen – religiösen wie nicht-religiösen – Weltanschauungen zugrunde liegen.

Das Projekt Weltethos

In der Hoffnung, dass alle großen Religionen bestimmte ethische Prinzipien teilen, hat der katholische Theologe Hans Küng das Projekt Weltethos angestoßen. Dessen Ziel ist, sich über Gemeinsamkeiten zu verständigen und einen Konsens (eine Übereinstimmung von Ansichten) zu finden. Bei einem Weltethos-Treffen 1993 konnten sich über 6500 Menschen aus 125 Religionen und religiösen Traditionen auf vier Gebote einigen.

Die Idee: Ein Grundkonsens

Mit *Weltethos* meinen wir keine neue Weltideologie, auch *keine einheitliche Weltreligion* jenseits aller bestehenden Religionen, erst recht nicht die Herrschaft einer Religion über alle anderen. Mit Weltethos meinen wir einen *Grundkonsens bezüglich bestehender verbindender Werte, unverrückbarer Maßstäbe und persönlicher Grundhaltungen.*

(*www.weltethos.org/pdf_decl/Decl_german.pdf; Zugriff: 1.9.2010*)

1. *Welche Chancen siehst du allgemein im Projekt Weltethos? Und welche Schwierigkeiten? Beurteile die Suche nach einem ethischen Grundkonsens.*
2. *Setze die Idee eines Weltethos grafisch um, ohne Worte, also in Form eines Schaubilds, einer Zeichnung oder Collage.*

Ein erster Grundkonsens: vier Gebote

- „Du sollst nicht töten" – oder positiv *„Hab Ehrfurcht vor dem Leben"*: für eine Kultur der Gewaltlosigkeit und der Ehrfurcht vor allem Leben.
- „Du sollst nicht stehlen" – oder positiv *„Handle ehrlich und fair"*: für eine Kultur der Solidarität und der Gerechtigkeit.
- „Du sollst nicht lügen" – oder positiv *„Rede und handle wahrhaftig"*: für eine Kultur der Toleranz und ein Leben in Wahrhaftigkeit.
- „Du sollst nicht Unzucht treiben" – oder positiv *„Respektiert und liebt einander"*: für eine Kultur der Gleichberechtigung und Partnerschaft von Mann und Frau.

(*Stephan Schlensorg: Weltfrieden – Weltreligionen – Weltethos: In: Gotthard Breit/ Siegfried Schiele (Hg.): Werte in der politischen Bildung. Wochenschau, Schwalbach 2000, S. 103*)

3. *Kannst du allen Geboten zustimmen? Ist dir etwas zu ungenau? Fehlt etwas? Beurteile die Gebote unter Angabe von Beispielen. Überlege dann, ob und wie ihre Einhaltung einer besseren Welt dienen würde, z. B. der Armutsbekämpfung, dem Umweltschutz oder dem Weltfrieden.*
4. *Wie ließe sich erreichen, dass diese Gebote nicht nur auf dem Papier und von einigen Religionsführern akzeptiert werden, sondern tagtäglich von allen Menschen? Stelle eine Liste von Maßnahmen zusammen.*

Die Goldene Regel

Vielleicht lässt sich der Grundkonsens noch knapper fassen, in eine allgemeingültige Faustformel der Menschlichkeit. Denn fast alle Weltanschauungen und Religionen teilen seit Jahrhunderten einen ethischen Grundsatz, die sogenannte Goldene Regel.

Verschiedene Versionen – eine Regel?

Konfuzianismus: „Was Du nicht wünschst, das tue auch nicht anderen Menschen an."

Judentum: „Tue nicht anderen, was Du nicht willst, dass sie Dir tun."

Buddhismus: „Ein Zustand, der nicht angenehm oder erfreulich für mich ist, soll es auch nicht für ihn sein; und ein Zustand, der nicht angenehm oder erfreulich für mich ist, wie kann ich ihn einem anderen zumuten?"

Hinduismus: „Man sollte sich gegenüber anderen nicht in einer Weise benehmen, die für einen selbst unangenehm ist; das ist das Wesen der Moral."

Islam: „Keiner von euch ist ein Gläubiger, solange er nicht seinem Bruder wünscht, was er sich selber wünscht."

Christentum: „Alles, was Ihr wollt, das euch die Menschen tun, das tut auch Ihr ihnen ebenso."

(Nach: www.schule-weltethos.de/040901_goldene-regel.htm)

1. *Sagen diese Versionen der Goldenen Regel dasselbe aus? Vergleiche und beurteile, welche Version dir am ehesten zusagt.*

Die Selbstzweckformel

Auch der Philosoph Immanuel Kant hat nach einer Art ethischem Grundkonsens gesucht, nach einem Gebot, dem vernünftigerweise alle Menschen – ob religiös oder nicht – zustimmen müssten. Dabei verwendet er den Gegensatz von Zweck und Mittel. Unter Zweck versteht Kant das höchste Gut oder den obersten Wert an sich – das, um dessentwillen etwas getan wird. Ein „Mittel" dagegen ist etwas, dessen Wert nur darin besteht, einem Zweck zu dienen. Kants sogenannte Selbstzweckformel lautet:

Handle so, dass du die Menschheit sowohl in deiner Person, als in der Person eines jeden anderen jederzeit zugleich als Zweck, niemals bloß als Mittel brauchst.

(Immanuel Kant: Werke IV. Akademie-Ausgabe. De Gruyter, Berlin 1968, S. 429)

2. *Erläutere Kants Selbstzweckformel mittels positiver und negativer Beispiele. Berücksichtige auch das „in deiner Person". Überlege, ob die vier Weltethos-Gebote zwangsläufig aus Kants Satz folgen, dieser also als Faustformel der Menschlichkeit taugt.*

3. *Sucht nach einem Ethos für die Welt im Kleinen – für eure Schule. Findet also für eure Schule einen **Grundkonsens bezüglich bestehender Werte, unverrückbarer Maßstäbe und persönlicher Grundhaltungen**. Führt dazu eine schulweite Umfrage durch. Entwerft vorher eine Liste von Geboten und fragt dann, inwieweit diese akzeptiert werden. (Ihr könnt die vier Gebote des Weltethos als Grundlage nehmen und eigene Ergänzungen und Präzisierungen einbeziehen. Sinnvoll wären auch unterschiedlich „starke" Versionen der einzelnen Gebote zur Auswahl.) Formuliert anschließend auf der Grundlage der Ergebnisse eure „Schulweltethos-Erklärung".*

5.4 Meine Weltanschauung – Deine Weltanschauung

In der globalisierten Welt treffen unterschiedliche Weltanschauungen immer öfter aufeinander. Dann drohen Konflikte. Vor allem, wenn Menschen ihre Ansichten fanatisch vertreten. Umso wichtiger ist das Bemühen, trotz unterschiedlicher Weltanschauungen zusammenzuleben. Nicht unkritisch, aber friedlich.

Wege zur Weltanschauung

Weltanschauungen sind nicht angeboren. Jeder Mensch muss seine Weltanschauung im Laufe seines Lebens erst entwickeln. Dabei können viele Einflüsse eine Rolle spielen.

Prägende Entscheidungen, entscheidende Prägungen
Wie ich wurde, wer ich bin: vier Beispiele

Angela Merkel (Politikerin)

Q Der Glaube an Gott und die Nähe zur Kirche haben mich von Kindheit an geprägt und beschäftigt. Dies lag nicht zuletzt daran, dass mein Vater zu dieser Zeit aktiver Pfarrer war [...]. Wenn man sich in der DDR dazu entschieden hatte, sich zum Glauben zu bekennen und aktives Kirchenmitglied zu sein, konnte dies für einen deutliche Nachteile haben [...]. Im Gegensatz zu den meisten Jugendlichen ging ich zur Christenlehre und zum Konfirmandenunterricht und nicht zur Jugendweihe. Durch meinen Glauben habe ich in dieser Zeit gelernt, dass es richtig sein kann, anders zu denken und anders zu entscheiden, als es andere Menschen tun.

(www. Sonntagsblatt-bayern.de/archiv01/36/woche3.htm; Zugriff:10.6.2011)

Xavier Naidoo (Pop-Musiker)

Q Meine Eltern sind Katholiken; da war sonntags immer Kirche mit Kindergottesdienst angesagt. [...] Ich war einige Jahre als Messdiener tätig, habe im Jugendchor gesungen und war in der Jungen Gemeinde. Mit 16 Jahren hörte ich auf, am Gemeindeleben teilzunehmen. [...] Als 1992 das Jahr der Bibel war, habe ich [...] das erste Mal in der Bibel gelesen und bin aus allen Wolken gefallen. Ich habe einfach nur gedacht: Was haben die mir denn all die Zeit erzählt? [...] Ich habe drei Jahre im Alten Testament gelesen. Ich habe es verschlungen. Wow! Jesaja, Jeremia, die zwölf Prophetenbücher, das ist ja eine ganz andere Welt! Sie sprechen immer noch von aktuellen Dingen.

(www.gerwin.de/content.php?id=41; Zugriff: 10.6.2011)

Ralf König (Comiczeichner)

Q Mit ungefähr 14 Jahren entdeckte ich [...] Bücher [...] über den Kosmos [...], die Entstehung der Erde und des Lebens [...], über die Evolution unseres Gehirns. [...] Ich hatte mir vorher nie wirklich Gedanken über diese Welt gemacht, und nun erfuhr ich z. B., dass die kleinen leuchtenden Punkte am Himmel alles Sonnen sind, nur eben sehr, sehr weit entfernte. Das hat mich umgehauen. Mit diesen Erkenntnissen waren dann all diese ohnehin unglaubwürdigen Geschichten von Adam und Eva und von einem, der aus einer Jungfrau geboren wurde und nach dem Tod erwachte und zum Himmel flog, für mich endgültig purer Aberglaube.

(Fiona Lorenz: Wozu brauche ich einen Gott? Rowohlt, Reinbek 2009, S.145)

Mina Ahadi (Vorsitzende des Zentralrats der Ex-Muslime)

Ursprünglich komme ich aus dem Iran [...] und in meiner Familie war Religion schon immer ein sehr wichtiges Thema, eine sehr ernste Angelegenheit. [...] Als Kind habe ich von Anfang an mitbekommen, dass zu Hause der Koran gelesen wurde; auch der Ramadan wurde immer eingehalten. [...] Mein Großvater [...] war Atheist, und das war sehr interessant, hatte auf mich von Anfang an eine Wirkung, brachte mich zum kritischen Nachdenken – als Kind noch nicht, aber später, im Alter von vierzehn, fünfzehn Jahren [...]. Manche aus meinem Dorf begannen damals bereits, auf die Universität zu gehen und sie haben von dort viel Diskussionsstoff mitgebracht. Durch diese Gespräche und diese Kindheit wurde ich sehr schnell Atheistin.

(Fiona Lorenz: Wozu brauche ich einen Gott? Rowohlt, Reinbek 2009, S.196ff.)

1. *Beschreibe anhand der vier Berichte, welche Ereignisse und Umstände auf dem Weg zu einer bestimmten Weltanschauung eine Rolle spielen können. Ergänze die Liste von Faktoren auf der Grundlage anderer – auch persönlicher – Beispiele.*

2. *Führe ein Gedankenexperiment durch: Wähle je einen der vier Berichte aus und überlege: Welche Weltanschauung hätte die Person entwickeln können, wenn ihr Leben anders verlaufen wäre? Schreibe dazu eine Fantasiegeschichte.*

Die Weltanschauung: ein großes Erbe

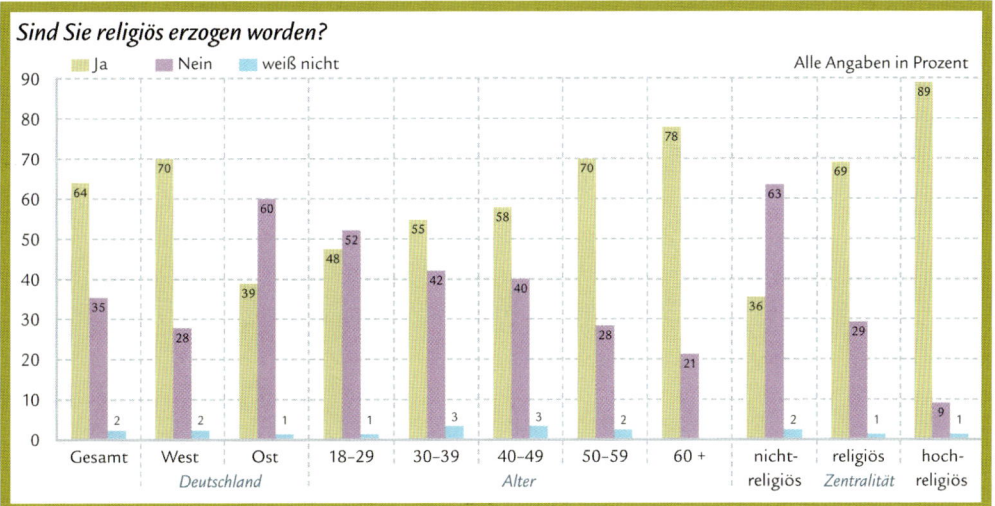

(Nach Bertelsmann Stiftung [Hg.]: Woran glaubt die Welt? Analysen und Kommentare zum Religionsmonitor 2008. Bertelsmann, Gütersloh 2009, S.165)

3. *Was sagt das Diagramm über die Wege zur Weltanschauung aus? Welche Behauptungen, Vermutungen und Forderungen lassen sich daraus ableiten? Begründe deine Meinung und diskutiert darüber!*

4. *Erarbeitet in Gruppen einen Fragebogen, mit dem ihr ermitteln könnt, wie die Schüler eurer Schule zu ihrer jeweiligen Weltanschauung gekommen sind (Die Teilnehmer der Umfrage sollten dabei anonym bleiben.). Führt die Umfrage durch, besprecht deren Ergebnisse und vergleicht diese mit dem Diagramm.*

5. *Veröffentlicht dann an eurer Schule die Ergebnisse zusammen mit einem erläuternden Kommentar.*

Unterschiedlich denken – miteinander leben

Es gab Zeiten, da lebten Menschen derselben Religion unter sich. Diese Zeiten sind in Deutschland längst vorbei. Vor allem in Städten leben heute Anhänger unterschiedlicher Weltanschauungen Tür an Tür. Das führt zum einen zu einer Vermischung von Weltanschauungen. Zum anderen macht es ein besonders tolerantes Miteinander nötig.

Weltanschauungen im Angebot

In Europa sind die Menschen heute weniger denn je in festen Traditionen verankert. Das heißt: Wir können und müssen die Grundsätze und Richtlinien für unser Leben – also unsere Weltanschauung – mehr oder weniger selbständig wählen.

Jugendlicher Leichtsinn: Eine Studie

 Die Studie zeigt, dass nach wie vor relativ wenige Jugendliche [in Deutschland] eine enge Beziehung zu kirchlich-religiösen Glaubensvorgaben haben. Nur 30 Prozent glauben an einen persönlichen Gott, weitere 19 Prozent an eine unpersönliche höhere Macht. [...] 65 Prozent finden, die Kirche habe keine Antworten auf Fragen, die die Jugendlichen heute wirklich bewegen. Während in den neuen Ländern die große Mehrheit der Jugend kaum einen Bezug zu Religion und Kirche hat, pflegen die meisten westdeutschen Jugendlichen eine Art „Religion light". Sie basteln sich aus religiösen und pseudo-religiösen Versatzstücken eine Art „Patchwork"-Religion zusammen, die für ihre Lebensführung allerdings ziemlich belanglos bleibt.

(Nach Thomas Gensicke: Jugend und Religiosität. In: Shell Holding (Hg.): Jugend 2006. Fischer, Frankfurt 2006, S. 208ff.)

A   *1. Interpretiere die Ergebnisse der Studie. Warum wohl bleiben die sogenannten „Patchwork-Religionen" für die Lebensführung der Jugendlichen eher belanglos? Suche anhand von Beispielen nach Erklärungen.*

Im Supermarkt der Weltanschauungen

Christentum:	Existenz eines gütigen Gottes
Volksaberglauben:	Glück durch vierblättrige Kleeblätter
Existenzialismus:	Sinnlosigkeit des Lebens
Buddhismus:	Erleuchtung durch Meditation
Spiritismus:	Kommunikation mit Geistern
Anthroposophie:	Mehrmalige Wiedergeburt der Seele
Naturalismus:	Natürliche Erklärungen für alles

A   *2. Ergänze das Produktangebot im „Supermarkt der Weltanschauungen". Gefällt dir die Metapher* des Supermarkts? Überlege, ob sich Aspekte wie Werbung, Preise, Sonderangebote ebenfalls auf den Bereich der Weltanschauungen übertragen lassen. Wie sollten sich Jugendliche im „Supermarkt der Weltanschauungen" verhalten? Stelle eine Liste mit entsprechenden Tipps auf.*

3. Diskutiert darüber, wie der Trend zum Zusammenbasteln von Weltanschauungen zu beurteilen ist.

Anderssein leicht gemacht: Toleranz

Wenn Menschen unterschiedlicher Weltanschauungen aufeinandertreffen, begegnen sie sich oft mit Misstrauen, Überheblichkeit und Anfeindungen. Dies alles zu überwinden, heißt tolerant sein. Doch auch die Toleranz hat Grenzen.

Intoleranz: Zwei Beispiele

oben: Eine Demonstration von Menschen, die gegen den Bau einer Moschee in ihrer Nachbarschaft sind
rechts: Ein Plakat als Reaktion auf Anfeindungen von Homosexuellen, nicht zuletzt auch durch Jugendliche türkischer und arabischer Abstammung

1. Was könnten hier jeweils die Gründe für die Ablehnung (von Moscheen bzw. von Homosexualität) sein? Spekuliere! [A]
2. Mit welchen Argumenten würdest du dich auf die Seite der Angegriffenen stellen? Formuliere eine kurze Solidaritätsrede.

Zwei Stufen der Toleranz

Die passive Toleranz [...] begnügt sich mit einer Duldung des Andersdenkenden und Anderslebenden, die sich nicht selten mit einer Verächtlichkeit verbindet. Die Steigerung, die aktive und authentische, wahre Toleranz lässt dagegen dieses nur unwillige Gelten- und Gewährenlassen des Fremden weit hinter sich. Sie bejaht aus freien Stücken das Lebensrecht der anderen, ihre Freiheit, auch ihren Entfaltungswillen. [...]. [Sie] verzichtet [...] auf jeden Konformitätsdruck und erlaubt selbst exzentrische Lebensweisen, vorausgesetzt, diese sind gewaltfrei, besser noch: friedfertig. [...] Die authentische Toleranz ist kein Feigenblatt, hinter dem sich eine moralische Indifferenz verbirgt; sie gründet im Bewusstsein des eigenen Wertes, in Selbstschätzung bzw. im Selbstwertgefühl. [...] Dort, wo der Schutz der Freiheit und der Menschenwürde es notwendig machen, tritt die Toleranz zurück und gibt der Kritik, sogar der Anklage Raum. Als ein rechtsmoralisches, in der Gerechtigkeit begründetes Prinzip begegnet die Toleranz dem Intoleranten mit Intoleranz. [Q]

(Ottfried Höffe: Toleranz in Zeiten interkultureller Konflikte. In: Christian Augustin u.a.: Religiöser Pluralismus und Toleranz in Europa. VS, Wiesbaden 2006, S.85, 86, 96.)

3. Erläutere die zwei Stufen der Toleranz anhand obiger Beispiele. Leuchtet dir ein, dass Toleranz dem Intoleranten mit Intoleranz begegnen muss? Begründe deine Ansicht mit Hilfe weiterer Beispiele. [A]
4. Was heißt, „Toleranz gründe in Selbstschätzung"? Erläutere dies und ziehe daraus Schlüsse für den Kampf gegen Intoleranz.

Vorsicht Fundamentalismus!

Es ist nicht schlecht, wenn das Denken eines Menschen auf einem geistigen Fundament ruht. Doch ein fest verankertes Denken wird zum Problem, zum Fundamentalismus, wenn es keine Bereitschaft zum Dazulernen, zum Dialog oder Kompromiss gibt.

Definition: Fundamentalismus

Bezeichnung für das Beharren auf festen politischen und vor allem religiösen Grundsätzen, i.d.R. auf der Basis einer buchstäblichen Interpretation göttlicher Überlieferungen (z. B. Bibel, Koran). [...] Fundamentalistische Bewegungen betrachten ihre Überzeugungen und Vorstellungen als umfassende, absolute Lösung für alle (politischen, wirtschaftlichen und sozialen) Lebensfragen. Der Fundamentalismus birgt somit immer die Gefahr eines religiösen oder politischen Fanatismus in sich.

(Klaus Schubert/Martina Klein: Das Politiklexikon. Dietz, Bonn 2006)

Grundsätzlich engstirnig? Um Gottes Willen, keine staatliche Schule

Seit fünf Jahren gehen drei Kinder strenggläubiger Hamburger Christen nicht zur Schule. Diese Woche kam es knüppeldick: Erst Knast für den Vater und ein weiterer Prozess, jetzt zieht die Schulbehörde das schärfste Schwert - sie will den Eltern das Sorgerecht entziehen. [...] Die Geschichte begann im Juni 2001. Damals besuchten die beiden ältesten Töchter noch eine freie christliche Bekenntnisschule, doch die Eheleute R. meldeten sie ab. Sie beriefen sich auf die Bibel und darauf, ihre Kinder von schädlichen Einflüssen fernhalten zu wollen. Die Mädchen hätten Gewalt auf dem Schulhof erleben müssen, klagte der Vater. Außerdem seien sie in der Schule der Gesellschaft von Scheidungskindern ausgesetzt - „das wollen wir ihnen nicht zumuten." [...] Ihr Reihenhaus verlassen Eltern und Kinder stets gemeinsam und fast nur sonntags zum Gottesdienst. Die „heile Welt" des Elternhauses isoliere die Kinder, befand Ende März das Oberverwaltungsgericht. Ihnen drohten schwerwiegende Nachteile, wenn sie nur in der „eng begrenzten Parallelgesellschaft" im Elternhaus lebten. Sie würden sich zu unmündigen Menschen entwickeln, die über die Gestaltung ihres weiteren Lebens nicht frei entscheiden könnten.

(http://www.spiegel.de/schulspiegel/0,1518,433678,00htm; Zugriff: 13.12.2010)

1. Erläutere, inwiefern die strenggläubigen Eltern nach der Definition fundamentalistisch sind.

2. Auch der Staat/das Gericht zeigt sich hier beharrlich. Ist das berechtigt? Diskutiert!

3. Ein Gedankenexperiment: Stell dir eine Gesellschaft vor, in der alle Menschen ihre unterschiedlichen Weltanschauungen fundamentalistisch vertreten. Beschreibe diese Welt und ziehe daraus Schlüsse in Form einer Rede an die strenggläubigen Eltern.

Frei im Glauben – verantwortlich im Handeln

Wie kann ein friedliches Zusammenleben von Menschen gelingen, die unterschiedliche Weltanschauungen haben? Hier kommt ein weitgehend neutraler Schiedsrichter ins Spiel: der Staat. Seine Aufgabe ist es, das friedliche Zusammenleben durch einen Rahmen von Regeln zu gewährleisten. Diese Regeln beruhen auf allgemein geteilten Grundwerten. Es ist Aufgabe jedes Staatsbürgers, diese Regeln prinzipiell zu respektieren.

Grundgesetz: Artikel 4, Absatz 1

Die Freiheit des Glaubens, des Gewissens und die Freiheit des religiösen und weltanschaulichen Bekenntnisses sind unverletzlich. Q

Grundwert Menschenwürde

Der Begriff Grundwert kann [...] in die Irre führen. Er kann die Vorstellung nähren, es gehe dabei um die für die Menschen in ihrer Grundüberzeugung letzten und höchsten Güter, also etwa um Glaubensüberzeugungen und um Antworten auf die letzten Fragen nach dem Sinn des Lebens. Aber gerade darin gibt es in der pluralistischen Gesellschaft keine Einigkeit mehr. Sie braucht deshalb einen weltanschaulich neutralen, freiheitlichen Verfassungsstaat, weil sie in Glaubens- und Gewissensfragen nicht mehr geeint ist. Sie muss also ihr Miteinander in einer politischen Ordnung gleichsam auf vorletzte gemeinsame Werte gründen, die geeignet sind, den Wertepluralismus auszuhalten. [...] Unbestritten gilt, dass Menschenwürde der [unumstößliche Grundwert] sein soll, vom Grundgesetz selbst als solcher und als Grundlage der Menschen- und Grundrechte deklariert. Auch die Strukturprinzipien der freiheitlichen Ordnung, Demokratie, Gewaltenteilung, Rechtsstaatlichkeit, Sozialstaatlichkeit, Bundesstaatlichkeit erfreuen sich ebenso allgemeiner Anerkennung wie die Zielwerte Friede, Freiheit, Gerechtigkeit. Q

(Bernhard Sutor: Kleine politische Ethik. BpB, Bonn 1997, S.81ff.)

1. *Wie begründet der Autor die Notwendigkeit eines weltanschaulich neutralen Staats? Erläutere sein Argument anhand von Beispielen. Interpretiere dann den Grundgesetzartikel. Mache dabei deutlich, inwiefern er einerseits dem Staat Grenzen setzt, andererseits aber auch keinen Freifahrtschein für die Bürger darstellt.* A
2. *Beschreibe – vor dem Hintergrund des Textes und der Grafik – noch einmal den Fall der von der Schule ferngehaltenen Kinder.*

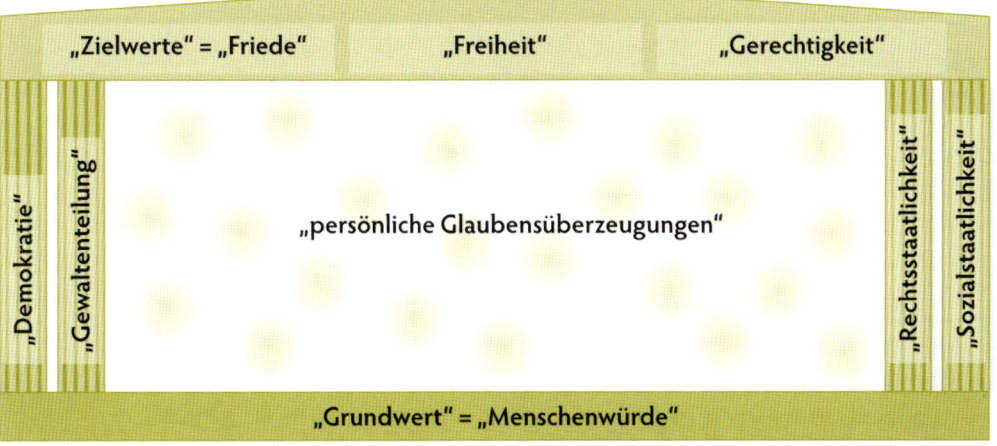

Mit Feuer und Schwert: Fanatismus

Ein Fundamentalist wird zum Fanatiker, wenn er seine radikalen Ansichten um jeden Preis durchsetzen und anderen aufzwingen will, wenn nötig auch mit Gewalt. Oft gibt der Fanatiker vor, dabei im Namen einer bestimmten Religion zu handeln. Meist zu Unrecht.

Mord im Namen der Ehre

 Hatun Sürücüs Entfremdung von ihrer Familie begann, nachdem sie im Alter von 16 Jahren mit einem Türken in der Türkei in einer arrangierten Ehe verheiratet wurde. Sie wurde schwanger, die Verbindung jedoch scheiterte – Sürücü kehrte allein nach Berlin zurück. Nach und nach nahm sie ein westlicheres, weniger traditionelles Leben auf; sie legte zum Beispiel das Kopftuch ab und „suchte und fand Beziehungen zu jungen Männern". [...] Diesen Lebenswandel lehnte die Familie ab. [...] Insbesondere ihr jüngster Bruder, der für sich in Anspruch nimmt, besonders gläubig zu sein, wollte diesen Zustand um jeden Preis beenden. Er sprach sogar

mehr oder weniger offen über seine Pläne; schließlich lockte er im Februar 2005 seine Schwester aus der Wohnung in Tempelhof und schoss ihr drei Mal in den Kopf. [...] Ehrenmorde seien allerdings kein „islamisches Phänomen", so Sybille Schreiber von Terre des femmes. „Wir betrachten das grundsätzlich eher als patriarchalisches* Phänomen und nicht primär als ein religiöses Problem".

(www.spiegel.de/panorama/justiz/0,1518,411283,00.htlm; Zugriff: 10.6.2011)

 1. Versuche, die Weltanschauung des Täters zu beschreiben. Was würdest du ihm sagen, wenn du die Gelegenheit dazu hättest? Formuliere eine kurze Rede, in der du Hatun Sürücüs Grundrechte und ihre Menschenwürde berücksichtigst.

2. Wie könnte man solchen Taten vorbeugen? Macht Vorschläge und diskutiert darüber.

Die Wahrheit gepachtet

 Das Grundprinzip des Fanatismus ist ein Satz, den man schwerlich wird bestreiten wollen: Die Wahrheit verdient einen Sonderstatus gegenüber allen falschen Lehren. [...] Verbindet sich ein solches Prinzip mit der Meinung *Ich habe die Wahrheit* [...], so ist bereits die wichtigste Voraussetzung für einen Ausbruch von Fanatismus gegeben. [...] Fanatismus ist das Gegenteil von Toleranz, aber nicht aus wie auch immer zu erklärenden üblen Charakterzügen des Fanatikers, sondern aus höheren Motiven, etwa um der Wahrheit willen, zur Ehre Gottes, der Partei, des Proletariats, der Nation, der Rasse und so fort. Fanatismus ist Inhumanität im Namen hoher Ideale.

(Hubert Schleichert: Wie man mit Fundamentalisten argumentiert. Beck, München 2001, S.66 u. S.89.)

 3. Erläutere, inwiefern die oben geschilderte Tat Ausdruck von Fanatismus ist. Nenne weitere Beispiele von Fanatismus.

4. Was bedeutet, der Fanatiker handle „aus höheren Motiven"? Kann das seine Intoleranz oder Gewalttaten irgendwie rechtfertigen? Diskutiert.

Fanatismus – Was tun?

Gewalttäter sind ein Fall für die Polizei. Das gilt auch für gewalttätige Fanatiker. Doch selbst gewaltlose Fanatiker sind meist so verblendet, dass sie mit Worten kaum in ihrer Haltung zu erschüttern sind.

Subversives Argumentieren

Eine Möglichkeit, dem Fanatismus zu begegnen, ist das indirekte – subversive – Argumentieren. Dabei versucht man gar nicht erst, die Grundsätze des Fanatikers als falsch zu beweisen. Das wäre vergebene Mühe. Stattdessen versucht man zu zeigen, woran genau er glaubt. Welche absurden oder lächerlichen Folgen sein Glauben hat.

Q

(Nach Hubert Schleichert: Wie man mit Fundamentalisten argumentiert. Beck, München 2001, S.115ff.)

Ein Beispiel: Voltaire und der Ameisenhaufen

Im Folgenden zeigt der französische Philosoph Voltaire (1694–1778), wie man subversiv mit Menschen argumentieren kann, die zum religiösen Fanatismus neigen.

Gut, ich will ihnen [...] ungefähr folgendes sagen: Dieser kleine Erdball, der nur ein winziger Punkt ist, rollt durch den Weltraum wie so viele andere Himmelskörper. Wir sind in dieser Unermesslichkeit verloren. Der Mensch mit seiner Größe von etwa fünf Fuß ist für die Schöpfung bestimmt nur eine Kleinigkeit. Eines von diesen kaum bemerkbaren Wesen sagte zu irgendwelchen Nachbarn [...]: Hört mir zu, denn mich hat der Schöpfer aller dieser Welten erleuchtet. Es gibt neunhundert Millionen kleiner Ameisen wie wir auf der Erde; aber Gott liebt nur meinen Ameisenhaufen; alle anderen sind ihm von Ewigkeit her ein Gräuel. Meiner allein wird glücklich sein, alle anderen ewig unglücklich. – Hier wird man mich sofort unterbrechen und fragen, was für ein Narr derart unvernünftiges Zeug geredet hat. Ich muss dann antworten: Ihr selbst.

Q

(Voltaire: Recht und Politik. Athenaeum, Frankfurt a.M. 1986)

1. *Erläutere, inwiefern dies ein Beispiel für subversives Argumentieren ist.*

A

2. *Übe dich im subversiven Argumentieren. Stell dir dazu vor, ein(e) Freund(in) neigt neuerdings zum Fanatismus. Verfasse zunächst ein kurzes Porträt dieser Person und ihrer Weltanschauung. Schreibe ihm/ihr dann einen Brief. Verwende dafür eine der folgenden Formen des subversiven Argumentierens:*

   a) *Verfremdung: Man beschreibt – wie Voltaire in seiner Geschichte vom Ameisenhaufen – die Weltsicht des Fanatikers, indem man bestimmte Glaubenssätze leicht abwandelt, so dass sie nun sehr fragwürdig oder lächerlich wirken.*

   b) *Perspektivwechsel: Man beschreibt die Weltsicht des Fanatikers aus der naiven Sicht eines verwunderten Außerirdischen und lässt sie so absurd oder kleingeistig erscheinen.*

Ü

5.5 Religion in der Kritik

Religion und religiöser Glaube sind im Laufe der Geschichte vielfach kritisiert worden. Seit jeher gibt es dabei zwei Formen der Religionskritik: Zum einen den Zweifel an der Existenz Gottes. Zum anderen den Vorwurf, der Glaube an Gott schade den Menschen.

Gott als Illusion?

Nur wenige Religionskritiker versuchen direkt zu beweisen, dass es keinen Gott gibt. Viele halten einen solchen Beweis – genau wie den gegenteiligen – für unmöglich. Stattdessen widmen sie sich der Frage: Woher kommt der Glaube an Gott? Für diesen Glauben, so ihre Ansicht, gibt es weit bessere Erklärungen als die Existenz Gottes.

Ludwig Feuerbach: Religion als Projektion des Menschen

Für den Philosophen Ludwig Feuerbach ist Gott nichts anderes als eine gedankliche Konstruktion des Menschen. Dieser konstruierte Gott besitzt all die Eigenschaften, die der Mensch selbst gerne hätte. Der Mensch projiziert (= überträgt) also das Idealbild seiner selbst auf ein ausgedachtes Wesen.

Q Wie der Mensch denkt, wie er gesinnt ist, so ist sein Gott: so viel Wert der Mensch hat, so viel Wert und nicht mehr hat sein Gott. Das Bewusstsein Gottes ist das Selbstbewusstsein des Menschen, die Erkenntnis Gottes, die Selbsterkenntnis des Menschen. Aus seinem Gotte erkennst Du den Menschen, und wiederum aus dem Menschen seinen Gott: beides ist eins. Was dem Menschen Gott ist, das ist sein Geist, seine Seele, und was des Menschen Geist, seine Seele, sein Herz, das ist sein Gott: Gott ist das offenbare Innere, das ausgesprochene Selbst des Menschen; die Religion die feierliche Enthüllung der verborgenen Schätze des Menschen, das Eingeständnis seiner innersten Gedanken, das öffentliche Bekenntnis seiner Liebesgeheimnisse. Wenn aber die Religion, das Bewusstsein Gottes, als das Selbstbewusstsein des Menschen bezeichnet wird, so ist dies nicht so zu verstehen, als wäre der religiöse Mensch sich direkt bewusst, dass sein Bewusstsein von Gott das Selbstbewusstsein seines Wesens ist, denn der Mangel dieses Bewusstseins begründet eben das eigentümliche Wesen der Religion. [...] Und unsere Aufgabe ist es eben, nachzuweisen dass der Gegensatz des Göttlichen und Menschlichen ein illusorischer ist.

(Ludwig Feuerbach: Das Wesen des Christentums. Reclam, Stuttgart 1978, S.53ff.)

A
1. *Formuliere Feuerbachs These mit eigenen Worten. Gib dann Beispiele für Eigenschaften eines Gottes, die aus dem Innersten des Menschen stammen könnten.*
2. *Angenommen, Feuerbach hat recht: Was könnte der Grund dafür sein, dass der Mensch sich ein göttliches Wesen konstruiert, das dem Idealbild seiner selbst entspricht? Diskutiert darüber.*

Karl Marx: Religion als Opium des Volkes

Karl Marx, der Begründer des Kommunismus, sieht im Glauben an Gott eine Art Droge, mit der sich die Menschen das gesellschaftliche Elend erträglich machen wollen.

Das Fundament der irreligiösen Kritik ist: Der Mensch macht die Religion, die Religion macht nicht den Menschen. Und zwar ist die Religion das Selbstbewusstsein und das Selbstgefühl des Menschen, der sich selbst entweder noch nicht erworben oder schon wieder verloren hat. Aber der Mensch, das ist kein abstraktes, außer der Welt hockendes Wesen. Der Mensch, das ist die Welt des Menschen, Staat, Sozietät. Dieser Staat, diese Sozietät produzieren die Religion, ein verkehrtes Weltbewusstsein, weil sie eine verkehrte Welt sind. [...] Die Religion ist der Seufzer der bedrängten Kreatur, das Gemüt einer herzlosen Welt, wie sie der Geist geistloser Zustände ist. Sie ist das Opium des Volks. Die Aufhebung der Religion als des illusorischen Glücks des Volkes ist die Forderung seines wirklichen Glücks.

(Karl Marx: Zur Kritik der Hegelschen Rechtsphilosophie. Einleitung. In: Iring Fetcher (Hg.): Marx/Engels-Studienausgabe I. Fischer, Frankfurt a.M. 1966, S. 17ff.)

1. *Beschreibe Marx' Religionsthese in eigenen Worten. Erläutere, inwiefern sie a) über Feuerbachs These hinausgeht, aber b) auch weniger allgemein ist.* A

Sigmund Freud: Religion als Wunschdenken

Für Sigmund Freud, den Begründer der Psychoanalyse, ist der Glauben an Gott nur ein Ausdruck bestimmter Wunschträume, die tief in jedem Menschen schlummern.

[Religiöse Vorstellungen] sind nicht Niederschlag der Erfahrung oder Endresultate des Denkens, es sind Illusionen, Erfüllungen der ältesten, stärksten, dringendsten Wünsche der Menschheit [...]. Es liegt nicht im Plan dieser Untersuchung, zum Wahrheitswert der religiösen Lehren Stellung zu nehmen. Es genügt uns, sie in ihrer psychologischen Natur als Illusionen erkannt zu haben. Aber wir brauchen nicht zu verhehlen, dass diese Aufdeckung auch unsere Einstellung zu der Frage, die vielen als die wichtigste erscheinen muss, beeinflusst. [...] Wir sagen uns, es wäre ja sehr schön, wenn es einen Gott gäbe als Weltschöpfer und gütige Vorsehung, eine sittliche Weltordnung und ein jenseitiges Leben, aber es ist doch sehr auffällig, dass dies alles so ist, wie wir es uns wünschen.

(Sigmund Freud: Die Zukunft einer Illusion. In: Ders.: Massenpsychologie und Ich-Analyse. Fischer, Frankfurt a.M. 1970, S.255ff)

2. *Erläutere Freuds Ansicht anhand von Beispielen. Verdeutliche dabei den Unterschied zu den Thesen von Feuerbach und Marx. Welche der drei Theorien überzeugt dich am meisten? Begründe deine Ansicht.* A
3. *Könnte auch ein religiöser Mensch Feuerbach, Freud oder Marx recht geben? Diskutiert darüber.*

Naturwissenschaften: Religiosität als Überlebensvorteil

Vor allem Evolutionsbiologen versuchen den Glauben an Gott zu entzaubern. Nach der Evolutionstheorie von Charles Darwin (1809–1882) entwickeln sich Eigenschaften einer Art von Lebewesen, indem sich Individuen dieser Art, die zufällig jene Eigenschaften besitzen, stärker vermehren, weil diese Eigenschaften einen Überlebensvorteil bedeuten. Mit diesem Mechanismus der natürlichen Selektion erklären manche Forscher auch die menschliche Religiosität.

Hilfreiches Konstrukt des menschlichen Geistes

[Q] Seine These: Wer glaubt, kommt besser durchs Leben. Religiöse Menschen waren deshalb in der Menschheitsgeschichte im Vorteil und setzten sich gegen die Nichtreligiösen durch. Es findet Selektion statt: Gläubige triumphieren über Ungläubige […]. [Der Evolutionsbiologe] Richard Dawkins […] hält den Glauben für ein Nebenprodukt anderer menschlicher Eigenschaften – zum Beispiel der Unterordnung unter Autoritäten. Seine Argumentation […]: „In der Wildnis lebte ein aufmüpfiges Kind gefährlich, weil es die Warnungen der Eltern ignorierte." Deshalb habe die Selektion wahrscheinlich die Unterordnung unter Autoritäten begünstigt. „Ein Gehirn aber, das glaubt, was Autoritäten sagen, kann nicht mehr unterscheiden zwischen dem guten Rat, nachts nicht in den Wald zu gehen, weil da ein Tiger lauern könnte – und dem törichten Befehl, eine Ziege zu opfern, um den Regen herbeizurufen."

(http://www.spiegel.de/wissenschaft/mensch/0,1518,677896,00.html)

Religiosität: ein Erfolgsrezept der Evolution

[Q] Religion gibt Antworten: Mit dem Anwachsen des Stirnhirns erwarb der Mensch die Fähigkeit zur Selbstreflexion. Eine Folge: Er fragt nach dem Sinn seines Lebens und dem Sinn von Krankheiten und Unglücksfällen. Mit dem Glauben an einen Gott kann er diese drängenden Sinnfragen beantworten.
Religion schafft Gemeinschaft: Der Glauben an einen Gott lässt Menschen hoffen, ihre Lage durch Rituale, Beschwörungen oder Gebete verbessern zu können. Solche gemeinsamen Rituale wiederum stärken das überlebenswichtige Miteinander.

[A] 1. *Informiere dich genauer über die Darwin'sche Evolutionstheorie. Beurteile dann die evolutionsbiologische Religionstheorie. Welche aller drei Theorien erscheint dir am plausibelsten? Begründe deine Meinung.*

   2. *Erläutere, inwiefern diese Theorie kein Beweis für die Nicht-Existenz Gottes ist.*

[Ü] 3. *Entwirf – entsprechend obiger Zeichnung – auch für die Religionstheorien von Feuerbach, Marx und Freud bildliche Darstellungen der zentralen Ideen.*

Religion als Gefahr?

Dass sich Menschen Illusionen hingeben oder mit Hirngespinsten leben, ist an sich nichts Schlimmes. Warum also haben die Religionskritiker die Gläubigen nicht einfach milde belächelt? Weil sie in den Religionen auch eine Gefahr für die Menschen sehen.

Eine bessere Welt ohne Religion?

Militanz und Bevormundung

Spiegel: Warum kämpfen Sie so erbittert gegen den Glauben? Haben Sie Angst?

Dawkins: Ja, vor der Militanz des Glaubens. Vor der Überzeugung der Leute, sie wüssten genau, was richtig ist. Davor, dass für sie Argumente nicht mehr gelten.

Spiegel: Nicht jeder Gläubige ist fanatisch, nicht jeder Muslim zündet Bomben.

Dawkins: Zugegeben. Aber jede Glaubensgemeinschaft hat ihre Randgruppe, die eben doch gewalttätig ist. Im Übrigen ist die Existenz von militanten Christen, Islamisten und auch Juden ja nur die eine beängstigende Tatsache. Die andere ist, dass Religiosität den Intellekt unterminiert, die Suche nach Wahrheit untergräbt; man ist zufrieden mit etwas, das nichts erklärt – obwohl wir Erklärungen haben!

Spiegel: Kann nicht jeder nach seiner Fasson glücklich werden?

Dawkins: Finden Sie es in Ordnung, wenn Prediger Pat Robertson öffentlich behauptet, New Orleans sei überschwemmt worden, weil Gott die Homosexuellen strafen wollte? [...] Besonders empört mich die Indoktrinierung der Kinder. Ich halte Religion für eine Form mentalen Kindesmissbrauchs. Es ist ungeheuerlich, dass unsere Gesellschaft schon Babys Etiketten anheftet: Du bist ein katholisches, du ein protestantisches Kind. [...]

Spiegel: Wie soll denn solch ein Etikett schaden?

Dawkins: Es bürdet den Kindern eine Menge Gepäck auf, es macht sie verletzlich. Vielleicht nicht in Deutschland, aber ganz sicher in Nordirland, im Irak, in Israel. Und selbst wenn es nicht unmittelbar gefährlich ist – es ist eine Bevormundung. Lange bevor das Kind alt genug ist, eine eigene Meinung zu haben über den Kosmos, die Moral, die Menschheit, wird es abgestempelt zu jemandem, der an die Dreieinigkeit [*] glaubt ...

(Ein Gott der Angst. In: Der Spiegel. H. 37, 2007, S. 160.)

---

1. *Was kritisiert der Evolutionsbiologe Richard Dawkins? Sammle seine Vorwürfe. Ordne diese in einer Tabelle, in der du unterscheidst, wogegen genau sie sich richten: gegen jede Religion, gegen bestimmte Religionen, gegen bestimmte religiöse Handlungsweisen. Ergänze die Tabelle um weitere Kritikpunkte. Welche wiegen am schwersten, welche erscheinen dir unberechtigt? Diskutiert anschließend darüber.*

Kritik an der Religionskritik

Die zunehmende – vor allem von Naturwissenschaftlern geäußerte – Kritik an Religion und Religiosität bleibt nicht unwidersprochen. Der Vorwurf an viele Religionskritiker lautet: Ihr Atheismus sei genauso intolerant wie der von ihnen kritisierte Gottesglaube.

Maßlos gottlos?

Jede Kritik sollte fair und sorgfältig sein, nicht übertreiben, nicht grundlos verallgemeinern oder beleidigen. Das gilt auch für Kritik an der Religion.

„Militante Atheisten" – eine Kritik

Q Der eifernde Atheismus reproduziert einige der übelsten Eigenschaften von Christentum und Islam. Er ist, wie diese beiden Religionen, ein Projekt, das auf universale Ausbreitung zielt. Für fanatische Atheisten steht außer Frage, dass ein besseres Leben möglich ist, wenn nur jeder Mensch ihre Sicht der Dinge akzeptiert, und dass eine bestimmte Lebensweise – ihre eigene, entsprechend ausgeschmückt – für jedermann das Beste ist. Natürlich muss der Atheismus keine missionarische Veranstaltung sein. Man kann sehr wohl ungläubig sein und Religionen freundlich tolerieren. Es ist ein seltsamer Humanismus, der ein zutiefst menschliches Bedürfnis verdammt. Aber genau das tun die militanten Atheisten, wenn sie den Glauben dämonisieren.

(John Gray: Was führen die Atheisten im Schilde: In: FAZ, 01.04.2008)

A 1. *Erläutere die hier erhobenen Vorwürfe gegen den religionskritischen Atheismus anhand von Beispielen. Findest du die Vorwürfe – in Anbetracht der dir bekannten Religionskritik – gerechtfertigt? Diskutiert darüber. Berücksichtigt auch die Karikatur.*

Undogmatischer Atheismus – ein Plädoyer

Q [Ein wünschenswerter] Atheismus ist skeptisch und undogmatisch, insofern er sich seiner Unbeweisbarkeit bewusst ist. Es spricht zwar alles für ihn, aber ein schlüssiger *Beweis* für seine Richtigkeit ist – der Natur der Sache nach – nicht zu führen. Das ist weder ein Grund zum Frohlocken für religiöse Gemüter, noch ist es ein verschämtes Eingeständnis geistiger Schwäche. Es ist vielmehr ein Ausdruck nüchterner Einsicht in die erkenntnistheoretische Grundkonstellation, aus der kein Mensch herausfallen kann. Aus dieser bewusst reflektierten Einsicht, dass ein letzter Beweis für die Nichtexistenz einer Gottheit nicht zu erbringen ist, erwächst die liberale und tolerante Grundhaltung dieses Atheismus. Sie hebt sich wohltuend ab von dem verkniffenen Eiferertum, das mit dogmatischem Atheismus einherzugehen pflegt.

(Joachim Kahl: Weltlicher Humanismus. Eine Philosophie für unsere Zeit. LIT, Münster 2007, S.105)

A 2. *Erläutere, inwiefern man dieses Plädoyer als Antwort auf obige Kritik verstehen kann. Finde Beispiele für einen „dogmatischen" und „undogmatischen" Atheismus.*
3. *Bedeutet „tolerante Grundhaltung", dass ein Atheist Religionen und Religiosität nicht mehr kritisieren sollte? Führt dazu eine Pro-Contra-Diskussion.*

Keine Ethik ohne Religion?

Einige religiöse Menschen verteidigen ihren Glauben mit der Behauptung: Ohne Religion gebe es keine Grundlage für moralisch gutes Verhalten.

Gott und das Gute: Drei Standpunkte

[W]enn Gott weichen muss, und der Mensch an die erste Stelle tritt, sind Extremismus und Fanatismus die Folge. Der atheistische Fundamentalismus ist die größte Bedrohung unserer Gesellschaft. Unter dem Minuszeichen der Gottlosigkeit gerät alles auf die schiefe Bahn. Wo immer in der Welt einer nicht mehr weiß, dass er höchstens der Zweite ist, da ist bald der Teufel los. [...] Christus oder Chaos – so lautete die provozierende, aber messerscharfe These hellsichtiger Christen nach dem Zweiten Weltkrieg und der barbarischen Nazidiktatur. [...] Es gibt keine Ethik ohne Religion.

(Peter Hahne: Schluss mit lustig! Das Ende der Spaßgesellschaft: Johannis, Lahr 2009, S.88/89)

Wenn Sie den Glauben verloren haben, werden Sie deshalb nicht plötzlich Ihre Freunde verraten, stehlen, vergewaltigen, morden oder quälen! „Wenn es keinen Gott gibt", schrieb [der russische Schriftsteller] Dostojewskij, „dann ist alles erlaubt." Wieso denn? [...] Wenn einer sich das Morden nur aus Furcht vor einer göttlichen Strafe versagt, ist sein Verhalten moralisch wertlos: Es wäre nur Vorsicht, Angst vor der Gottespolizei, Egoismus. Und wer nur zu seinem eigenen Heil Gutes tut, tut nichts Gutes (Weil er aus Eigeninteresse handelt statt aus Verpflichtung oder Liebe) und wird nicht gerettet werden. Das ist die höchste Erkenntnis Kants, der Aufklärung und der Menschlichkeit: Nicht weil Gott etwas befiehlt, ist es gut [...], sondern weil eine Handlung gut ist, ist es möglich zu glauben, dass sie von Gott befohlen wurde.

(André Comte-Sponville: Woran glaubt ein Atheist? Spiritualität ohne Gott. Diogenes, Zürich 2008, S.60)

Traditionell bildet das Verbindungsglied zwischen Religion und Ethik die Auffassung, die Reli- gion liefere einen guten Grund dafür, das Richtige zu tun, nämlich die Belohnung durch ewige Seligkeit für die Tugendhaften und Höllenqualen für alle anderen. Nicht alle religiösen Denker haben das akzeptiert: Kant, ein gläubiger Christ verschmähte alles, was die Befolgung des moralischen Gesetzes in die Nähe selbstsüchtiger Motive rückte. Er sagte, wir müssten es um seiner selbst willen befolgen.

(nach Peter Singer: Praktische Ethik. Reclam, Stuttgart 1994, S. 18)

1. *Fasse die Ansichten des Journalisten Peter Hahne und des Philosophen André Comte-Sponville in eigenen* *Worten zusammen. Welche Ansicht überzeugt dich mehr? Begründe deine Meinung.*
2. *Angenommen Peter Hahne hätte recht damit, dass es keine Ethik ohne Religion gibt: Wäre das ein Argument dafür, dass Gott existiert? Oder dass man an ihn glauben sollte? Diskutiert darüber.*

3. *Organisiert und veranstaltet eine „Talkshow" zum Thema „Keine Ethik ohne Religion?" Überlegt zunächst,* *welche Figuren außer Peter Hahne, Peter Singer und André Comte-Sponville in der Talkshow auftreten sollen (z. B. ein Atheist, ein Muslim, ein Naturwissenschaftler, ein Vertreter der Weltethos-Idee ... und ein Moderator). Sammelt dann in Gruppenarbeit – bei Experten, in Büchern und im Internet – möglichst viele gute Argumente für jeweils eine der beteiligten Figuren. Führt schließlich die Talkshow als argumentativen Wettstreit durch. Die Zuschauer sollten dabei darauf achten, ob sie einen Minimalkonsens entdecken können, d.h. eine vielleicht auch nur sehr allgemeine Ansicht, auf die sich aber alle Beteiligten einigen könnten.*

Leben für Gott oder für eine Idee

Religionen und Weltanschauungen wären sinnentleert, wenn sich ihre Anschauungen nicht im praktischen Handeln der Menschen manifestieren würden. Der Einsatz für eine gerechtere Welt, in welcher Armut ein Fremdwort ist, in der die Menschen aller Nationen einträchtig miteinander leben und der Einzelne selbstbestimmt leben darf, kann unterschiedlich motiviert sein.

Theologie der Befreiung

In den 60er Jahren des 20. Jahrhunderts entstand in Lateinamerika die Theologie der Befreiung. Angesichts der unvorstellbaren Armut, schonungsloser Ausbeutung und politischer Unterdrückung der Menschen fühlten sich katholische Theologen wie Gustavo Gutierrez und Leonardo Boff berufen, gerade diesen Menschen eine Stimme zu geben.

Leben für Freiheit und Versöhnung

Soziales Engagement muss nicht religiös motiviert sein. Es kann ebenso gut in einer Idee wurzeln, wie beispielsweise in der Idee der universellen und unveräußerlichen Grundrechte eines jeden Menschen.

Nelson Mandela war von 1964 bis 1990 wegen seines Kampfes gegen die strikte Rassentrennungspolitik (bekannt als Apartheitspolitik) in Südafrika inhaftiert.
Als er am 10. Mai 1994 als erster Präsident schwarzer Hautfarbe die Nachfolge des Weißen Frederik de Klerk in der Republik Südafrika antrat, fürchteten viele eine umgekehrte Apartheitspolitik. Mandela jedoch erklärte bei seiner Amtseinführung:
„Aus der Erfahrung eines außerordentlichen menschlichen Unglücks muss eine neue Gesellschaft entstehen, auf welche alle Menschen stolz sein können."

 A

1. *Trage Informationen über die Befreiungstheologie, ihre Entstehung und ihre Ziele zusammen. Schreibe dazu einen fiktiven Beitrag für Wikipedia.*
2. *Bis heute engagieren sich Befreiungstheologen in zahlreichen Projekten. Informiere dich darüber im Internet (u.a. auf den Webseiten www.leonardoboff.com oder www.ernestocardenal.org).*
3. *Führt in der Klasse ein Streitgespräch darüber, ob das Anliegen der Befreiungstheologie heute noch aktuell ist.*
4. *Informiere dich über die Person und das Engagement Nelson Mandelas und stelle beides in einem Kurzvortrag vor.*
5. *Gestaltet in Partnerarbeit jeweils ein Poster unter der Überschrift „Seinen Glauben leben" oder „Seine Überzeugung leben". Stellt darauf Personen, Organisationen oder Projekte vor, deren Anliegen euch bemerkenswert erscheint.*

Schritte ethischer Urteilsfindung

M

Insbesondere bei umstrittenen und wichtigen moralischen Problemen lohnt sich genaueres Nachdenken, um letztlich zu einer gut begründeten moralischen Meinung zu gelangen. Wie das funktionieren kann, soll an folgender Fragestellung untersucht werden:
Sollte die Bundesregierung gefährliche religiöse oder weltanschauliche Gemeinschaften per Gesetz verbieten?

1. Situationsanalyse
Überlegung: Was ist die Ausgangssituation? Welche Tatsachen spielen eine Rolle?
In Deutschland gibt es mehrere Hundert religiöse oder weltanschauliche Gemeinschaften, einige davon verfolgen wirtschaftliche oder politische Interessen und vereinnahmen ihre Mitglieder; viele Menschen fühlen sich von solchen Gemeinschaften angezogen, weil sie sich von den christlichen Großkirchen verlassen fühlen, sie wollen ihre Persönlichkeit frei entfalten können usw.

2. Interessenanalyse
Überlegung: Welche gegensätzlichen Interessen gibt es? Was genau ist das Problem?
Religiöse oder weltanschauliche Gemeinschaften berufen sich auf die Freiheit des Glaubens, die im Grundgesetz verankert ist, sie beanspruchen die gleiche Stellung in der Gesellschaft wie die anerkannten Religionen und wollen ihre Ziele verwirklichen; viele Menschen fühlen sich selbst oder Angehörige von solchen Gemeinschaften bedroht usw.

3. Berücksichtigung von Handlungsalternativen
Überlegung: Welche anderen Handlungsmöglichkeiten gibt es? Was spricht für sie, was gegen sie?
Die Menschen werden vor gefährlichen religiösen oder weltanschaulichen Gemeinschaften gewarnt; solche Gemeinschaften werden ganz verboten; viele Gemeinschaften, die unbedenklich sind, werden dann aber ebenfalls verboten, weil es nicht möglich ist, eine genaue Unterscheidung zu treffen usw.

4. Normenanalyse
Überlegung: Welche moralischen Rechte und Pflichten gilt es zu beachten? Wie schwer wiegen sie im Vergleich miteinander?
Nicht jede religiöse oder weltanschauliche Gemeinschaft ist gefährlich; im Grundgesetz wird jedem Menschen die freie Ausübung seines Glaubens garantiert; die Menschen müssen ihre eigene Persönlichkeit frei entfalten können; usw. Der Staat muss seine Bürger vor geistigem, wirtschaftlichem und sozialem Missbrauch schützen; die Gesetze müssen klar ausdrücken, welche Gemeinschaften ungefährlich sind und welche nicht usw.

5. Abwägung und Entscheidung
Überlegung: Welches Handeln befindet sich – unter der Berücksichtigung der genauen Situation, der Interessen und der Handlungsalternativen – im Einklang mit den am schwersten wiegenden moralischen Rechten oder Pflichten?

A

1. *Vervollständigt gemeinsam mit Hilfe einer Diskussion die Argumente der Punkte 1 bis 4.*
2. *Tragt die Argumente in einer Tabelle zusammen. Wägt sie gegeneinander ab und trefft eine Entscheidung nach Punkt 5.*

Anhang

Glossar

absolut (lat. *absolutus* = losgelöst) heißt in der ››› *Philosophie* das, was selbst nicht mehr begründungsbedürftig und begründungsfähig ist, also das, was *unabhängig* von allem anderen existieren kann. Gegensatz: relativ = „bezogen auf", also *nicht unabhängig* .

Ahimsa bedeutet Nichtverletzen und Gewaltlosigkeit jedem Lebewesen gegenüber.

Altruismus bezeichnet eine Haltung, bei der der Gedanke an den anderen im Vordergrund steht. Eigene Bedürfnisse werden zurückgestellt oder gar nicht wahrgenommen.

Anarchismus ist ein Gesellschaftsmodell, dessen zentrale Idee die Herrschaftslosigkeit ist. Statt auf eine Macht ausübende Staatsgewalt vertraut der Anarchismus auf die Fähigkeit der einzelnen Menschen, ihr Zusammenleben untereinander durch Absprachen zu organisieren. Bedeutender Vertreter: Michail Bakunin (1814–1876).

Antike oder die Zeit des klassischen (griechischen und römischen) Altertums: von etwa 1000 v.Chr. bis 600 n. Chr.

Anthropologie von griech. *antrophos* (der Mensch) und *logos* (Lehre), bezeichnet die Lehre vom Menschen.

Aristoteles (384–322 v.Chr.) war einer der bedeutendsten griechischen Philosophen, der die gesamte philosophische Tradition bis zur Gegenwart beeinflusst hat. Im Bereich der Ethik verfasste er die erste systematische Schrift mit dem Titel „Nikomachische Ethik". In ihr widmet er sich vor allem Problemen der Freundschaft, der Glückseligkeit und den Kriterien für ein gutes Leben.

Askese ist die meist religiös begründete Einschränkung oder strenge Enthaltsamkeit von Essen und Trinken, Kleidung, Besitz, Schlaf oder Wohnung; Menschen, die danach leben, nennt man Asketen.

Atman ist nach hinduistischer Auffassung das unveränderliche und unsterbliche Selbst des Menschen, das man auch als Seele bezeichnen könnte.

Avatar ist eine künstliche Person in einer virtuellen Welt. Der Begriff wurde aus einer altindischen Sprache übernommen, wo er das Herabsteigen eines Gottes aus dem Himmel auf die Erde bezeichnet.

Axiom (griech. *„was für wichtig erachtet wird"*) bezeichnet in der ››› *Philosophie* und Logik einen Grundsatz, der wegen seiner augenscheinlichen Richtigkeit ››› *(Evidenz)* an die Spitze eines Begründungsverfahrens gestellt wird, selbst aber nicht weiter begründet werden kann.

Bodhisattva nennt man im ››› *Buddhismus* einen Menschen, der aus Mitleid mit den anderen Menschen darauf verzichtet hat, in das Nirvana einzugehen, sondern nach seinem Tod wiedergeboren wird, um die Lehre des Buddha weiterzutragen.

Brahma ist ein hinduistischer Schöpfergott, der mit ››› *Vishnu* und ››› *Shiva* eine göttliche Dreiheit bildet. Er wird heute nur noch wenig verehrt.

Brahman ist das Absolute, das Göttliche, der Urgrund allen Seins.

Buddha heißt „der Erleuchtete" und ist ein Ehrentitel für Siddhartha Gautama, den Begründer des ››› *Buddhismus.*

Buddhismus beruht auf der Lehre seines Stifters Siddhartha Gautama ››› *(Buddha)* und dessen Ordensgründung. Buddhist ist man weder durch Geburt noch durch ein formelhaftes Glaubensbekenntnis. Jeder Mensch, der die Lehre des ››› *Buddha* als Wahrheit erkennt, darf sich als Buddhist betrachten. Der Buddhist bekennt sich zu den drei Juwelen Buddha, ››› *Dharma* (Lehre des Buddha) und ››› *Sangha* (Gemeinschaft der Mönche und Laien).

Bulimie (griech. *boulimia* = Heißhunger) bezeichnet eine vor allem bei Frauen vorkommende Störung des Essverhaltens mit suchtartigen Heißhungeranfällen und anschließend absichtlich herbeigeführtem Erbrechen.

Bundesgerichtshof (BGH) mit Sitz in Karlsruhe ist das oberste deutsche Gericht und damit die letzte Instanz in Zivil- und Strafverfahren.

Coming-out meint Sichbekennen zu seiner Homosexualität. Als „inneres" Coming-out wird oft die erste Phase bezeichnet, in der jemand die eigenen Gefühle und Wünsche vor sich selbst anerkennt. Das „äußere" Coming-out bezeichnet die folgende Phase, in der das Schwul- oder Lesbischsein anderen Menschen mitgeteilt wird.

Deduktion bedeutet den Schluss von einer allgemeinen Aussage auf einen Einzelfall mittels logischer Schlussregeln.

Dharma heißt wörtlich „das, was trägt"; im ››› *Hinduismus* bedeutet Dharma Gesetz, Recht, Ordnung, Wahrheit, Sitte, Tugend, Pflicht und auch Religion; im ››› *Buddhismus* bezeichnet dieser Begriff die Lehre des ››› *Buddha.*

Dianoetisch bedeutet mit Hilfe des Verstandes (*nous*); ››› *Aristoteles* unterscheidet zwischen praktischer Vernunft/ Klugheit (*phrónesis*) und theoretischer Vernunft/Weisheit (*sophía*).

Diskriminierung bedeutet die Herabwürdigung, Benachteiligung oder Verfolgung von Menschen aus meist rassistischen, ››› *ethnischen* oder religiösen Gründen.

Dreieinigkeit bezeichnet in der christlichen Lehre die Vorstellung von Vater (Gott), Sohn (Jesus) und Heiligem Geist als einer göttlichen Einheit.

Egoismus bezeichnet eine Haltung, bei der jeder in erster Linie an sich denkt.

Empirismus (griech. *empeiria* = Erfahrung) ist eine erkenntnistheoretische Position, die die sinnliche Erfahrung als einzige Quelle der ››› *Erkenntnis* zulässt.

Epikur (341–270 v.Chr.) war der Begründer einer Richtung der antiken Philosophie. Für ihn ist die Lust (Lebensfreude) das eigentliche Lebensziel des Menschen.

Erkenntnis kann – je nach gewählter Methode – z.B. durch Sinneswahrnehmung, logische Schlussfolgerung, Modellannahme mit Versuch und Irrtum, Erfahrung, den Verstand, durch das Zusammenspiel von Erfahrung und Verstand und auch durch Offenbarung erlangt werden.

Erkenntnistheorie ist eine philosophische Disziplin, die sich mit den Fragen nach den Möglichkeiten und Grenzen, Zielen und Methoden menschlichen Erkennens beschäftigt.

Eschatologie bezeichnet die Lehre von den letzten Dingen. Diese theologische Disziplin beschäftigt sich mit den Fragen nach dem Endschicksal des einzelnen Menschen und dem Ende der Welt.

Essay, philosophischer, ist eine Abhandlung, mit der sich der Verfasser einem philosophischen Problem widmet, das auch ohne ein vertieftes philosophisches Quellenstudium dargelegt werden kann. Ein Essay hat eine starke Verbindung zu lebensweltlichen Problemen und praktischen Erfahrungen. Bei der Behandlung der erörterten Probleme steht die spezifische Weltsicht des Verfassers im Vordergrund.

Ethnie bezeichnet eine Gruppe von Menschen, die der gleichen Kultur angehören.

Euthanasie (griech. *eu* = gut und *thanatos* = Tod) bezeichnet die Erleichterung des Sterbens, Sterbehilfe, bewusste Herbeiführung des Todes. Durch den Massenmord der Nationalsozialisten am so genannten lebensunwerten Leben Behinderter (in der Nazi-Ideologie als „Euthanasie-Programm" bezeichnet) ist der Begriff bis heute schwer belastet.

Evidenz (lat. *evidentia* = Ersichtlichkeit) – evidente Sätze sind solche, die unmittelbar einsichtig sind, sich als gewiss präsentieren und nicht weiter begründet werden können und müssen. In der Philosophiegeschichte gibt es ganz unterschiedliche Positionen darüber, was als *evident* angesehen wird. Für Descartes z.B. lag Evidenz im Denken, für Locke in der sinnlichen Erfahrung.

Evolution umfasst eine wissenschaftliche Theorie über die Entwicklung von Arten von Lebewesen. Demnach sind die unterschiedlichen Arten (auch die Menschen) über Generationen hinweg durch Vererbung von genetischen Besonderheiten einzelner Individuen entstanden. Die Theorie geht zurück auf den britischen Naturforscher Charles Darwin und sein Buch „Die Entstehung der Arten" (1859). Sie ist heute unter Wissenschaftlern in aller Welt weithin akzeptiert, wird aber u.a. von den ››› *Kreationisten* abgelehnt.

Fundamentalismus bedeutet das Beharren auf politischen und vor allem religiösen Grundsätzen, meist auf der Grundlage einer buchstäblichen Interpretation göttlicher Offenbarungen. Fundamentalisten betrachten ihre Überzeugungen und Vorstellungen als umfassende, absolute Lösung für alle Lebensfragen.

Hedonismus bezeichnet heutzutage meistens einen ungezügelten, auf Genuss und Triebbefriedigung ausgerichteten Lebensstil. Der Philosoph ››› *Epikur* (341–270

v. Chr.) vertrat die Ansicht, dass das Streben nach Glück *das* Wesensmerkmal des Menschen sei, und Glück könne erreicht werden durch die Realisierung von Lust (griech. *hedoné*) und vor allem durch Vermeidung von Unlust. Da aber Unlust vor allem auf Maßlosigkeit (im Genuss, in den Lebensansprüchen) zurückzuführen sei, plädierte ››› *Epikur* für ein einfaches und zurückgezogenes Leben.

Hinduismus ist keine einheitliche Religion, sondern ein Komplex unterschiedlicher Religionen, die zu verschiedenen Zeiten an verschiedenen Orten in Indien entstanden sind. Er hat keinen Religionsstifter, keine allgemein gültige Lehre und kennt auch keinen für alle Hindus verbindlichen Kanon heiliger Schriften oder einen einheitlichen ››› *Ritus*. Traditionell wird man in den Hinduismus hineingeboren.

Humanismus bezeichnet eine Weltanschauung, die den Menschen in den Mittelpunkt stellt. Der höchste Wert ist dem Humanisten die Menschenwürde, leitendes moralisches Prinzip ist ihm die Menschlichkeit, und sein Streben gilt einem guten Leben – des einzelnen Menschen wie auch der Gemeinschaft aller Menschen.

Induktion ist die logische Folgerung, bei der von einem oder mehreren ähnlichen Einzelfällen aus auf ein allgemeines Gesetz geschlossen wird.

Initiation (lat. Einweihung) bezeichnet die rituelle Einführung in ein neues und entscheidendes Lebensstadium wie z.B. den Übergang vom Jungen zum Mann oder dem Mädchen zur Frau.

Intersubjektivität (lat. *inter* = zwischen und *Subjekt* = Person, Akteur) geht davon aus, dass ein Sachverhalt für mehrere Betrachter gleichermaßen erkennbar und nachvollziehbar ist. In der Konsenstheorie der Wahrheit spielt die Intersubjektivität eine große Rolle, da für sie bestimmte Probleme nur dann angemessen behandelt werden können, wenn die jeweiligen Sichtweisen kompetenter Personen berücksichtigt werden.

Intoleranz bezeichnet die Unduldsamkeit gegenüber weltanschaulichen und moralischen Überzeugungen sowie fremden Verhaltensweisen (Meinung, Haltung, Weltanschauung usw.).

Islamismus ist eine Ideologie, in der die Lehre des Islam als Grundlage aller Lebensbereiche verstanden wird. Nicht nur im Privaten, auch im Staat soll demnach der Islam herrschen. Um diese Herrschaft zu etablieren, schrecken Islamisten auch vor Gewalttaten im Namen des Islam nicht zurück, die sich oft gegen die moderne westliche Welt richten.

Kant, Immanuel (1724–1804) ist ein deutscher Philosoph, der in seinem Werk „Kritik der praktischen Vernunft" den Kategorischen Imperativ formulierte. Dieser macht es den Menschen der Vernunft gemäß zur Pflicht, bei allen ihren Handlungen zu prüfen, ob sie ein allgemeines Gesetz werden könnten.

Karma bedeutet „Tat" oder „Handlung" und bezeichnet in ››› *Hinduismus* und ››› *Buddhismus* das Gesetz der Ursächlichkeit. Jede Tat hat eine Ursache und Folgen für die Zukunft. Das Karma hängt eng mit der Lehre von ››› *Samsara* zusammen.

Kastenwesen bezeichnet im ››› *Hinduismus* die Einteilung der Menschen in verschiedene Gruppen (Kasten): Brahmanen (Priester), Kshatriyas (Krieger und Adlige), Vaishyas (Handwerker und Händler) und Shudras (Arbeiter). Neben diesen vier Kasten gibt es noch Kastenlose; das Kastenwesen wurde 1949 offiziell abgeschafft.

Kierkegaard, Søren (1813–1855) war ein dänischer Philosoph, Schriftsteller und Theologe. Im Mittelpunkt seines Denkens stand die Existenz des individuellen Menschen in seiner Freiheit.

Kommunismus ist ein Gesellschaftsmodell, dessen zentrale Idee eine klassenlose Gesellschaft ohne Privateigentum an Produktionsmitteln ist. Wissenschaftlich begründet wurde der Kommunismus im 19. Jh. von Karl Marx und Friedrich Engels; im 20. Jh. war er in Teilen der Welt die Staatsideologie, z.B. in der Sowjetunion und der DDR, wo seine Umsetzung in die Praxis jedoch scheiterte.

Konformität bedeutet Übereinstimmung, Gleichförmigkeit.

Konsens (lat. Konsensus = Übereinstimmung) verkörpert eine Übereinstimmung bzw. eine Übereinkunft von Menschen zu einem strittigen Thema oder einem strittigen Sachverhalt, etwa zu Sterbehilfe oder Schwangerschaftsabbruch. In der Diskurstheorie, zu deren bekanntesten Vertretern Karl-Otto Apel und Jürgen Habermas zählen, wird dieser Konsens in einem speziellen Verfahren, dem *Diskurs*, auf der Grundlage der Vernunft (genauer: des besseren Arguments) „erstritten".

Kreationismus ist eine eigenwillige Auffassung von der Entstehung des Lebens und des Universums. Danach hat sich diese Entstehung genau so vollzogen, wie im Schöpfungsbericht der Bibel beschrieben. Diese Auffassung wird von den allermeisten Wissenschaftlern für unhaltbar erklärt, aber vor allem von vielen fundamentalistischen Christen vertreten.

Laie bezeichnet einen Nichtfachmann, in der Religion einen einfachen Gläubigen, der kein Priester ist.

Lüge ist im Gegensatz zum Irrtum eine wissentlich falsche Aussage.

Meditation meint konzentriertes Nachdenken oder sinnende Betrachtung, eine meist religiös motivierte Versenkung mit dem Ziel, das Einswerden mit einer Gottheit oder einen vollkommenen Glücks- und Ruhezustand zu erreichen.

Messias (hebr. „*Gesalbter*") bezeichnet im Judentum den im Alten Testament angekündigten Heilsbringer; im Christentum ist es ein Ehrentitel Jesu Christi (Christus: griech. „*Gesalbter*").

Metapher ist ein sprachlicher Ausdruck, der nicht wörtlich, sondern im übertragenen Sinn gemeint ist, und der bildhaften Veranschaulichung dient, z.B. „eine Mauer des Schweigens".

Milieu bedeutet eigentlich – aus dem Französischen kommend - „Mitte" bzw. „Mittel". Das soziale Milieu bezeichnet das soziale Umfeld, in dem eine Person lebt, als Gesamtheit von wirtschaftlichen, politischen und kulturellen Faktoren. Aus ihm können unterschiedliche Lebensstile und Lebensweisen hervorgehen.

Mill, John Stuart (1806–1873) trat als Ökonom, Philosoph und Politiker vor allem für den Vorrang der Rechte des Individuums vor denen der Allgemeinheit ein und wandte sich vehement gegen die „Tyrannei der Mehrheit" und gegen ››› *Konformismus*. Die Freiheit des Einzelnen höre da auf, wo die berechtigten Interessen anderer beeinträchtigt würden.

Mindmap (Gedächtnislandkarte) dient dazu, Gedanken zu einem Begriff oder Problem zu assoziieren und diese in einen Zusammenhang zu bringen. Sie soll zu Gedanken anregen, die sich in verschiedenen Assoziationsketten ordnen und die sich wiederum in Haupt- und Nebenzweige unterscheiden lassen.

Moksha heißt „Erlösung" und bedeutet im ››› *Hinduismus* die Befreiung aus dem ››› Samsara.

Monotheismus kommt von *mono* (griech. allein[iger]) und *theos* (griech. Gott). Monotheistische Religionen sind solche, die – im Gegensatz etwa zum Hinduismus, der viele Götter kennt – nur einen einzigen Gott anbeten. Judentum, Christentum und Islam sind monotheistische Religionen.

Naturalismus bezeichnet die Vorstellung, dass alle Phänomene einen natürlichen (im Unterschied zu: übernatürlichen) Ursprung haben, dass ihnen entdeckbare Naturgesetze zugrunde liegen und sie sich letztlich also naturwissenschaftlich erklären lassen. Ein Naturalist sieht auch den Menschen als Teil der großen Naturgeschichte, als einen im Laufe der ››› *Evolution* entstandenen Organismus aus Fleisch und Blut.

Nero Claudius Caesar Augustus Germanicus (37–68 n.Chr.) war von 54 bis 68 Kaiser des Römischen Reiches.

Nirvana heißt wörtlich „*Erlöschen*" oder „*Verwehen*", das Erlösungsziel der ››› *Buddhisten*, und bedeutet das Eingehen in einen Zustand, der frei von Hass, Gier und Unwissenheit ist.

Objektivität in der Wissenschaftstheorie ist die Forderung, dass wissenschaftliche Aussagen *subjektunabhängig* sein sollen. Sie müssen aber *intersubjektiv* durch jedermann überprüfbar sein.

Palikanon, auch Tripitaka genannt, ist eine aus drei Teilen bestehende Sammlung der frühesten buddhistischen Schriften.

Patriarchat bezeichnet eine Herrschaftsform, in der traditionell Männer das Sagen haben – über ihre Frauen, ihre Familien, die Angelegenheiten der Gemeinschaft.

Peergruppe In der Soziologie wird der Begriff zur Bezeichnung einer Gruppe von Gleichaltrigen verwendet, deren Mitglieder in unmittelbarem Kontakt zueinander stehen und durch gemeinsame Interessen verbunden sind.

Philosophie (griech. *philos* = Freund und *sophia* = Weisheit bedeutet „Liebe zur Weisheit"). In ihr werden wichtige Probleme des menschlichen Lebens wie z.B. Gerechtigkeit oder Glück durchdacht, hinterfragt und in Theorien zusammengefasst. Die Antworten fallen jedoch unterschiedlich aus.

Platon (427–347 v.Chr.) prägte in vielfältiger Weise das philosophische Denken von der ››› *Antike* bis zur Gegenwart. Vor allem seine Vorstellung von den der Wirklichkeit übergeordneten (und diese ordnenden) Ideen (Ideenlehre) bestimmten immer wieder Überlegungen und Versuche, die Realität der Idee oder dem Ideal (der reinen Lehre) unterzuordnen oder anzupassen, – mit zum Teil dramatischen politischen Konsequenzen.

Psychotherapeut/in hilft Menschen mit psychischen Erkrankungen wie z.B. Magersucht oder Depressionen (Gefühlserkrankungen), durch gezielte Gespräche eine Lösung für ihr seelisches Leiden zu finden.

Pubertät bezeichnet eine Entwicklungsphase zwischen Kindheit und Erwachsenensein. Sie ist durch die Ausbildung der sekundären Geschlechtsmerkmale und durch einen Wachstumsschub gekennzeichnet. Die körperliche Entwicklung in der Pubertät ist mit der geistigen Entwicklung zur sozial selbstständigen Individualität verbunden. Die Pubertätszeit ist oft mit seelischen Spannungen verknüpft.

Rationalismus (lat. *ratio* = Vernunft, Verstand) ist eine erkenntnistheoretische Position, die davon ausgeht, dass die *Vernunft* Voraussetzung und Bedingung aller ››› *Erkenntnis* ist.

Realismus (lat. *res* = Ding, Sache) beschreibt in der ››› *Philosophie* im Allgemeinen den Standpunkt, dass die ››› *Realität/Wirklichkeit* unabhängig von unserer Erfahrung und von unserem Bewusstsein existiert.

Realität (das, was der Fall ist), die Existenz der realen Welt ist nicht zu beweisen und auch nicht zu widerlegen. Die Begriffe *Wirklichkeit* und *Realität* werden oft als Synonyme betrachtet.

Reanimation bezeichnet das Durchführen von Maßnahmen, die einen Atem- und Kreislaufstillstand beenden sollen.

Relativismus ist eine philosophische Lehre, die davon ausgeht, dass es keine allgemein gültige Wahrheit gibt. Für den Relativismus sind alle Erkenntnisse nur innerhalb eines bestimmten Bezugssystems gültig.

Religion ist der Glaube an eine übersinnliche Macht, der sich in bestimmten Riten und Bräuchen, Glaubenslehren, Werten und Normen äußert.

Religionskritik ist ein Oberbegriff für alle möglichen Einwände und Vorwürfe gegen einzelne religiöse Lehren oder Praktiken oder aber gegen Religionen als solche.

Ritus (Pl. Riten) nennt man einen religiösen Brauch bzw. eine kultische Handlung, deren Form, Gestik und Sprache genau festgelegt sind.

Rousseau, Jean-Jacques (1712–1778) wurde als Philosoph vor allem durch seine Theorie vom „Gesellschaftsvertrag" und seinen Überlegungen zur Erziehung („Emile"),

in denen er die Überzeugung vertrat, dass der Mensch von Natur aus gut sei und erst durch die Zivilisation verdorben werde, bekannt.

Samsara heißt „Wanderung" oder „Umherwandern" und bezeichnet im ››› *Hinduismus* den Kreislauf der Wiedergeburten.

Sangha bezeichnet die Gemeinde bzw. den Orden des ››› *Buddha*.

Savater, Fernando (geb. 1946) lehrt ››› *Philosophie* in Madrid/Spanien. Er wurde bekannt durch seine Bücher, in denen er ethische und philosophische Themen jugendgemäß erklärt, z.B. „Tu, was du willst".

Schein ist in der ››› *Philosophie* Gegensatz zu „Sein" im Sinne von „Scheinbarkeit oder „Täuschung".

Sein ist ein zentraler Begriff der ››› *Philosophie*. Die Frage nach dem Sein ist z.B. bei ››› *Platon* gleichbedeutend mit der Frage nach dem Wesen der Dinge, des Seienden.

Seneca (4 v.Chr.–65 n.Chr.) versuchte als Dichter und ››› *Philosoph* in allgemein verständlicher Form, die sittlichen Gedanken der stoischen Philosophie zu verkünden.

Shiva ist der hinduistische Gott der Zerstörung, der mit ››› *Brahma* und ››› *Vishnu* eine göttliche Dreiheit bildet, seine Anhänger bilden eine der zwei Hauptrichtungen des ››› *Hinduismus*.

Skeptizismus (griech. *skepsis* = Zurückhaltung, Zweifel) ist eine philosophische Position, die Wahrheitsansprüchen aller Art mit Zurückhaltung, Zweifel und prinzipieller Vorsicht begegnet.

Smith, Adam, schottischer Ökonom (1723–1790), schrieb die Werke „Theorie der moralischen Gefühle", „Der Wohlstand der Nationen". Sie beeinflussen bis heute das wirtschaftswissenschaftliche Denken.

Sokrates (um 470–399 v.Chr.) war ein bedeutender griechischer Philosoph. Er diskutierte auf dem Marktplatz, der Agora, auch mit Jugendlichen, die er durch gezielte Fragen zum Nachdenken anregen wollte.

Statement (engl. Verlautbarung) charakterisiert eine meist mündliche Stellungnahme zu einem Sachverhalt oder einem aktuellen Thema.

Stoizismus bezeichnet eine philosophische Richtung, deren Anhänger, die ››› *Stoiker* sich in der Stoa, der Säulenhalle, zum Philosophieren trafen. Zu den namhaften Vertretern des Stoizismus gehört ››› *Seneca*. Der Stoizismus kann als Philosophie der Gelassenheit gegenüber dem Schicksal charakterisiert werden.

Subjektivität (lat. *subjektum* = das Zugrundeliegende) ist in der ››› *Philosophie* vor allem ein erkenntnistheoretischer Begriff, der die Wurzeln des Erkennens in den Bereich des Subjekts legt: Das Subjekt, sein Wahrnehmen, Empfinden, Denken bestimmt erst die Welt.

Suizid (lat. *sui caedes* = Tötung seiner selbst) auch als Selbsttötung bezeichnet, ist das willentliche Beenden des eigenen Lebens (z.B. auch durch Nahrungsverweigerung).

Toleranz (lat. *tolerare* = ertragen, erdulden) beinhaltet die Anerkennung und Achtung von Ansichten anderer

Menschen, die den eigenen Wertvorstellungen entgegengesetzt sind.

Transzendenz (lat. *transcendere* = überschreiten) bedeutet in der ››› *Philosophie* das, was jenseits der Erfahrungs- und Denkmöglichkeiten des Menschen liegt, liegen könnte oder müsste.

Urteil ist eine *wertende Entscheidung* über einen bestimmten Sachverhalt oder Erkenntnisgegenstand. Man unterscheidet z.B. *Geschmacksurteile*: „Spinat schmeckt mir nicht!", *ästhetische Urteile*: „Ich liebe diese Musik!", *Gerichtsurteile*: „ Der Angeklagte wird zu zwei Jahren Gefängnis verurteilt!" und *Urteile im Sinne des logischen Schlussverfahrens*, wie z.B. die Aussage: „Alle Menschen sind sterblich!"

Vishnu ist der hinduistische Gott des Erhaltens und Bewahrens, der mit ››› *Brahma* und ››› *Shiva* eine göttliche Dreiheit bildet, seine Anhänger bilden eine der zwei Hauptrichtungen des ››› *Hinduismus*.

Wahrheit gilt als eine Eigenschaft von Aussagen oder Gedanken bezüglich ihrer behaupteten Inhalte. Fakten oder Ereignisse als solche können nicht wahr oder falsch sein, nur Aussagen über sie oder Deutungen von ihnen. Wann eine Aussage als wahr gelten kann, wird von den unterschiedlichen Wahrheitstheorien verschieden beantwortet.

Wahrnehmung bezeichnet im Allgemeinen die bewusste und unbewusste Sammlung von Informationen, die ein Lebewesen aus der Außenwelt über seine Sinnesorgane bezieht und auswertet. Unsere Wahrnehmungsorgane spiegeln die Außenwelt nicht wieder, sondern sie filtern, werten, interpretieren sie, ja sie erfinden sogar etwas, was es „in Wirklichkeit" gar nicht gibt, wie z.B. Farben.

Watzlawick, Paul (1921–2007), österr. Psychotherapeut, befasste sich vor allem mit der Bedeutung der Kommunikation für zwischenmenschliche Beziehungen, Persönlichkeit und Entstehung seelischer Krankheiten.

Weltethos bezeichnet den Namen eines vom deutschen Theologen Hans Küng ins Leben gerufenen Projekts, bei dem sich Vertreter aller Weltreligionen zu gemeinsamer Verantwortung für die Zukunft der Welt bekennen. Das Projekt beruht auf der Idee, dass Menschen unterschiedlichen Glaubens bei allen Unterschieden im Denken einige moralische Grundüberzeugungen teilen.

Werte sind jene obersten Güter, an denen sich Menschen oder Institutionen orientieren, etwa an der Freiheit, der Gerechtigkeit u.a. Werte steuern unser Handeln und helfen uns, es zu rechtfertigen.

Zóon politikón bedeutet wortwörtlich aus dem Griechischen übersetzt: „staatenbildendes Lebewesen" und meint den Menschen als politisch-soziales Wesen.

Bücher zum Weiterlesen

Catherine Clement: Theos Reise. Roman über die Religionen der Welt. Hanser, München 2003

Martin Cohen: 99 moralische Rätsel. Piper, München 2011

Steffen Dietzsch: Kleine Kulturgeschichte der Lüge. Reclam, Leipzig 1998

Roger-Pol Droit: Wie ich meiner Tochter die Philosophie erkläre. Hoffmann & Campe, Hamburg 2006

DTV-Atlas zur Philosophie. Dtv, München 1993

Rainer Ehrlinger: Lügen haben rote Ohren. Gewissensfragen für große und kleine Menschen. Omnibus, München 2007

Susanne Fromm: Lust am Denken. Texte zum Philosophieren. Reclam, Stuttgart 2004

Jostein Gaarder: Sofies Welt. Hanser, München 1993

Manfred Geier: Was konnte Kant, was ich nicht kann? Kinder fragen - Philosophen antworten. Rowohlt TB, Reinbek 2006

Otfried Höffe (Hg.): Lexikon der Ethik. Beck, München 2008

Peter Janich: Was ist Wahrheit? Eine Einführung. Beck, München 1996

Tahar Ben Jelloun: Papa, woher kommt der Hass. Rowohlt, Reinbek 2005

Stephen Law: Warum die Kreter lügen, wenn sie die Wahrheit sagen und andere philosophische Abenteuer. Eine Anleitung zum Denken. Eichborn, Frankfurt 2004

Ragna Ohlssohn: Der Sinn des Lebens. Hanser, München 1998

Richard Osborne: Philosophie. Eine Bildergeschichte für Einsteiger. Fink, München 1996

Thomas Nagel: Was bedeutet das alles? Eine ganz kurze Einführung in die Philosophie. Reclam, Stuttgart 2005

Friedrich Nietzsche: Über Wahrheit und Lüge. Hrsg. v. Steffen Dietzsch. Insel, Leipzig/ Frankfurt 2000

Johannes Rohbeck: Fragen an die Geschichte. Leipzig 2011

Fernando Savater: Die Fragen des Lebens. Campus, Frankfurt/New York 2007

Fernando Savater: Tu, was du willst. Ethik für die Erwachsenen von morgen. Campus, Frankfurt/New York 2007

Robert Spaemann: Moralische Grundbegriffe. Beck, München 2004

Wilhelm Weischedel: Die philosophische Hintertreppe. 34 große Philosophen in Alltag und Denken. Dtv, München 1993

Bildtitel zu S. 144
Der Titel des Bildes von René Magritte lautet: Die Beschaffenheit des Menschen. Es entstand im Jahr 1935.

Bildverzeichnis

8: Cristian Ostafi / panthermedia.net; 9: Marco Baass / panthermedia.net; 10: Uta Wolf; 11: cydonna / photocase.com; 12: René Magritte, © VG Bild-Kunst, Bonn 2017; 14: Yuri Arcurs / panthermedia.net; 17: Zerényi / Pixelio.de (o); Eric Simard / panthermedia.net (m); nach: Christian Wöller , aboutpixel.de (u); 19: Daniel Käsler / panthermedia.net; 20: imago/ARCO IMAGES (l); Piotr Marcinski / panthermedia.net (m); Edward White / panthermedia.net (r); 22: Kati Neudert / panthermedia.net (l); Jessica Bushnaq / panthermedia.net; 23: stock4you / Fotolia.com; 28: Pippilotta* / photocase.com; 29: Kati Neudert / panthermedia.net; 30: Eisenhans / Fotolia.com; 32: Kirsty Pargeter / Fotolia.com; 35: Giordano Aita / panthermedia.net; 38: Wolfgang Buchholz / panthermedia.net; 40: Rebecca Meyer; 42: imago/blickwinkel; 45: Radka Linkova / panthermedia.net 46: Ingrid Balabanova / panthermedia.net (l); Christian Schwier / panthermedia.net (m); Monkeybusiness Images / panthermedia.net (r); 47: Theresia Karanitsch / panthermedia.net; 49: Eckhard Gruen, Hannover 2011; 50: Andreas Lippmann / panthermedia.net (o); Ralf Thielicke; Julia Lössl; 51: Nmedia / Fotolia.com; 52: „7 Wochen Ohne", edition Chrismon; 54: daniel.schoenen / photocase.com; 55: q-snap / Fotolia.com (l); Thomas Lammeyer / panthermedia.net; 57: Thomas Lammeyer / panthermedia.net; 58: http://www.vorarlberg.at/vorarlberg/umwelt_zukunft/zukunft/buerofuerzukunftsfragen/weitereinformationen/sozialkapital/uebersichtzaemmaleaba_bes/zaemmaleabaz_goetzis/zaemmaleabaaktiv.htm; 59: Maximilian Boschi / panthermedia.net; 60: Erwin Wodicka / panthermedia.net; 61/62: Meseritsch Herby / panthermedia.net; 63: Charles Allan Gilbert, All is vanity, 1892; 64: Liane Matrisch / panthermedia.net; 65: Tinvo / photocase.com; 70: Robert Kneschke / panthermedia.net; 71: imago/Sabine Gudath; 72: Eric Simard / panthermedia.net; 73: © The Munch Museum / The Munch Ellingsen Group / VG Bild-Kunst, Bonn 2017; 74: www.pixelio.de; 75: Klaus Eppele / Fotolia.com; 76: imago/Sabine Gudath; 77: Stierl, Sebastian, Bildungs- und Gedenkstätte „Opfer der NS-Psychiatrie", Lüneburg 2004 (alle); 79: Katja Pfannenschmidt / panthermedia.net; 80: Jens Rösner / panthermedia.net (2); Herby Meseritsch / panthermedia.net; 83: ullstein bild – SIPA; 84/85: imago/Lem; 87: Monkeybusiness Images / panthermedia.net (l); imago/HRSchulz; 88: Foto: Johannes Krieg / SWR-Sendung „Bloch: Schattenkind", Bavaria Film GmbH; 92: Uwe Roeskamp / pixelio.de (o); momosu / pixelio.de (u); 93: Helge Eisemschmidt; Chris Pearson / WordPress.com. (o); 100: Streit: Ignacio Gonzalez Prado / panthermedia.net; Randale: Henryk Dierberg / panthermedia.net; Randalierer: kallejipp / photocase.com; Piercing: Ron Chapple / panthermedia.net; Prügelei: Sandro Götze / Fotolia.com; Mobbing: eyezoom1000 / Fotolia.com; Tarif-Streik: Angelika Bentin / panthermedia.net; Verzweiflung: Johanna Fecke / aboutpixel.de 102: Miss X / photocase.com; 103: Franziska Rehorz / panthermedia.net 104: Bernd Leitner / panthermedia.net; 105: Thomas Butsch, Leipzig 2010; 107: Yuri Arcurs / panthermedia.net; 109/111: Rebecca Meyer; 112: Dieter Schütz / pixelio.de; 113: Uta Wolf; 116: imago / biky 118/119: Uta Wolf; 122: Thomas Ix / panthermedia.net 123: Jürgen Günther / aboutpixel.de; 124: imago / Russian Look; 125: Adrian H. / aboutpixel.de; 126: imago / blickwinkel; 128: Keith D. Tyler; 130: Ralf Thielicke; 134: Philippe Ramakers / panthermedia.net (u); 140: Hände: Jens Rösner / panthermedia.net; Kraftwerk: Kurt Michel / pixelio.de; Embryonenforschung: Natalia Sinjushina & Evgeniy Meyke / Fotolia.com; Solar/Windenergie: Thomas Knauer / panthermedia.net; 141: Martin Naumann, Leipzig, 1990; 144:

René Magritte „La condition humaine", © VG Bild-Kunst, Bonn 2017; 146: Brille: Martin Wagner / panthermedia.net; Mann: Michael Sandig / panthermedia.net (m); Thomas Linß / panthermedia.net (u); 147: Uta Wolf; 150: Heinz-Jürgen Landshoeft / panthermedia.net (u); 151: Pshenichka / Fotolia.com; 153, 154, 157: Ralph Edney (aus: Osborne, Richard: Philosophie, Eine Bildgeschichte für Einsteiger. Fink Verlag, München 1997, S. 88, 109, 110, 111); 155: René Magritte, © VG Bild-Kunst, Bonn 2017; 158: Carlo Crivelli, Thomas von Aquin (postumes Gemälde, 1476); 160: Uta Wolf; 161: Isinor / pixelio.de; S. 163: Manfred Walker / pixelio.de; 164: I. P. / aboutpixel.de; 165: Thomas Urbanski / panthermedia.net; 166: Ulrich Schollmeyer, 2007; 167: Andres Rodriguez / panthermedia.net; 168: Uta Wolf; 169: © cc-by-sa / Ian Howard; 170: Titelblatt TIME-Magazin 09/2001 (ul); imago/CoverSpot (ur); 171: Thomas Pieruschek / aboutpixel.de (l); Thomas Kaltenbach / aboutpixel.de (r); 172: Alexander Dreher (knipserlein) / Pixelio.de; 173: Franz Marc (l); Rene Magritte, © VG Bild-Kunst, Bonn 2017 (r); 174/176/177: Uta Wolf; 178: Igor Zakowski / panthermedia.net; 179: gabs0110 / photocase.com; 182: Robert Klosko / panthermedia.net; 183: Thorsten Kienemann / aboutpixel.de (Ausschnitt); 187: cc-by-sa / Stahlkocher; 188: cc-by-sa / Piyal Kundu; 190: Patrizia Tilly / Fotolia.com; 191: 2010 NCTU / National Chiao Tung University / Hsinchu, Taiwan; 192: gualtiero boffi / panthermedia.net (o); 192: markop / Fotolia.com (o); 194: Berit Kessler / panthermedia.net; 195: Thomas Pirtschke / panthermedia.net; 196: Alexandra Buss / panthermedia.net; 197: Josef Müllek / panthermedia.net; 198: aus: Peter B. Clarke: Atlas der Weltreligionen, München 1998; 199: Günter Rache / panthermedia.net; 201: Ralf Thielicke, Leipzig 2011; 206: Erwin Wodicka / Fotolia.com (l); 206: paul prescott / Fotolia (ro); 206: tolin / Fotolia.com (ru); 207: ele / Fotolia (o); 207: Vangelis Thomaidis / Fotolia.com (u); 209: Uta Wolf, atelier up (o); 209: Frank Waßerführer / panthermedia.net (ul); 209: Walter Egloff / panthermedia.net (um); 209: Martine Rammer / panthermedia.net (ur); 210: Fotografie © Evelin Frerk; 212: Renate Alf, Freiburg; 213: Adolf Riess / pixelio.de; 216: Militzke Verlag GmbH, Leipzig 2011; 220: Thomas Scholz / pixelio.de; 221: Florian Breidenbach, Wipperfürth (l); 221: Lesben- und Schwulenverband Berlin-Brandenburg (r); 222: Scott Griessel / panthermedia.net; 223: Militzke Verlag GmbH, Leipzig 2011; 224: Pakalou Hentschel / panthermedia.net; 225: Medienarchiv Wikimedia Commons; 226: Uta Wolf, Leipzig 2011; 227: IMAGNO / Sigmund Freud Privatstiftung (u); 228: Uta Wolf, Leipzig 2010; 229: Jana Passler; 230: Uta Wolf, Leipzig 2011; 232: Misereor e.V., Aachen 2010 (o); 232: cc-by-sa, World Economic Forum, Davos 1992 (u); Cover: www.alexanderkreher.com

(S. = Seite; o = oben; m = mitte; u = unten; l = links; r = rechts; ol = oben links; or = oben rechts; ul = unten links; ur = unten rechts; om = oben mitte; um = unten mitte)

Abkürzungen

v.a. – vor allem
u.a. – unter anderem
d.h. – das heißt
z.B. – zum Beispiel
i.d.R. – in der Regel
der Verf. – der Verfasser
v. Chr. – vor Christus